AF346595

ASTRONOMIE

PAR

JÉRÔME LE FRANÇAIS (LA LANDE).

J.me DE LA LANDE,
De l'Academie Royale des Sciences de Paris de celles
de Londres, de Berlin, de Petersbourg &c.
Né à Bourg-en-Bresse le 11 Juillet 1732.

Des Mondes écartés il nous transmet l'Histoire,
A ses Calculs Savans le Ciel même est soumis ;
Mais cherchant le bonheur qui vaut mieux que la Gloire
Pour jouir sur la Terre il s'est fait des amis.
Dorat.

A Pujos del. 1773.   P. Maleuvre Sculp. 1775.

ASTRÓNOMIE

PAR

ÉRÔME LE FRANÇAIS (LA LANDE),

De l'Académie des sciences de Paris; de celles de Londres, de Pétersbourg, de Berlin, de Stockholm, de Bologne, etc.; Inspecteur du College royal, et Directeur de l'Observatoire de l'École royale militaire.

TROISIEME ÉDITION, REVUE ET AUGMENTÉE.

TOME SECOND.

A PARIS,

Chez la Veuve DESAINT, rue du Foin Saint-Jacques.

DE L'IMPRIMERIE DE P. DIDOT L'AINÉ.

M. DCC. XCII.

ASTRONOMIE.

LIVRE SIXIEME.

Loix du mouvement des sept planetes principales autour du Soleil, avec leurs Élémens. (a)

Puisque les planetes tournent autour du Soleil, de même que la Terre (1107) ; c'est au centre du Soleil qu'on doit supposer un observateur pour lui faire voir les mouvemens les plus uniformes, et lui en faire connoître les circonstances et les mesures. C'est pour cela que la Caille, en commençant ses leçons d'astronomie, suppose d'abord que son observateur soit placé au centre du Soleil, pour déterminer les loix des mouvemens planétaires. Mais j'ai mieux aimé considérer l'astronomie dans ses premiers principes, suivre les progrès lents et successifs de ceux qui l'ont formée, ou perfectionnée, et ne parler des planetes vues du Soleil qu'après avoir montré que c'est autour de lui qu'elles tournent.

1201. Pour déterminer les mouvemens vus du Soleil, il falloit un moyen d'avoir la longitude d'une planete, telle qu'on l'observeroit du Soleil ; c'est ce qu'on a trouvé dans les *oppositions* des planetes supérieures, Mars, Jupiter et Saturne, et dans les *conjonctions inférieures* de Vénus et de Mercure (1152). En effet, quand une planete est opposée au Soleil, le lieu de l'écliptique où elle répond, est sur une même ligne droite avec le Soleil et la Terre ; ainsi le lieu de la planete vu du Soleil, ou le lieu vu de la Terre, est absolument le même : si la Terre est en N (fig. 56), et la planete en A opposée au Soleil S, le point du ciel où aboutit

(a) On appelle *Élémens* d'une planete, les trois articles principaux qui déterminent la situation et la figure de l'orbite : sa longitude, celle de son aphélie, et son excentricité. On renferme aussi quelquefois sous ce nom la révolution de la planete ou son mouvement, la longitude du nœud, l'inclinaison, les mouvemens de l'aphélie et du nœud ; et dans ce sens, il y a huit élémens d'une planete.

la ligne S N A, marque le lieu héliocentrique (1139) aussi bien que le lieu géocentrique de la planete A.

Aussi les astronomes ont-ils soin d'observer assidument les oppositions des planetes, comme les circonstances les plus essentielles de leurs mouvemens; parcequ'alors l'observation faite sur la Terre tient lieu d'une observation faite dans le Soleil, et sert à reconnoître l'orbite que la planete décrit autour du Soleil. C'est avec des longitudes héliocentriques ou vues du Soleil que nous avons déterminé les moyens mouvemens des planetes (1153), et que nous allons déterminer encore les orbites planétaires, les circonstances et les inégalités de leurs mouvemens. On trouvera dans le XXIVe livre la maniere d'observer et de calculer l'instant d'une opposition (4150); et nous rapporterons à la fin de ce VIe livre les oppositions ou les conjonctions observées jusqu'ici comme étant les observations les plus propres à déterminer les élémens des orbites planétaires.

Le moyen mouvement est le plus essentiel de tous les élémens d'une planete ; nous en avons déja donné le détail (1161); il nous reste à parler de la figure des orbites, des excentricités, des distances, des aphélies, des nœuds, des inclinaisons et des diametres de chacune des sept planetes principales.

DE LA FIGURE DES ORBITES PLANÉTAIRES.

1202. Après avoir trouvé combien de temps les planetes emploient à terminer leurs révolutions autour du Soleil, il faut rechercher les circonstances de leur mouvement dans les différentes parties de chaque révolution, ou ces inégalités périodiques dont il a déja été question pour le Soleil (867), et qui dépendent de la figure des orbites planétaires.

Le mouvement de chaque planete étant rapporté au Soleil, ou observé dans les temps où les apparences sont les mêmes, vues de la Terre et vues du Soleil, est sujet à une inégalité (semblable à celle du mouvement apparent du Soleil) : c'est celle que les anciens appelloient *premiere inégalité* [a]. Pour l'expliquer on se servoit, ou d'un épicycle, ou d'un cercle excentrique (867, 1070).

---

[a] La seconde inégalité étoit celle de la parallaxe du grand orbe (1140), ou bien des stations et des rétrogradations (1181); cette inégalité étant relative à la situation du Soleil, ne pouvoit se déterminer qu'après avoir connu celle qui en étoit indépendante, et qui avoit lieu dans les oppositions.

Ces deux hypotheses étoient absolument équivalentes, comme nous l'avons fait voir.

1203. Ptolémée fit choix de l'excentrique AHPEA (FIG. 24) pour exprimer cette *premiere inégalité*, ou l'équation des planetes dans leur orbite; il y trouvoit plus de clarté, et d'ailleurs il employoit ensuite l'épicycle pour représenter la *seconde inégalité*. Son hypothese (1070) consistoit à faire mouvoir la planete dans un cercle, de maniere que le mouvement fût égal, non pas vu du centre C, mais vu d'un autre point T, également éloigné du centre C. (*Almag. IX, 5, p.* 222). Ptolémée ne donne ni démonstration ni observation pour justifier cette hypothese; et, dans le fait, les anciens n'avoient pas, ce me semble, des raisons bien déterminantes pour mettre le centre d'égalité hors du centre du cercle décrit par la planete. Nous nous contenterons donc d'expliquer l'hypothese de Ptolémée telle qu'il la donne, pour faire connoître ensuite la maniere dont cette hypothese conduisit Képler à découvrir l'ellipticité des orbites planétaires (1208).

1204. Soit le cercle excentrique DEF (FIG. 64) dont l'excentricité est BA, en sorte que le centre soit en B, et la Terre ou l'œil de l'observateur en A: D sera l'apogée, F le périgée. Si l'on prend au-dessus du centre B une ligne BC égale à BA, le point C sera celui autour duquel Ptolémée suppose que la planete décrit des angles égaux en temps égaux, ou le point d'où son mouvement paroîtroit uniforme, *punctum æquantis*, le point d'égalité. Ptolémée appelle excentrique du mouvement uniforme, et d'autres ont appellé *équant,* le cercle RKOL (FIG. 62) placé de maniere que le mouvement de la planete soit uniforme par rapport au centre E de ce cercle, quoique l'épicycle de la planete parcoure le *déférent* FKML. Copernic rejeta cette hypothese (*liv. IV, chap.* 7, et *liv. V, chap.* 4), parceque, dans la physique de son temps, l'on ne vouloit que des mouvemens uniformes.

Tycho-Brahé, voulant perfectionner cette hypothese de Ptolémée, chercha si, en rendant DE différente de DA, on ne parviendroit pas à mieux représenter les inégalités qu'il observeroit dans les planetes; mais Képler fit voir dans la suite que tout cela étoit insuffisant, et ce fut ce qui le conduisit à trouver la véritable figure des orbites planétaires, comme nous allons l'expliquer. Riccioli a remarqué qu'avant Képler, Reinhold, à la fin des Théoriques de Purbach, avoit donné une figure ovale pour l'orbite lunaire. (*Almag. novum I,* 149.) Il n'en falloit peut-être pas davantage pour donner à Képler l'idée de rechercher si la figure des orbites planétaires étoit exactement circulaire.

1205. Nous avons vu (448) que les premieres étincelles du génie de Képler parurent dans le livre qui a pour titre, *Mysterium Cosmographicum* , en 1596. Ce premier essai fut applaudi par *Mœstlinus* son ancien maître, et par Tycho-Brahé, qui, en 1597, lui en témoigna de la satisfaction , et lui inspira l'envie de s'appliquer aux observations et aux recherches d'astronomie. Képler, ayant su en 1600 que Tycho s'étoit retiré en Bohême, vint le trouver pour converser avec lui , et lui demander sur-tout les résultats de ses observations sur les excentricités des planetes , sur lesquelles Tycho avoit déja beaucoup travaillé. (Képler , *de stella Martis , pag. 53.*)

Une heureuse circonstance fit alors la destinée de Képler. Tycho-Brahé , et Longomontanus qui demeuroit avec lui, s'occupoient des observations de Mars , et dressoient une table de ses oppositions moyennes depuis 1580. Cette planete étoit la plus propre de toutes à faire pénétrer ce grand homme dans les secrets de la physique céleste, à cause de sa proximité et de la grandeur de son excentricité ; elle se présenta la premiere comme par hasard. Képler apperçut des difficultés ; il s'attacha à les vaincre , et c'est là l'époque où il faut remonter pour connoître l'origine de notre physique céleste.

1206. Tycho avoit formé une hypothese qui représentoit , à quelques minutes près , toutes les observations de Mars au moyen d'un excentrique, en plaçant le point A et le point C (FIG. 64.) à des distances différentes par rapport au centre B. Képler savoit déja que l'excentrique pouvoit s'accorder , à cinq minutes près , avec les observations ; et, malgré cela , l'hypothese lui paroissoit peu vraisemblable. Il s'occupa à discuter ces observations pour en tirer, s'il étoit possible, quelque chose de plus exact. Ce fut alors que commencerent les recherches qui se trouvent détaillées dans son grand ouvrage intitulé, *Astronomia nova* Αιτιολογήτος *, seu Physica cœlestis , tradita commentariis de motibus* STELLÆ MARTIS , *ex observationibus G. V.* TYCHONIS-BRAHÉ. *Pragae , 1609 , in-fol.* 337 pages. Je vais donner un extrait de cet ouvrage célebre ; M. Bailly en a donné un encore plus étendu dans le second volume de son Histoire : mais un astronome doit lire le livre de Képler en entier. Parmi les superfluités , les longueurs, les tentatives inutiles qui y sont détaillées, on y voit une marche lumineuse et des traits de génie.

1207. Le premier pas qu'il falloit faire dans cette carriere étoit de trouver les distances de la Terre au Soleil, qui servent d'échelle et de terme de comparaison pour toutes les autres distances que l'on mesure dans le ciel. Pour avoir les distances de la Terre en divers temps de l'année, il falloit trouver l'excentricité AB (FIG. 64) de l'orbite terrestre, c'est-à-dire la distance entre le centre du Soleil supposé en A, et le véritable centre du cercle DEF décrit par la Terre. Les anciens avoient toujours cru, et Tycho-Brahé lui-même le croyoit, que, pour l'orbite du Soleil, le centre B étoit le point d'égalité autour duquel les mouvemens du Soleil paroîtroient uniformes, et que la ligne totale CA, qui sert de base à l'équation du centre ou à l'angle CEA, commençoit en B, et qu'elle étoit au-dessous du centre B, s'étendant de B en *a* qui devenoit le lieu de la Terre. C'étoit la première chose qu'il falloit discuter ; et Képler reconnut bientôt la bissection de l'excentricité, c'est-à-dire qu'il vit que le centre B du cercle décrit par la Terre occupoit le milieu de l'excentricité totale CA, et qu'il étoit entre le point A, où est la Terre, et le point C, où il faudroit être pour appercevoir des mouvemens uniformes du Soleil ou des angles égaux en temps égaux.

1208. Képler avoit essayé d'expliquer physiquement la cause de l'*équant* (1204), la cause pour laquelle il y avoit un point C (différent du centre B), autour duquel on avoit un mouvement régulier et uniforme (*Myster. Cosmogr. c.* 22) : c'est pourquoi il étoit porté d'avance à croire que la cause étoit générale, et que l'*équant* devoit avoir lieu dans le mouvement de la Terre autour du Soleil, comme dans celui des autres planetes. Ptolémée et Copernic ne l'avoient point employé, ils s'étoient contentés d'un simple excentrique (867) : mais Képler fut persuadé que le point B étoit différent du centre C, sur-tout en 1598, lorsque Tycho lui eut écrit que l'*orbe annuel, ou l'excentrique du Soleil, lui paroissoit n'être pas toujours de la même grandeur.* En effet, Tycho supposoit que l'orbite du Soleil étoit un cercle dont le centre étoit le point d'égalité ; et il devoit nécessairement trouver ce cercle plus grand ou plus petit en le comparant avec l'orbite de Mars. Soit S le centre du Soleil (FIG. 65), M le lieu de Mars dans son orbite, observé deux fois lorsque la Terre étoit en D et en E, et Mars au même point M de son orbite, c'est-à-dire après la durée d'une révolution ou de plusieurs (connue par les retours des oppositions) ; le point M étoit choisi de maniere que les angles MCD et MCE étoient des angles droits, le point C étant celui autour duquel la Terre devoit paroître se mouvoir uniformément. Ainsi CD et CE étant égales, comme Tycho-Brahé le pensoit, puisqu'il supposoit en B le centre d'égalité C, et les angles C étant droits, les angles DMC, CME (que nous appellons les parallaxes annuelles de Mars, considérées par rapport au point d'égalité C), devoient être les mêmes ; mais CE étoit véritablement plus grande que CD, parceque le point d'égalité n'est point en B, mais en C : ainsi l'angle CME se trouvoit être plus grand que l'angle CMD, la différence alloit à 1° 45' ; et celui qui s'obstinoit à supposer que le rayon BD du cercle étoit la base de cet angle-là, étoit réduit à dire que le rayon du cercle décrit par la Terre n'étoit pas toujours de la même grandeur : c'est ce que Tycho écrivoit à Képler, et ce qui persuada ce dernier qu'il falloit mettre en C, et non pas au centre B du cercle décrit par la Terre, le point d'égalité (1204). *Képler, page* 125.

1209. Képler soupçonna donc que cette variation dans la grandeur du rayon de l'excentrique de la Terre, trouvée par Tycho, provenoit de ce que le point d'égalité C, autour duquel on comptoit les angles de commutation, ne devoit pas être le centre du cercle. Pour s'en assurer, il choisit deux observations faites le 18 mai 1585 et le 22 janvier 1591 ; il les réduisit (par le calcul des mouvemens de Mars, connus assez exactement pour un intervalle de quelques jours) au 30 mai 1585 et au 20 janvier 1591, jours où la longitude de Mars, vue du point C, devoit être, suivant Tycho, de 6ˢ 13° 28', et où, la Terre étant en T et en R, les angles MCT et MCR étoient l'un et l'autre de 64° 23'½. Les longitudes de Mars, vues de la Terre, suivant l'observation, étoient 5ˢ 6° 37' et 7ˢ 21° 34' ; ainsi les parallaxes annuelles CMT, CMR, ou les différences entre les longitudes héliocentriques calculées, et les longitudes géocentriques observées, étoient 36° 51' dans la premiere, et 38° 6' dans la seconde observation (*Képler, page* 128). Ces parallaxes ainsi différentes de 1° 15', quoique les angles, qu'il appelloit *anomalies de commutation,* MCT, et MCR, fussent égaux, prouvoient que la ligne CR étoit plus grande que C T, et par conséquent CE plus grande que CD ; ainsi le point d'égalité, autour duquel les mouvemens de la Terre sont sensiblement uniformes, et auquel se rapportoient les commutations égales MCE, MCD, comptées au point d'égalité C, suivant la méthode de Tycho, n'étoit pas le centre B de l'orbite terrestre, mais un point C placé de l'autre côté du centre.

1210. Képler trouva aussi, par le moyen des triangles TCM, RCM, ou des parallaxes de Mars que nous venons de rapporter, la distance BC de 1837 parties, dont le rayon BD étoit cent mille (*Képler, page* 130) : or Tycho avoit déterminé, par beaucoup d'observations, que la distance totale CS du Soleil au centre d'é-

galité, ou la double excentricité qui répond à l'équation du Soleil, étoit de 3584 ; il vit donc bien que le centre du cercle décrit
par la Terre étoit entre le Soleil S et le point d'égalité C, puisqu'il venoit de trouver CB à peu-près égal à la moitié de CS.

C'étoit une découverte importante que d'avoir démontré ainsi
la bissection de l'excentricité pour la Terre, tandis que les anciens
ne l'admettoient que pour les planetes supérieures ; sans cela on
ne pouvoit déterminer exactement les distances de la Terre au
Soleil en différens temps de l'année, fondement essentiel de toutes
les recherches suivantes.

1211. Après avoir déterminé la position du centre d'égalité (*puncti
aequantis*) pour l'orbite de la Terre, Képler songea à la déterminer aussi pour l'orbite de Mars, c'est-à-dire à déterminer son
excentricité : voici la méthode qu'il employoit. Nous nous contenterons d'en donner une idée, le détail en seroit trop long : on
pourra le voir dans l'ouvrage cité (1206), où il explique ses tentatives, ses calculs, ses soupçons, ses erreurs, ses découvertes,
avec un grand détail.

Soit B le centre de l'excentrique de Mars, HI la ligne des apsides,
A le centre du Soleil, et C le point autour duquel les mouvemens
de la planete seroient uniformes ; F, G, D, E, quatre longitudes
de Mars observées lorsque cette planete étoit en opposition, et
que la seconde inégalité étoit nulle ; Képler se propose le problême suivant : Trouver les angles FAH, FCH, tels que les quatre
points F, G, D, E, soient dans un cercle, et que le centre B de
ce cercle soit sur la même ligne que les points C et A, c'est-à-
dire l'angle BAD égal à l'angle CAD. Il ne résolvoit le problême
que par une double fausse position : il supposoit d'abord qu'on
connût la distance CA avec les angles FCH et FAH ; il calcu-
loit par la trigonométrie toutes les autres parties de la figure, pour
savoir si, à la fin du calcul, les quatre angles formés en A se trou-
veroient égaux à 360°, et les trois points A, B, C, sur une même
ligne ; dans ce cas tout étoit connu, sinon il ne s'agissoit que de
recommencer le calcul avec d'autres suppositions (*Képler, page* 93).

1212. Képler nous apprend (page 95) qu'il fit de semblables
calculs plus de 70 fois, avant de parvenir à reconnoître que le
cercle ne pouvoit satisfaire seul aux observations. Après cela, dit-il,
on ne s'étonnera pas que j'aie passé cinq ans à établir la théorie
de Mars ; et l'on me plaindra plutôt d'avoir supporté l'ennui d'un
semblable travail. En effet, un seul exemple que rapporte Képler
de cette méthode, remplit dix pages de calculs dans le volume
in-fol. que nous venons de citer.

1213. Il fut obligé de se contenter d'un cercle, qui approchoit assez des quatre observations ; il calcula, dans cette hypothese circulaire, douze oppositions de Mars, observées par Tycho, et il n'en trouva aucune qui s'écartât de son calcul de plus de $1'\frac{3}{4}$. On s'étonnera, dit il, qu'une hypothese si bien d'accord avec les douze oppositions soit fausse : les observations de Tycho-Brahé étant nécessairement exposées à une erreur de $2'$, au jugement même de Képler, c'étoit véritablement les avoir représentées avec toute la perfection possible, que d'avoir évité des erreurs de $2'$ (*Képler*, *page* 110). Mais les oppositions ne suffisoient pas pour reconnoître la figure de l'orbite de Mars. L'hypothese qui représentoit très bien les longitudes de Mars en opposition, ne satisfaisoit ni aux latitudes observées en même temps, ni aux longitudes observées hors des oppositions, parceque les distances de Mars au Soleil, comme A F, A E, étoient défectueuses dans l'hypothese circulaire que Képler venoit d'examiner, quoique les angles ne le fussent pas, lorsqu'il supposoit A B (*excentricitas excentrici*) de 11332, et B C (*excentricitas aequantis*) de 7232 ; la Terre étant placée de côté, ne devoit plus voir la planete à sa véritable place, dès que la distance employée dans le calcul étoit défectueuse, et que la parallaxe annuelle qui dépend de ces distances de Mars au Soleil étoit fausse.

1214. Lorsque l'on faisoit A B = B C, comme paroissoient l'exiger ces autres observations, l'erreur alloit quelquefois à $8'$ (page 114). Si Képler avoit regardé une erreur de $8'$ comme négligeable, il en seroit demeuré là, ainsi qu'avoit fait Tycho-Brahé; mais persuadé que ces $8'$ d'erreur prouvoient la fausseté de l'hypothese circulaire, il songea à s'assurer des distances de Mars au Soleil, et ce furent ces distances qui lui firent ensuite connoître que l'orbite de Mars n'étoit pas un cercle parfait (1218). Ces recherches forment la plus grande partie de son ouvrage *de Stella Martis* : nous ne faisons, pour ainsi dire, que l'histoire ou l'extrait de ce livre ; mais aussi ce livre seul contient le germe et les fondemens de toute l'astronomie : notre objet ayant été de présenter la marche des inventeurs et l'histoire de l'esprit humain, nous suivons l'ouvrage où elles se trouvent totalement pour la partie et pour l'époque dont il s'agit.

1215. Képler avoit déterminé d'abord les distances de la Terre au Soleil (1210) ; il chercha ensuite les distances de Mars au Soleil en trois points de son orbite, avec ses longitudes vues du Soleil, afin d'avoir non seulement la figure, mais encore la grandeur de

cette

cette orbite ; nous allons rapporter sa méthode, qui étoit très propre à déterminer exactement ces distances. Keill attribue cette méthode à Halley, qui n'a vécu que long-temps après (*Instit. astronom. pag.* 515); mais Copernic même avoit employé une méthode semblable (1150).

Soit S (fig. 67) le centre du Soleil, M celui de Mars, B, C, deux points de l'orbite terrestre où se soit trouvée la Terre lorsque Mars étoit au même point M de son orbite, et par conséquent à la même distance S M du Soleil ; on connoît les deux positions de la Terre, c'est-à-dire ses longitudes et ses distances au Soleil ; il s'agit de trouver S M : dans le triangle rectiligne BSC, l'on connoît les deux côtés BS, SC, distances de la Terre au Soleil, et l'angle compris BSC, différence entre les deux longitudes de la Terre en B et en C; l'on trouvera les angles BCS. CBS, et le côté BC. L'angle MBS est la différence entre la longitude observée de Mars et celle du Soleil, au temps de l'observation faite en B; si l'on en retranche l'angle CBS que nous venons de trouver, on aura l'angle MBC; si l'on ôte aussi l'angle BCS de l'angle MCS, on aura l'angle MCB. Ainsi dans le triangle MCB l'on connoît deux angles et le côté compris; on trouvera aisément MB et MC. Enfin, dans le triangle MBS on connoît deux côtés MB, BS, avec l'angle compris MBS : on trouvera la distance MS avec l'angle MSB, qui étant ôté de la longitude de la Terre lorsqu'elle étoit en B, donnera la longitude héliocentrique de Mars en M.

Képler avoit choisi cinq observations différentes, qui, comparées deux à deux, lui donnoient le même résultat pour la distance et pour la longitude héliocentrique de Mars, en un même point M de son orbite, (*de Stella Martis, pag.* 157.)

1216. En employant un grand nombre d'observations de Tycho-Brahé, discutées avec toute la constance et la sagacité possibles, Képler établit l'excentricité de l'orbite terrestre (1210); ainsi il étoit en état de trouver en tout temps les distances de la Terre au Soleil telles que SB, SC, aussi bien que l'angle CSB : mais pour en être encore plus assuré, il refit tous ses calculs dans différentes suppositions d'excentricité, et à chaque fois il prenoit cinq observations, pour que l'accord de différens résultats lui fît mieux connoître le vrai; et c'est ainsi qu'après avoir discuté dans le plus grand détail une multitude d'observations, il s'arrêta à l'excentricité de 1800, et aux distances de Mars que nous rapporterons (1218). Les différentes parties de ces recherches se confirmoient réciproquement, et il ne pouvoit pas se faire que cinq positions

Tome II.   B de la Terre donnassent toutes , deux à deux, le même résultat pour la distance SM de Mars au Soleil, à moins que les distances SC et SB de la Terre au Soleil n'eussent été bien supposées.

1217. Cette méthode par laquelle Képler trouvoit une distance de Mars au Soleil (1215), lui donnoit le moyen d'en déterminer plusieurs, et par conséquent de trouver l'excentricité de Mars : ayant en effet déterminé la distance de Mars, aux environs de son aphélie, il la trouva de 166780, et dans le périhélie 138500; en sorte que la distance moyenne étoit de 152640 et l'excentricité de 14140 : c'est ce qu'il appelloit *Centrorum excentrici et Mundi distantia* (Képler, *pag.* 209).

Lorsque ces observations ne se trouvoient pas avoir été faites précisément dans le même endroit de l'orbite de Mars, il y appliquoit les réductions nécessaires pour les faire toutes coïncider en un même point; mais ces réductions étant fort petites, il n'en résultoit aucune erreur (4127).

1218. Képler détermina ainsi , par plusieurs observations , trois distances de Mars au Soleil AF, AE, AD (FIG. 66) , indépendantes de toute supposition sur la théorie de Mars : il avoit aussi déterminé la position de la ligne des apsides HI, par une méthode qui étoit également exacte, soit que l'orbite fût circulaire , soit qu'elle ne le fût pas (1280).

Supposant donc l'orbite circulaire et l'excentricité AB, de 14140, on a le triangle ABF, dans lequel on connoît le rayon BF de 152640 , avec l'excentricité AB et l'anomalie vraie BAF; il est aisé de trouver la distance vraie AE; il en est de même des autres distances AE, AD. Voici les trois distances que Képler trouvoit dans cette supposition (*page* 213). . 166605, 163883, 148539. Les distances observées. . . . . 166255, 163100, 147750. Ainsi l'erreur du calcul étoit.   350,   783,   789.

1219. Les vraies distances de Mars au Soleil étoient donc plus courtes que les distances calculées dans l'hypothese circulaire, et cela d'autant plus qu'elles approchoient des côtés G et E de la figure. Cela prouvoit donc que l'orbite étoit applatie, ou rentrante par les côtés, c'est-à-dire ovale : d'où suivoit la conclusion importante et fameuse que Képler en tira, et qui fut la première loi de Képler : *Itaque plane hoc est, orbita planetae non est circulus, sed ingrediens ad latera utraque paulatim ; iterumque ad circuli amplitudinem in perigeo exiens, cujusmodi figuram itineris ovalem appellitant* (*pag.* 213).

1220. Cette ovalité de l'orbite de Mars fit juger à Képler que cette orbite étoit une véritable ellipse; car l'ellipse est de toutes les courbes alongées, ou ovales, la plus simple et celle qui se présente la première : cela fut confirmé par l'examen des lieux de Mars, observés dans toutes ses positions, qui se trouverent d'accord, aussi bien que ses distances, avec les calculs faits dans l'ellipse ordinaire. Cette conclusion, que Képler étendit ensuite à toutes les planetes dans ses tables rudolphines, s'est trouvée dans toutes également exacte. Dans la suite, on a vu que c'étoit une consé-quence nécessaire de l'attraction universelle (3580), en sorte qu'il a été reconnu pour regle générale, que *les sept planetes princi-pales décrivent des ellipses dont le foyer est au centre du Soleil.*

1221. Le reste du livre de Képler est employé à confirmer cette découverte par d'autres observations et par d'autres genres de preuves, à expliquer par des raisonnemens physiques la cause de cette ovalité, et à chercher les moyens de calculer l'équation dans une ellipse dont on connoît l'anomalie moyenne. Nous ne sui-vrons pas l'auteur dans ces différentes tentatives, où l'on voit cepen-dant le génie et l'imagination de l'auteur : mais il nous suffit d'avoir montré la route par laquelle il étoit arrivé à cette belle découverte.

On a dû remarquer avec quelle sagacité Képler avoit su divi-ser les questions, pour les résoudre chacune séparément, et choisir dans le grand nombre d'observations que Tycho lui avoit fournies, celles qui décidoient un élément, c'est-à-dire un des points de la question, indépendamment de tous les autres. Il avoit d'abord déterminé l'excentricité de l'orbite terrestre (1208) par le moyen de deux longitudes de Mars, observées dans le temps que cette planete étoit au même point de son orbite : cette excentricité le mettoit à portée de connoître les autres distances de la Terre au Soleil en différens points de l'orbite terrestre. Connoissant les distances de la Terre au Soleil, il s'en étoit servi pour trouver celles de Mars au Soleil, dans son aphélie et dans son périhélie; ce qui donnoit directement l'excentricité de son orbite (1213). Enfin, il compara trois autres distances de Mars au Soleil, calcu-lées dans un cercle dont l'excentricité étoit connue; et les trou-vant plus longues que les vraies distances observées, il en conclut que ces vraies distances appartenoient à une orbite plus étroite que le cercle (1219).

Képler avoit été long-temps à secouer le préjugé universel des orbes circulaires; il s'accuse lui-même du temps considérable que lui avoit fait perdre cette fausse persuasion, fondée sur l'autorité générale de tous ceux qui l'avoient précédé, et sur les principes

B ij

de cette métaphysique arbitraire dont on n'osoit s'écarter. *Primus meus error fuit viam planetae perfectum esse circulum ; tantò nocentior temporis fur, quantò erat ab auctoritate omnium philosophorum instructior, et metaphysicae in specie convenientior (pag. 192).*

La découverte de Képler fut contestée et rejetée d'abord par beaucoup d'astronomes, comme l'avoit été le système de Copernic, et comme le fut ensuite l'attraction newtonienne : l'inertie de la matiere semble donner aux hommes une certaine difficulté à s'élever à des idées nouvelles ; il n'y a que ceux qui ont de la jeunesse, du feu et de la curiosité, qui les examinent et les reçoivent ; encore faut-il qu'ils n'aient pas honte de s'instruire et de se réformer.

Après que l'orbite de Mars eut servi à trouver les dimensions de l'orbite terrestre, et la regle du mouvement planétaire, la même méthode (1216) servit à trouver les distances de toutes les autres planetes : Képler les calcula lui-même avec assez d'exactitude, au moyen des observations de Tycho ; et il s'en servit pour dresser ses tables rudolphines.

1222. Ces distances lui servirent à trouver la loi dont nous parlerons ci-après (1224) ; et cette loi de Képler a servi aux autres astronomes pour trouver ces distances encore plus exactement qu'on ne pouvoit le faire par la méthode précédente. Ces calculs ont été faits plus d'une fois : les voici suivant les tables de Képler, Cassini et Halley, et suivant mes nouveaux calculs (1225), d'après les durées des révolutions (1162). Toutes ces distances supposent celle du Soleil de 100000 ; mais j'y ai ajouté des décimales, quand le calcul me les a données. J'y ai aussi ajouté la planete d'Herschel, découverte en 1781 et dont j'ai parlé (1160).

Tables des distances moyennes des planetes au Soleil, suivant divers auteurs.

Planetes.	Distances moyen. suiv. Képler.	Suivant Cassini.	Suivant Halley.	Selon nos Tables.	Logarithmes de ces distances.
Mercure.	38806	38760	38710	38710	9,5878221
Vénus.	72413	72340	72333	72333,24	9,8593379
La Terre.	100000	100000	100000	100000	0,0000000
Mars.	152349,5	152373	152369	152369,27	0,1828973
Jupiter.	520000	520290	520098	520279,2	0,7162364
Saturne.	951003,5	954180	954007,4	954072,4	0,9795813
Herschel.				1908180	1,2806193

Les logarithmes par le moyen desquels j'ai trouvé les distances, sont dans la derniere colonne; ils supposent la distance du Soleil égale à l'unité, parceque c'est sous cette forme qu'on emploie les distances dans les calculs. On trouvera celles de la Lune art. 1703.

1223. Les distances précédentes des planetes au Soleil, en négligeant les quatre derniers chiffres, sont entre elles comme les nombres 4, 7, 10, 15, 52, 95; ce sont là les nombres les plus simples qu'il y ait pour représenter les intervalles et les grandeurs des orbes planétaires, et nous nous en sommes déja servis en expliquant la figure du système de Copernic (1088) : il est utile de se souvenir de ces six nombres dont on fait un fréquent usage.

Les carrés des temps périodiques sont comme les cubes des distances.

1224. La plus fameuse loi du mouvement des planetes découverte par Képler, est celle du rapport qu'il y a entre les grandeurs de leurs orbites, et le temps qu'elles emploient à les parcourir; Jupiter est cinq fois plus éloigné du Soleil que la Terre, le contour de son orbite est cinq fois plus grand : mais il met douze fois plus de temps que la Terre à parcourir cette orbite qui est seulement cinq fois plus grande. Képler chercha long-temps la cause de cette différence et la nature de ces rapports. Les anciens Pythagoriciens et Archimede avoient imaginé des rapports harmoniques dans les distances des planetes (Pline liv. 2, c. 22; Censorinus, c. 13; Macrobe, *Somn. Scip.* liv. 2, c. 3; Riccioli, *Almag.* I, 415, 481, 689). Ils en établissoient aussi entre les aspects: l'aspect quadrat est par rapport à l'aspect sextile, comme 3 est à 2: c'est le rapport des cordes qui forment une quinte ou diapente, etc. (Riccioli, p. 668). Képler voulut aussi rapporter les distances des six planetes aux corps réguliers, le cube, le tétraèdre, l'octaèdre, le dodécaèdre, l'icosaèdre; ensuite à l'harmonie des corps sonores (voy. *Mysterium Cosmographicum,* 1596, et *Harmonices Mundi,* 1619); mais il ne trouvoit aucun rapport satisfaisant entre les temps et les distances.

Ce fut le 8 mars 1618 qu'il lui vint à l'esprit pour la premiere fois de comparer les puissances des différens nombres, au lieu de comparer les nombres mêmes qui exprimoient les temps périodiques des planetes et leurs distances : il compara donc au hasard des carrés, des cubes, etc. il essaya même les carrés des temps avec les cubes des distances; mais trop de vivacité ou d'impatience l'égara dans quelque faute de calcul, il se trompa cette premiere fois ; il crut trouver que la regle n'avoit pas lieu, et rejeta cette proportion comme fausse et inutile. Ce ne fut que le 15 mai qu'il revint à cette idée, en recommençant les mêmes essais et les mêmes comparaisons des carrés et des cubes ; il calcula mieux, et il les trouva parfaitement d'accord ; alors enfin il reconnut qu'il y avoit réellement toujours un rapport égal et constant entre les carrés des temps périodiques de deux planetes quelconques, et les cubes de leurs distances moyennes au Soleil : il fut si enchanté de cette découverte, qu'à peine il se fioit à ses calculs ; il crut d'abord se faire illusion et avoir supposé ce qu'il falloit chercher ; il n'osoit qu'à peine se persuader qu'il eût enfin trouvé une vérité cherchée pendant 17 ans : *Tantâ comprobatione et laboris mei septende-cennalis in observationibus Braheanis, et meditationis hujus in unum conspirantium, ut somniare me et praesumere quaesitum inter principia primò crederem* (*Harmonices, lib.* V, pag. 189). Qu'auroit-il dit, s'il eût pu prévoir les conséquences admirables qu'on a su tirer de cette loi (3546)?

1225. La distance de la Terre au Soleil est à celle de Jupiter au Soleil, comme 10 est à 52 ; leurs cubes sont par conséquent comme dix est à 1407 ; or, les durées de leurs révolutions sont de 365 ¼ et de 4332 jours ½ , dont les carrés , en négligeant les derniers chiffres, sont encore comme 10 est à 1407, ou comme 1 est à 141 environ ; donc le rapport est le même de part et d'autre ; le carré du temps périodique de Jupiter est 141 fois plus grand que le carré du temps périodique de la Terre, et le cube de la distance moyenne de Jupiter au Soleil est 141 fois plus grand que le cube de la distance moyenne de la Terre, c'est en quoi consiste l'égalité des rapports. Si l'on prend plus exactement les révolutions sidérales (1161) et les distances (1222), on aura 140, 7026 pour le nombre exact qui exprime combien le carré de la révolution de Jupiter et le cube de sa distance contiennent ceux de la Terre. On verra dans le XVIIIᵉ livre que cette loi se vérifie également quand on compare les distances des satellites de Jupiter et de Saturne avec les durées de leurs révolutions ; et quand nous traiterons de l'attraction, nous ferons voir que de cette loi donnée par observation, suivoit celle de la gravité, c'est-à-dire la plus belle découverte de Newton, qui dut son origine à celle de Képler (3546).

Je me suis servi de cette loi pour trouver les distances moyennes des planetes qui sont dans la table de l'article 1222, en ôtant du logarithme du mouvement séculaire total du Soleil, relativement aux étoiles, ou de 129597735″ qui est 8, 1125974 celui du mouvement séculaire de chaque planete (1162), et prenant les deux tiers de la différence. J'emploie les mouvemens séculaires, qui sont en raison inverse des temps des révolutions, parceque c'est presque toujours le mouvement qui est donné immédiatement par les observations, et duquel je déduis les périodes; il est bon de remonter à la source des données, toutes les fois qu'on a de nouvelles conséquences à en tirer.

1226. On n'a point assez observé les planetes hors des oppositions pour vérifier si cette loi de Képler ne souffre pas quelque petite altération par les attractions réciproques, la résistance de l'éther et l'atmosphere du Soleil. En examinant la quadrature de Mars et les digressions de Mercure en 1786, il m'a semblé reconnoître qu'il faudroit diminuer un peu les distances, de maniere à changer l'élongation de Mars d'une demi-minute (*Mém. ac.* 1786, p. 294). M. de la Place, par les calculs de l'attraction, trouve dans les distances de Jupiter et de Saturne quelque différence : la distance de Jupiter est, selon sa théorie, 52028, tandis que la regle de Képler donne 52012, et pour Saturne 95407 au lieu de 95379 qu'on déduiroit de la révolution observée et corrigée par les inégalités de ces planetes (*Mém.* 1785 et 1786).

Les aires sont proportionnelles au temps.

1227. Cette loi générale du mouvement des planetes devenue si importante dans l'astronomie, savoir, que les aires sont proportionnelles au temps, est encore une des découvertes de Képler; et c'est ce qu'on appelle la troisieme loi de Képler : cependant il ne démontroit cette vérité que d'une maniere incomplete; Newton a été le premier qui ait fait voir qu'elle étoit une suite nécessaire et exacte des loix générales du mouvement.

Képler étoit persuadé que le mouvement circulaire des planetes étoit produit par une certaine force émanée du Soleil, qui les forçoit à tourner autour du Soleil; comme celui-ci tournoit luimême sur son axe. D'après l'idée que Képler avoit déja conçue (3281), il considéroit que puisque les planetes les plus éloignées tournoient plus lentement que les planetes les plus proches du Soleil, il falloit que la force motrice fût plus petite à une plus grande distance, et cela le conduisit à établir non seulement la force d'*inertie*, dont il a parlé le premier, mais encore la regle des aires proportionnelles au temps.

1228. Képler démontre d'abord (page 165) que le mouvement

des planetes dans les apsides est réciproquement proportionnel à leur distance au Soleil, même dans l'hypothese de Ptolémée (1204); c'est-à-dire qu'en prenant un arc de l'excentrique vers l'aphélie, et un autre arc de même longueur vers le périhélie, la planete est plus long-temps dans l'arc aphélie, à proportion que la distance aphélie est plus grande; ou, ce qui revient au même, que les aires décrites dans le même temps sont égales.

Soit E (FIG. 68) le point autour duquel le mouvement est supposé uniforme (1204); S le centre du Soleil à même distance du centre C que le point E; ayant tiré deux lignes MEO, NEP, l'arc MN et l'arc OP sont parcourus dans le même temps, suivant cette hypothese, puisque les angles en E sont égaux; si du point S on tire les lignes SO, SP, et les lignes SN, SM, je dis qu'elles formeront des secteurs égaux OSP, NSM. En effet, $MN : OP :: ER : EQ$, donc $MN. EQ = OP. ER$; mais $EQ = SR$, et $ER = SQ$; donc $MN. SR = OP. SQ$; donc le secteur SNM est égal au secteur OSP : donc, dans l'hypothese même des anciens, si l'on prend deux arcs MN et OP décrits par une planete dans des temps égaux, vers les apsides, on aura au point S des aires égales.

De ce que la planete emploie plus de temps dans son aphélie à parcourir un même arc, Képler conclut en général (*pag.* 168) que plus la planete est éloignée du centre du Soleil, plus elle est foiblement animée par la force motrice qui la fait tourner autour du Soleil. Après cela il applique cette *égalité* des aires (*cap.* 40) au calcul de l'équation. Enfin il observe que les surfaces des secteurs doivent exprimer les anomalies moyennes. En effet, la demeure d'une planete dans chacun des arcs égaux de l'excentrique, ou le temps qu'elle emploie à le parcourir étant toujours proportionnel à la distance de la planete; si l'on peut avoir la somme de toutes les distances, on aura la somme de toutes les demeures, ou de tous les temps, c'est-à-dire le temps employé à parcourir un arc quelconque, de quelque grandeur qu'il soit : or la somme de toutes les distances est visiblement la surface entiere du secteur décrit par la planete; ainsi l'aire du secteur représentera l'anomalie moyenne, qui est proportionnelle au temps.

1229. Lorsque Képler (*pag.* 219 et 223) passe à la considération des orbes elliptiques, il transporte à l'ellipse cette propriété qu'il n'avoit démontrée que pour le cercle excentrique, dans l'hypothese des anciens, sans y employer d'autre démonstration; ainsi la loi des aires proportionnelles au temps n'étoit démontrée qu'imparfaitement, mais elle étoit justifiée par l'accord du calcul

avec

avec l'observation. Nous verrons bientôt (1233) une démonstration physique et rigoureuse de cette loi.

1230. On prouve très bien aujourd'hui, par l'observation des diametres du Soleil, que les aires sont proportionnelles aux temps vers les apsides, ou, ce qui revient au même, que le mouvement réel du Soleil est d'autant plus lent qu'il est plus éloigné de la Terre. Le diametre du Soleil est de 31′ 31″ en été, et de 32′ 36″ en hiver, suivant mes observations ; cela prouve que la distance du Soleil en hiver est à sa distance en été, comme 31′ 31″ est à 32′ 36″ ; car les grandeurs apparentes d'un objet éloigné sont en raison inverse de ses distances (1384) : le mouvement horaire du Soleil en hiver paroît de 2′ 33″ ; or 32′ 36″ : 31′ 31″ :: 2′ 33″ : 2′ 28″ ; ainsi le mouvement horaire du Soleil devroit être de 2′ 28″ en été, si le mouvement horaire vrai étoit en lui-même constant et uniforme, et que ses différences ne dépendissent que de l'éloignement du Soleil, qui le feroit paroître ralenti de 5″. Cependant, par l'observation, ce mouvement horaire ne se trouve que de 2′ 23″ ; il est plus petit qu'il ne devroit être dans cette supposition : donc, outre les 5″ de différence qu'il doit y avoir entre les mouvemens horaires du Soleil en été et en hiver à cause de ses différentes distances, il y a encore une différence réelle de 5″, qui ne provient pas des distances, mais qui est un ralentissement véritable dans le mouvement vrai du Soleil ; donc le mouvement réel de la Terre est effectivement plus lent dans l'aphélie que dans le périhélie. On voit même que le mouvement horaire du Soleil en été, comparé à son mouvement en hiver, est en raison inverse des distances, puisqu'on l'observe plus petit de 10″ au lieu de 5″, ou de 2′ 23″, au lieu de 2′ 28″ qu'il y auroit en supposant le mouvement uniforme ; c'est-à-dire qu'il y a 5″ de ralentissement réel en été, indépendamment des 5″ qu'il doit y avoir, à raison de l'éloignement.

La loi des aires proportionnelles au temps ayant été vérifiée d'ailleurs par un accord général entre les observations et le calcul tiré de cette loi, nous pourrions la regarder comme prouvée astronomiquement, sur-tout n'ayant pas encore traité des causes qui doivent produire cet effet ; cependant nous allons démontrer encore, 1°. que les planetes tournent en vertu d'une force centrale ou attractive, dirigée vers le Soleil ; 2°. que cette force une fois supposée, il s'ensuit que les aires sont proportionnelles au temps : ce sera une connoissance élémentaire qui préparera le lecteur à la physique céleste, dont nous traiterons dans le XXIIᵉ livre.

Tome II.   C

1231. C'est la premiere loi du mouvement prouvée par l'expérience, et admise par tous les mathématiciens, même par les anciens (3519, 3536), qu'un corps ayant parcouru une ligne droite uniformément dans l'espace d'une minute, parcourroit une autre ligne droite sur la même direction dans la minute suivante, si rien ne s'y opposoit; ainsi la planete P (FIG. 69) ayant été une seule fois uniformément de P en Q sur la ligne droite PQ, elle continueroit à se mouvoir de Q en F sur la même direction PQF, en parcourant un espace QF égal à PQ uniformément, et dans le même espace de temps : cependant les planetes décrivent des ellipses, et non pas des lignes droites; elles courbent sans cesse leur route du côté du Soleil, et reviennent après une révolution reprendre la même route à la même distance du Soleil; il y a donc dans le Soleil une force capable de détourner à chaque instant une planete de la ligne droite qu'elle venoit de décrire l'instant précédent. Nous examinerons la mesure et la quantité de cette force dans le XXIIe livre, où nous traiterons de l'attraction; il nous suffit ici de faire voir que cette force centrale existe, puisque sans elle une planete ne pourroit décrire qu'une ligne droite, et jamais ne reviendroit au même lieu, comme elle le fait, en décrivant sans cesse une courbe qui environne le Soleil.

1232. La seconde loi du mouvement, qui est démontrée dans tous les livres de mécanique, est celle-ci : un corps poussé à la fois par deux forces différentes, dont les directions font un angle, et dont chacune pourroit lui faire parcourir en une minute un des côtés d'un parallélogramme, en décrira la diagonale dans la même minute. La planete arrivée en Q est poussée vers le Soleil, suivant la direction QS, avec une force qui seule seroit capable de lui faire parcourir en une minute une ligne droite QG, tandis qu'au même instant elle est sollicitée à parcourir en une minute une ligne QF égale à PQ, en vertu de la premiere loi du mouvement (1231); si sur les lignes QG et QF on forme un parallélogramme GQFR, la planete parcourra la diagonale QR dans la même minute. Il ne faut que ces deux principes pour démontrer que la loi des aires proportionnelles au temps doit avoir lieu dans tous les cas; nous allons faire cette démonstration à peu près comme Newton (*Philosophiae natur. Principia mathemat. l. I, sec. II, prop.* 1).

1233. Considérons une planete en un point Q de son orbite, venant de parcourir une très petite portion PQ de cette orbite, que je considere comme une très petite ligne droite : le rayon de son orbite ayant passé de SP en SQ, a décrit l'aire SPQ en une

minute de temps ; je dis que dans la minute suivante elle décrira
une aire SQR égale à l'aire SPQ, ou un triangle égal en surface
à SPQ, en sorte que l'aire décrite par le rayon vecteur sera égale
en temps égal. En effet, si la planete, livrée à elle-même, eût
continué à se mouvoir de Q en F, en vertu de la premiere loi
du mouvement (1231), elle auroit décrit une aire QSF qui est égale
à l'aire PSQ, parceque ces deux triangles sont égaux, ayant des
bases égales PQ et QF, et pour hauteur commune la perpendiculaire abaissée du point S sur la direction FQP, prolongée au-
dehors : mais à cause de la force centrale qui attire la planete vers
le Soleil, ce sera l'aire QSR (à la place de l'aire QSF), qui sera
décrite par la planete ; or, les triangles QSR, QSF, sont encore
égaux, parcequ'ils ont la même base QS, et sont compris entre
les mêmes parallèles FR et QS ; donc l'aire QSR est aussi égale
à l'aire PSQ : ainsi il est démontré que la petite aire décrite dans
la seconde minute est égale à la petite aire décrite dans la minute précédente ; et procédant ainsi, de minute en minute, dans
toute la durée de la révolution , on démontreroit avec la même
facilité que la même planete décrira éternellement la même aire
dans le même temps, à quelque distance du Soleil qu'elle par-
vienne, tant qu'il ne surviendra pas une force étrangere qui puisse
troubler l'égalité entre Q F et P Q, c'est-à-dire entre la ligne qu'une
planete vient de parcourir, et celle qu'elle tend à parcourir dans
la minute suivante.

Ainsi la loi des aires proportionnelles aux temps est prouvée,
non seulement par l'observation , c'est-à-dire par l'accord général
des calculs fondés sur cette loi, avec les observations, mais encore
par la nature même des deux forces qui animent les planetes :
nous allons donc passer au calcul du mouvement des planetes
dans les orbites elliptiques, pour être en état d'assigner en tout
temps le point de son orbite où une planete doit se trouver en
vertu de la loi précédente.

On a appellé *Loix de Képler* cette regle des aires proportionnelles aux temps , et celles des articles 1220 et 1224 . du nom de
ce célebre inventeur : mais il n'eut pas la satisfaction de voir leur
connexion , et leur dépendance essentielle d'une autre loi plus
générale ; cela étoit réservé à Newton, dans la découverte de l'attraction universelle , comme on le verra dans le livre XXII.

C ij

Théorie du mouvement elliptique des planetes autour du Soleil.

1234. Définitions. L'excentricité d'une orbite est la distance CS du centre au foyer de l'orbite. Le *rayon vecteur* d'une planete est la ligne tirée du centre du Soleil au centre de la planete, ou la distance de la planete au foyer de son ellipse. Soit AMDP (fig. 70) l'orbite elliptique d'une planete décrite autour du foyer S, où est placé le Soleil (1220), M le lieu actuel d'une planete pour un instant donné, la ligne SM sera le rayon vecteur.

La ligne des apsides (864), ou le grand axe de l'ellipse, marque l'aphélie et le périhélie de la planete. L'aphélie, ou l'apside supérieure, est le point de l'orbite où la planete est le plus éloignée du Soleil; tel est le sommet A du grand axe AP, le plus éloigné du foyer S. Le Périhélie, ou l'apside inférieure, est le point de l'orbite où la planete est le plus proche du Soleil; telle est l'extrémité inférieure P du grand axe AP, la plus voisine du foyer S où réside le Soleil.

L'anomalie en général est la distance d'une planete à son aphélie; mais il y a plusieurs manieres de mesurer cette distance.

L'anomalie vraie, ou anomalie égalée [a], est l'angle formé au foyer de l'ellipse par le rayon vecteur et par la ligne des apsides; tel est l'angle ASM formé par le grand axe A P et par le rayon vecteur SM.

L'anomalie excentrique est l'angle formé au centre de l'ellipse par le grand axe et par le rayon d'un cercle circonscrit, mené à l'extrémité de l'ordonnée qui passe par le lieu vrai de la planete. Ainsi ayant décrit un cercle ANP sur le grand axe AP de l'orbite, comme diametre, on tirera l'ordonnée RMN par le point M où est supposée la planete, et à l'extrémité N de cette ordonnée on menera le rayon CN : c'est celui qui déterminera l'anomalie excentrique AN ou ACN.

L'anomalie moyenne est la distance à l'aphélie, supposée pro-

(a) Dans Képler *anomalia æquata,* dans les anciens *anomalia orbis,* étoit la distance d'une planete au sommet de son épicycle ; c'étoit dans Copernic *anomalia commutationis , anomalia secundæ inæqualitatis.* Mais *anomalia excentrici* étoit le mouvement du centre de l'épicycle , compté depuis l'apogée de l'excentrique. La Lune ayant d'autres inégalités, il y avoit d'autres anomalies , que Képler appelloit *soluta, menstrua temporanea, menstrua perpetua* : c'étoient les argumens des trois grandes inégalités.

portionnelle au temps ; c'est celle qui augmente uniformément et également depuis l'aphélie jusqu'au périhélie : ainsi une planete qui emploieroit six mois à aller de A en P, auroit, à la fin du premier mois, 30° d'anomalie moyenne, 60° à la fin du second ; et ainsi de suite, en augmentant toujours proportionnellement au temps. Si l'on prend une ligne CX pour marquer l'anomalie moyenne, en supposant que cette ligne tourne uniformément autour du centre C, la ligne CX sera d'abord plus avancée que la ligne CN, parceque AN croît plus lentement vers l'aphélie où le mouvement de la planete est moindre que le mouvement moyen, et cet avancement augmentera tant que la vîtesse de la planete sera moindre que sa vîtesse moyenne (1257).

La différence entre l'anomalie vraie et l'anomalie moyenne forme l'ÉQUATION *de l'orbite*, ou *l'équation du centre*.

1235. Puisque l'anomalie moyenne est proportionnelle au temps, et qu'elle est une portion du temps de la révolution, elle peut être mesurée par toute quantité qui aura un progrès uniforme : ainsi non seulement l'arc AX, l'angle ACX, et le secteur ou l'aire circulaire ACX, peuvent s'appeller *anomalie moyenne*, mais encore le secteur elliptique, ou l'aire ASM, formée par le rayon vecteur SM, le grand axe SA et l'arc d'ellipse AM. En effet, les aires décrites par le rayon vecteur SM étant proportionnelles aux temps (1227), le secteur AMS sera la sixieme partie de la surface elliptique AMDPA au bout du premier mois (dans la supposition de l'article précédent) ; il en sera par conséquent le tiers au bout de deux mois, et toujours ainsi uniformément ; en sorte que la surface, ou l'aire elliptique, sera la quantité proportionnelle au temps, une fraction égale à la fraction du temps, ou à l'anomalie moyenne : ainsi l'on pourra dire à la fin du premier mois, que l'anomalie moyenne est 30°, ou, en général, qu'elle est un douzieme ; car alors les 30° sont la douzieme partie du ciel, l'arc sera la douzieme partie du cercle, le temps employé à le parcourir sera la douzieme partie du temps de la révolution entiere ; et enfin l'aire AMS sera la douzieme partie de l'aire entiere de l'ellipse : mais ordinairement c'est en degrés que nous exprimons l'anomalie moyenne.

1236. Képler ayant trouvé que les planetes décrivoient des ellipses avec des aires proportionnelles au temps, il ne lui restoit plus que d'en conclure le vrai lieu d'une planete pour un temps donné. Lorsqu'on connoît la durée de la révolution de la planete, par exemple, celle de Mercure, qui est de 88 jours, et qu'on demande le lieu de Mercure au bout de deux jours, c'est-à-dire de la 44ᵉ partie de sa révolution, on sait dès lors que l'aire du secteur ASM, compris entre l'aphélie et le rayon vecteur SM, est la 44ᵉ partie de la surface de l'ellipse ; cette portion du temps, ou cette portion de l'ellipse, est proprement l'*anomalie moyenne*, que l'on peut aussi exprimer en degrés, en prenant la 44ᵉ partie des 360° ou du cercle entier : c'est en degrés que nous la prendrons toujours, pour suivre la forme usitée dans les tables astronomiques, où toutes les anomalies et toutes les équations s'expriment en degrés, minutes et secondes.

1237. Lorsqu'on connoît l'anomalie moyenne, ou la surface du secteur AMS, il s'agit de trouver l'anomalie vraie, ou l'angle ASM de ce secteur. Képler sentit bien la difficulté de ce problème, *étant donnée l'anomalie moyenne, trouver l'anomalie vraie*, même dans un cercle, car la difficulté est la même que dans l'ellipse; il se contenta d'inviter les géometres à en chercher la solution, sans espérer qu'on la pût trouver d'une maniere directe, parcequ'elle suppose connu le rapport entre les arcs et leurs sinus, qui n'est donné que par approximation. Voici comment il s'exprime au sujet de ce fameux problème, qui a toujours été appellé depuis *Problème de Képler*, parcequ'en effet il le proposa le premier, et en donna même une solution approchée: *Haec est mea sententia : quae quominùs habere videbitur geometricae pulchritudinis, hoc magis adhortor geometras ut mihi solvant hoc problema : Datá areá partis semicirculi, datoque puncto diametri, invenire arcum et angulum ad illud punctum : cujus anguli cruribus et quo arcu data area comprehenditur : vel aream semicirculi ex quocumque puncto diametri in data ratione secare. Mihi sufficit credere solvi a priori non posse propter arcus et sinus* ἑτερογένειαν (pag. 300). C'est par-là que Képler termine ses recherches. Le problème dont il désespéroit alors, est encore aujourd'hui désespéré ; mais nous le résoudrons par approximation (1247).

1238. La premiere chose que nous ferons pour simplifier ces recherches, sera de renverser la question, et de supposer connue l'anomalie vraie pour en déduire l'anomalie moyenne ; cette méthode sera plus courte, souvent plus exacte, et tiendra toujours lieu, dans la pratique, de la méthode directe, que nous expliquerons cependant à son tour (1247). Cette méthode indirecte a été employée avec succès par la Caille dans ses recherches sur le Soleil; elle est fondée sur deux théorêmes, que nous allons démontrer d'une maniere très simple, en supposant quelques propositions des sections coniques, ou de la trigonométrie, qui seront démontrées à leur place dans les livres XXI et XXIII.

1239. **Lemme.** *Dans une ellipse* AMP, *à laquelle on a circonscrit un cercle* ANP, CX *étant la ligne de l'anomalie moyenne,* M *le vrai lieu de la planete,* RMN *l'ordonnée qui passe par le lieu de la planete; le secteur circulaire* ANSA *est toujours égal au secteur circulaire* ACX *de l'anomalie moyenne.*

Démonstration. Soit T le temps entier de la révolution de la planete, et t le temps qu'elle a employé à aller de A en M : on aura, par la regle des aires proportionnelles aux temps, t est à T comme le secteur AMS est à la surface de l'ellipse : de même, puisque ACX est l'anomalie moyenne, on aura t est à T comme ACX est à la surface du cercle; donc AMS est à ACX comme la surface de l'ellipse est à la surface du cercle. Mais, par la propriété de l'ellipse (3398), AMS est à ANS comme la surface de l'ellipse est à la surface du cercle; nous avons donc deux proportions qui ont trois termes communs, savoir AMS, la surface de l'ellipse, et la surface du cercle; le terme qui paroît différent est donc nécessairement le même; donc ACX et ANS sont égaux entre eux. C.Q.F.D.

1240. *La* racine carrée *de la distance périhélie est à la racine carrée de la distance aphélie, comme la tangente de la moitié de l'anomalie vraie est à la tangente de la moitié de l'anomalie excentrique.*

Démonstration. C'est une propriété des triangles rectangles, tels que RSM, que la tangente de la moitié de l'angle RSM est égale au côté opposé RM, divisé par la somme des deux autres côtés SR, SM (3848); ainsi dans les triangles rectangles MSR et NCR on a cette proportion : tang. $\frac{1}{2}$ MSR : tang. $\frac{1}{2}$ NCR :: $\frac{RM}{SR + SM}$: $\frac{RN}{CR + CN}$; si l'on met à la place du rapport de RM à RN, celui de CD à CA, qui lui est égal par la propriété de l'ellipse, et à la place de SR + SM, sa valeur PR. $\frac{SA}{CA}$ (3403), et enfin PR à la place de CR + CN, on changera la proportion en celle-ci : tang. $\frac{1}{2}$ MSR : tang. $\frac{1}{2}$ NCR :: $\frac{CD \cdot CA}{PR \cdot SA}$: $\frac{CA}{PR}$ :: CD : SA ; et nommant a le demi-axe de l'ellipse, et e l'excentricité CS, on aura T. $\frac{1}{2}$ MSR : tang. $\frac{1}{2}$ NCR :: CD : SA :: $\sqrt{(aa - ee)}$ [a] : $a + e$; on divisera les deux derniers termes par $\sqrt{(a + e)}$, et l'on aura T. $\frac{1}{2}$ MSR : T $\frac{1}{2}$ NCR :: $\sqrt{(a - e)}$: $\sqrt{(a + e)}$, :: $\sqrt{(PS)}$: $\sqrt{(SA)}$. Donc la ra-

---

[a] $\sqrt{aa-ee}$ est la valeur de CD (3402).

cinc de la distance périhélie PS est à celle de la distance aphélie AS, comme la tangente de la moitié de l'anomalie vraie ASM est à la tangente de la moitié de l'anomalie excentrique NCR ou ACN. C. Q. F. D.

1241. *LA DIFFÉRENCE entre l'anomalie excentrique et l'anomalie moyenne est égale au produit de l'excentricité par le sinus de l'anomalie excentrique.*

DÉMONSTRATION. Le secteur circulaire ANSA est égal au secteur de l'anomalie moyenne ACX (1239); si l'on ôte de tous deux la partie commune ACN, on aura le secteur NCX égal au triangle CNS. La surface du secteur circulaire NCX est égale au produit de CN par la moitié de l'arc NX; la surface du triangle CNS est égale au produit de CN par la moitié de la hauteur ST, qui est une perpendiculaire abaissée du foyer S sur la base NC, prolongée au-delà du centre C; ainsi les deux surfaces étant égales, et ayant un des produisans CN qui est commun à toutes deux, les autres produisans sont aussi égaux; donc l'arc NX est égal à la ligne droite ST. Mais dans le triangle STC, rectangle en T, l'on a ST = CS. sin. TCS, suivant l'expression ordinaire de la trigonométrie rectiligne (3801); donc NX = CS. sin. TCS = CS. sin. ACN; donc la différence NX entre l'anomalie excentrique AN et l'anomalie moyenne AX est égale au produit de l'excentricité CS par le sinus de l'anomalie excentrique ACN. C. Q. F. D.

1242. Pour comparer entre elles les lignes NX, ST, CS, il faut qu'elles soient exprimées en parties de même espece. C'est en degrés, minutes et secondes, qu'on exprime les anomalies moyennes; c'est donc en secondes qu'il faut exprimer ST, et l'excentricité CS. Pour y parvenir il suffit de savoir que le rayon AC d'un cercle quelconque ANX est égal à environ $57°$, ou à l'arc de $206264''8$ (3467,3499): ainsi l'on aura l'arc équivalent à l'excentricité CS en faisant cette proportion : La distance moyenne ou le rayon AC est à l'excentricité CS comme l'arc égal au rayon est à l'arc équivalent à CS, ou au nombre de secondes que contient l'excentricité; donc ce nombre est $\dfrac{206264''8 . \; CS}{AC}$.

Si l'on fait AC : CS :: 1 : *e*, c'est-à-dire si *e* est l'excentricité en parties de la distance moyenne (1278), on aura $e = \dfrac{CS}{AC}$; et pour exprimer l'excentricité en secondes, il suffira de multiplier par *e* le nombre $206264''8$, dont le logarithme est $5,3144251332$. C'est aussi le complément arithmétique du log. sin. $1''$, en sorte que

que $206264''8 = \dfrac{1''}{\sin. 1''}$, et sin. $1'' = \dfrac{1''}{206264''8}$. Aussi toutes les fois que Mayer veut exprimer une quantité en secondes, il la divise par le sinus de $1''$. Si au contraire il veut exprimer en décimales du rayon un nombre de secondes, il le multiplie par sin. $1''$. En effet, le sinus et l'arc de $1''$ sont sensiblement égaux : on peut dire $1'' : $ sin. $1'' :: $ un nombre de secondes n est au même nombre exprimé en parties pareilles à celles de sin. $1''$, c'est-à-dire en décimales du rayon ; et le quatrieme terme de cette analogie est n sin. $1''$. Cette maniere peut se retenir plus facilement, et sin. $1''$ tient moins de place dans une formule ; quelquefois aussi j'écrirai $57°$ au lieu de $206264''8$.

Il en est de même de toutes les quantités qu'on trouve dans les calculs, exprimées en parties du rayon ; lorsqu'on les veut avoir en secondes, on les multiplie par $206264''$, ou l'on ajoute à leur logarithme le logar. constant $5,3144251332$. C'est le contraire si l'on a des arcs en secondes, et qu'on veuille les réduire en décimales du rayon.

1243. On verra bientôt l'application des deux théorêmes (1240 et 1241) avec un exemple (1244); mais pour plus de facilité, nous donnerons dans la table suivante pour chaque planete, les deux logarithmes constans qui servent pour les proportions contenues dans ces deux théorêmes. Le premier, pour l'anomalie excentrique, est la moitié de la différence entre le logarithme de la distance aphélie et celui de la distance périhélie (1240) ; il s'ajoute avec le logarithme de la tangente de la moitié de l'anomalie vraie, pour avoir celui de la tangente de la moitié de l'anomalie excentrique. Le second logarithme est pour trouver l'anomalie moyenne : c'est la somme du logarithme de l'excentricité (1278) et du logarithme de $57°$; on ajoute ce logarithme constant avec celui du sinus de l'anomalie excentrique, pour avoir celui de la différence qu'il y a entre l'anomalie excentrique et l'anomalie moyenne. Enfin, nous avons joint à la même table le logarithme de la moitié du petit axe, pour servir à trouver la distance (1246) ; c'est la demi-somme des logarithmes de la distance aphélie et de la distance périhélie.

Les logarithmes constans pour l'orbite de la Lune supposent sa moyenne distance égale à l'unité, et son excentricité $0,05503568$, qui donne pour la plus grande équation $6° 18' 31''6$ (1278) ; c'est ainsi que Mayer supposoit la quantité moyenne de l'équation, et l'on n'y a rien changé (1480).

Tome II. D

	Logarithmes constans , d'après les nouvelles Tables.		
PLANETES.	Premier Logarit. pour l'anomalie excentrique.	Second Logarit. pour l'anomalie moyenne.	Logarithme du demi-axe conjugué.
Mercure,	0 0905430	4 6272651	9 5784504
Vénus,	0 0029905	3 1522975	9 8593275
Le Soleil,	0 0072927	3 5394899	9 9999387
Mars,	0 0405448	4 2833172	0 1810076
Jupiter,	0 0208955	3 9963597	0 7157339
Saturne,	0 0244430	4 0643360	0 9788940
La Lune,	0 0239255	4 0550625	9 9993412
Herschel,	0 0206824	3 9919124	1 2801270

1244. Exemple. Je suppose qu'on connoisse l'anomalie vraie de Mars 1ˢo° 8′ 40″, et qu'on veuille la convertir en anomalie moyenne : le logarithme de la distance aphélie, suivant mes tables, est 5,221552 ; le logarithme de la distance périhélie, 5,140463 ; la moitié de la différence de ces deux logarithmes est 0,0405448, c'est le logarithme constant pour la premiere analogie. Les distances qui répondent aux deux logarithmes des tables sont 1665530 et 1381856, la moitié de la somme de ces deux distances est 1523693 ; c'est le demi-axe de l'ellipse, ou la distance moyenne de Mars au Soleil ; la moitié de la différence entre ces mêmes distances est 141837, excentricité de Mars. Il faut d'abord convertir cette excentricité en fraction de la distance moyenne de Mars, prise pour unité, en disant : 152369 est à 1, comme 14183 est à 0,0930877 : c'est une fraction décimale de la distance de Mars. Cette fraction qui exprime l'excentricité a pour logarithme 8,9688921 ; pour la réduire en secondes, on la multiplie par l'arc égal au rayon (1242) et l'on trouve 19200,″ dont le logarithme est 4,2833172 : voici l'opération détaillée.

Logarithme de l'excentricité, 14183,7 . . . . . . 4, 1517895

Otez le logarithme du demi-axe, 152369 . . . . 5, 1828974

différence   8, 9688921

Ajoutez le logarithme de 57° 5, 3144251

Somme, log. cons. pour la 2ᵉ analogie (1243) . . 4, 2833172

Log. constant pour la premiere analogie 0, 0405448
L. T. de la demi-anomalie vraie . . 15° 4′ 20″   9, 4302374

L. T. de la demi-anomalie excent. . 16 28 13,8   9, 4707822
Donc l'anomalie excentrique est . . 32 56 27,6
Logarithme constant pour la seconde analogie , . . 4, 2833172
Logarit. du sin. de l'anom. excent. . 32° 56′ 27″6   9, 7354193

Logarithme de 10440″9 , ou 2 54 0,9   4, 0187365
Ajoutez à l'anomalie excentrique, . 32 56 27,6
Anomalie moyenne , ... 35 50 28,5

Si l'anomalie vraie donnée surpasse six signes ou 180°, on prendra ce qui s'en manque pour aller à 360°, ou à 12 signes , afin d'avoir la distance à l'aphélie par le plus court chemin , dont on fera le même usage que dans l'exemple précédent ; mais après avoir trouvé l'anomalie moyenne , on aura soin de reprendre aussi son supplément à 360° pour avoir toujours cette anomalie moyenne comptée suivant l'ordre des signes.

C'est ainsi qu'on trouve l'anomalie moyenne , en supposant connue l'anomalie vraie ; mais c'est ordinairement l'anomalie moyenne qui est donnée, et c'est l'autre que l'on cherche : voici le procédé qu'il faut suivre.

1245. Connoissant l'anomalie moyenne, trouver l'anomalie vraie. Il faut voir à peu-près par les tables quelle est l'équation de l'orbite qui a lieu au degré d'anomalie qui est donné ; on l'applique à l'anomalie moyenne pour avoir la vraie ; et cette anomalie vraie se convertit en moyenne par les regles précédentes. Si l'anomalie moyenne qui en résulte , est la même que celle qui étoit donnée, c'est une preuve que l'équation employée étoit exacte ; si l'on trouve une anomalie moyenne trop grande , on diminue l'anomalie vraie supposée, et l'on a ainsi, après deux suppositions, au moyen d'une simple proportion, une anomalie moyenne exactement d'accord avec celle qui étoit donnée ; la différence entre celle-ci et l'anomalie vraie qui a servi à la trouver, est l'équation exacte que l'on cherchoit [a].

1246. LE RAYON VECTEUR, ou la distance d'une planete au Soleil, se trouve par le moyen de l'anomalie vraie et de l'anomalie excen-

[a] On peut éviter ces tâtonnemens, en prenant les variations de l'anomalie moyenne et de l'anomalie vraie, dans une table d'équation déjà faite, ou en considérant qu'elles sont entre elles comme b sin.$^2 x$ est à sin.$^2 u$ (3481).

trique en faisant cette proportion : *Le sinus de l'anomalie vraie est au sinus de l'anomalie excentrique, comme la moitié du petit axe est au rayon vecteur.*

Démonstration. Ayant tiré la ligne NQ (fig. 70), parallele au rayon vecteur MS, on a par les triangles semblables cette proportion, $SM : QN :: RM : RN :: CD : CK$ ou CN ; donc $SM : CD ::$ $QN : CN :: $ sin. QCN : sin. CQN :: sin. RCN : sin. RSM ; donc sin. RSM : sin. RCN :: CD : SM, qui est la distance cherchée.

Pour faciliter l'usage de ce théorême, nous avons mis dans la table de l'art. 1243 les logarithmes de chaque demi-axe conjugué pour les planetes principales, en' supposant l'excentricité telle qu'elle est dans nos tables ; on sait par la propriété ordinaire de l'ellipse, que CD ou $\sqrt{(SD^2 - CS^2)} = \sqrt{(CP^2 - CS^2)} = \sqrt{(CP + CS)}$ $\sqrt{(CP - CS)}$; c'est-à-dire que CD est égal au produit des racines de la distance aphélie et de la distance périhélie.

Exemple. L'anom. vraie (1244), étant de 30^c 8' 40", l'anom. exc. $32°$ 56' 27"6 ; on demande la dist. de Mars au Soleil, ou le rayon vecteur. On ajoutera ensemble le logarithme de la distance aphélie et le logarithme de la distance périhélie, on prendra la moitié de leur somme, et l'on aura le logarit. du demi-axe conjugué, . . 0,1810076

Ajoutez le logarithme sin. anom. exc. $32°$ 56' 27",6   9,7354193

  9,9164269

Otez le logarithme sin. anom. vraie ,   9,7008609

Reste le logarithme de la distance , 0,64273   0,2155660

Problême de Képler : connoissant l'anomalie moyenne,
trouver l'anomalie vraie.

1247. Jusqu'ici nous avons donné les regles nécessaires pour convertir l'anomalie vraie en anomalie moyenne, problême facile, et auquel nous avons coutume de réduire le problême de Képler qui en est l'inverse ; néanmoins, pour satisfaire aussi le lecteur sur les méthodes directes qu'on peut employer pour résoudre le problême de Képler par approximation, nous allons en rapporter une solution.

Dans le cercle ANB (fig. 71), circonscrit à l'orbite AMB d'une planete, on a vu que AX étant pris pour anomalie moyenne, la différence NX entre l'anomalie moyenne et l'anomalie excentrique ACN est égale à la perpendiculaire ST (1241) ; si du point X on tire une ligne XY parallele à NCT, ou perpendiculaire sur ST, la petite ligne SY sera la différence entre l'arc NX égal à ST, et le sinus de cet arc, qui est égal à YT ; cette différence entre l'arc et le sinus n'excede pas une demi-seconde, lorsque l'arc NX ne va pas au-delà d'un degré et demi ; on peut alors la négliger entièrement, et considérer les lignes NC, XS, comme parallèles entre elles : dans ce cas l'angle CXS est égal à l'angle NCX. Dans le triangle SCX on connoît deux côtés et l'angle compris : savoir, l'excentricité SC, le rayon du cercle, c'est-à-dire CX et l'angle compris SCX qui est le supplément de l'anomalie moyenne donnée, ACX ; on trouvera donc l'angle CXS égal à NCX, qui, retranché de l'anomalie moyenne ACX, donnera l'anomalie excentrique ACN dont le supplément est NCS. Dans le triangle NCS, on connoît encore les deux côtés SC, CN, et l'angle compris NCS ; on trouvera donc l'angle NSC ou NSA. On cherchera aussi SN pour parvenir à trouver la distance (1241). Enfin on dira, suivant la propriété de l'ellipse (3387) : RN est à RM, ou le grand axe est au petit axe, comme la tangente de l'angle NSR est à la tangente de l'anomalie vraie MSR.

On pourroit aussi, pour trouver MSR par le moyen de MCS, à la place des deux dernieres opérations, employer l'analogie de l'article 1240, en renversant les termes.

Si l'angle CXS, ou l'arc NX qui en differe très peu, est assez grand pour que son sinus égal à TY soit sensiblement moindre que l'arc, ou que NX, c'est-à-dire, si cet angle passe 1° 30', on prendra la différence de l'arc au sinus dans la table suivante, en décimales du rayon CA, et l'on aura SY ; on cherchera aussi le côté SX du triangle CSX ; alors dans le triangle XSY, rectangle en Y, on connoîtra SX et SY ; on trouvera l'angle SXY qui, retranché de SXC, donnera YXC, égal à l'angle NCX, dont on avoit besoin dans le calcul précédent pour le retrancher de l'anomalie moyenne ; le reste du calcul sera le même ; mais si l'on a pris la différence de l'arc au sinus pour un arc trop grand, ou si l'arc NCX n'a pas été bien supposé, il faudra y revenir pour l'avoir plus exactement.

On voit, par la nécessité d'employer la différence entre un arc et son sinus, que ce problême dépend de la quadrature du cercle, et que cette méthode s'emploieroit difficilement si l'excentricité étoit assez grande pour que l'arc NX devînt extrêmement grand, comme cela a lieu dans les cometes ; mais on y supplée, soit par la méthode indirecte (1244), soit par d'autres moyens (3189). La table suivante peut se calculer par des méthodes que nous expliquerons (3465). Dans les tables de Berlin, t. 3. *pag* 172, *et suiv.*

on trouvera ces sinus exprimés en secondes pour toutes les minutes ; mais pour Mercure, la différence ne va pas à 13″. Ainsi il est inutile d'étendre plus loin cette table pour les planetes.

Différence entre les arcs de cercles et leurs sinus.					
Deg.	Différence en décimales.	En secondes.	Deg.	Différence en décimales.	En secondes.
1	0 0000009	0′ 0″	7	0 0003037	1′ 3″
2	0 0000071	0 1	8	0 0004532	1 33
3	0 0000239	0 5	9	0 0006451	2 13
4	0 0000567	0 12	10	0 0008847	3 3
5	0 0001108	0 23	11	0 0011772	4 3
6	0 0001913	0 39	12	0 0015278	5 15
7	0 0003037	1 3	13	0 0019417	6 41

1248. **Exemple.** Supposons avec M. Cassini dans l'orbe de Mercure l'excentricité 0,20878, c'est-à-dire, 20878 parties dont le demi-axe est cent mille, et cherchons l'anomalie vraie qui r'pond à 60° d'anomalie moyenne : on trouvera d'abord $CG = 0,9779626$ par l'art. 1246. Dans le triangle XCS dont on connoît les deux côtés et l'angle compris $XCS = 120°$, on cherchera l'angle X, en disant, suivant la regle de trigon. rectiligne (3837) : La somme des côtés CX et CS (ou la distance aphélie) est à leur différence (qui est la distance périhélie), comme la tangente de la moitié de l'anomalie moyenne est à la tangente de 20° 42′ 7″,6, qui, retranchés de cette moitié, donnent l'angle X de 9° 17′ 52″,4, et le côté SX de 1,119093 ; la quantité SY est 0,0007031, suivant la table précédente ; or, $SX : SY :: R : \sin.$ 2′ 10″ ; ainsi l'on ôtera cette quantité de l'angle X, et l'on aura CXY, égal à NCX, 9° 15′ 42″,8 [a] ; c'est ce qu'il faut retrancher de l'anomalie moyenne, il restera pour l'angle ACN 50° 44′ 17″2, dont le supplément NCS est de 129° 15′ 42″8. Ainsi, dans le triangle NCS, on pourra trouver l'angle S en disant : La distance aphélie est à la distance périhélie, comme la tangente de 25° 22′ 8″6 est à la tangente d'un angle qui,

(a) Pour plus d'exactitude, il faut prendre la quantité SY qui répond à 9° 15′ 42″8, mais la différence est insensible ; cependant je suppose ici 2′ 9″6 qui est la quantité exacte.

ajouté à 25° 22′ 8″6, donne NSR=42° 36′ 43″6. Pour en conclure l'anomalie vraie, on dira : RN est à RM, ou le demi-grand axe, 1, est à la moitié du petit axe, comme la tang. NSR est à la tang. de MSR, qui sera de 41° 58′ 35″7 ; c'est l'anomalie vraie qui répond à 60° d'anomalie moyenne ; la différence des deux anomalies est l'équation de l'orbite, 18° 1′ 24″3. Cassini (*pag.* 148) trouve 2″ de moins, mais le calcul que je rapporte ici a été fait avec plus de soin.

1249. La distance de la planete au Soleil seroit aisée à trouver en même temps que l'anomalie vraie ; car dans les triangles RSN, RSM, en prenant SR pour rayon, les côtés SN et SM seront comme les sécantes des angles RSN, RSM, ou, ce qui revient au même, en raison inverse des cosinus ; donc le cosinus de l'anomalie vraie est au cosinus de l'angle RSN, comme le côté SN trouvé ci-devant (1247) est au rayon vecteur SM qui est la distance de la planete au Soleil ; mais il vaut mieux chercher la distance par l'analogie 1245.

La méthode que je viens d'expliquer pour le problême de Képler a été donnée par Cassini dans les mémoires de l'académie pour 1719, et dans ses élémens d'astronomie, *pag.* 141 ; je la trouve plus aisée à employer que la plupart des méthodes proposées jusqu'ici.

1250. On peut résoudre aussi le problême de Képler par une approximation directe, fondée sur l'article 1241, en calculant le rapport qu'il y a entre le changement de l'anomalie excentrique et celui de l'anomalie moyenne. Simpson en 1740, et M. Cagnoli en 1786, ont employé ce moyen. L'excentricité réduite en secondes est la plus grande différence possible entre ces deux anomalies ; on peut donc estimer à la vue, par le moyen des sinus, la différence qui a lieu dans un cas particulier. Soit x l'anomalie excentrique et z l'anomalie moyenne qui est $= x + e$ sinus x (1241), et supposons qu'on connoisse à-peu-près z, et par conséquent $z - x$; multipliant l'excentricité e par le sinus de l'anomalie excentrique x, on aura plus exactement x, et $z - x$; nommons ∂z l'erreur commise dans l'anomalie excentrique, et divisant ∂z par $1 + e$ cos. x, on aura ∂x (3447). Dans cette opération, l'on augmentera ou diminuera x de la moitié de ∂x (qu'on peut prendre ici pour ∂z afin d'employer l'anomalie excentrique qui tient le milieu de l'erreur ou du changement ; par ce moyen l'on aura ∂x très exactement ; l'on corrigera la valeur supposée de x, et on l'aura exactement, si la valeur de l'erreur ∂z n'a été que de quelques minutes. Connoissant l'anomalie excentrique, on trouvera facilement l'anomalie vraie (1240).

Supposons pour Mercure $z = 90°$, l'excentricité $11° 46' 55''$, et x de $78° 13'$, quoiqu'il puisse y avoir un quart de degré de plus. Son sinus multiplié par l'excentricité donne $11° 32' 1''$ pour la différence cherchée $z - x$; ce qui supposeroit $89° 45'$ seulement pour l'anomalie moyenne ; la différence est plus petite de $14' 54''$ que celle qu'on a supposée.

Il faut diviser cette différence par $1 + e$ cos. x ; mais pour que x soit plus exact, augmentons-le de $7' 27''$, moitié de la différence trouvée, en supposant que δx est aussi de $14' 54''$; alors $x + \frac{1}{2} \delta x$ sera $78° 20' 27''$, et divisant δz par $1 + e$ cos. $(x + \frac{1}{2} \delta x)$, on trouve $14' 18''$; ce qui donne $78° 27' 18''$ pour anomalie excentrique, et pour la différence $z - x$, $11° 32' 42''$.

En multipliant la nouvelle anomalie excentrique, on trouve une différence plus petite de $5''$; or puisque dans la première opération $14' 54''$ ont produit $14' 18'' 41$, les $5''$ en feront aussi 5 sur l'anomalie excentrique, et elle deviendra $78° 27' 23''$. Il n'y a pas en effet un quart de seconde d'erreur, et l'on pourra facilement s'assurer d'un centième de seconde.

Cette méthode peut s'appliquer aux cometes avec la même facilité ; elle est sur-tout commode quand il s'agit de calculer des tables, il n'y a que trois logarith. à chercher pour calculer et l'équation et la distance, tandis que, par les regles précédentes, il en faut six, et une proportion.

1251. Les tables d'équation que M. de Lambre a calculées pour Mars et Mercure ont été faites par les différences premieres et secondes ; on n'est obligé de les vérifier que de 15 en $15°$ ou de 30 en 30.

Si l'on nomme u l'an. vraie, z l'an. moyenne, q l'équat. e l'excent. b le demi-petit axe, on a les formules suiv. pour les différences premieres et secondes. (*Mém. de l'acad. de Toulouse*, t. 4.)

$$\delta q = \delta z - \frac{1 + \frac{1}{2} e^2}{b^3} \delta z + \frac{2 e \, \delta z \cos. u}{b^3} - \frac{\frac{1}{2} e^2 \, \delta z}{b} \cos. 2u.$$

$$\delta \delta q = \frac{- 2 e \, \delta^2 z . \sin. u (1 - e \cos. u)^3}{57°. b^6}.$$ Les secondes différences croissent assez uniformément, ce qui facilite beaucoup le calcul. $\delta^2 z$ signifie le carré de δz.

1252. Le mouvement horaire vrai d'une planete sur son orbite peut se calculer aussi avec autant de facilité que de précision, par le moyen de ces petites variations. J'avois donné une méthode à cet effet (*Mém.* 1762) ; mais en voici une plus simple. Soit δu le mouvement horaire vrai d'une planete vue du Soleil, δz le mouvement moyen, r le rayon vecteur, b le petit demi-axe, le

demi-grand

demi-grand axe étant $= 1$, l'on aura $\partial u = \partial z \cdot \frac{\sqrt{(1-cc)}}{rr}$ (3481) $= \frac{b}{rr} \partial z$. Si la distance moyenne est a, on aura $\frac{ab\,\partial z}{rr}$.

Il est plus exact d'employer le rayon vecteur qui tient le milieu entre les deux extrêmes de l'intervalle, pour lequel on cherche le mouvement ; alors on aura $\frac{ab\,\partial z}{r(r+\partial r)}$; dans cette formule tout est constant, excepté le rayon vecteur qu'on a toujours très exactement par les tables ; ainsi le double de son logarithme étant retranché des logarithmes ci-joints, donne le mouvement horaire héliocentrique vrai pour chaque planete [a]. Ces logarithmes supposent que la distance du Soleil est l'unité.

Mercure. .	1,9543394
Vénus. . .	2,0994649
La Terre. .	2,1697514
Mars. . . .	2,2593847
Jupiter. . .	2,5278151
Saturne. . .	2,6595899
Herschel. .	2,8096130

Pour le problême de Képler, il y a aussi une méthode analytique (3480). Il y a les méthodes de Grégory, de Wallis, celles de Keill et de Machin (*Trans. phil.* 1713, 1737); celle de la Hire (*Mém. de l'acad.* 1710); celle de Newton dans le premier livre de ses principes, par la cycloïde et par une espece de série; celle de Herman dans le 1er vol. des Mém. de Pétersbourg (M. d'Alembert en fait l'éloge dans l'encyclopédie); celle de Simpson (*Essays on several subjects*, 1740,); celle-ci est une des plus simples pour la pratique. M. l'abbé Bossut dans les pieces des prix 1766, M. Cagnoli dans sa Trigonométrie p. 396, en ont aussi donné (3486). Mais il y a bien des personnes qui trouvent que la méthode indirecte (1238) est la plus facile: nous en donnerons d'autres applications (1301) [b].

Hypothese elliptique simple.

1253. Pour simplifier les opérations qu'exige la théorie exacte de Képler (1247), on a souvent employé ce que Cassini appelle *Hypothese elliptique simple*, et qui abrege considérablement le calcul. Cette hypothese consiste à supposer que les angles au foyer

(a) Dans les tables de Berlin, tom. 2, p. 250, il y a une table des mouvemens horaires pour toutes les planetes, mais on y a employé les élémens des tables de Halley.

(b) Des personnes plus exercées trouvent que nous avons trop négligé dans cet ouvrage les méthodes analytiques, et qu'elles sont presque toujours préférables ; mais nous avons voulu éviter, dans un livre élémentaire, tout ce qui pouvoit effrayer un certain ordre de lecteurs.

supérieur de l'ellipse croissent uniformément, et soient proportionnels au temps, ce qui est à-peu-près vrai ; c'est-à-dire que l'angle AFL (fig. 74) croisse toujours également en temps égaux, quoique les anomalies vraies, comme ASL, soient fort inégales ; ainsi, dans l'hypothese elliptique simple l'angle AFL se prend pour l'anomalie moyenne. Cette hypothese est une suite naturelle de celle de Ptolémée (1070). Képler avoit remarqué qu'on approchoit des observations par cette hypothese, même en prenant l'orbite pour un cercle (1213). Boulliaud reconnut qu'en employant l'ellipse, et supposant toujours le mouvement uniforme autour d'un des foyers, on représentoit encore assez bien les inégalités des planetes, et que le calcul en étoit fort simple, en imaginant un cercle et un épicycle à la place de l'orbite elliptique (*Astron. Phil.* 1645, *pag.* 46).

Seth-Ward, professeur d'astronomie à Oxford, publia en 1654 un Examen de l'astronomie philolaïque, et, en 1656, un ouvrage intitulé *Astronomia geometrica*, in-8°, où il donne (à la page 8) une autre maniere fort simple de calculer l'équation dans une orbite elliptique, en supposant le mouvement uniforme autour d'un des foyers. En conséquence, les Anglois ont donné à l'hypothese elliptique simple le nom d'*hypothese de Ward* : c'est le nom que lui donnent Keill et M. le Monnier (*Inst. astr. page* 510), quoique Mercator et Ward lui-même aient cité Boulliaud, comme le premier auteur dans cette matiere. Cette hypothese a été employée par Street dans ses tables carolines, mais avec une correction que Keill attribue à Boulliaud, par erreur ; il paroît que Street la tenoit de Robert Anderson (*Astronomia Carolina* 1710, *pag.* 40). On peut voir, sur l'exactitude de ces méthodes, Mercator, *Phil. Trans.* 1670, n°. 57.

1254. Suivant la méthode proposée par Seth-Ward, on prolonge FL, de maniere que FE soit égale au grand axe AP de l'ellipse : on a LE = LS, parceque FL et LS équivalent aussi au grand axe par la propriété de l'ellipse (3406) ; ainsi le triangle LSE est isoscele, l'angle E égal à l'angle LSE, et l'angle extérieur FLS double de l'angle E. Suivant une proportion de trigonométrie (3837), la demi-somme des côtés FE et FS est à leur demi-différence, comme la tangente du demi-supplément de l'angle LFS est à la tangente de la demi-différence des angles E et FSE : mais la demi-somme de FE et FS est égale à AS, leur demi-différence égale à PS ; la demi-somme des angles FES, FSE, est égale à la moitié de l'angle externe AFL, ou à la moitié de l'anomalie

moyenne; la demi-différence de ces angles est aussi la demi-différence de l'angle FSE et de l'angle LSE (qui est égal à LES);
c'est donc la demi-anomalie vraie ASL ; ainsi il suffira de faire
cette proportion : *La distance aphélie est à la distance périhélie,
comme la tangente de la moitié de l'anomalie moyenne est à la
tangente de la moitié de l'anomalie vraie.*

1255. La distance SL de la planete au Soleil se trouve aussi par
une simple proportion, au moyen du triangle SLF, en disant :
Le sinus de l'équation SLF est au double FS de l'excentricité,
comme le sinus de l'anomalie moyenne LFS est au rayon vecteur SL.

Halley fit usage de cette hypothese elliptique simple dans ses
tables de la Lune, au moyen d'une petite correction (1439): mais
pour les autres planetes, dont l'excentricité ne change point,
Halley les avoit calculées rigoureusement dans l'hypothese de
Képler, et j'en ai fait de même dans mes tables. Cela est nécessaire,
sur-tout pour les planetes qui sont fort excentriques, telles que
Mercure et Mars. En effet, si, dans l'exemple ci-dessus (1248),
on employoit l'hypothese elliptique simple, on trouveroit l'équation
de 18° 35' 44", plus grande de 34' 22" que dans l'hypothese de
Képler: l'anomalie vraie dans l'hypothese elliptique simple seroit
de 41° 24' 15"; c'est le double des 20° 42' 7"6 que nous avons trouvés
dans la premiere proportion de l'article 1248, puisque cette proportion étoit la même que celle de la regle ci-dessus (1254).

Pour le Soleil, dont la plus grande équation ne va pas à 2°, la
plus grande erreur de l'hypothese elliptique simple n'est que de
17", et c'est vers 45° de distance à l'apogée ou au périgée. Dans
la Lune, la différence peut aller à 1' 35"; l'erreur se trouve en
moins depuis l'apogée jusqu'à 90° d'anomalie, et depuis le périgée
jusqu'à 270°, et le vrai lieu est plus avancé qu'il ne paroîtroit par
l'hypothese elliptique simple: c'est le contraire dans le second et
le quatrieme quart d'anomalie moyenne, où l'hypothese elliptique
simple donne une trop grande anomalie (Cassini, *pag.* 147).

1256. Dominique Cassini, dans son livre sur l'origine et les progrès de l'astronomie, proposa aussi, pour le calcul des orbites
planétaires, une courbe où le produit des deux lignes menées des
deux foyers à chaque point de la circonférence, seroit constant.
C'est une courbe du 4ᵉ degré qui devient dans certains cas une
lemniscate en 8 de chiffre, et même deux ovales conjugués. Voyez
les élémens de Cassini, p. 149; d'Alembert dans l'encyclopédie
aux mots *Ellipse* et *Cassinoide;* M. de Gua dans son analyse;

E ij

Grégory, *Astron. élém.* p. 331 ; *Philos. Trans.* 1704; la dissertation de M. Bonati de Ferrare (*Raccolta Ferrarese*, t. VIII, 1781), et M. Malfatti, *della Curva Cassiniana*, Pavia, 1781. Mais cette courbe ne sauroit convenir en aucune façon aux orbites des planetes.

1257. Ce que nous avons expliqué jusqu'ici au sujet de l'équation de l'orbite, suffit pour reconnoître trois propriétés, que nous aurons souvent occasion de citer en parlant de l'équation : 1°. l'équation de l'orbite est nulle dans l'apside supérieure (aphélie ou apogée), puisque vers ce point-là le lieu moyen et le lieu vrai sont confondus ; mais en partant de l'apside, leur différence augmente rapidement, parceque la vîtesse vraie étant la plus petite, differe le plus de la vîtesse moyenne : 2°. cette différence s'accumule chaque jour, tant que la vîtesse vraie est moindre que la vîtesse moyenne ; lorsqu'elles sont égales, il se trouve un point vers trois signes et quelques degrés d'anomalie moyenne où la différence qui a augmenté jusqu'alors, est devenue la plus grande, et où l'équation cesse d'augmenter, étant presque la même pendant quelque temps, pour diminuer ensuite jusqu'à l'apside inférieure (soit périhélie, soit périgée), où le lieu vrai et le lieu moyen se retrouvent d'accord une seconde fois : 3°. l'équation du centre est soustractive, ou se retranche du lieu moyen dans les six premiers signes pour avoir le lieu vrai, parceque la vîtesse moyenne, en partant de l'apside supérieure, est plus grande que la vîtesse vraie ; ainsi le lieu moyen est plus avancé ; il faut donc ôter de la longitude moyenne la quantité de l'équation pour avoir le lieu vrai. Le contraire arrive après l'apside inférieure : la vîtesse vraie étant la plus grande, prévaut à son tour sur la moyenne, et le lieu vrai se trouve toujours le plus avancé dans la seconde moitié de l'ellipse, ou dans les six derniers signes de l'anomalie ; alors l'équation de l'orbite s'ajoute au lieu moyen pour avoir le lieu vrai, ou à l'anomalie moyenne pour avoir l'anomalie vraie.

De la plus grande équation.

1258. La plus grande équation peut s'observer immédiatement, comme nous le dirons bientôt (1259) : mais lorsqu'on connoît l'excentricité (1217), on peut trouver par le calcul la plus grande équation, aussi bien que le degré d'anomalie où elle arrive ; pour cela il suffit de trouver le point M (fig. 72) de la vîtesse moyenne. En effet, dès que la planete est arrivée au point où sa vîtesse angulaire D F M (c'est-à-dire l'angle qu'elle parcourt vue du Soleil)

est égale à la vîtesse moyenne, par exemple, de 59' 8" par jour
si c'est la Terre, la longitude moyenne cesse d'anticiper sur la
longitude vraie; elle en diffère alors le plus qu'il est possible, parceque jusqu'à ce moment la vîtesse réelle, qui étoit plus petite, faisoit
retarder tous les jours le lieu vrai sur le lieu moyen : mais dès que
la vîtesse vraie est devenue égale à la vîtesse moyenne, elle est
prête à la surpasser, elle va commencer à regagner ce qu'elle avoit
perdu jusqu'alors, le lieu vrai se rapproche du lieu moyen, et l'é-
quation de l'orbite diminue. Ainsi toute la difficulté consiste à
trouver le point M, et l'anomalie vraie AFM de la planete au
moment où sa vîtesse est égale à la vîtesse angulaire moyenne.
Pour cela, ayant pris une ligne FM, moyenne proportionnelle
entre les deux demi-axes de l'orbite, on décrira du foyer F comme
centre un cercle MN sur le rayon FM, et ce cercle aura une surface égale à celle de l'ellipse (3401). Supposons un corps qui
décrive le cercle MN dans un temps égal à celui de la révolution
de la planete dans son ellipse; sa vîtesse angulaire sera constamment égale à la vîtesse angulaire moyenne de la planete; l'aire
décrite dans le cercle sera toujours égale à l'aire décrite en même
temps dans l'ellipse, puisque les aires totales sont égales et parcourues en temps égaux, les durées des révolutions étant les
mêmes, et les aires partielles de l'ellipse proportionnelles aux
parties du temps : par exemple, si Mercure décrit en un jour une
aire DFR de son ellipse égale à la 365ᵉ partie de la surface
elliptique, l'aire EFO décrite dans le cercle sera aussi la 365ᵉ
partie de l'aire du cercle (qui est égale à l'ellipse) : la vîtesse
vraie de Mercure (ou l'angle DFR) sera donc égale à la vîtesse
moyenne en M, c'est-à-dire à l'angle EFO; car ce sont deux secteurs égaux qui ont la même longueur FM, la même surface, et
par conséquent le même angle; d'ailleurs les triangles égaux MED,
MRO, qui sont l'un en dehors du cercle, l'autre en dedans, font
voir que le secteur elliptique est précisément égal au secteur circulaire qui a le même angle en F: donc pour trouver le point de
la vîtesse moyenne, il faut trouver à quel degré répond l'intersection M de l'ellipse, et du cercle qui lui est égal en surface. Pour
cet effet ayant tiré du point M à l'autre foyer B de l'ellipse une ligne
MB, l'on aura un triangle BFM, dans lequel on connoît les trois
côtés, savoir BF qui est le double de l'excentricité, FM qui est la
moyenne proportionnelle entre les deux demi-axes, et BM qui est
la différence entre FM et le grand axe (parceque les deux lignes
FM et MB font entre elles la valeur du grand axe); ainsi résolvant

le triangle BFM, on cherchera l'angle F qui est l'anomalie vraie de la planete au temps de la plus grande équation.

1259. EXEMPLE. Soit pour Mercure le demi-axe CA = 38710, et le demi-axe conjugué = 37883, CF = 7955 ½, BF = 15911, FM sera = 38294 ½. On résoudra le triangle BFM; la méthode la plus exacte est celle-ci (3980): de la demi-somme des trois côtés on ôte séparément chacun des trois côtés; de la somme des logarithmes des deux différences des côtés qui comprennent l'angle cherché, l'on ôte la somme des deux logarithmes qui appartiennent à la demi-somme des trois côtés et à la différence du côté opposé à l'angle cherché; la moitié du reste est le logarithme de la tangente de la moitié de l'angle cherché.

Dans le cas particulier de la plus grande équation, le calcul se réduit à cette regle : de la distance aphélie on ôte séparément la moyenne proportionnelle entre les deux demi-axes et le 3e côté BM (différence entre le grand axe et la moyenne), on a deux différences dont on cherche les logarithmes, et l'on retranche le plus petit du plus grand ; de cette différence de logarithmes on ôte celle des logarithmes de la distance aphélie et de la distance périhélie, la moitié du reste est le logarithme de la tangente de la moitié de l'anomalie vraie. Par la méthode des cosinus (3978), on prend les logarithmes de la distance aphélie et de la différence au côté BM, on y ajoute les complémens des logarithmes de BF et FM ; la moitié de la somme est le logarithme cos. de la demi-anomalie vraie. Si l'angle étoit très petit, la regle des cosinus donneroit moins de précision ; mais s'il est très grand, elle est préférable, étant un peu plus courte. On verra encore une autre regle (3914).

Dans notre exemple on trouve l'angle BFM de 81° 6' 5''; c'est l'anomalie vraie au temps de la plus grande équation ; d'où l'on peut conclure (1244) l'anomalie moyenne 104° 46' 5''; leur différence 23° 40' 0'' est la plus grande équation de l'orbe de Mercure: elle est ainsi dans mes nouvelles tables. On trouve une expression analytique assez commode pour la plus grande équation dans les éphémérides de Berlin 1788.

1260. Après avoir indiqué le moyen de calculer l'équation, nous parlerons de la maniere de l'observer. Depuis l'instant où une planete part de son aphélie A (FIG. 72) jusqu'au temps où elle arrive au point M de sa plus grande équation, sa vîtesse est moindre que la vîtesse moyenne ; ainsi l'anomalie vraie , plus petite que l'anomalie moyenne, en differe de plus en plus ; lorsque la planete ayant passé le périhélie P se trouve au point G, vers neuf signes d'anomalie, sa distance vraie AFG à l'aphélie est également plus petite que sa distance moyenne, de la quantité de la plus grande équation. Si l'on a deux longitudes vraies de la planete, observées. en G et en M, elles différeront entre elles de la quantité de l'angle GFM, qui est la somme des deux anomalies vraies; mais la somme des deux anomalies moyennes sera plus grande, et cela du double de l'équation, puisque chaque distance vraie est plus petite que la distance moyenne, de la quantité de la plus grande équation. Il est aisé de calculer en tout temps la somme des deux anomalies moyennes, quoiqu'on ne connoisse pas le lieu de l'aphélie A, parceque la somme de deux anomalies moyennes est égale au mouvement moyen de la planete, dans cet intervalle de temps, et on le trouve aisément quand on connoît la durée de la révolution (1161) [a] ; ainsi l'excès du mouvement moyen calculé, sur le mouvement vrai observé, donne le double de la plus grande équation, pourvu que l'on ait fait ces deux observations en M et en G, c'est-à-dire aux temps de la vîtesse moyenne (1258). Ce sera le mouvement vrai qui sera le plus considérable, si l'on prend la premiere observation avant le périhélie et la seconde après, c'est-à-dire que le mouvement soit MPG comme dans l'exemple suivant (1262).

1261. Pour discerner les temps et les observations convenables à cette recherche, un observateur isolé, qui ne connoîtroit en aucune façon la situation de l'orbite de la planete, n'auroit qu'à rassembler un grand nombre de positions observées, les comparer deux à deux, et voir combien le mouvement vrai observé différeroit du mouvement moyen calculé pour chaque intervalle; ou bien prendre pour époque une de ces longitudes, et lui comparer toutes les autres pour avoir le mouvement vrai observé, et chercher le mouvement moyen pour chaque intervalle. Si on a comparé les observations deux à deux, la plus grande de toutes les différences entre le mouvement vrai et le mouvement moyen donnera le double de la plus grande équation; car le mouvement vrai differe du mouvement moyen à raison de l'équation soustractive dans l'une des observations et additive dans l'autre: donc si l'on a des observations faites dans tous les points de l'orbite, ou du moins dans un assez grand nombre pour que les deux points de la plus grande équation s'y soient trouvés, on en trouvera deux où le mouvement vrai sera

(a) Pour plus d'exactitude, c'est la révolution anomalistique (1311) dont il faut se servir; mais, dans les premieres approximations, on peut se servir de la révolution tropique.

moindre ou plus grand que le mouvement moyen, du double de la plus grande équation. Si on les a comparées avec une seule observation, ce sera la plus grande différence additive et la plus grande soustractive, qui, étant ajoutées, donneront le double de l'équation. L'on s'est servi de cette méthode pour le 4ᵉ satellite de Jupiter (2946).

Actuellement que l'on connoît, à très peu près, les lieux des apsides et des moyennes distances de toutes les planetes, on n'a qu'à choisir du premier coup les observations faites avant et après le périhélie ou l'aphélie, vers le temps de la plus grande équation, comme dans l'exemple suivant.

1262. EXEMPLE. Le 7 octobre 1751, le vrai lieu du Soleil observé par la Caille , en y faisant entrer trois jours d'observations discutées et comparées entre elles , fut trouvé de   6ˢ 13° 47' 13" 7
Le 28 mars 1752 cette long. vraie fut de   0   8   9 25 5

La différence de ces deux longitudes ,
   ou le mouvement vrai , est donc   5 24 22 11 , 8

Mais dans cet intervalle le mouvement
   moyen avoit dû être par le calcul   5ˢ 20° 31' 43" 2

Différ. double de la plus grande équation   3 50 28 , 6
Dont la moitié est l'équation   1 55 14 , 3

Ce seroit là exactement la plus grande équation de l'orbite, si dans les deux observations le Soleil se fût trouvé exactement dans les points de sa plus grande équation ; mais ayant calculé par les tables chacune de ces deux équations , on a trouvé qu'il s'en falloit de 18"6 que la somme des deux équations qui avoient lieu le 7 octobre et le 28 mars , ne fût exactement le double de la plus grande équation [a] ; ainsi l'on ajoutera ces 18"6 à la quantité trouvée , et l'on aura l'équation qui résulte de ces deux observations 1° 55' 33".

1263. Comme il est extrêmement rare d'avoir deux observations qui soient faites précisément dans les points M et G de la vîtesse moyenne , on ne trouve guere dans un premier calcul la quantité exacte de la plus grande équation ; mais après qu'on a trouvé à

(a) En effet quand même il y auroit plusieurs minutes d'erreur dans les tables, pour la valeur de l'équation, cette petite différence de 18" s'y trouveroit toujours avec la même exactitude, parceque l'erreur seroit la même dans les deux équations très voisines, celle du jour donné et celle qui est la plus grande de toutes.

peu

peu-près l'équation et le lieu de l'apside (1279), on calcule pour
les deux temps d'observations l'équation de l'orbite, et l'on calcule
aussi la plus grande équation (1258) ; on sait alors combien l'équation donnée par les observations devoit différer de la plus grande :
c'est ainsi que, dans l'exemple précédent, la Caille avoit trouvé
18″,6, qu'il falloit ajouter pour avoir la véritable quantité de la
plus grande équation.

1264. Quand on a trouvé par observation la plus grande équation, et qu'on veut en conclure l'excentricité, on peut employer
une regle de fausse position, ou supposer d'abord connue l'excentricité que l'on cherche, pour en conclure la plus grande équation (1258). Si elle se trouve trop grande, on diminuera l'excentricité supposée, et l'on recommencera le calcul ; cette méthode
de déterminer l'excentricité par le moyen de la plus grande équation est souvent plus commode que celle dont se servit Képler
pour trouver l'excentricité de Mars (1217), ou celle dont je me
servirai pour Mercure (1267). Au reste il y a des formules analytiques de Lambert qui sont très commodes pour trouver l'excentricité (*Eph. de Berlin* 1788) ; nous verrons bientôt une méthode
exacte pour trouver l'excentricité sans avoir la plus grande équation (1301).

1265. La plus grande équation du Soleil, ou de l'orbite de la
Terre, est celle que l'on peut déterminer le plus souvent et le plus
facilement ; elle avoit été fixée à 1° 55′ 31″½ par la Caille vers 1750.

Dans les tables de Flamsteed, achevées par M. le Monnier
et publiées en 1746 dans ses Institutions, on la trouve de 1° 56′ 20″.
Halley la faisoit de la même quantité : mais, à la derniere page de
ce livre, M. le Monnier la réduit à 1° 55′ 30″ ; ainsi il est en cela
presque d'accord avec la Caille. Mayer, par des observations faites à
Gottingen en 1756, et dont il m'envoya le résultat, la trouvoit de 1°
55′ 31″ : dans ses tables publiées à Londres, elle est de 1° 55′ 31″ 6.
Cassini, après avoir comparé plusieurs observations des années
1717 et 1718 (*Elém. d'ast. p.* 192), et prenant un milieu entre
les différentes déterminations qui en résultent, trouve l'équation
du Soleil de 1° 55′ 34″, quoique dans ses tables il y ait 17″ de
plus. La Caille en 1759 et 1760, depuis la publication de ses tables,
continua d'observer le Soleil, et m'assura qu'il trouvoit encore
1° 55′ 32″ pour la plus grande équation. Enfin les calculs de M.
de Lambre faits en 1787 sur un grand nombre d'observations de
M. Maskelyne ont donné 1° 55′ 30″,9 pour 1780. Tant de témoignages
si bien d'accord ne nous laissent sur cet élément aucune incertitude.

Tome II.   F

1266. En y employant les observations de la Hire faites vers 1684, la Caille trouvoit 1° 55′ 51″, ou 20″ de plus. Cela s'accorde avec la diminution qui doit avoir lieu par l'attraction (1277).

Flamsteed trouvoit pour 1690 1° 56′ 0″, ce qui diffère peu du résultat précédent.

Les observations mêmes de Waltherus faites il y a plus de 250 ans donnent 1° 55′ 40″ suivant le calcul de la Caille (*Mém.* 1747).

1267. Pour déterminer les équations des autres planetes, on n'a pas toujours deux longitudes héliocentriques observées dans les moyennes distances ; on n'en a même dans aucune position pour Mercure, si ce n'est dans ses passages sur le Soleil : mais on détermine la plus grande équation, ainsi que le lieu de l'aphélie, par d'autres moyens. La première méthode qui sert pour Mercure et pourroit servir pour Vénus, consiste à observer la plus grande digression, lorsque la planete est dans ses apsides ; on en conclut la distance aphélie ou périhélie ; et comme la distance moyenne est connue (1222), on a l'excentricité (*Mém.* 1767, *p.* 544). Le 25 septembre 1753 à 22ʰ 47′ 50″ temps moyen, Mercure passant au méridien à Paris, sa longitude fut observée de 5ˢ 15° 41′ 14″ ; Mercure étoit alors fort près de son périhélie, et en même temps vers sa plus grande digression ; le lieu du Soleil calculé par les tables étoit à 6ˢ 3° 27′ 25″, en sorte que l'élongation de Mercure étoit de 17° 46′ 11″ ; c'est l'angle sous lequel paroissoit alors la distance périhélie de Mercure vue de la Terre. On pourroit trouver cette distance absolue par le moyen du triangle formé à la Terre, au Soleil et à Mercure, où l'on connoît la distance du Soleil à la Terre, l'angle au Soleil qui étoit de 101° 39′, et qui pouvoit se conclure de la distance à la conjonction, enfin l'angle à la Terre ou l'élongation observée : il seroit facile de résoudre ce triangle pour connoître le côté opposé qui étoit la distance périhélie de Mercure ; et comparant cette distance périhélie avec la distance moyenne, on auroit l'excentricité. Cependant comme dans cette observation et dans celles que j'ai pu rassembler, Mercure n'étoit pas exactement dans son périhélie et dans sa plus grande digression, on peut savoir quelle est la distance qui satisfait à l'observation, en calculant l'élongation pour cet instant-là par des tables déja à-peu-près exactes dans différentes suppositions d'excentricité ; et l'on trouve celle qui satisfait à l'élongation observée. On pourroit aussi trouver l'excentricité par un calcul direct, au moyen du rayon vecteur et de l'anomalie. L'excentricité 79554 est la plus propre à satisfaire aux différentes observations. La plus grande équation qui lui répond est 23° 40′ 0″

(1258). Cette méthode suppose que le lieu de l'aphélie ait été à-peu-près déterminé par d'autres observations (1315), afin que l'erreur qu'on commettroit sur le lieu de l'aphélie n'affecte pas la distance de Mercure au Soleil, et l'élongation calculée, que l'on veut comparer à l'observation pour juger si l'excentricité supposée dans les tables est exacte : mais dans cette recherche il n'est besoin de connoître l'aphélie qu'à-peu-près ; la distance de Mercure au Soleil ne change alors que de $\frac{1}{46680}$ pour un degré d'erreur sur le lieu de l'aphélie, et nous ne pouvons commettre actuellement une pareille erreur sur l'aphélie de Mercure. Une seule seconde d'erreur sur la plus grande digression en fait cinq sur la plus grande équation ; mais comme on peut avoir à 12″ près ces digressions, on peut espérer une précision d'une minute sur l'équation, ce qui ne fait que 12″ sur la longitude vue de la Terre.

1268. La seconde méthode qui peut servir pour connoître l'excentricité de Mercure, suppose qu'on connoisse déja exactement le lieu de l'aphélie, et son mouvement, par la méthode que j'expliquerai bientôt (1285) : on prend deux longitudes observées dans les conjonctions de Mercure, on en retranche le lieu de l'aphélie qui convient à chacune pour avoir deux anomalies vraies, on les convertit en anomalies moyennes (1244), en supposant une excentricité déja à-peu-près connue ; si la différence des anomalies moyennes trouvées est la même que celle que l'on connoît d'avance, on est sûr que l'excentricité supposée est exacte ; sinon l'on en prend une autre ; et, par ces diverses tentatives, on s'assure de la véritable.

Je choisis pour exemple les passages de Mercure observés fort exactement en 1743 et en 1753 ; voici les temps moyens de ces deux conjonctions, les longitudes de Mercure sur son orbite, les lieux de l'aphélie que je supposois connus d'avance, et les anomalies vraies que j'en avois déduites.

Temps moyens.	Longitude obs.	Aphél. supposé.	Anomalie vraie.
1743. 4 nov. 22″ 26′ 10″	1ˢ 12° 36′ 21″	8ˢ 13° 25′ 47″	4ˢ 29° 10′ 34″
1753. 5 mai 18 29 50	7 15 48 10	8 13 36 58	11 2 11 12

La différence des anomalies moyennes pour l'intervalle donné est connue d'avance par la durée de la révolution et par le mouvement de l'aphélie, je l'avois trouvée 5ˢ 9° 42′ 8″ ; or, en convertissant les deux anomalies vraies données en anomalies moyennes avec l'excentricité 7960 , on trouve en effet 5ˢ 9° 47′ 44″ , et 10ˢ 19° 29′ 52″ , qui different exactement de 5ˢ 9° 42′ 8″ , ce qui m'apprend que l'excentricité 7960 satisfait à ces deux observations. On sent bien que si j'avois supposé d'autres quantités pour les lieux de l'aphélie , j'aurois trouvé une autre valeur pour l'excentricité : la différence entre ces deux observations n'est qu'une donnée , et elle ne peut déterminer qu'un élément, c'est-à-dire , l'excentricité si l'aphélie est connu , ou l'aphélie si l'excentricité est donnée ; mais cette méthode m'avoit fait connoître assez exactement l'équation , parceque j'avois déterminé fort bien le lieu de l'aphélie par les digressions observées dans les moyennes distances (1286).

1269. Aussi la méthode que je viens d'expliquer serviroit à trouver le lieu de l'aphélie de Mercure , si l'on vouloit supposer l'excentricité connue par les digressions aphélie et périhélie (1267) ; car en convertissant les anomalies vraies en moyennes , avec différentes suppositions pour le lieu de l'aphélie , on trouveroit quel est l'aphélie qui satisfait aux deux longitudes observées , et c'est en effet le parti que j'ai pris (1315) , parcequ'en 1786 je suis parvenu à m'assurer suffisamment de l'excentricité de Mercure par le moyen des plus grandes digressions aphélie et périhélie.

1270. Cassini, en employant les passages de Mercure sur le Soleil observés en 1661 , 1690 et 1697 , avoit trouvé la plus grande équation de Mercure, dans l'hypothese de Képler, de 24° 3′ ; je fis ensuite une pareille recherche au moyen des passages de 1740 , 1743 et 1753 , je ne trouvai que 23° 27′ 51″ pour la plus grande équation (*Mém. acad.* 1756). Mais les passages de Mercure ne sont pas propres à ces recherches ; ils ne sont pas disposés sur trois points de l'orbite assez différens les uns des autres , et ne peuvent donner qu'un seul élément. La théorie de Mercure étoit difficile à établir, parceque les observations en sont rares. Les tables rudolphines, qui dans le dernier siecle étoient les meilleures, s'écartoient encore de 14′ du lieu observé , et celles de la Hire de 5′ (*Mém. acad.* 1706, *pag.* 99 et 101) ; ce qui fait une très grande erreur, vue du Soleil : dans le passage même de 1786 il y avoit une heure et demie de différence entre les tables de Halley et les miennes , et l'observation a tenu à-peu-près un milieu ; mais l'erreur venoit du lieu de l'aphélie.

L'extrême différence qu'on trouvoit entre les résultats de Halley et de Cassini, dont l'un fait la plus grande équation de 23° 42′ 36″₂ et l'autre de 24° 2' 58", prouvoit la nécessité qu'il y avoit d'observer encore Mercure avec soin : c'est ce que j'ai fait ; je calculai en 1767 diverses observations qui me donnoient l'excentricité 7960 ou l'équation 23° 40' 49" (*Mém.* 1767). M. le Monnier en a calculé d'autres qui lui donnoient entre 23° 37'½ et 23° 40' (*Mém.* 1775). Mais enfin j'ai discuté plus de 70 observations de Mercure faites aux environs des digressions aphélie et périhélie, dont le résultat moyen a été 23° 40' 0" : il est impossible, quant à présent, d'avoir une plus grande précision (*Mém.* 1786, *pag.* 292).

1271. Je finirai cet article par indiquer les 4 circonstances dans lesquelles il est important d'observer encore Mercure ; ce sont les plus grandes digressions aphélies qui arrivent vers le premier avril, Mercure passant le matin, et vers le 8 août, Mercure passant le soir ; et les plus grandes digressions périhélies qui arrivent vers le 15 février, le soir, et le 25 septembre le matin à l'occident du Soleil.

1272. Les conjonctions inférieures de Vénus du Soleil observées à Paris en 1715, 1716 et 1718, qui seront rapportées à la fin de ce livre, ont servi à Cassini (*Élém. d'Astron. pag.* 562) pour déterminer la plus grande équation de Vénus, et il la trouvoit de 49' 8" : par les observations de 1715, 1718 et 1719, il trouvoit 49' 4", M. Krast 49' 6" (*Mém. de Pét. t. XVI*). Halley ne l'emploie que de 48' 0". Par les conjonctions de 1715, 1718 et 1719, je ne trouve que 47' 27". Celles que M. Slop a observées à Pise en 1774, 1775 et 1777, m'ont donné 47' 19" (*Mém. de l'ac.* 1779); enfin celles de 1774, 1775, 1780, 1782 et 1783, m'ont donné à-peu-près le même résultat ; ainsi cette équation est de 47' 20" (*Mém.* 1785).

1273. L'équation de Mars, suivant les observations de Ptolémée, calculées par Cassini, étoit de 10° 49' pour l'année 133 avant J. C. (*Élém. d'astr. p.* 472), et trois observations de Flamsteed faites à Greenwich le 11 décembre 1691, le 20 février 1696, et le 8 mai 1700, donnent 12° 39' 8" ; cela s'accorde avec la diminution qui doit avoir lieu (1277).

Pour déterminer cet élément par des observations plus récentes et plus exactes, j'avois comparé entre elles les oppositions de Mars observées en 1743, 1751 et 1753 (*Mém. acad.* 1755); j'ai refait ces calculs de nouveau, et j'ai trouvé pour l'excentricité 14198,4 (art. 1304). J'ai comparé ensuite d'autres observations qui m'ont donné l'exc. 14218, et l'équation 10° 42' 13" ; elle étoit ainsi dans mes premières tables : mais par les oppositions de 1762, 1764, 1766, 1768, 1770 et 1775 (1307) j'ai trouvé 10° 40' 47" (*Mém. de l'acad.* 1775) : tout considéré, je la supposerai de 10° 40' 40", et l'excentricité 14183,8, la distance du Soleil étant 100000 ; c'est d'après ce résultat que M. de Lambre a calculé la nouvelle table d'équation dont je fais usage actuellement (*Connoiss. des temps* 1790).

1274. L'ÉQUATION de Jupiter est difficile à déterminer à cause des dérangemens qu'il éprouve. Les oppositions observées en 1723 et 1728 donnent pour la différence du mouvement vrai 5ˢ 27° 46′ 40″; et comme dans l'intervalle de ces observations on a pour le moyen mouvement 5ˢ 16° 50′ 15″, la différence 10° 56′ 25″ est le double de la plus grande équation (1260). Aussi Cassini en conclut que l'équation du centre est de 5° 28′ 12″ ½ (*Elém. d'astr. pag.* 423). Par d'autres oppositions il trouvoit de 5° 27′ à 5° 32′.

Les observations de Ptolémée faites vers l'an 136 de J. C. donnent la plus grande équation encore plus petite; suivant le calcul de Cassini, elle étoit de 5° 12′ 40″; suivant Wargentin, 4° 57′ 27″. Et l'on voit en effet qu'elle diminue à mesure que l'on remonte aux anciennes observations. Cassini en avoit déja fait la remarque (*pag.* 429), pour donner lieu d'examiner dans la suite s'il y auroit encore une semblable augmentation dans l'équation de Jupiter.

M. Bailly ayant comparé entre elles diverses oppositions de Jupiter, corrigées par les équations qui viennent de l'attraction de Saturne, a trouvé par un milieu entre divers résultats 5° 12′ 10″ pour l'an 136; 5° 31′ 53″ pour 1590; 5° 31′ 36″ pour 1661 ; et 5° 33′ 23″ pour 1762; en sorte que l'augmentation de cette équation lui paroissoit d'environ 1′ 47″ par siecle. Wargentin avoit trouvé 5° 34′ 1″ pour 1760; avec un accroissement de 2′ 15″ par siecle, et je l'avois employé ainsi dans mes premieres tables. Mais par de nouveaux calculs, faits sur une théorie plus rigoureuse, M. de la Grange a trouvé l'augmentation de 56″ ¼ seulement. Quant à la valeur actuelle de l'équation, M. de Lambre, par les calculs de la nouvelle inégalité de Jupiter, que M. de la Place a fait connoître, trouve pour 1750, 5° 30′ 38″, en supposant une augmentation de 55″36 par siecle.

1275. L'équation de Saturne est également difficile à déterminer par les observations ; Cassini, par un grand nombre d'oppositions depuis 1685 jusqu'en 1716, prises trois à trois, la trouvoit de 6° 31′ 38″, et c'est à peu près celle qu'il employoit dans ses tables (*Elémens d'astron. pag.* 371), et elle approche également de celle qui est dans les tables de Halley, 6° 32′ 4″.

Euler, dans la piece qui a remporté le prix de l'académie en 1748, suppose cette équation de 6° 32′ 10″, avec une diminution de 1′ 50″ par siecle : dans la piece de 1752, il trouvoit à-peu-près la même chose ; et cette diminution s'accorde en effet avec celle qu'a trouvée M. de la Grange.

Par les recherches que je fis sur la théorie de Saturne, d'après l'inégalité que j'avois remarquée (1167), je trouvai que pour satisfaire aux observations faites depuis 1730, il falloit supposer l'équation de 6° 23′ 19″, et c'est ainsi que je l'employai dans mes premieres tables : cette équation ne satisfaisoit pas aux observations plus anciennes ; il étoit impossible de les concilier avec les plus récentes, sans connoître les dérangemens de Saturne, et je préférois des tables qui fussent exactes pour le temps où nous étions (*Mém.* 1768) : mais M. de la Place ayant fait de nouveaux calculs sur les dérangemens de Jupiter et de Saturne, M. de Lambre les ayant combinés avec un grand nombre d'observations recalculées avec un nouveau soin, il en résulte que la plus grande équation de l'orbite de Saturne étoit, en 1750, 6° 26′ 42″, en supposant avec M. de la Place qu'elle diminue d'une seconde et un dixieme par année.

1276. L'ÉQUATION DE HERSCHEL n'a pas pu être déterminée jusqu'ici avec certitude ; suivant les calculs de M. de la Place et les tables de M. Nouet, elle est de 5° 27′ 16″ ; mais le P. Fixlmillner la fait de 5° 16′ 58″ (*Ephém. de Berlin* 1789) ; et M. Oriani la porte jusqu'à 5° 32′ 59″ (*Ephém. de Milan* 1785) : mais cette année 1788 les tables françoises s'accordent un peu mieux avec l'observation, ainsi je les préférerai pour le présent.

1277. LES EXCENTRICITÉS et les équations que nous avons déterminées jusqu'ici ne sont pas constantes : M. de la Grange ayant calculé avec grand soin les variations que donne la théorie de l'attraction, les a trouvées telles qu'on les voit dans la table suivante pour chaque planete, par l'effet de chacune des autres (*Mém. de Berlin* 1782, p. 220).

On voit par exemple dans cette table que l'équation de Mars augmente de 37″08 par siecle, dont 3″ 66 sont dues à l'action de la Terre, et 1″30 à l'action de Saturne.

Cette table suppose la masse de Vénus 1, 31, par rapport à celle de la Terre, et je crois qu'il ne faudroit prendre que le tiers des trois quantités de la seconde ligne, qui sont l'effet de l'action de Vénus. On en verra les raisons (3565). L'équation de Herschel diminue de 0″01 par l'action de Jupiter, et de 0″10 par celle de Saturne, suivant des calculs faits en 1788 par M. de la Grange ; mais les variations périodiques de la planete sont très sensibles, comme je m'en suis assuré par le calcul des attractions de Jupiter et de Saturne.

Changemens de l'équation en un siecle.					
	MERCURE.	VÉNUS.	LA TERRE.	MARS.	JUPITER.	SATURNE.
Par ☿	. . . .	— 9″02	— 0″80	+ 0″22	— 0″00	. . . . .
Par ♀	+3″04	. . . . .	+ 4, 18	+ 0, 22	— 0, 00	. . . . .
Par ⊕	+0, 58	— 9, 02	. . . . .	+ 3, 66	— 0, 00	. . . . .
Par ♂	—0, 22	— 0, 64	— 4, 94	. . . . .	— 0, 02	. . . . .
Par ♃	—1, 26	— 6, 16	—16, 02	+31, 68	. . . . .	—1′50″60
Par ♄	+0, 02	— 0, 14	— 0, 08	+ 1, 30	+56, 28	. . . . .
Total.	+2″16	—24″98	—17″66	+37″08	+56″26	—1′50″60

1278. Pour qu'on puisse juger de l'incertitude qu'on avoit sur les équations de chaque planete, nous rapporterons les quantités assignées par quatre différens auteurs dans leurs tables astronomiques, de même que les excentricités que l'on peut conclure (1258), 1264), et que l'on conclut effectivement de ces plus grandes équations observées, ou que l'on détermine sans le secours de la plus grande équation (1218, 1267).

Les excentricités qui sont dans la table suivante, supposent la distance moyenne du Soleil à la Terre 100000, et les distances moyennes des planetes telles que je les ai données (1222); mais j'y ai ajouté des décimales, quand le calcul me les a données. Les logarithmes des excentricités supposent la distance moyenne de chaque planete égale à l'unité, parcequ'on les emploie ordinairement sous cette forme (1244). Elles ont été déduites de la plus grande équation observée, qui se trouvera dans la seconde table.

Ce sont ces excentricités qui fournissent les logarithmes constans dont on a vu la table, art. 1243, sauf les différences qu'il doit y avoir pour le Soleil, Jupiter et Saturne, parceque les tables d'équations se rapportent à des époques différentes de celle de la table suivante, qui est pour 1750, et que les logarithmes constans sont calculés pour les tables des planetes qui sont jointes à cet ouvrage.

TABLE

Table des excentricités, suivant différens auteurs.

PLANETES.	Excentricité suivant Képler.	Suivant Cassini.	Suivant Halley.	Excentricité suiv. nos tables.	Log. de l'excentr. en parties de la dist. moyenne, suiv. nos tables, pour 1750.
Mercure.	8150	8092½	7970	7955,4	9,3128399
Vénus.	501	517	504,985	498	7,8378910
Le Soleil.	1800	169	1691,90	1681,395	8,2253628
Mars.	14115,5	14155	14170	14183,7	8,9688921
Jupiter.	25074	2506	25078,6	25013,3	8,6819346
Saturne.	54143,5	5432	54381,4	53640,42	8,7499109
Herschel.				90804	8,6774873

Table des plus grandes équations des orbites planétaires, suivant différens auteurs.

	Boulliaud, 1645.	La Hire, 1702.	Halley, 1719.	Cassini, 1740.	Suivant les nouvelles tables, pour 1750.	Changem. annuel.
Mercure.	24° 17′ 20″	24° 16′ 52″	23° 42′ 36″	24° 2′ 58″	23° 40′ 0″	+0″ 02
Vénus.	0 54 36	0 50 0	0 48 0	0 49 6	0 47 20	—0, 25
Le Soleil.	2 2 41	1 55 42	1 56 20	1 55 51	1 55 36,5	—0, 188
Mars.	10 36 12	10 40 40	10 40 2	10 39 19	10 40 40	+0, 37
Jupiter.	5 34 0	5 36 54	5 31 36	5 31 17	5 30 38,3	+0, 5536
Saturne.	6 37 10	6 30 00	6 32 4	6 31 40	6 26 42	—1, 11
Herschel.					5 27 16	—0, 11

Méthodes pour trouver le lieu de l'aphélie d'une planete.

1279. Il y a trois méthodes pour déterminer le lieu de l'aphélie d'une planete. La première et la plus simple de toutes sert principalement pour le Soleil; elle peut servir aussi quelquefois pour les planetes: en voici l'explication. Lorsqu'on a plusieurs observations d'une planete, faites en différens points de son orbite, il faut chercher celles qui donnent deux points diamétralement opposés, par rapport au foyer ou au Soleil; et si les temps de ces observations different exactement d'une demi-révolution, on sera sûr que ces deux observations sont l'une dans l'aphélie, et l'autre dans le

Tome II.   G périhélie : ainsi en comparant deux à deux un grand nombre d'observations , on ne pourra manquer de tomber sur celles qui indiqueront la place des apsides.

Soit l'aphélie d'une planete en A (fig. 73), et le périhélie en P, la partie ABP de l'ellipse est égale à la partie ACP : elles sont parcourues l'une et l'autre dans l'espace du temps de la demi-révolution, par exemple, en 182^j 15^h 6' 59'', s'il s'agit du Soleil (1312). Nous prenons ici la révolution anomalistique, c'est-à-dire par rapport à l'apogée ; mais, dans une premiere approximation, l'on se contenteroit de la révolution tropique (1162), en supposant l'aphélie immobile pendant une demi-révolution.

Si l'on prend un autre point quelconque D avec le point E qui lui est opposé, la partie DACE de l'ellipse exigera plus de temps que la partie DBPE, parceque la premiere renferme l'aphélie, c'est-à-dire l'endroit où le mouvement de la planete est le plus lent, tandis qu'au contraire la partie DBE, dans laquelle se trouve le périhélie , doit être parcourue d'un mouvement plus rapide et en moins de temps.

Ainsi les points A et P des deux apsides sont les seuls qui, étant diamétralement opposés, fassent aussi deux intervalles de temps égaux ; on sera donc assuré de connoître le lieu des apsides, si l'on trouve deux longitudes qui, étant diamétralement opposées comme A et P, répondent aussi à des temps éloignés d'une demi-révolution, c'est-à-dire de la moitié du temps qu'il faut à la planete pour revenir à son apside ; et il suffira de chercher, dans le nombre des observations d'une planete, les deux qui satisferont à la fois à cette double condition.

1280. Cette maniere de déterminer le lieu de l'aphélie d'une planete fut employée pour la premiere fois par Képler (pag. 208). *Perpende itaque quòd si Mars a puncto apogaei eundo, dimidium temporis restitutorii insumat, fine hujus temporis, omninò confectis 180 gradibus, sit futurus in puncto perigaei. At si jam hoc spatium temporis auspicetur uno die postquam in apogaeo fuit, incipiet igitur cursum a 26' 13'' ab apogaeo, finietque in 180° 38' 2''; itaque dimidio temporis plus dimidio itineris curret per 11' 49'': contrarium si die uno ante apogaeum inciperet.* La Caille avoit trouvé cette méthode, et il en fit l'objet d'un mémoire qu'il lut à l'académie en 1742 ; il y appliqua des observations qu'il fit ensuite en 1743 (*Mém. acad.* 1742). Il employa cette méthode dans sa théorie du Soleil (*Mém. acad.* 1757), en annonçant qu'il l'avoit trouvée très bien expliquée dans le livre de Manfredi *de Gnomone meridiano Bono-*

niensi, imprimé en 1736; mais je l'ai retrouvée dans Képler : au reste il faut convenir que cette méthode est si naturelle, et découle si naturellement de la loi du mouvement elliptique, qu'il n'est pas surprenant que trois personnes l'aient imaginée séparément.

1281. Pour faire usage de cette méthode, on peut employer la proportion suivante, en cherchant une quantité qui, ajoutée au temps de l'observation, ou en étant ôtée, donne celui du passage par l'aphélie. *La différence des vîtesses aphélie et périhélie est à la vîtesse périhélie, comme la différence entre l'intervalle de temps des deux observations, et la demi-révolution anomalistique, est au temps dont la planete est éloignée de son aphélie.*

Soit a le mouvement diurne de la planete quand elle est vers son aphélie, p le mouvement dans le périhélie, c la différence trouvée par observation entre le temps par D P E (FIG. 73) et la demi-révolution anomalistique, t la quantité cherchée ou le temps qui répond à l'arc A D : alors on aura cette proportion, $p : a :: t : \frac{t\,a}{p}$, c'est-à-dire, la vîtesse périhélie est à la vîtesse aphélie, comme le temps par A D est au temps par P E. Si à la demi-révolution anomalistique de A en P on ajoute le temps par A D, et qu'on ôte le temps par P E (1230), on aura $t - \frac{t\,a}{p}$ pour la différence entre l'intervalle observé et la demi-révolution anomalistique, différence que nous avons appellée c ; ainsi $t - \frac{t\,a}{p} = c$, ou $t\,p - t\,a = p\,c$, ce qui se réduit à cette proportion, $p - a : p :: c : t$, et par conséquent à la regle que nous voulions démontrer. Cette quantité s'ajoute quand l'intervalle est plus grand que la demi-révolution, la premiere observation étant vers l'apogée ; dans les autres cas, c'est le contraire.

1282. EXEMPLE. Le lieu du Soleil observé au Cap de Bonne-Espérance le 30 juin 1751, à 22^h 58' 40" de temps moyen réduit au méridien de Paris, étoit de 3^s 8° 9' 2" 3 ; et le 29 décembre à 22^h 58' 45", il étoit de 9^s 8° 30' 5" 0 ; l'apogée ayant dû avancer dans cet intervalle de 32" 7, il faut les ajouter à la premiere longitude pour la réduire, par rapport à l'apogée, au même état que si l'apogée étoit immobile, et l'on aura 3^s 8° 9' 35" 0, dont l'opposite devoit être 9^s 8° 9' 35", moins avancé de 20' 30" que le vrai lieu observé.

Le 30 de juin il faut au Soleil 8^h 36' 10" pour parcourir cette quantité ; ainsi, le 30 juin à 7^h 34' 50", le Soleil dut être exactement à l'opposite du lieu qui fut observé ensuite le 29 décembre ; l'intervalle de temps moyen entre ces deux momens est de 182ʲ 15ʰ 23′ 55″, plus long de 16′ 13″ que la demi-révolution anomalistique supposée par la Caille de 182ʲ 15ʰ 7′ 42″ (1312), ce qui prouve que le Soleil n'étoit pas encore à son apogée dans la premiere observation. Si l'on fait la proportion (1281), l'excès de la vîtesse diurne du Soleil périgée sur la vîtesse du Soleil apogée, qui est de 4′, est à la vîtesse périgée 61′ 12″, comme 16′ 13″ de temps, que nous voulons avoir de moins sur l'intervalle des deux observations, sont à 4ʰ 8′ 7″ : on aura ce qu'il faut au Soleil le 30 juin pour avancer d'une quantité suffisante ; on ajoutera cette quantité au 30 juin 7ʰ 34′ 50″, et l'on aura le moment du passage du Soleil par l'apogée 11ʰ 42′ 57″, temps moyen à Paris. La longitude du Soleil pour cet instant-là est aisée à conclure de l'observation, elle se trouve de 3ˢ 8° 39′ 56″ ; c'est le lieu de l'apogée du Soleil qui résulte de ce calcul ; c'est en même temps le vrai lieu et le lieu moyen du Soleil le 30 juin 1751, 11ʰ 42′ 57″, temps moyen à Paris : d'où l'on tire la longitude moyenne (1325) pour le dernier jour de l'année 1749 à midi moyen à Paris , 9ˢ 10° 0′ 46″ 5 (*Mém. ac.* 1747).

1283. On peut aussi trouver le lieu de l'aphélie par des observations qui ne seroient éloignées que d'un quart de cercle , lorsqu'on connoît l'équation du centre, et qu'on s'en est bien assuré par des observations faites vers les moyennes distances, ou plus exactement dans les points de la plus grande équation (1258 *et suiv.*). Il suffit de prendre deux observations qui soient faites l'une vers l'aphélie, l'autre dans la moyenne distance ou à-peu-près, pour connoître exactement le lieu de l'aphélie. On calculera pour chacune de ces observations l'équation du centre, en supposant le lieu de l'aphélie tel qu'on le connoît, et l'on prendra la différence de ces deux équations, si les deux observations sont du même côté de l'aphélie, ou la somme si l'une étoit avant l'aphélie et l'autre après : la différence ou la somme de ces deux équations sera la quantité dont le vrai mouvement doit différer du mouvement moyen, qui est toujours supposé connu dans l'intervalle des deux observations. Si ce vrai mouvement calculé differe trop du mouvement moyen, c'est-à-dire s'il en differe plus que le mouvement vrai observé, ce sera une preuve qu'on a supposé le lieu de l'aphélie trop près de l'observation faite dans la moyenne distance.

1284. En effet, soit une planete en B (FIG. 73) dans sa moyenne distance, ayant, comme Jupiter, 5°½ d'équation, et en D à 6° de son aphélie supposé connu à peu-près, ayant un demi-degré d'équation ; la différence de ces deux équations est 5° ; c'est la quantité dont le mouvement moyen doit surpasser le mouvement vrai dans l'intervalle de deux observations. Je suppose que les deux points B et D soient éloignés l'un de l'autre exactement du quart de la révolution de Jupiter en temps (environ trois ans), en sorte que le moyen mouvement soit de 90°; le mouvement vrai doit être, suivant le calcul précédent, de 85°, c'est-à-dire plus petit de 5° que le mouvement moyen; et je suppose que par l'observation on l'ait trouvé de 86°, plus petit seulement de 4° que le mouvement moyen, c'est-à-dire moins différent du moyen mouvement que suivant le calcul; alors je raisonne ainsi : En éloignant dans mon calcul l'aphélie A de l'observation faite en B, l'équation en D se trouvera plus grande, étant plus loin de l'aphélie; mais l'équation en B ne changera pas sensiblement, parceque vers les moyennes distances l'équation ne varie presque point : ainsi la différence des deux équations en D et en B deviendra moindre qu'elle n'étoit dans la première supposition, et elle approchera davantage de l'observation, suivant laquelle on vient de supposer qu'il n'y avoit que 4° de différence entre le vrai et le moyen mouvement, au lieu de 5° qu'on avoit trouvés par le calcul.

Ainsi cette différence entre le vrai et le moyen mouvement, trouvée trop grande par le calcul, m'apprend que le lieu de l'aphélie supposé dans ce calcul étoit trop voisin de l'observation B; on peut l'en éloigner de quelques minutes pour voir ce qui en résultera sur la différence du mouvement vrai au mouvement moyen, et par une ou deux tentatives trouver enfin le lieu de l'aphélie A, qu'il faut employer pour que la différence calculée soit d'accord avec la différence observée.

1285. La troisieme méthode pour trouver le lieu de l'aphélie d'une planete a lieu pour Mercure ou pour Vénus (1316): c'est celle que j'ai donnée à l'occasion de ma théorie de Mercure (*Mém.* 1766), et par laquelle je cherchois à déterminer soit pour les temps les plus anciens, soit pour le temps où nous sommes, le lieu de l'aphélie de Mercure. Je suppose qu'on ait observé la plus grande digression de Mercure dans le temps qu'il est à ses moyennes distances du Soleil, et que la distance ou le rayon vecteur change rapidement; si l'on connoît déja la moyenne distance et l'excentricité, l'on calculera facilement à quel endroit il faut placer l'aphélie, pour que le rayon sur lequel se trouve la planete soit précisément de la longueur convenable à la digression observée. Soient M et N (FIG. 73) deux positions de Mercure observées dans ses plus grandes digressions et dans ses moyennes distances, la

Terre étant en un même point T de son orbite : si les digressions étoient parfaitement égales, ce seroit une preuve que la Terre étoit exactement dans la direction de l'aphélie ; ainsi l'on connoîtroit par là sa véritable situation : si ces digressions sont inégales, leur inégalité fera connoître aussi combien il s'en faut que l'aphélie ne soit dirigé vers le point T.

C'est le 24 mai et le 6 décembre que le Soleil et la Terre se trouvent dans la ligne des apsides, et que les plus grandes digressions de Mercure doivent être égales : c'est à 57° de l'aphélie que le rayon vecteur change le plus et qu'il y a le plus d'avantage à observer les digressions pour déterminer l'aphélie ; mais celles qui sont à 75° de l'aphélie ont l'avantage de ne pas dépendre de l'excentricité.

Dans l'usage ordinaire on n'a pas des observations doubles comme je viens de le supposer.

Soit donc le lieu de Mercure, suivant les tables, en M sur le rayon TM qui touche l'orbite, la plus grande digression étant alors l'angle STM, et la distance à l'aphélie ASM. Si, dans les tables dont nous nous servons, le lieu de l'aphélie est mal indiqué, en sorte que l'aphélie soit réellement en D, en faisant avancer le point A en D, le rayon vecteur SC arrivera en SG, et l'élongation de Mercure sera égale à l'angle STG, plus petite par conséquent que l'élongation calculée STM ; si donc on a trouvé par le calcul des tables une élongation plus grande que celle qu'on a observée, il n'y a qu'à éloigner l'aphélie du lieu de l'observation en laissant toujours Mercure à la même longitude héliocentrique ou sur la même ligne SGM, c'est-à-dire augmenter le lieu de l'aphélie, si l'anomalie est plus grande que 6 signes. Un degré d'erreur dans le lieu de l'aphélie change de $\frac{1}{250}$ la distance au Soleil ; et comme la plus grande digression est alors d'environ 21°, il en résulteroit 5 minutes d'erreur sur cette digression : or on peut l'observer, à 10″ près ; donc alors on doit connoître le lieu de l'aphélie de Mercure à 4 minutes près, par le moyen de la plus grande digression observée entre 3 et 4ˢ, ou entre 8 et 9ˢ d'anomalie.

1286. Le 24 mai 1764 à 8ʰ 7′ 50″ temps moyen, j'observai la longitude de Mercure 2ˢ 26° 50′ 35″ ; il étoit alors dans sa plus grande digression en M à 22° 51′ 12″ du Soleil ; notre rayon visuel touchoit son orbite à la moyenne distance SM vers 9ˢ 8° d'anomalie, qui est presque l'endroit où la distance change le plus. Je calculai cette longitude par les tables de Halley, et je la trouvai trop grande de 1' 14''; c'est-à-dire que, suivant ces tables, Mercure étoit en M au lieu d'être sur TG. Pour qu'un point C de l'ellipse de Mercure se trouve en G, il faut que l'ellipse tourne, que l'aphélie A avance en un point D, et que sa longitude soit plus grande. En conséquence j'augmentai de 14' la longitude de l'aphélie tirée des tables, sans changer la longitude héliocentrique de Mercure; l'anomalie devint plus petite aussi bien que le rayon vecteur, l'élongation de Mercure devint aussi moindre, et la longitude de Mercure se trouva d'accord avec l'observation (*Mém. acad.* 1766). Après un grand nombre de comparaisons semblables, je n'ai fait cette augmentation que de 10' dans mes premieres tables, et j'ai supposé l'aphélie à 8^s 13° 49' 30'' pour 1764. Ayant calculé de la même maniere les 16 observations anciennes de Mercure qui sont rapportées dans l'Almageste de Ptolémée, j'ai trouvé qu'il y avoit plusieurs degrés à ôter du lieu de l'aphélie que les tables donnoient pour ces temps-là (*Mém.* 1766): mais l'erreur sur le moyen mouvement de Mercure affecte encore beaucoup ces résultats; aussi j'ai voulu y employer encore les passages de Mercure sur le Soleil, par la méthode des art. 1268 et 1283 (*Mém. acad.* 1786). J'en donnerai l'explication (1315).

1287. La quatrieme méthode pour déterminer l'aphélie ne suppose point qu'on ait une des plus grandes digressions, ni des longitudes observées précisément dans les apsides; mais elle exige trois conjonctions ou oppositions, c'est-à-dire trois longitudes héliocentriques, et elle donne tout à la fois l'excentricité, l'aphélie, et l'époque de la longitude moyenne: ce sera l'objet des articles suivans. Nous expliquerons d'abord cette méthode pour les cas les plus simples, ensuite nous la donnerons d'une maniere plus générale (1293).

Méthode générale pour corriger à la fois les trois élémens d'une orbite.

1288. Nous avons vu séparément (1260, 1279, 1283) les méthodes que l'on peut suivre pour trouver l'équation et les apsides d'une planete; nous allons rassembler l'esprit de ces méthodes et en tirer un procédé pour trouver par trois observations les trois élémens d'une orbite, savoir l'excentricité, le lieu de l'aphélie, et l'époque ou lieu moyen qui en résulte nécessairement (1282); je suppose trois observations réduites, comme on le verra ci-après (1296), et je suppose aussi les élémens à-peu-près connus.

Pour bien faire sentir l'esprit de cette méthode , je rappellerai ici trois choses qui doivent être familieres à tous ceux qui s'occupent du calcul astronomique. 1°. L'équation de l'orbite est la plus grande qui soit possible vers trois signes et quelques degrés d'anomalie moyenne , alors elle est à son *maximum;* elle augmente à peine en passant d'un degré à l'autre (1257) ; en sorte que l'anomalie moyenne peut être alors plus ou moins grande, sans que l'équation en soit affectée : ainsi dans ces cas-là on pourroit se tromper sur le lieu de l'aphélie , sans qu'il en résultât aucune erreur sur l'équation , ni sur la longitude calculée. 2°. L'équation de l'orbite, ou la différence entre la longitude moyenne et la longitude vraie , est additive depuis le périhélie jusqu'à l'aphélie , c'est-à-dire , dans les six derniers signes d'anomalie ; on l'ajoute alors à la longitude moyenne pour avoir la longitude vraie : elle est soustractive depuis l'aphélie jusqu'au périhélie , c'est-à-dire qu'on retranche l'équation de la longitude moyenne pour avoir la longitude vraie. 3°. Le mouvement moyen d'une planete dans l'espace d'une ou de deux révolutions , est assez bien connu pour qu'on puisse toujours le supposer exact ; car les moyens mouvemens se déterminent par la comparaison des observations les plus anciennes ; ainsi il ne peut y avoir d'erreur sensible dans l'espace de quelques années : d'où il résulte que si l'erreur de l'époque, ou de la longitude moyenne d'une planete, est connue pour un point quelconque de son orbite, ou pour un temps donné , elle est également connue , ou plutôt elle est la même dans tous les autres points ; elle ne fait que se combiner avec les erreurs qui proviennent des autres élémens , sans que cette erreur de l'époque , prise en elle-même , soit différente.

1289. Si l'on avoit deux observations faites précisément dans les moyennes distances , c'est-à-dire, à trois signes d'anomalie moyenne , et à neuf signes , il seroit aisé de corriger par ces deux observations , 1°. l'époque des moyens mouvemens, 2°. l'équation du centre. En effet, si l'équation du centre est bonne , c'est-à-dire, si celle qu'on a employée dans le calcul des tables est exacte, il n'y aura , entre le calcul et l'observation , d'autre différence que celle de l'époque des moyens mouvemens , puisque le lieu de l'aphélie n'influe point dans le calcul des longitudes prises vers les moyennes distances ; l'erreur sera donc égale dans les deux observations , car nous supposons le moyen mouvement exactement connu : ainsi l'erreur des tables étant trouvée égale à 3ˢ et à 9ˢ d'anomalie, ce sera une preuve que l'équation de l'orbite est exacte ; mais

que

que l'erreur des deux calculs vient uniquement de l'époque de la longitude qui est mal établie.

Si l'équation est aussi défectueuse, l'erreur sera plus ou moins grande, parcequ'à 3ˢ d'anomalie l'équation se retranche de la longitude moyenne pour avoir la vraie, mais à 9ˢ elle s'ajoute : ainsi, dans l'une des deux observations, l'erreur de l'équation augmentera celle de l'époque, et dans l'autre observation elle la diminuera ; par ce moyen l'erreur totale sera plus grande dans une observation que dans l'autre, et cela du double de l'erreur commise sur l'équation.

Si, par exemple, l'erreur de l'époque est — 5′, c'est-à-dire qu'il y ait dans l'époque des tables 5 minutes de trop, et que l'erreur de la plus grande équation soit — 2′, alors ces deux erreurs s'accumuleront à 9ˢ d'anomalie moyenne, parceque l'équation y est additive, en sorte qu'on aura ajouté 2′ de trop, à raison de l'équation qui est trop grande, et 5′ de trop, à raison de l'époque qui est trop avancée : la longitude calculée aura donc 7′ de trop. Au contraire vers 3ˢ d'anomalie on n'aura que 3′ de trop, c'est-à-dire que l'erreur des tables ne sera que de 3′, parceque l'équation qui est trop grande de 2′, étant soustractive, dans ce cas-là on aura ôté 2′ de trop ; et l'époque ayant toujours 5′ de plus qu'il ne faut, il ne restera que 3′ d'erreur. La différence entre ces deux erreurs des tables, 7′ et 3′, est donc 4′, et cette différence partagée en deux parties donnera 2′, erreur de l'équation.

1290. Lorsqu'on a rectifié, par les deux observations dont nous venons de parler, soit l'époque, soit l'équation de l'orbite d'une planete, il s'agit de rectifier aussi le lieu de l'aphélie ; pour cela on choisit une observation qui tienne le milieu entre les deux autres, et qui soit faite vers le temps où la planete étoit aphélie ou périhélie ; on calcule pour le moment de l'observation la longitude par les tables, après avoir rectifié l'époque et l'équation, ainsi que nous l'avons indiqué dans l'article précédent ; et si l'on trouve quelque différence entre l'observation et le calcul, on est sûr qu'elle dépend toute entiere du lieu de l'aphélie qui sera mal supposé dans les tables.

1291. En effet, puisque par l'hypothese nous avons trouvé la véritable époque et la véritable équation, il ne doit y avoir d'erreur que dans le degré d'anomalie moyenne auquel chaque équation appartient ; si l'on fait l'anomalie trop grande aux environs de l'aphélie, on aura une trop grande équation dans ce point-là, quoique la quantité totale de la plus grande équation ait été exactement déterminée.

Tome II.   H

1292. En jetant les yeux sur la table de l'équation de l'orbite d'une planete, on voit combien elle varie pour chaque degré d'anomalie moyenne aux environs de l'aphélie ; par exemple , il y a 1′ 58″ pour le Soleil ; car si l'anomalie moyenne augmente d'un degré en partant de l'aphélie , l'équation augmente de 1′ 58″ : si l'on trouvoit donc la longitude par les tables vers ce point-là trop petite de 1′ 58″, on jugeroit que l'aphélie doit être plus avancé d'un degré ; car , puisque la longitude des tables est trop petite , c'est une preuve qu'on a trop retranché pour l'équation , si elle est soustractive , ou que la planete ait déja passé son aphélie , c'est-à-dire que l'anomalie moyenne étoit trop grande , et par conséquent le lieu de l'aphélie trop peu avancé. Si la planete étoit moins avancée que son aphélie , et qu'elle ne l'eût pas atteint , ce seroit la même chose , avec cette différence , que la longitude trop petite prouveroit une équation additive trop petite , et une anomalie moyenne trop grande , d'où résulteroit également un lieu de l'aphélie trop peu avancé.

1293. On pourroit donc trouver par des considérations pareilles les corrections à faire dans chacun des trois élémens : mais cela supposeroit les observations faites exactement dans les apsides et dans les points de la plus grande équation , et ces circonstances sont trop rares ; ainsi je vais expliquer une méthode exacte quoiqu'indirecte , par laquelle on peut trouver les trois élémens d'une orbite par trois observations , avec toute la précision qu'on voudra , sans être assujetti à des observations faites précisément dans les apsides , ou dans les moyennes distances. Les méthodes les plus ingénieuses , les plus géométriques , les plus directes , qu'on ait données jusqu'ici , ne sont point comparables pour la facilité à la méthode indirecte , ou de fausse position , que nous allons expliquer ; ainsi elle nous tiendra lieu de toutes les autres.

1294. On peut voir , si l'on est curieux , plusieurs méthodes pour parvenir au même but , dans les mémoires de 1723, et dans les élémens d'astronomie de Cassini , *pag.* 172 : la huitieme ressemble un peu à celle que nous allons expliquer ; mais elle est encore un peu plus indirecte à cause de l'usage qu'on y fait de l'hypothese elliptique simple dans quelques unes des approximations. Halley avoit résolu le problême par une construction géométrique , où il employoit l'intersection de deux hyperboles (*Philos. Trans. n°.* 128, 1676). La Hire publia une solution de ce problême dans le journal des Savans (*mars* 1677) par une méthode ingénieuse dont il donna ensuite la démonstration dans son grand traité des sections coniques,

liv. VIII, pr. 25. Newton en donna une autre solution (*Phil. nat. Princ. math. lib. I, prop.* 21). Voici le problême qu'il se propose : *Trajectoriam circa datum umbilicum describere quae transibit per puncta data et rectas positione datas continget ;* mais il cite la solution de M. de la Hire, en disant qu'elle n'est pas fort différente de la sienne. Celle de Newton se trouve dans Keill, et dans les Institutions astronomiques de M. le Monnier, *page* 545. Nicollic, dans les mém. de 1746, *pag.* 291, donna une autre méthode fondée sur de nouvelles propriétés des sections coniques, dans laquelle il détermina l'espece et la position d'une orbite planétaire, connoissant la position et le rapport de trois rayons vecteurs de cette orbite, et il en donna le calcul de deux manieres différentes. Toutes ces méthodes étoient utiles pour le cas où Képler s'étoit trouvé, après avoir fixé trois distances de Mars au Soleil par une multitude d'observations et de calculs (1218). Cela pourroit encore avoir lieu pour la planete de Herschel dont on ne connoît pas bien la révolution. Mais comme, dans la pratique ordinaire de l'astronomie, on ne connoît que les angles au Soleil, et non la longueur des rayons vecteurs ; je vais détailler une autre méthode employée par la Caille (*Mém. acad.* 1750) qui ne suppose que les trois longitudes observées et les temps des observations : elle est beaucoup plus commode et plus facile à employer ; je vais l'expliquer avec plus de détail que je n'avois fait dans les mémoires de 1755, et je la simplifierai ensuite beaucoup plus (1306).

1295. La révolution d'une planete est la premiere chose que l'on doit connoître (1153) ; ainsi le moyen mouvement d'une planete est donné dans l'intervalle de trois observations : le mouvement de l'aphélie doit être aussi connu par d'autres observations très éloignées auxquelles on aura appliqué la méthode expliquée ci-dessus (1279 et suiv.), parceque les trois observations qu'on emploie pour déterminer une orbite ne peuvent déterminer qu'une ellipse fixe et immobile ; mais dans l'intervalle des trois observations qu'on calcule, il ne peut pas y avoir une erreur considérable sur le mouvement de l'aphélie, parceque l'intervalle de temps est peu considérable.

Les trois observations doivent être, autant qu'il est possible, éloignées d'un quart de révolution, c'est-à-dire, deux aux environs des apsides, et l'autre aux environs de la moyenne distance, ou deux aux moyennes distances, et une à l'apside ; car quoique la méthode ne soit pas assujettie à cette condition, le résultat n'en sera que plus concluant et plus sûr, si l'on a cette attention.

Quand il y a deux longitudes vers les apsides, le lieu de l'aphélie est mieux déterminé ; quand il y en a deux vers les moyennes distances , c'est l'équation que l'on trouve avec plus de précision , car elle est alors déterminée par le double de sa valeur. Ces observations peuvent aussi être éloignées de plusieurs révolutions entieres , pourvu que l'on connoisse assez bien le mouvement de la planete, et celui de son aphélie pendant tout l'intervalle qu'on aura pris ; on rapproche alors une révolution de l'autre , comme si les trois observations appartenoient à la même révolution , et cela revient au même.

On suppose encore que l'on connoît déja, du moins à-peu-près, l'excentricité et le lieu de l'aphélie : on les connoît en effet pour les planetes ; d'ailleurs on a vu ci-devant (1260, 1279) la maniere de les trouver , en supposant même qu'on n'en eût aucune idée.

1296. Les trois longitudes doivent être réduites au plan de l'orbite , et non à l'écliptique (1133) ; je fais cette remarque afin d'avertir que les astronomes publient toujours les résultats des longitudes observées réduites à l'écliptique : ainsi il est nécessaire, dans le cas dont nous parlons, d'y faire une réduction pour les rapporter au plan de l'orbite ; mais elle est contraire à celle des tables , où il s'agit de réduire à l'écliptique une longitude qui est d'abord comptée sur l'orbite.

Ces trois longitudes, qui sont destinées à déterminer les trois principaux élémens de l'orbite , devroient encore être corrigées des inégalités que peuvent y causer les attractions planétaires (3671). Enfin ces observations doivent être dégagées de l'aberration, qui augmente toujours les longitudes des planetes dans leurs oppositions (2882).

Nous diviserons le procédé de cette méthode en trois parties : dans la premiere nous supposerons qu'on connoisse l'excentricité , et nous chercherons le lieu de l'aphélie ; dans la seconde nous changerons d'excentricité pour avoir un autre lieu de l'aphélie ; dans la troisieme nous chercherons, par le moyen d'une troisieme observation , quelle est de ces deux excentricités celle qu'on doit préférer.

1297. Dès que l'on connoît la durée de la révolution d'une planete, on sait exactement combien il y a de temps , ou combien il y a de degrés d'anomalie moyenne , entre deux instans quelconques où cette planete aura été observée : par exemple, si ces deux instans sont éloignés du quart de la durée de cette révolution , il y aura toujours un quart de cercle pour la différence des anomalies moyennes ; car il ne faut pas perdre de vue que les temps et les anomalies moyennes marchent toujours uniformément et sont toujours proportionnels (1234).

Si l'on est toujours en état de connoître la différence ou la somme de deux anomalies moyennes, ou de deux distances moyennes à l'apside, l'une à droite, l'autre à gauche, il n'en est pas ainsi de ces anomalies prises séparément ; car pour connoître chacune des deux, il faudroit connoître et le lieu de l'aphélie, qui est le point d'où elles se comptent, et le lieu moyen de la planete: mais l'observation ne donne que le lieu vrai ; il faudroit donc connoître encore l'excentricité, qui sert à trouver l'anomalie moyenne par le moyen de l'anomalie vraie (1244). Cette considération fournit le moyen de reconnoître par deux observations si le lieu de l'aphélie d'une planete qui se trouve dans les tables, est exact, en supposant qu'on connoisse l'excentricité ; car ayant les deux longitudes observées, on aura (en retranchant le lieu de l'aphélie) deux anomalies vraies supposées, on cherchera l'anomalie moyenne qui répond à chacune par le moyen des deux proportions (1240 et 1241), et de l'excentricité supposée connue: si ces deux anomalies moyennes different entre elles autant que l'exige l'intervalle des deux observations, elles sont exactes l'une et l'autre, et par conséquent le lieu de l'aphélie est bien connu et a été bien supposé.

1298. Si les deux anomalies vraies supposées ne donnent pas la différence d'anomalie moyenne, telle qu'elle doit être, c'est-à-dire, si elles ne donnent pas le même intervalle de temps que l'on a par observation, c'est une preuve qu'elles ne sont pas bonnes ; c'est par cette épreuve qu'on appercevra si le lieu de l'aphélie qu'on a supposé d'après les tables, ou par conjecture, n'est pas exact : dans ce cas on fera une autre *supposition*, en donnant à l'aphélie quelques minutes de plus ou de moins, on recommencera le même calcul ; et l'on verra ainsi, par l'événement de la seconde *supposition*, quelle est celle qu'il faut adopter, et quel est le lieu de l'aphélie qu'il faut prendre pour représenter l'intervalle de ces deux premieres observations (avec l'excentricité qui est connue, ou employée dans cette premiere hypothese). Ainsi j'appelle *premiere hypothese* une excentricité supposée, avec le lieu de l'aphélie qui lui correspond en satisfaisant à l'intervalle des deux observations ; pour parvenir à cette hypothese, on a été obligé de passer par diverses *suppositions* pour le lieu de l'aphélie.

1299. Pour que le lieu de l'aphélie trouvé dans la premiere hypothese fût bien déterminé, il faudroit nécessairement que l'excentricité fût exacte ; car pour réduire l'anomalie vraie en anoma-

lie moyenne , on fait usage de l'excentricité, comme on le voit dans
les deux analogies (1240 et 1241).

Si l'on suppose une autre excentricité, et qu'on refasse les mêmes
calculs, on aura pour seconde hypothese un résultat différent pour
le lieu de l'aphélie , en employant toujours les deux mêmes observations ; on pourroit faire ainsi une table de différentes excentricités , et à côté de chacune on écriroit le lieu de l'aphélie qui
répond à chaque hypothese d'excentricité.

1300. Pour savoir maintenant quelle est la véritable excentricité
que l'on doit choisir, ou celle de toutes nos hypotheses qui est la
bonne , on emploie une troisieme observation éloignée d'environ
90° des autres et sur laquelle on fera la remarque suivante. L'intervalle de temps entre l'observation aphélie , et l'observation faite
90° avant ou après l'aphélie , étant connu, on a la différence entre
les deux anomalies moyennes ; mais si l'on se trompoit sur l'excentricité, ou, ce qui revient au même, sur l'équation, toute l'erreur tom-
beroit sur l'anomalie qui est à 90° de l'aphélie, parceque l'équation
y est fort grande ; et cette erreur seroit nulle dans l'aphélie où
l'équation est nulle, ou du moins fort petite : ainsi la différence
entre l'anomalie moyenne vers l'aphélie et l'anomalie moyenne à
90° de là , seroit affectée de toute l'erreur commise sur l'équation
de l'orbite. On verra donc par cette différence d'anomalie quelle
équation il faut employer pour que la différence des anomalies soit
égale à celle que l'on connoît d'avance par le temps écoulé entre les
deux observations , et c'est ainsi que l'équation se trouvera déterminée.

On prendra donc l'excentricité de la premiere hypothese avec
le lieu de l'aphélie connu , ainsi qu'il a été déterminé pour cette
premiere excentricité (1298); on formera deux anomalies vraies
avec les deux longitudes vraies , dont une soit assez éloignée de
l'autre pour que l'équation soit le plus différente qu'il est possible;
on les convertira en anomalies moyennes ; et si la différence de
ces deux anomalies moyennes est exactement ce que l'on sait qu'elle
doit être, on sera sûr que l'hypothese est bonne, et l'on n'aura pas
d'autre calcul à faire. Mais il n'arrive jamais que l'on rencontre
ainsi du premier coup la véritable excentricité; l'on choisira donc
une autre excentricité avec la position de l'aphélie qui lui répond ,
c'est-à-dire, la 2ᵉ hypothese ; on verra laquelle des deux satisfait
mieux à l'intervalle donné ; et par une regle de trois on en trouvera un troisieme qui satisfera exactement à l'intervalle ou à la
différence de l'anomalie moyenne connue entre ces deux observa-

tions ; on trouvera par une autre proportion quelle est la longitude de l'aphélie correspondante : cette excentricité et le lieu de l'aphélie qui lui répond, seront conformes aux trois observations, et le problême sera résolu.

1301. EXEMPLE. Je suppose trois oppositions de Mars observées en 1743, 1751 et 1753, c'est-à-dire, les longitudes de Mars sur son orbite, vues du Soleil pour les temps moyens, comme il suit, en appliquant aux trois longitudes sur l'écliptique les réductions — 17″, — 50″ + 13″. On peut voir le détail de ces observations dans les Mémoires de 1755.

Temps moyen des observ.		Longit. dans l'orbite.		Différ. d'anom. moy.	
1743. 15 fév.	$19^h\ 17'\ 40''$	$4^s\ 27°\ 16'\ 15''$		$6^s\ 21°\ 30'\ 44''\ 4$	
1751. 14 sept.	$8\ 28\ \ 0$	$11\ 21\ 34\ 10$			
1753. 16 nov.	$10\ 28\ 33$	$1\ 24\ 47\ 37$	$1\ 26\ \ 6\ 50\ 6$		

Je prends les lieux de l'aphélie dans les tables de Halley dont on se servoit alors, $5^s\ 1°\ 23'\ 37''$, $5^s\ 1°\ 33'\ 37''$, $5^s\ 1°\ 36'\ 9''$; je forme trois anomalies vraies $11^s\ 25°\ 52'\ 38''$, $6^s\ 20°\ 0'\ 33''$, $8^s\ 23°\ 11'\ 28''$; je convertis les deux premieres anomalies vraies en anomalies moyennes, après avoir pris ce qui s'en manque pour aller à 360°, et cela en faisant les deux hypotheses suivantes pour l'excentricité, c'est-à-dire, en la supposant d'abord de 1417 parties, ensuite de 1427, la distance moyenne du Soleil à la Terre étant toujours de 10000.

PREMIERE HYPOTHESE. Je prends l'excentricité telle qu'elle est dans les tables de Halley 1417, la moyenne distance de Mars au Soleil étant de 15236,9 ; je la réduis à ce qu'elle seroit si la moyenne distance de Mars étoit l'unité : et prenant aussi l'aphélie tel qu'il est dans ces tables, ce qui forme ma premiere *supposition,* les deux anomalies vraies donnent deux anomalies moyennes (1240, 1241) qui sont $11^s\ 25°3'\ 15''1$, et $6^s\ 16°\ 35'\ 21''6$. La différence $6^s\ 21°\ 32'\ 6''6$ est trop grande de $1'\ 22''2$; car suivant les tables, et à raison du temps écoulé entre les deux observations, la différence doit être de $6^s\ 21°\ 30'\ 44''4$ en prenant dans les tables de Halley, soit le moyen mouvement de Mars, soit celui de son aphélie : or les tables sont exactes à cet égard, sur-tout pour un si petit intervalle.

En continuant la même hypothese d'excentricité, je fais une seconde *supposition* pour l'aphélie ; j'augmente de dix minutes les lieux de l'aphélie employés dans la premiere supposition ; je forme par conséquent deux anomalies vraies moindres de 10' que les précédentes, je les convertis en anomalies moyennes ; je trouve 11^s 24° 51' 15" 5, et 6^s 16° 27' 0" 8, dont la différence est de 6^s 21° 35' 45", 3, c'est-à-dire trop grande de 5' 1".

Ainsi pour avoir changé l'aphélie de 10', l'erreur, qui étoit de 1' 22" 2, est devenue 5' 1", c'est-à-dire a augmenté de 3' 38" 8 ; on dira 3' 38"8 : 10' 0" :: 1' 22"2 : 3' 45". Ainsi pour rendre nulle cette erreur de 1' 22"2, il auroit fallu diminuer de 3' 45" les lieux de l'aphélie, au lieu de les augmenter de 10' : par ce calcul nous sommes donc assurés que l'excentricité tirée des tables de Halley, et employée dans cette premiere hypothese, avec le lieu de l'aphélie diminué de 3' 45", satisfera à l'intervalle des deux observations. En effet, calculant les deux premieres observations dans cette hypothese, on a 11^s 25° 7' 45"0, et 6^s 16° 38' 29"5, dont la différence est 6^s 21° 30' 44"5 qui ne differe que d'un dixieme de seconde de celle qui étoit donnée. Il faut actuellement faire la même opération avec une autre excentricité, c'est-à-dire former une seconde hypothese.

Seconde hypothese. Je prends une excentricité 1427, plus grande que celle de Halley de 10 parties, en conservant le grand axe toujours le même, et supposant l'aphélie tel qu'il est dans ses tables ; je convertis les deux anomalies vraies en anomalies moyennes, ce qui donne 11^s 25° 2' 52" 6, et 6^s 16° 34' 0" 2, dont la différence 6^s 21° 31' 7" 6, est plus grande de 23"2 que celle qui doit avoir lieu. Je forme donc une seconde supposition en augmentant le lieu de l'aphélie de 10' ; il en résulte deux autres anomalies vraies, qui doivent aussi se convertir en anomalies moyennes : le calcul étant fait, on aura 11^s 24° 50' 52" 2, et 6^s 16° 25' 40" 1, dont la différence est trop grande de 4' 3" 5.

1302. Ainsi en augmentant de 10' le lieu de l'aphélie dans cette seconde hypothese d'excentricité, l'erreur de l'anomalie moyenne, qui étoit de 23"2, est venue à 4' 3" 5, c'est-à-dire a augmenté de 3' 40" 3 : donc pour la faire diminuer de 23" 2 et la réduire à rien, on dira 3' 40" 3 : 10' :: 23" 2 : 1' 3" 2, et l'on aura la quantité qu'il falloit ôter de l'aphélie des tables pour concilier les deux premieres observations avec le moyen mouvement des tables, dans l'hypothese de 1427 d'excentricité.

C'est donc l'aphélie des tables de Halley diminué de 3' 45"0 avec 1417 d'excentricité, ou diminué de 1' 3" 2 avec 1427, qui satisfait aux deux premieres observations ; il faut, par le moyen de la troisieme observation, choisir entre ces deux hypotheses, ou

trouver

trouver une excentricité qui soit plus ou moins grande que celles-
là, en y joignant le lieu de l'aphélie corrigé à proportion ; cette
troisieme hypothese représentera non seulement les deux premieres, mais encore la troisieme observation.

1303. L'intervalle de temps qu'il y a entre la seconde et la
troisieme observation, donne pour différence d'anomalie moyenne
56° 6' 50", 6, suivant les tables : l'on convertira en anomalies
moyennes les anomalies vraies dans la seconde et dans la troisieme
observation avec 1417 d'excentricité, l'aphélie des tables étant
diminué de 3' 45"0, ensuite avec 1427, l'aphélie étant diminué de
1' 3"2 ; l'anomalie moyenne pour la 3ᵉ observation sera dans la
premiere hypothese 8ˢ 12° 46' 17"8, et dans la seconde 8ˢ 12° 39' 17"
8 : ainsi entre les anomalies moyennes de la 2ᵉ et de la 3ᵉ observation dans la premiere hypothese, la différence est plus grande de
57"7 que 56° 6' 50" 6, et pour la seconde hypothese la différence
est trop petite de 2' 25"8 ; ajoutant ces deux différences qui sont en
sens contraires, on voit que le changement de 10 parties dans
l'excentricité produit 3' 23"5 de variation dans le mouvement
d'anomalie moyenne pour cet intervalle de temps ; on trouvera par
une proportion que 57"7 qui est l'erreur de la premiere hypothese,
donnera 2, 84 : il faudra donc ajouter 2, 84 à l'excentricité 1417 de
la premiere hypothese (1301), et l'on aura 1419, 84, excentricité
qui représentera également la troisieme observation, pourvu qu'on
y joigne l'aphélie qui doit lui correspondre.

Pour avoir la correction du lieu de l'aphélie, on dira 3' 23"5 : 2'
41",8 :: 57"7 : 45"5. En effet, puisque la premiere hypothese d'excentricité 1417 avec le lieu de l'aphélie diminué de 3' 45"0 a donné
57"7 de trop, et que la seconde hypothese d'excentricité 1427 avec
le lieu de l'aphélie diminué de 1' 3"2 (c'est-à-dire de 2' 41", 8
moins que dans la premiere hypothese), a donné 2' 25", 8 de moins
qu'il ne falloit pour la différence d'anomalie moyenne, en sorte que
l'erreur a changé de 3' 23", 5 ; il s'ensuit par la proportion que
pour corriger les 57"7 de la premiere hypothese, il faut diminuer
l'aphélie de 45"5 de moins que dans la premiere hypothese, où il
y avoit 3' 45"0 de correction ; la différence est 2' 59"5 ; ainsi l'on
ôtera cette quantité de l'aphélie des tables.

On peut encore faire cette proportion d'une autre maniere, et
chercher quel est le lieu de l'aphélie qui doit convenir à la nouvelle
excentricité 1419, 84 ; car si avec la premiere excentricité 1417,
il faut ôter 3' 45", 0 de l'aphélie des tables, et si avec la seconde
excentricité 1427, il faut ôter 1' 3"2, c'est-à-dire 2' 41"8 de moins,

Tome II.   I

on aura ce qui répond à 1419, 84 en faisant cette proportion, 10 :
2′ 41″8 : : 2, 84 : 45″5, correction de l'aphélie qui répond à 2,
84 de variation dans l'excentricité; on a donc 3′ 45″0, moins 45″5
ou 2′ 59″5, comme par l'autre proportion, pour la correction de
l'aphélie qui doit répondre à l'excentricité 1419, 84, et qui con-
jointement avec cette excentricité représentera le premier intervalle
aussi bien que le second, ou la premiere différence d'anomalie
moyenne, aussi bien que la seconde.

1304. Je dis en premier lieu que cette excentricité 1419, 84,
avec le lieu de l'aphélie diminué de 2′ 59″5, représentera le premier
intervalle. En effet, nous avons trouvé que 1417 d'excentricité
avec 3′ 45″ de diminution dans l'aphélie, aussi bien que 1427 avec
1′ 3″ de diminution dans l'aphélie, représentoient également l'intervalle connu, ou la différence d'anomalie moyenne des deux
premieres observations; ainsi toute autre excentricité entre ces
deux-là, avec une diminution de l'aphélie proportionnée, représentera également cet intervalle; donc l'excentricité 1419, 84,
avec 2′ 59″5 de diminution dans l'aphélie, satisfera à la différence
des deux premieres observations.

Je dis en second lieu qu'ils satisferont aussi au second intervalle
ou à la différence d'anomalie moyenne entre la seconde et la
troisieme observation : car dans la premiere hypothese 1417, on
trouve 57″7 de plus pour cette différence, et dans la seconde
hypothese qui est de 1427, on trouve 2′ 25″8 de moins que l'on ne
doit trouver; donc à proportion on trouvera exactement ce qu'il
faut trouver, en employant 1419,84, excentricité à laquelle répond
la plus grande équation 10° 41′ 19″ (1258). Tout cela sera plus
sensible encore pour ceux qui le liront en faisant les calculs dont
nous avons donné la marche et les résultats. Au reste il n'est pas nécessaire de faire ces calculs avec la précision des dixiemes de seconde, comme nous venons de les indiquer, puisqu'il n'est pas possible d'être assuré des longitudes observées, même à 5 secondes près.

On a donc enfin et l'excentricité, et la correction à faire dans le
lieu de l'aphélie pour représenter exactement les deux différences
d'anomalie moyenne, dans les trois observations données. Si l'on
recommence en effet le calcul avec ces élémens, c'est-à-dire avec
l'excentricité 1419, 84, qui donne pour logarithmes constans
0,0405872 et 4,2837679, et avec les trois longitudes de l'aphélie
5ˢ 1° 20′ 37″5 , 5ˢ 1° 30′ 37″ 5, et 5ˢ 1° 33′ 9″5 ; on trouvera
pour les anomalies moyennes qui répondent aux temps des trois
observations, 11ˢ 25° 6′ 43″6, 6ˢ 16° 37′ 28″1, et 8ˢ 12° 44′ 19″0;
elles different entre elles des mêmes quantités que les trois ano-

malies moyennes qu'on avoit formées, avec les élémens tirés des tables (1301), c'est-à-dire de 6ˢ 21° 30′ 44″, 4, et de 1ˢ 26° 6′ 50″6 à un dixieme près.

De ces trois anomalies, il y en a deux qui ne sont pas loin des apsides, et une qui approche plus des moyennes distances ; elles ne sont pas rigoureusement dans les points les plus favorables, mais on n'a pas toujours des observations faites dans des positions choisies, et celles de Mars sont des plus rares, ses oppositions n'ayant lieu que tous les deux ans : on verra du moins par cet exemple que la méthode est générale, et ne suppose que trois observations vers les points principaux de l'orbite, c'est-à-dire les unes plus près des apsides que des moyennes distances, et les autres plus loin.

1305. Lorsqu'on connoît l'excentricité et le lieu de l'aphélie, il ne reste plus à connoître qu'une longitude moyenne, pour avoir les trois élémens qu'on cherchoit ; on prendra une des trois anomalies moyennes trouvées ci-devant (1304), par exemple 11ˢ 25° 6′ 43″6 ; on y ajoutera le lieu de l'aphélie des tables diminué de 2′ 59″5, suivant le dernier résultat, c'est-à-dire 5ˢ 1° 20′ 37″,5, et l'on aura la longitude héliocentrique moyenne de Mars dans son orbite au temps de la première observation 4ˢ 26° 27′ 21″, plus grande de 9″ que par les tables de Halley ; d'où l'on peut conclure toutes les autres longitudes moyennes, (857). Nous parlerons bientôt plus au long des époques des longitudes moyennes (1325).

1306. On rend ces calculs bien plus courts en employant deux tables d'équation faites pour deux excentricités différentes, et se servant du mouvement vrai au lieu du mouvement moyen ; je vais en donner le procédé appliqué à un exemple, en négligeant les décimales ; tout le détail n'exige pas une heure de temps et une page de calcul, et ne demande pas même qu'on ouvre les tables de logarithmes. Ainsi l'on pourra déterminer facilement toutes les orbites autant de fois qu'on aura d'observations prises trois à trois. Ainsi le problême de déterminer une orbite elliptique par trois observations, sur lequel les astronomes et les géometres de tous les temps se sont tant exercés (1294), pour lequel on a donné des méthodes si savantes et si compliquées, qu'on n'osoit presque pas les employer, est enfin réduit à ces opérations simples et familieres que les astronomes font tous les jours ; et j'espere que la facilité de ma méthode nous procurera désormais des déterminations fréquentes des élémens planétaires. Voici les trois oppositions dont je me suis servi en expliquant cette méthode, *Mém.* 1775.

	Temps moyen.	Longitude sur l'orbite.	Anomalie moyenne, suivant les tables.	Longitude moyenne, suivant les tables.
1764	1 juin 1ʰ 2′10″	8ˢ 11° 23′ 4″	3ˢ 20° 1′42″	8ˢ 21° 46′12″
1770	14 déc. 11 22 21	2 23 8 1	9 11 5 25	2 12 57 13
1775	23 fév. 9 1 46	5 5 7 14	0 3 50 17	5 5 46 46

Les deux premieres oppositions sont vers les moyennes distances, et la troisieme vers l'aphélie; les données auxquelles il s'agit de satisfaire, sont le mouvement vrai ou la différence des longitudes observées 8ˢ 23° 44′ 10″ entre 1764 et 1775, et 2ˢ 11° 59′ 13″ entre 1770 et 1775.

Premiere hypothese. En employant l'équation de l'orbite de Mars 10° 42′ 13″ telle qu'elle étoit dans mes premieres tables, et les anomalies telles qu'elles sont rapportées ci-dessus, aussi suivant les tables, je trouve, pour les temps de la premiere et de la troisieme observation, des longitudes vraies qui different de 8ˢ 23° 46′ 26″, ou 2′ 16″ de trop. En augmentant de 10′ 0″ les anomalies, c'est-à-dire en ôtant 10′ des lieux de l'aphélie, je trouve 8″ seulement de trop; ainsi l'on voit que 10′ de diminution sur l'aphélie accourcissent de 2′ 8″ le mouvement vrai de 1764 à 1775; d'où il suit qu'en le diminuant de 10′ 37″ on aura la différence exacte 8ˢ 23° 44′ 10″, qui est donnée par observation. Cette quantité de 10′ 37″ se peut même trouver par une seule opération en divisant les 2′ 16″ par 12′ 49″, somme des différences d'équation pour un degré, vers 3ˢ 20° et 0ˢ 4°, et multipliant par 60′.

Seconde hypothese. En employant l'équation de l'orbite 10° 40′ 2″, telle qu'elle est dans les tables de Halley, plus petite que la mienne de 2′ 11″, et l'aphélie de mes tables, on a le mouvement 8ˢ 23° 44′ 24″, ou 14″ de trop; mais 10′ ont produit 2′ 8″; donc en diminuant l'aphélie de 1′ 6″, on aura la différence observée.

Ainsi aux valeurs supposées de l'équation ; $\left. \begin{matrix} 10° 42′ 13″ \\ 10 \ 40 \ 2 \end{matrix} \right\}$ répondent deux corrections à faire aux lieux de l'aphélie $\left\{ \begin{matrix} - \ 10′ 37″ \\ - \ 1 \ 6 \end{matrix} \right\}$, et ces deux hypotheses satisfont au mouvement vrai de 1764 à 1775, quoiqu'elles different de

2′ 11″ pour l'équation , et de 9′ 31″ pour l'aphélie. Donc toute autre équation intermédiaire , avec la correction de l'aphélie qui lui répondra proportionnellement, y satisfera également. Je calcule donc, dans chacune de ces deux hypotheses, la seconde observation de 1770 , et je compare la longitude vraie calculée, avec celle qui avoit été trouvée pour 1775 , dans la même hypothese ; la différence des deux longitudes vraies qui doit être, suivant l'observation , de 2ˢ 11° 59′ 13″ , se trouve trop petite de 1′ 49″ dans la premiere hypothese , et trop grande de 1′ 22″ dans l'autre ;

la différence 3′ 11″ est à la différence $\left\{\begin{array}{l}\text{des équations , } 2′\ 11″\\ \text{des corr.d'aphél.} 9\ 31\end{array}\right\}$

comme 1′ 49″ sont à $\left\{\begin{array}{ll} 1′ & 15″\\ 5 & 26\end{array}\right\}$ à ajouter aux nombres de la seconde hypothese. Donc l'équation 10° 40′ 58″ , avec une correction de 5′ 11″ à ôter de l'aphélie de mes tables , satisfont tout à la fois aux deux intervalles d'observations.

Calculant en effet les trois longitudes dans cette nouvelle hypothese, en prenant pour chaque équation une partie proportionnelle entre les nombres tirés des deux tables, on a les quantités suivantes, dans lesquelles les longitudes vraies sont calculées avec les longitudes moyennes des tables, mais avec les équations, et les anomalies qui résultent des trois observations.

	Equation observée.	Longitudes vraies calculées.	Long. observées.	Différence.
1764	10ˢ 22′ 8″	8ˢ 11° 23′ 20″	8ˢ 11° 23′ 4″	16″
1770	11 22 21	2 23 8 17	2 23 8 1	16
1775	0 38 22	5 5 7 30	5 5 7 14	16

Ainsi le mouvement vrai calculé est d'accord avec les observations : mais toutes les longitudes calculées sont trop grandes de 16″; ce qui prouve que les époques des longitudes moyennes employées dans ces premieres tables devoient être diminuées de 16″, suivant ces trois oppositions. Il est vrai que ce sont ici des longitudes vraies : mais l'erreur sur les longitudes moyennes est la même puisque les équations sont données par les observations ; la longitude vraie ne diffère qu'à raison de la longitude moyenne.

1307. On peut ainsi, par le moyen de deux tables d'équation, pour deux excentricités différentes, corriger les trois élémens d'une orbite quelconque, avec trois observations d'une planete, réduites au Soleil, et au plan de l'orbite de la planete. Il n'y a que Mercure auquel cette méthode ne sauroit jusqu'ici s'appliquer, parceque ses conjonctions n'ont été observées que vers deux points de son orbite. Mais avec les lunettes achromatiques dont on commence à se servir, on voit Mercure si près de ses conjonctions supérieures, que bientôt peut-être on en aura un assez grand nombre pour pouvoir y appliquer la méthode que je viens d'exposer.

Il est donc utile d'avoir deux tables d'équation pour chaque planete, où l'on puisse voir la différence exacte des équations à chaque degré d'anomalie, différence qui n'est point proportionnelle aux équations elles-mêmes. Mes tables, aussi bien que celles de Halley, étant calculées rigoureusement, suivant l'hypothese de Képler, remplissent suffisamment cet objet; j'avois même déja publié des tables de Mercure dans la *Connoissance des temps de* 1767, et des tables de Saturne dans les *Mém. de l'Ac.* 1768, pour deux excentricités différentes. Enfin M. de Lambre a fait des tables du changement de l'équation de chaque planete pour tous les degrés (*Connoiss. des temps* 1791).

Les oppositions de Mars en 1762, 1766 et 1768, calculées de la même maniere, m'ont donné 10° 40' 36" au lieu de 10° 40' 58", la correction de l'aphélie + 53" au lieu de — 5' 11", et la correction des époques — 24" au lieu de — 16". Par un milieu, la plus grande équation de Mars est 10° 40' 47", et ne differe de celle de Halley que de 45"; la correction de l'aphélie pour mes tables de 10" seulement, soustractive, 3' 24" pour celles de Halley; enfin la correction des époques — 42" pour mes premieres tables, ou 2" pour celles de Halley.

La distance moyenne de Mars 1,523693, avec l'équation 10° 40' 40" que j'ai adoptée dans mes nouvelles tables, donne pour excentricité 141838, la distance moyenne du Soleil étant 1000000; en diminuant l'excentricité de 480 on diminue l'équation de 2' 11".

Telle est la quatrieme méthode que j'avois annoncée (1287), pour déterminer l'aphélie d'une planete en même temps que l'équation, et la longitude moyenne; c'est la plus générale de toutes; il n'y a que Mercure pour lequel on emploie la méthode de l'art. 1286: on peut aussi supposer que l'on connoisse l'équation du centre par les moyens de l'art. 1267, et chercher l'aphélie par une méthode analogue à celle que j'ai employée pour trouver l'équation

de Mercure (1268) après m'être assuré du lieu de l'aphélie par
une autre méthode , car tous les passages de Mercure se réduisent
à deux points de son orbite, et ne peuvent par conséquent déterminer qu'un de ces deux élémens avec la longitude moyenne.

1308. La planete d'Herschel n'ayant pu être observée dans les
apsides et les moyennes distances présente un autre problême à
résoudre : étant données deux distances au Soleil et l'angle compris, trouver la grandeur et la figure de l'orbite.

Pour avoir la distance au Soleil , je compare des observations
faites dans deux quadratures opposées ; si les erreurs des tables
ne sont pas égales , il s'ensuit que la distance n'est pas exacte dans
les tables. Je la fais varier de maniere que les erreurs, dans les
deux quadratures , soient égales ; je m'assure alors de la véritable
valeur de la parallaxe annuelle : car comme elle est additive dans l'une
des observations , et soustractive dans l'autre , et qu'en corrigeant
l'erreur qui reste pour la longitude héliocentrique , il n'en reste plus
dans les deux observations , il s'ensuit que les tables deviennent
parfaitement d'accord avec l'observation , tant pour la longitude
que pour la distance.

Je dégage donc les longitudes observées de l'aberration de la
nutation de la parallaxe annuelle , et de la réduction à l'écliptique,
et j'ai les longitudes héliocentriques telles qu'il faut les employer,
ainsi que les distances au Soleil qui répondent aux observations.

Pour résoudre alors le problême d'une maniere analogue aux méthodes précédentes , je prends d'abord pour premiere hypothese
la distance moyenne au Soleil , dans la table que nous avons déja ;
et je mets pour premiere supposition l'excentricité et le lieu de l'a-
phélie qui sont dans ces tables ; je calcule avec ces élémens une
des distances au Soleil, qui se trouve plus ou moins grande que celle
qui est donnée. Je fais varier l'aphélie pour que cette distance soit
la même , et je change les anomalies vraies de la même quantité ,
je les convertis en anomalies moyennes , et je vois de combien le
mouvement d'anomalie moyenne differe de celui qui est donné par
les tables ; c'est l'erreur de la premiere supposition.

Je fais une autre supposition pour l'excentricité , et recommençant le même calcul , je trouve une autre erreur pour le moyen
mouvement ; alors, par une regle de trois , je trouve quelle est l'excentricité qui rendra l'erreur nulle , et j'ai une supposition qui représente la premiere distance et les deux anomalies. Pour y parvenir je pourrois également employer le mouvement vrai d'anomalie
donné par observation , et calculer dans chaque supposition la

seconde anomalie vraie ; car ayant corrigé la premiere anomalie moyenne , on y ajoutera le mouvement moyen connu , on aura la seconde anomalie moyenne ; on cherchera l'équation correspondante, ce qui donnera l'anomalie vraie , qui doit être la même que celle qu'on a eue en la corrigeant par le même changement d'aphélie ; s'il y a une différence, on fera varier l'excentricité jusqu'à ce qu'elle soit nulle.

Je calcule dans cette premiere hypothese la seconde distance au Soleil , et je marque l'erreur qu'elle donne sur la distance.

La seconde hypothese se fait avec une autre distance moyenne qui donne un autre mouvement d'anomalie moyenne ; et en faisant varier l'aphélie et l'excentricité , je parviens , comme dans la premiere hypothese , à représenter la premiere distance au Soleil et les deux anomalies : mais la seconde distance ne s'accorde pas avec l'observation , et c'est l'erreur de la seconde hypothese.

Par le progrès des erreurs de ces deux hypotheses , je trouve quelles sont la distance moyenne , l'excentricité et l'aphélie qui formeront une troisieme hypothese représentant également la premiere distance , le moyen mouvement, et la seconde distance. Cette troisieme hypothese donnera les véritables élémens de l'orbite , déterminé par les deux longitudes et les deux distances au Soleil. J'ai donné un exemple de cette méthode dans les mémoires de l'académie pour 1787.

Trouver le mouvement des apsides et la révolution anomalistique , par les observations.

1309. La méthode que nous avons donnée pour déterminer une orbite (1293) , étant appliquée aux anciennes observations , fait trouver le lieu de l'aphélie dans les temps plus reculés ; et quoique les observations anciennes ne soient pas fort exactes , elles font cependant connoître que les aphélies des planetes ne sont pas fixes dans le ciel. La théorie de l'attraction (3672) nous servira de même à prouver ce mouvement des apsides , qui est produit par les attractions des planetes , mais qui est très petit.

1310. La révolution d'une planete par rapport à son apside, le temps qu'elle emploie à y revenir , ou l'intervalle d'un passage par son aphélie au passage suivant , s'appelle la RÉVOLUTION ANOMALISTIQUE (1279) parceque l'anomalie recommence à chaque passage dans l'apside : cette révolution anomalistique est toujours

un

un peu plus longue que la révolution par rapport aux équinoxes, parceque le mouvement des apsides se fait suivant l'ordre des signes, excepté peut-être pour Vénus. Nous commencerons par la révolution anomalistique du Soleil, ou plutôt de la Terre ; c'est une des plus faciles à déterminer.

1311. Si le lieu de l'apside de la Terre étoit exactement fixe dans le ciel, la révolution anomalistique seroit égale à la révolution sidérale (1161) : mais l'apogée du Soleil a un petit mouvement selon l'ordre des signes, comme les observations le prouvent, aussi-bien que la théorie de l'attraction ; il faut donc, pour connoître sa révolution anomalistique, comparer deux passages du Soleil par son apogée, et non pas deux retours à une même étoile, ni deux passages par l'équinoxe (82, 884).

1312. L'APOGÉE DU SOLEIL, en 1750, étoit à 3ˢ 8° 38′, suivant les observations de la Caille. Celles de Waltherus faites à Nuremberg, rapportées et calculées par la Caille (*Mém. acad.* 1749), donnent, pour 1496, 3ˢ 3° 57′ 57″. Le mouvement de l'apogée du Soleil seroit donc de 4° 40′ en 254 ans, ce qui fait 1′ 6″ par année. (*Mém. acad.* 1757).

Suivant ces observations de Waltherus, le Soleil avoit passé par son périgée le 16 décembre 1487 à 6ʰ 5′ de temps moyen ; il y a passé encore le 30 décembre 1751 à 3ʰ 9′ , suivant les observations de la Caille ; l'intervalle est de 96428ʲ 21ʰ 4′, ce qui donne pour chaque révolution anomalistique 365ʲ 6ʰ 15′ 42″ (*Leçons d'astr. art.* 708). Cet auteur a comparé les observations de Waltherus, et celles de Co-cheou-king faites à la Chine en 1278 et 1279 (381), que le P. Gaubil a rapportées dans son histoire de l'Astronomie Chinoise, tome II, pag. 107, et dont M. de l'Isle avoit une copie manuscrite encore plus détaillée ; il en conclut l'apogée au commencement de 1279, 3ˢ 0° 8′ ; il en déduit la révolution anomalistique, ou la différence entre deux passages consécutifs du Soleil par son apogée, 365ʲ 6ʰ 15′ 24″, plus grande que la durée de l'année tropique (885) de 26′ 35″ ; et le mouvement de l'apogée 1° 49′ 10″ par siecle, ou 65″½ par année relativement à l'équinoxe (*Mém.* 1757). On trouve la révolution anomalistique de 365ʲ 6ʰ 15′ 23″ quand on suppose le mouvement séculaire du Soleil de 46′ 0″ au lieu de 45′ 55″6 que supposoit la Caille dans ses tables ; et si l'on réduit le mouvement de l'apogée à 62″, on trouve la révolution anomalistique 365ʲ 5ʰ 13′ 58″.

1313. Pour faire voir ce qui résulte de la comparaison des autres observations par rapport au mouvement de l'apogée du Soleil, je

Tome II. K

vais rapporter les positions de l'apogée déterminées par différens astronomes avec le mouvement annuel que M. Cassini en a déduit, par comparaison avec le lieu de l'apogée observé en 1738 (Cassini, *pag.* 197). J'ai supprimé quelques positions qui sont visiblement défectueuses, et j'en ai ajouté d'autres.

	Apogée.				Mouv. ann.	
Hipparque, 140 ans avant J. C.	2ˢ	5°	30′	0″	1′	3″
Albategnius, en 883,	2	22	17		1	7½
Waltherus, en 1503,	3	4	9		1	4
Tycho, en 1588,	3	5	30		1	6
Képler, en 1588,	3	5	32		1	6½
Par les observations de la Hire, calculées par la Caille, vers 1684,	3	7	28	0	. . . .	
Flamsteed, en 1690 (*Hist. cel. prolegom.* p. 139),	3	7	35	0	. . . .	
Cassini, en 1738,	3	8	19	8	. . . .	
La Caille, en 1750,	3	8	38	4	. . . .	
Mayer, en 1750,	3	8	37	34	. . . .	
M. de Lambre, par les observations de M. Maskelyne, en 1780,	3	9	8	20	1	2,15

Les observations de Waltherus comparées avec celles de Maskelyne donnent 65″4 ; celles de Co-cheou-king 64″6 : mais l'exactitude des observations de Flamsteed et de la Hire doit l'emporter, suivant moi, sur l'ancienneté des autres ; ainsi je préfère le mouvement de 62″ que donnent les observations de la Hire et celles de Maskelyne.

M. Cassini supposoit déja dans ses tables ce mouvement de 62″ par siecle, se fondant principalement sur les observations d'Hipparque ; M. le Monnier le suppose de 63″ dans ses Institutions astronomiques ; Mayer le faisoit de 66″ dans ses tables, et la Caille de 65″ : mais la détermination de Flamsteed, comparée avec celle de la Caille, ne donne que 63″, et avec celle de M. de Lambre, 61″6. M. de la Grange trouve 63″6 par sa théorie, en supposant la densité de Vénus plus grande que celle de la Terre (*Mém. de Berlin* 1782, *pag.* 222), et cela se réduiroit à 60″1 en diminuant la masse de Vénus (3565). Tout cela differe peu de la détermination que nous adoptons ici, et de celle que M. de Lambre a suivie dans ses tables, qui est de 62″15.

1314. Les aphélies des autres planetes ont aussi des mouvemens, mais ils ne sont pas connus avec autant d'exactitude, à

cause du peu d'observations anciennes que nous avons sur les planetes ; d'ailleurs ces mouvemens sont si peu sensibles , qu'on ne
peut les déterminer avec précision , si ce n'est tout au plus pour
Mars ; on en jugera par les différences qu'il y a pour cette partie
entre les tables de Cassini , celles de Halley et les nôtres, différence dont on verra la table ci-après (1330).

1315. L'APHÉLIE DE MERCURE, que j'ai déterminé par les passages
sur le Soleil, après avoir bien vérifié l'équation de l'orbite , est ,
pour 1786 , 8ˢ 14° 8′ (*Mém. acad.* 1786). Cassini trouvoit par les
passages de 1661 , 1690 , 1697 , que le 9 novembre 1690 l'aphélie étoit à 8ˢ 12° 22′ 25″ , et qu'en supposant le mouvement de
l'aphélie de 1′ 20″ par année, on représentoit assez bien les passages de 1631 , 1672 , 1723 et 1736. Mais j'ai déja remarqué que
tous ces passages arrivent vers les mêmes points de l'orbite : celui
de 1661 étoit le seul qu'on eût observé dans la partie opposée,
c'est-à-dire dans le nœud descendant qui est vers 10ˢ 20° d'anomalie
moyenne ; ainsi l'on ne pouvoit s'assurer que ce mouvement de
l'aphélie satisferoit aux observations faites dans d'autres points de
l'orbite. Cassini observe lui-même (*pag.* 612), quedeux hypotheses
qui different entre elles de 1° 30′ pour le lieu de l'aphélie, et de
52′ pour la plus grande équation , ne laissent pas de représenter
toutes les deux avec une égale précision les sept passages que
l'on avoit alors. Pour tirer parti de ces observations et avoir le
mouvement de l'aphélie qui en résulte, j'ai employé une méthode
à laquelle on n'avoit pas encore pensé. J'ai pris les passages de
Mercure depuis 1661 jusqu'en 1786, deux à deux, toujours un dans
le nœud ascendant et un dans le nœud descendant : l'équation étoit
bien connue (1270); ainsi le mouvement vrai, calculé dans l'intervalle des deux passages, n'étoit plus ou moins grand qu'à raison du
lieu de l'aphélie que j'employois. En faisant donc différentes suppositions jusqu'à ce que le mouvement calculé fût d'accord avec le mouvement observé, j'ai trouvé le lieu de l'aphélie qui satisfaisoit à chaque binaire d'observations. J'ai eu ainsi quatre positions de l'aphélie, ce qui m'a fait connoître son mouvement dans trois intervalles ;
il s'est trouvé dans chacun de 56″ par an : ce résultat est préférable à tout autre ; car quand même il y auroit quelque erreur sur l'é-
quation , elle influeroit également sur chacune des 4 comparaisons,
et le mouvement se trouveroit toujours avec la même exactitude.

Cette méthode m'a donné en même temps le mouvement moyen
de Mercure qui ne peut se séparer de celui de l'aphélie, et que
j'ai trouvé de 1ˢ 23° 43′ 3″ par année.

K ij

1316. J'ai aussi discuté les observations faites dans d'autres points de l'orbite, et sur-tout dans les digressions qui arrivent vers les apsides et les moyennes distances (1267, 1270, 1286).

On trouve d'abord dans Ptolémée quatorze observations de Mercure, faites vers les plus grandes digressions, et qui seront rapportées à la fin de ce VI⁰ liv. Je les ai toutes calculées avec soin; mais il y en a deux qu'on ne peut absolument concilier avec les autres, et quatre qui sont trop près des apsides : les huit autres m'avoient donné, pour le mouvement de l'aphélie, 1′ 10″ par an (*Mém. de l'acad.* 1766); mais ce mouvement de l'aphélie de Mercure déduit des observations anciennes ne s'accorde pas avec les observations du 17ᵉ siecle, faites par Hevelius et Halley, et dont j'ai donné le calcul (*Mém. 1766, pag. 503*). Ces observations indiquoient que le mouvement de l'aphélie n'étoit pas si considérable.

Les conjonctions de Mercure avec ε des Gemeaux, que j'avois observées le 24 mai 1764 et le 4 juin 1776 dans la plus grande digression et la moyenne distance, s'accordoient assez bien avec mes premieres tables où je supposois l'aphélie, en 1764, de 8ˢ 13° 50′ (*Mém. de l'ac. 1777*) : mais la correction des tables, au lieu de — 10″, étoit devenue + 20′ : ainsi plus on avançoit, et plus l'erreur augmentoit ; et une observation du 3 juin 1779 me fit voir que le mouvement de l'aphélie étoit certainement trop fort dans mes tables. Enfin la position que j'ai rapportée (1315) avec le mouvement annuel de 56″¼ satisfait à peu près à toutes ces observations (*Mém. de l'ac. 1786*).

M. de la Grange a trouvé 57″ par la théorie ; mais il suffiroit de diminuer d'un sixieme la masse de Vénus, qui est peu connue, pour trouver par sa formule le même résultat que moi.

1317. L'aphélie de Vénus , suivant les dernieres conjonctions, étoit, en 1780, à 10ˢ 8° 12′ (*Mém. acad. 1785*); son mouvement est le plus difficile à déterminer par les anciennes observations. Dans les différentes déterminations qu'en donne Cassini, il se trouve des différences de près de 15° ; mais ces différences ne sont pas si importantes qu'elles le paroissent ; l'excentricité de Vénus étant fort petite, une erreur d'un degré sur l'aphélie ne produit pas une minute sur la longitude héliocentrique ; on s'en apperçoit en jetant les yeux sur la table de l'équation de Vénus, qui, pour un degré d'anomalie, n'est que de 49″ ; en sorte qu'il n'en résulte pas sur le lieu de la planete une différence considérable ; cependant ces 49″ font quelquefois 2′ 5″ sur le lieu de Vénus vu de la Terre.

Les observations de Vénus faites dans les années 136 , 138 , 140 , donnent 8ˢ 21° 28′ pour le lieu de son aphélie , que Cassini estime être le résultat le moins défectueux que fournissent les anciennes observations (*Elém. d'astr. pag.* 544, 564). Il trouve le lieu de cet aphélie par les conjonctions inférieures de 1715, 1716 et 1718, à 10ˢ 6° 50′ ; ainsi dans l'espace de 1578 années le mouvement de l'aphélie auroit été de 45° 21′, à raison de 1′ 43″ par année.

En employant de même le lieu de l'aphélie de Vénus déterminé par les observations des années 1592 , 1594 et 1601 , à 10ˢ 1° 54′ 12″, comparé avec le précédent, il trouve 1′ 39″½ par année.

Horoccius, après l'observation du passage de 1639 examinant la théorie de Vénus, fixoit son aphélie à 10ˢ 5° 0′ ; si l'on compare cette position à celle de 1716, 10ˢ 6° 50′, on trouve par ces 77 années le mouvement annuel de 1′ 26″ (*Elém. d'astr. pag.* 564), et c'est ainsi que Cassini l'employoit dans ses tables.

1318. J'ai essayé encore pour cette recherche la même méthode que pour l'aphélie de Mercure (1285). Vénus étant dans sa plus grande digression vers le 7 août 1769, j'ai observé sa longitude plusieurs jours de suite, par exemple, le 7 août à 20ʰ 52′ 57″ temps moyen ; elle étoit de 3ˢ 0° 19′ 54″, plus petite de 25″ que par les tables de Halley. Ces 25″ d'erreur exigeroient une augmentation de 1° 15′ dans le lieu de l'aphélie de Vénus : ainsi le lieu de cet aphélie pour 1769 seroit par ces observations de 10ˢ 8° 51′ 24″: cette position de l'aphélie est assez conforme aux observations faites la même année dans le mois d'avril, aux environs de la plus grande digression.

La digression que j'avois observée à la fin de juillet 1767 donne 1° 30′ pour la correction de l'aphélie, ce qui approche beaucoup de celle de 1° 15′ que je trouve par la digression de 1769. Chacune de ces digressions a été déterminée par un milieu entre plusieurs observations : d'après cela je supposois l'aphélie de Vénus au commencement de 1768 à 10ˢ 8° 58′ ; mais les conjonctions inférieures de Vénus valent bien mieux pour cette détermination. Par les trois conjonctions de 1774, 1775 et 1777 , je trouve le lieu de l'aphélie, en 1776, 10ˢ 7° 41′ (*Mém. ac.* 1779, p. 449) : par celles de 1780, 82 et 83 , je trouve, pour 1780, 10ˢ 8° 12′.

En comparant la position de l'aphélie qui étoit dans mes premieres tables avec celle que Képler donne dans ses tables rudolphines, 10ˢ 1° 4′ pour 1592, on a le mouvement de l'aphélie de Vénus 2′ 41″½ par année ; et c'est ainsi que je l'avois employé : mais on ne trouve que 2′ 28″ en partant de la longitude que Cassini tiroit pour 1596 des observations de Tycho, 10ˢ 1° 54′, et Cassini ne le fait que de 1′ 26″ dans ses tables. En comparant mes observations avec celles du dernier siecle qui ont servi aux tables de Cassini et de Halley, il me sembloit être de 1′ 27″ par an (*Mém.* 1779). En les comparant avec celui qui résultoit des conjonctions de 1715, 1718 et 1719, j'avois 1′ 18″. Halley, dans ses tables, ne donnoit que 56″½.

Au milieu de ces incertitudes que nous laissent les observations, on ne peut consulter que la théorie de l'attraction; suivant Euler, le mouvement des apsides est d'autant plus considérable que l'excentricité est plus petite; il deviendroit même infini si l'excentricité étoit infiniment petite (*Prix de* 1756, p. 32 : voyez aussi la piece de 1748, p. 52). Il sembleroit par-là que le mouvement de l'aph. lie de Vénus doit être considérable; mais, par une théorie bien plus approfondie, M. de la Grange ne trouve que 48″½ (*Mém. de Berlin* 1782): je m'en tiendrai à ce résultat, les observations donnant trop peu de certitude.

Cependant on ne peut dissimuler que Mercure produisant seul 4″3, et la masse de cette planete étant inconnue, il peut y avoir encore de l'incertitude à ce sujet; d'ailleurs on est frappé du défaut d'analogie qui se trouve ici, le mouvement de l'aphélie étant rétrograde par rapport aux étoiles, tandis que tous les autres sont directs, et Mercure se trouvant produire sur Vénus tout le contraire de ce que Vénus produit sur la Terre, quoique les positions soient analogues; mais la situation des aphélies est peut-être la cause de cette différence.

1319. L'ᴀᴘʜᴇ́ʟɪᴇ ᴅᴇ Mᴀʀs est le plus aisé de tous à déterminer, parceque son excentricité est très forte, et que l'effet se multiplie par sa proximité à la Terre; aussi nous voyons que son mouvement est presque le même dans les tables de Cassini et de Halley. Par les oppositions de Mars observées depuis 1762 jusqu'en 1775 j'ai trouvé l'aphélie pour 1770, 5ˢ 1° 51′ (*Mém. de l'ac.* 1775). Les trois oppositions de Mars observées par Ptolémée donnent pour le lieu de l'aphélie, 135 ans après J. C. 3ˢ 29° 24′. Par les observations faites à Greenwich en 1691, 1696 et 1700, qui sont très bien d'accord avec celles qu'on faisoit dans le même temps à Paris, et dont la premiere et la troisieme sont à pareilles distances de l'aphélie, Cassini trouve 5ˢ 0° 31′ 34″ pour 1696; ainsi, dans l'espace de 1561 ans l'aphélie a avancé chaque année de 1′ 11″,8 (*Elém. d'astr. pag.* 478).

1320. Dans mes recherches sur l'orbite de Mars, j'ai trouvé le lieu de l'aphélie pour 1748 à 5ˢ 1° 26′ 10″, moins avancé de 3′ 24″ que suivant les tables de Halley (1307), ce qui prouve que le mouvement annuel de l'aphélie de Mars est assez conforme à ces tables, ou de 1′ 10″. Cependant la longitude pour 1748, comparée à celle que donne Képler pour 1592, 4ˢ 28° 49′ 50″, donne pour le mouvement annuel 60″ seulement; Cassini le fait de 70″, Halley de 72; M. de la Grange trouve 66″ : ce seroit un peu moins, si l'on diminuoit la densité de Vénus. Je crois donc, en prenant un milieu, qu'on peut le supposer de 1° 51′ 40″ par siecle, ou 1′ 7″ par année.

1321. L'APHÉLIE DE JUPITER, calculé par les dernieres oppositions de 1773 à 1784, étoit, en 1778, à 6ˢ 10° 22′; mais il y a 19′ de plus dans Cassini, 29′ de plus dans mes premieres tables, et 45′ dans celles de Halley. Par les observations de Ptolémée on trouve, pour l'an 136, 5ˢ 14° 38′ suivant Cassini; par celles de Tycho en 1588, 1590 et 1592, on a pour 1590, 6ˢ 6° 31′; et Képler le place pour la même année à 6ˢ 6° 44′. Les déterminations de Cassini pour 136 et 1590 donnent 54″ par année. Par les oppositions de 1719, 1721 et 1723, la longitude de l'aphélie pour 1720 est 6ˢ 9° 47′; cette longitude comparée avec celle de Ptolémée donne 57″2 par année. Les observations de Tycho, comparées à celles de ce siecle, donnent le mouvement annuel de 1′ 30″ (*Elém. d'astron. pag.* 429).

Ces différences tenoient aux inégalités de Jupiter qui n'étoient point connues. Cassini adoptoit dans ses tables le mouvement annuel de l'aphélie de 57″,4, d'après les anciennes observations : mais Halley le supposoit de 72″.

M. Jeaurat ayant comparé entre elles les observations de Tycho, et celles qui avoient été faites à Paris en 1750, 1761 et 1765, trouvoit qu'en 1590 l'aphélie étoit à 6ˢ 7° 49′ 19″, et en 1762 6ˢ 10° 36′ 41″, d'où il résulteroit 58″ pour le mouvement (*Mém.* 1765); cependant il le faisoit de 79″ dans ses tables : M. Wargentin trouvoit que 62″ satisfaisoient mieux aux observations.

Euler trouvoit que l'aphélie de Jupiter doit avancer de 55″ (*Prix de* 1752); M. de la Grange 57″ (*Mém. de Turin*, t. 3. *Mém. de Berlin* 1782); M. de la Place 56″ 73 : je crois qu'on peut s'en tenir au dernier résultat.

1322. L'APHÉLIE DE SATURNE étoit en 1769 à 9ˢ 0° 22′ suivant les recherches multipliées que j'avois faites par les dernieres observations pour la construction de mes tables (*Mém.* 1768). Cassini, au moyen des trois oppositions des années 127, 133 et 136, trouve pour l'an 132, 7ˢ 24° 14′ ; les oppositions de 1686 et de 1694 donnent pour 1694, 8ˢ 28° 58′, ce qui fait pour le mouvement annuel 1′ 20″. (*Elém. d'astron. pag.* 373.)

Par quatre comparaisons différentes des oppositions de Saturne, observées par Tycho depuis 1582 jusqu'en 1599, il trouve 8ˢ 25° 41′ pour 1591, moins avancé seulement de 5′ que suivant les tables rudolphines de Képler. Ce lieu comparé à celui de 1694, 8ˢ 28° 58′, donne le mouvement annuel de 1′ 55″. Mais ces observations de Tycho, comparées avec celles de Ptolémée, donnent seulement 1′ 18″ (*ibid. pag.* 374), et c'est celui qu'il avoit employé dans ses tables : si l'on compare les observations de Tycho avec ma détermination pour 1769, on trouve 1′ 35″.

Les observations de 1701, 1708 et 1716, donnent le lieu de l'aphélie 2ˢ 28° 25′ pour le 12 décembre 1708 ; cette position, comparée à celle de 1590, donne le mouvement 1′ 23″ ½.

Il suivroit de tout cela, dit Cassini, *pag.* 374, que le mouvement de l'aphélie auroit été plus prompt dans le dernier siecle; on peut voir d'autres essais sur cette détermination (*Mém.* 1765, p. 361; 1768, p. 432 ; 1774, p. 82). Mais les irrégularités de Saturne sont si grandes, qu'on ne doit pas être surpris de ces différences, car il suffit de six minutes d'erreur sur le lieu ou sur le mouvement de Saturne pour produire un degré sur le lieu de l'aphélie; ainsi l'on ne pouvoit pas espérer une précision plus grande que celle d'un degré pour le lieu de l'aphélie, et de 5″ sur le mouvement annuel de l'aphélie.

Euler, dans sa premiere piece sur Saturne , *pag.* 108, adoptoit le mouvement de l'aphélie tel qu'il se trouvoit dans les tables de Cassini, c'est-à-dire 1′ 18″ par an, et se contentoit d'ajouter 28′ aux longitudes de l'aphélie. Dans sa seconde piece il trouve que l'aphélie apparent de Saturne doit avancer chaque année de 1′ 8″; M. de la Grange trouve 1′ 6″ 3 ; et M. de Lambre l'a employé de 1′ 6″ 07, d'après les calculs de M. de la Place,

1323. Herschel a son aphélie, en 1784, à 11ˢ 23° 25′ suivant les tables de D. Nouet, et 11ˢ 17° 32′ suivant celles du P. Fixlmillner; mais les dernieres s'écartent déja d'une minute des observations : pour moi, en tenant compte des perturbations . je trouve l'aphélie à 11ˢ 16° 20′. Le mouvement de cet aphélie ne peut point être déterminé jusqu'ici par les observations ; mais, suivant les calculs que M. de la Grange m'a communiqués, cet aphélie avance de 3″ 17 par les actions de Jupiter et de Saturne, en sorte que le mouvement annuel de l'aphélie est de 53″ 42.

1324. Après avoir expliqué tout ce que les observations ont pu nous apprendre sur les mouvemens des aphélies, je terminerai cette matiere en rapportant le résultat de la théorie de M. de la

Grange,

Grange, qui a calculé le mouvement de l'aphélie de chaque planete par l'action de toutes les autres *(Mém. de Berlin,* 1782). On
verra dans la table suivante que le mouvement de l'aphélie de
Mercure est de 4″14 par l'action de Vénus, et au bas de la colonne,
que le total des attractions fait 6″66 ; et comme la précession est
de 50″25, le mouvement total est 56″91 par rapport aux équinoxes.
Au reste, tous les effets de Vénus contenus dans la seconde ligne
doivent être probablement diminués d'un tiers, parceque M. de la
Grange suppose la masse 1,31 ; celle de la Terre étant prise pour
unité, tandis que je ne trouve que 0,95 (2748, 3565).

	Mouvemens des aphélies des planetes.					
	MERCURE.	VÉNUS.	LA TERRE.	MARS.	JUPITER.	SATURNE.
Par ☿	. . .	— 4″30	— 0″42	+ 0″02	0″00	0″00
♀	4″14	. . . .	+ 5, 20	+ 0, 70	0, 01	0, 00
♁	0, 84	— 5, 06	. . . .	+ 1, 92	0, 01	0, 00
♂	0, 04	+ 1, 18	+ 1, 54	. . . .	0, 00	0, 00
♃	1, 56	+ 6, 38	+ 6, 79	+12, 31	. . . .	15, 99
♄	0, 08	+ 0, 08	+ 0, 19	+ 0, 70	6, 56	. . . .
Total.	6″66	— 1″72	+13″40	15″65	6″58	15″99
Précess.	50, 25	50, 25	50, 25	50, 25	50, 25	50, 25
Mouv.	56, 91	48, 53	63, 65	65, 90	56, 83	66, 24

Trouver les époques de la longitude moyenne des planetes.

1325. Ayant déterminé par les méthodes précédentes (1279,
1285, 1293) le lieu de l'aphélie d'une planete, ou en général
celui de l'apside (car cette méthode convient aussi à l'apogée de
la lune), on aura par la même une longitude moyenne (1305) ;
d'ailleurs le jour où la planete est dans son aphélie, sa longitude
vraie, sa longitude moyenne et la longitude de son aphélie sont

Tome II.   L exactement la même chose ; on les connoît donc toutes trois lorsqu'on connoît le lieu de l'aphélie.

Exemple. La première des trois observations de Mars (1301) fut faite le 15 février 1743 , à 19ʰ 17′ 40″, temps moyen , et la longitude moyenne pour le moment de cette observation a été trouvée (1305) de 4ˢ 26° 27′ 21″ ; de ce moment-là jusqu'au premier janvier 1744 à midi moyen , Mars a dû parcourir 5ˢ 17° 16′ 53″ , à raison du mouvement annuel par rapport aux équinoxes (1162) : si l'on ajoute ce mouvement à la longitude moyenne déduite de l'observation , l'on aura la longitude moyenne pour le commencement de l'année 1744, 10ˢ 13° 44′ 14″ ; c'est ce que nous appellons l'époque des moyens mouvemens de Mars pour 1744, de laquelle on peut déduire toutes les autres ; celle qui est employée dans nos tables est plus grande de 8″ parcequ'elle est le résultat d'un plus grand nombre d'observations.

1326. Les époques employées dans nos tables astronomiques sont pour le premier janvier a midi de temps moyen , à Paris, lorsqu'il s'agit des années bissextiles ; mais dans les années communes on emploie le midi du jour précédent , qui est celui du 31 décembre : par exemple , on trouve l'époque du Soleil pour 1750 , par le moyen de l'observation des équinoxes (884), de 9ˢ 10° 0′ 35″7 ; c'est la longitude moyenne du Soleil le 31 décembre 1749 à midi moyen. On a introduit cette méthode dans la vue de simplifier l'usage de la table des moyens mouvemens pour les jours du mois ; car dans cette table, au moyen de la disposition précédente , il suffit de retrancher un jour dans les deux premiers mois des années bissextiles pour s'en servir en tout temps , au lieu qu'il faudroit faire cette correction sur dix mois, si toutes les époques étoient calculées pour le premier janvier. En effet, dans les tables des moyens mouvemens pour chaque jour du mois, on a coutume de mettre au premier janvier le mouvement d'un jour, par exemple , 59′ 8″ si c'est pour le Soleil ; cela suppose que l'époque est fixée pour la veille : si elle est pour le midi même du premier janvier, il n'y a rien à ajouter à l'époque pour avoir la longitude moyenne le premier de janvier ; il faudra donc ôter un jour de la date proposée , ou 59′ 8″ du mouvement indiqué par la table ; et ainsi des autres jours, jusqu'au premier de mars. On supplée à ce retranchement dans les tables en mettant, pour les années bissextiles , une colonne où il y a un jour de plus dans les deux premiers mois ; dans les suivans , le jour intercalaire ajouté au mois de février fait que tous les moyens mouvemens des jours sont devenus plus petits de $59'\,8''$, et il n'y a plus au-cune correction à y faire ; mais il faudroit ajouter le mouvement d'un jour pendant tout le reste de l'année, si les mouvemens avoient été justes pendant les deux premiers mois.

Quand on a l'époque d'une année commune, il faut y ajouter le mouvement annuel ou le mouvement pour 365 jours (1162), et l'on a l'époque de l'année commune qui la suit : si l'on suppose que l'époque de 1750 étoit de $9^s\,10°\,0'\,35''7$, et qu'on y ajoute 11^s $29°\,45'\,40''5$, mouvement du Soleil pour 365 jours , on aura 9^s $9°\,46'\,16''2$ [a], époque pour 1751 ; mais si l'année suivante est bis-sextile, il faut ajouter un jour de plus , c'est-à-dire, le mouvement pour 366 jours : ainsi à l'époque de 1751 on ajoutera $0^s\,0°\,44'\,48''9$, et l'on aura $9^s\,10°\,31'\,5''1$; c'est l'époque de l'année bissextile 1752 : la raison de cette différence vient de ce que cette derniere époque commence un jour plus tard que celle des années com-munes. En ajoutant à 1752 le mouvement pour 48 ans , on a l'é-poque de 1800 ; mais il faut ôter le mouvement d'un jour , parce-que l'année 1800 est commune (1547), et que l'époque est pour la veille.

1327. L'époque d'une année séculaire commune, telle que 1800, en y ajoutant le mouvement pour 4 années juliennes (1162), dont une soit bissextile , c'est-à-dire, $1'\,50''4$, donne l'époque de 1804. Si vous commencez à compter d'une année bissextile, comme 1704 , pour trouver la longitude de 1708, ce sera encore la même chose, parceque, dans les deux cas, il y a un jour de plus que 4 années communes ; mais pour sentir la parité de ces deux cas, il faut deux considérations différentes. Dans le premier cas , l'époque de 1800 est pour le 31 décembre précédent ; celle de 1804 pour le premier janvier : ainsi, quoique les 4 années 1800 , 1801 , 1802, 1803 , aient été communes , il y a cependant un jour de plus entre les époques de 1800 et de 1804 . à cause de la différente maniere de les compter (1326). Dans le second cas , l'époque de 1804 et celle de 1808 sont bien toutes deux pour le premier janvier ; mais il y a un jour de plus dans le cours de l'année bissextile 1804 : ainsi l'intervalle des époques augmente aussi d'un jour , et il se trouve le même qu'entre celles de 1800 et de 1804.

En général, quand on prend le mouvement pour 4 , 8 , 12, etc. ou un nombre d'années divisible par 4 (1162) , soit que l'on com-

(a) Si l'on trouve quelquefois une décimale de plus ou de moins dans les tables, cela vient des centiemes de secondes qu'on y a employées.

L ij

mence par une année commune, 1800, 1801, 1802, 1803, 1900, ou par une année bissextile, on trouve toujours exactement l'époque demandée ; mais s'il arrivoit que le calendrier eût souffert une ou deux interruptions dans l'intervalle, comme si on alloit de 1800 à 1900, ou de 1799 à 1899, il faudroit diminuer le mouvement de la valeur d'un jour. Dans le cas où l'on va de 1800 à 1900, cette derniere étant une année commune, et son époque étant pour le 31 décembre aussi bien que celle de 1800, tandis que l'année 1800 a été diminuée d'un jour, la différence des deux époques doit être nécessairement plus petite d'un jour ; ainsi il faut ôter le mouvement diurne 59′ 8″3 du mouvement séculaire 46′ 0″ au-delà des cent révolutions completes pour cent années juliennes, dont 25 sont bissextiles, ajoutant 12 signes ; il reste 11ˢ 29° 46′ 52″ qu'il faut ajouter à la premiere longitude pour avoir la seconde. Ce mouvement séculaire diminué d'un jour est celui qui est marqué ainsi, Com. 100, à la page 7 des tables du Soleil. J'ai négligé de mettre cette centieme année séculaire commune dans les tables des autres planetes, parceque cela est aisé à suppléer en ôtant le mouvement d'un jour du mouvement séculaire marqué pour 100 B, ce qui formera le mouvement 100 C, ou pour cent années, dont 24 seulement sont bissextiles, au lieu de 25.

Dans le cas où l'on iroit de 1799 à 1899, il faudroit donc ôter le mouvement d'un jour, parceque l'année 1800 souffrira une diminution d'un jour, et que les cent ans compris entre 1799 et 1899 n'ont que 24 bissextiles ; et il en est de même de tous les intervalles dans lesquels 1800 sera compris. Ainsi, quoique l'année 1800 soit commune, on aura exactement les longitudes des années suivantes en ajoutant à celle de 1800 le mouvement pour un an, deux ans, etc. pris dans la table qui est immédiatement après les époques, parceque l'époque de 1800 commence un jour plutôt, ce qui compense la diminution d'un jour dans cette année.

Si l'on veut avoir l'époque de 1900 C, c'est-à-dire, année commune, on ajoutera à celle de 1800 C, le mouvement pour 100 C, plus petit d'un jour que celui de 100 B.

Pour avoir 2000 B, on ajoutera le mouvement de 100 B.

Pour 2100 C, on ajoutera 100 C ; car, quoique le siecle soit complet entre 2000 et 2100, l'époque de 2100 étant calculée pour la veille du jour de l'an, ou pour un jour plutôt que celle de 2000, cela diminue d'un jour l'intervalle.

Pour 2200 C, on ajoutera 100 C.

Pour 2300 C , on ajoutera 100 C.

Pour 2400 B , on ajoutera 100 B.

Ainsi, pour aller de 1800 à 2400, il faudroit prendre le mouvement pour 600 B diminué de 4 jours , parcequ'il y a 4 séculaires communes dans l'intervalle , savoir 1900 , 2100 , 2200 et 2300.

1328. Si l'on veut remonter aux années précédentes , on suivra le même principe : de la longitude pour 1752 trouvée ci-dessus on ôte le mouvement de 52 ans ; on a , pour 1700, 9ˢ 10° 7′ 9″9.

Pour 1600 , il ne suffit pas d'ôter le mouvement séculaire 46′ 0″, parceque l'année 1600 étoit bissextile, et l'année 1700 commune (1547) ; en conséquence la longitude ou l'époque de 1700 , qui est pour le 31 décembre précédent, se trouve diminuée d'un jour et rapprochée de 1600 (1326) ; il faut donc ajouter le mouvement d'un jour à l'époque de 1600 trouvée par la regle précédente , afin d'avoir cette longitude pour le premier de janvier à midi (et non pour le 31 de décembre précédent) ; on aura par ce moyen l'époque de 1600, 9ˢ 10° 20′ 18″. En général , quand on voudra conclure l'époque d'une année séculaire bissextile plus éloignée, de celle d'une année séculaire commune , il faudra en ôter le mouvement séculaire, et y ajouter le mouvement diurne , ou en ôter le mouvement 100 C.

Pour remonter de l'époque de 1600 à celle de 1500 , il ne suffit pas d'ôter le mouvement séculaire ; il faut ensuite ajouter le mouvement de dix jours , parcequ'en 1500 on suivoit le calendrier julien , ou vieux style, et en 1600 on avoit pris le nouveau style. Le calendrier grégorien ayant supprimé dix jours de l'année 1582 (1547) , l'intervalle de 1500 à 1600 est moindre de dix jours que celui de cent années juliennes , ou de 36525 jours , auquel répond le mouvement séculaire : on ôte donc dix jours de trop quand on retranche le mouvement séculaire ; ainsi il faut ajouter le mouvement qui répond à ces dix jours : par exemple, l'époque du Soleil pour 1600 est 9ˢ 10° 20′ 18″2 ; si l'on en ôte 46′ , mouvement séculaire du Soleil, et qu'on ajoute ensuite 9° 51′ 23″3, mouvement pour 10 jours, on aura 9ˢ 19° 25′ 41″5 , époque de 1500.

M. de Lambre préfere de remonter tout de suite à l'année 800 en ôtant de 1780 le mouvement pour 2580 ans et onze jours , il ajoute ensuite le mouvement séculaire.

1329. Lorsqu'on connoît une fois l'époque de 1500, il n'y a plus aucune variété dans le calendrier, parcequ'on n'emploie que le calendrier julien ; il suffit d'en ôter le mouvement séculaire 46′ pour avoir l'époque de 1400 ; et continuant toujours la même soustraction , on parvient aux époques des années séculaires qui ont précédé. J'ai prolongé les tables du Soleil et de la Lune qui sont dans ce livre, en suivant le même progrès jusqu'à l'an 800 avant J. C. parceque les anciennes observations caldéennes vont jusqu'à ce siecle là (1419), et que les astronomes en font encore quelque usage. Nous n'avons aucun besoin des temps plus éloignés: au-delà de 800 ans avant J. C., l'astronomie ni l'histoire ne fournissent rien, pour ainsi dire, qui soit susceptible d'un calcul astronomique, excepté peut-être l'astronomie indienne (389).

Dans ces temps reculés il n'y avoit aucune forme constante de calendrier (254); ainsi il a bien fallu convenir d'une échelle commune pour mesurer soit les siecles qui ont précédé, soit ceux qui ont suivi l'ere chrétienne. La forme du calendrier julien est simple, uniforme, commode; elle a été suivie pendant près de 1000 ans dans l'histoire de l'Europe; elle a été employée par des chronologistes et des astronomes habiles; elle est suivie dans les tables de Cassini, et je m'en servirai, à son exemple, quand je parlerai des anciennes observations, quoique Ptolémée se soit servi des années de Nabonassar (1598).

1330. En remontant ainsi par une soustraction continuelle du mouvement séculaire, on parvient à l'année 100 de J. C., ensuite à l'année 0, et de là à l'année 100 avant J. C. ; ainsi de l'année 100 de notre ere à l'année 100 avant notre ere, il y a 200 ans de distance. Suivant la maniere de compter employée par les chronologistes, il n'y a point d'année zéro; il faudroit retrancher un an de la somme des années avant et après notre ere pour avoir l'intervalle: par exemple, l'équinoxe observé par Hipparque l'an 602 de Nabonassar répond au 24 mars de l'année 146 avant J. C. suivant les chronologistes ; si on veut le comparer avec celui de 1765, et qu'on ajoute 1765 avec 146, on aura 1911, et cependant il n'y a réellement que 1910 ans d'intervalle, parceque l'année où est né J. C. doit s'appeller *zéro* (Cassini, *Élém. d'astron. pag.* 216), et non pas l'année 1 avant J. C. ; il est donc plus naturel de dire que l'équinoxe dont nous venons de parler se rapporte à l'année 145 avant J. C. et non pas à l'année 146. Cette maniere de compter les années qui précedent l'ere vulgaire, est reçue actuellement de tous les astronomes ; mais comme elle ne s'accorde pas avec les livres de chronologie les plus célebres, nous aurons soin d'avertir toutes les fois que nous nous en servirons, en disant que c'est suivant la maniere de compter des astronomes.

Epoques et mouvemens des planetes, suivant différens auteurs.

Epoques de 1750.

	Cassini.	Halley.	Différence.	Suiv. nos tables.
Mercure,	8ˢ 13° 19' 5"	8ˢ 13° 7' 45"	— 11' 20"	8ˢ 13° 11' 15"
Vénus,	1 16 19 21	1 16 19 23	+ 0 2	1 16 20 48
Mars,	0 21 58 43	0 21 58 30	— 0 13	0 21 58 47
Jupiter,	0 4 0 59	0 4 5 17	+ 4 18	0 3 42 29
Saturne,	7 20 41 56	7 20 26 24	— 15 32	7 21 20 22

Mouvement séculaire des planetes.

	Cassini.	Halley.	Différence.	Suiv. nos tables.
Mercure,	2ˢ 14° 16' 54"	2ˢ 14° 2' 13"	— 14' 41'	2ˢ 14° 4' 20"
Vénus,	6 19 11 2	6 19 11 52	+ 0 50	6 19 12 25
Mars,	2 1 41 56	2 1 42 20	+ 0 24	2 1 42 10
Jupiter,	5 6 21 30	5 6 28 11	+ 6 41	5 6 17 33
Saturne,	4 23 29 28	4 23 6 0	— 23 28	4 23 31 36

Aphélies pour 1750.

	Cassini.	Halley.	Différence.	Suiv. nos tables.
Mercure,	8ˢ 13° 41' 18"	8ˢ 13° 27' 12"	— 14' 6"	8ˢ 13° 33' 58"
Vénus,	10 7 38 0	10 7 18 31	— 19 29	10 7 46 42
Mars,	5 1 36 9	5 1 31 38	— 4 31	5 1 28 14
Jupiter,	6 10 14 33	6 10 33 46	+ 19 13	6 10 21 4
Saturne,	8 29 13 31	8 29 39 58	+ 26 27	8 28 9 7

Mouvement séculaire des aphélies.

	Cassini.	Halley.	Différence.	Suiv. nos tables.
Mercure,	0ˢ 2° 13' 20"	0ˢ 1° 27' 37"	— 45' 43"	0ˢ 1° 33' 45"
Vénus,	0 2 23 20	0 1 34 13	— 49 7	0 1 21 0
Mars,	0 1 59 38	0 1 56 40	— 2 58	0 1 51 40
Jupiter,	0 1 35 42	0 2 0 0	+ 24 18	0 1 34 33
Saturne,	0 2 9 44	0 2 13 20	+ 3 36	0 1 50 7

Elémens de la nouvelle planete HERSCHEL.

	M. de la Place, 1783.	P. Fixlmillner, 1787.	M. Oriani, 1787.	Selon moi, en 1788.
Longit. en 1784,	3ˢ 15° 2' 5"	3ˢ 14° 41' 0"	3ˢ 14°45'44"	3ˢ 14° 49' 14"
Aphélie,	11 23 24 40	11 17 31 33	11 17 22 7	11 16 19 30
Nœud,	2 12 49 33	2 12 50 50	2 12 53 41	2 12 45 14
Mouvem. sécul.	2 13 16 55	2 9 53 0	2 9 52 37	2 9 11 11

Epoques du Soleil 1750.

Lieu du Soleil.

Suivant Cassini. . . . . 9ˢ 10° 0′ 35″
Suivant les tables de Flamsteed. . . . . , 9 10 0 21
Suivant les tables de Halley. 9 10 0 13
Suivant les tables de Mayer. 9 10 0 34,7
Suivant les tables de la Caille. 9 10 0 43 4
Suivant M. le Monnier, astron. naut. lun. 1771. . 9 10 0 25 8
Suivant M. de la Croix, par les observations de
    M. le Monnier. . . . . . . , ... 9 10 0 25
Suivant M. de Lambre, par les observations de
    M. Maskelyne. 9 10 0 35 7

1331. Lorsqu'on connoît les époques de la longitude moyenne par observation (1325), ou par les calculs précédens, on peut avoir la longitude moyenne à tout autre jour de l'année, en y ajoutant le mouvement diurne (1161) autant de fois qu'il y a de jours écoulés depuis l'époque. Supposons qu'on ait trouvé pour 1740 l'époque du Soleil ou sa longitude moyenne le premier janvier à midi moyen 9ˢ 10° 25′ 34″, et qu'on veuille avoir la longitude moyenne pour le 31 janvier à midi moyen, on ajoutera le mouvement diurne 59′ 8″ 33, pris 30 fois, ou 29° 34′ 10″, avec l'époque de la longitude moyenne, et l'on aura la longitude moyenne le 31 janvier; tel est le fondement de l'usage que nous ferons des moyens mouvemens, en expliquant nos tables.

On pourroit, avec les nombres de la table précédente et les regles du calcul des équations (1244), trouver en tout temps le lieu d'une planete sur son orbite vu du Soleil; mais pour abréger les calculs, on a construit des tables détaillées pour chaque planete, et j'en donne ici de nouvelles, aussi étendues, mais plus exactes, que celles de Cassini et de Halley qui étoient les meilleures avant moi.

Nœuds des planetes.

1332. On a vu dans le livre précédent ce que c'est que les nœuds des planetes (1122, 1136), aussi bien que les inclinaisons de leurs orbites, et l'effet qui en résulte par rapport à nous; il s'agit actuellement d'indiquer les méthodes astronomiques de trouver la situation de ces nœuds et la quantité de ces inclinaisons.

Lorsqu'une planete n'a aucune latitude vue de la Terre, elle n'en sauroit avoir vue du Soleil; elle est alors dans son nœud (1122),
puisqu'elle

puisqu'elle est dans le plan de l'écliptique ; il suffit donc d'observer la longitude géocentrique de la planete, au temps où elle n'a point de latitude, et d'en conclure sa longitude vue du Soleil (1147); ce sera le lieu du nœud.

1333. EXEMPLE. Le 14 mai 1747, à 10ʰ 50′ 43″ de temps vrai, Mars étant fort près de son nœud descendant, la Caille observa la longitude de cette planete 7ˢ 6° 15′ 20″ réduite à l'écliptique, et sa latitude boréale de 25″ ½ (*Astron. fundamenta*, p. 244): la longitude du Soleil pour le même instant, déduite des observations faites ce jour-là, et qu'on pouvoit se contenter de prendre dans les tables, étoit de 1ˢ 23° 38′ 10″; ainsi l'angle à la Terre, ou l'angle d'élongation LTS (FIG. 56), étoit de 162° 37′ 10″ : la parallaxe de l'orbe annuel, ou l'angle à la planete TLS étoit alors, suivant mes tables, de 11° 16′ 37″ (1147); ainsi ajoutant cette quantité à la longitude géocentrique observée, on a la longitude héliocentrique de Mars 7ˢ 17° 31′ 57″ réduite à l'écliptique. L'angle de commutation, qui est la différence entre cette longitude et celle de la Terre, ou l'angle LST, étoit de 6° 6′ 23″; en faisant la proportion de l'art. 1145, on trouvera que 25″ ½ de latitude géocentrique répondoient à 9″ de latitude héliocentrique. On résout ensuite le triangle PAL (TOME I, PL. V, FIG. 54), (ou N *p l* si c'est le nœud descendant), rectangle en L, dont l'angle A est de 1° 51′, égal à l'inclinaison de l'orbite de Mars AP sur l'écliptique AL (1357), et le petit côté PL de 9″ latitude héliocentrique de Mars: on a l'autre côté AL (3903) de 4′ 41″; on peut supposer le triangle rectiligne; c'est la distance de Mars à son nœud, vue du Soleil: donc le nœud descendant de Mars vu du Soleil étoit alors à 7ˢ 17° 36′ 38″; il est peu différent de celui que donne la Caille (*Mém. acad.* 1747,) et ne differe de mes tables que de 1′ 53″.

1334. Il faut remarquer dans le calcul précédent qu'en observant plusieurs jours de suite la latitude de Mars, on en pourroit conclure le temps où il avoit été sans latitude, éviter la résolution du dernier triangle, et ne point supposer la connoissance de l'inclinaison.

1335. On peut aussi employer à la recherche du nœud, des observations faites lorsque la latitude héliocentrique d'une planete s'est trouvée de la même quantité, et par conséquent à égales distances des nœuds, car le milieu entre les longitudes héliocentriques trouvées dans les deux cas sera le lieu du nœud, en le supposant fixe dans l'intervalle des deux observations.

EXEMPLE. Le 13 mars 1693, à 17ʰ 50′, le vrai lieu de Saturne vu de la Terre étoit à 8ˢ 22° 56′ 30″, et sa latitude boréale 1° 24′ 50″;

le 3 mai 1699, à 15ʰ 5o', sa longitude étoit de 11ˢ 1° o' 5o'', et sa
latitude australe 1° 22' 2o'' (Cassini, p. 389). En réduisant au Soleil
ces longitudes et ces latitudes observées (1145), on trouve pour
la premiere 8ˢ 17° 16', et pour la seconde 1oˢ 25° 22'. Les latitudes
héliocentriques sont 1° 24' 12'', et 1° 24' 28''; la seconde est plus
forte de 16''.

1336. Dans l'intervalle de ces deux observations qui est de plus
de six années, le lieu du nœud avoit changé d'environ 3' 35'' (1346);
ce qui fait sur la latitude une différence de 8'', dont la latitude étoit
plus petite qu'elle n'eût été si le nœud avoit resté immobile, et
qu'il faut, pour une plus grande précision, ajouter à la seconde
latitude héliocentrique, parcequ'elle eût été plus grande au même
point du ciel, si le nœud de Saturne eût été moins avancé de 3' 35''
dans la seconde observation ; au moyen de cette seconde correction, la latitude se seroit trouvée de 1° 24' 36'' pour le 3 mai 1699,
plus grande de 24'' que la premiere latitude : ces 24'' font 1o', dont
il faut diminuer la longitude héliocentrique de Saturne; ainsi elle
se seroit trouvée, en 1699, de 1oˢ 25° 12' si Saturne avoit eu la même
latitude 1° 24' 12'' que dans la premiere observation : or la premiere
longitude étoit de 8ˢ 17° 16'; la différence est 2ˢ 7° 56', dont la
moitié 33° 58' est la distance de Saturne à son nœud en 1693, qui,
ajoutée à sa longitude 8ˢ 17° 16', donne celle du nœud 9ˢ 21° 14'
pour 1693, temps de la premiere observation : nous nous en servirons encore pour trouver l'inclinaison (136o).

Après avoir indiqué les méthodes qui servent à trouver le lieu
du nœud, nous allons rapporter ce que l'on a de plus exact sur la
position des nœuds de chaque planete, et sur le mouvement de ces
nœuds ; on verra, par la conformité des résultats trouvés dans l'un
et l'autre nœud, soit ascendant, soit descendant, que ces nœuds sont
en effet directement opposés et situés par conséquent sur une ligne
droite qui passe par le centre du Soleil (1118).

1337. LE NŒUD DE MERCURE ne sauroit se déterminer par des
observations meilleures que celles de ses passages sur le Soleil
(2155), dans lesquels sa latitude est presque nulle; et nous en avons
un assez grand nombre pour y parvenir avec quelque précision :
je les ai discutés (*Mém. acad.* 1756, *pag.* 259). Je trouve, pour
1753, 1ˢ 15° 23' ½, et, pour 1723, 1ˢ 15° 1' o''; ce qui donne 1° 15' oᵘ
pour le mouvement séculaire, ou 45'' par an. Le passage de 1631
laisse une incertitude de 2o', ceux de 1677 et 169o different de 8'.
Les passages de 1782 et de 1786, calculés avec le mouvement de
45'', m'ont donné 1' 2o'' à ôter du lieu du nœud : l'observation de

1677, calculée avec soin, m'a donné une minute et demie de plus pour le nœud ; en sorte que je supposerai ce mouvement de 43″ par année. J'ai eu soin dans ces calculs de diminuer le diametre du Soleil de 6″ (2158), et d'employer l'aberration (2886).

Ce mouvement du nœud de Mercure est donc rétrograde par rapport aux étoiles fixes, d'environ 7″ par an ; cela s'accorde assez bien avec celui que m'a donné la théorie de l'attraction (*Mém. de l'acad.* 1758, 1761), par la méthode qui sera expliquée (3684), et dont on trouvera le résultat (1347). M. de la Grange trouve 41″3 (*Mém. de Berlin* 1782). Mais il auroit eu 43″ en diminuant d'un tiers la masse de Vénus, comme je crois qu'on doit le faire (2158, 3564).

1338. Ainsi le mouvement séculaire du nœud de Mercure, que M. Halley a fait de 1° 23′ 20″, et M. Cassini de 1° 24′ 40″, et M. le Gentil 1° 23′ 41″ (*Mém.* 1753), n'est certainement que de 1° 12′ 10″. M. de l'Isle a cru qu'on devoit le réduire à 37″ par an, après avoir calculé avec soin les observations faites par Tycho le 22 et le 23 janvier 1586, qui donnent le nœud à 1ˢ 13° 5′ 8″ ; mais les passages sur le Soleil sont plus sûrs.

1339. Le nœud de Vénus, suivant les calculs que j'ai faits avec soin du passage de cette planete, étoit, le 3 juin 1769, à 2ˢ 14° 36′ 20″ (2156) ; il n'y a pas une demi-minute d'erreur à craindre dans cette position ; les tables de Halley donnoient 2′ 36″ de moins, et celles de Cassini 2′ 25″ de plus. M. Hornsby ayant calculé avec soin le lieu du nœud par l'observation d'Horoccius, faite le 4 décembre 1639 (2044), le trouve à 2ˢ 13° 27′ 50″; M. Cassini 2ˢ 13° 28′ 6″ : le mouvement seroit donc en 129 ans ½ de 68′ 30″, ou de 31″7 par année. Je trouve 31″6, ou 18″ ⅔ par rapport aux étoiles : la position de 1639, comparée avec celle de 1761, 2ˢ 14° 32′ 15″ (2155), donne pour le mouvement annuel du nœud 31″ ¼.

1340. Cassini emploie aussi à cette recherche une ancienne observation ; c'est celle de Timocharès, faite le 11 oct. 271 avant J. C. dans laquelle Vénus éclipsa l'étoile ŋ de l'aile australe de la Vierge : il trouve le lieu du nœud de Vénus par cette observation, de 1ˢ 24° 2′ ; le comparant avec une du 4 sept. 1698, qui donnoit 2ˢ 14° 1′ 45″, on a le mouvement de 36″ ½ par année. L'observation de 1639, comparée avec celle de 1698, donne 34″. Les observations de 1705, de 1710 et de 1731, en différoient très peu, en sorte que Cassini s'en est tenu dans ses tables à un mouvement annuel de 34″; mais si l'on avoit égard au changement de latitude de l'étoile (2757), il pourroit en résulter quelque différence dans le lieu du nœud conclu pour le temps de Timocharès.

M ij

La Caille rapporte une observation qu'il fit du passage de Vénus par son nœud descendant, le 21 décembre 1746 : il compare cette observation avec celle de la Hire, qui détermina le passage de Vénus par son nœud le 31 oct. 1692 à 0^h 12' ¼, temps moyen, d'où il conclut le mouvement de 38'' (*Mém.* 1746). Mais ces observations sont moins décisives et moins éloignées entre elles que celles de 1639 et de 1769, et je m'en tiendrai à 31'' pour le mouvement annuel du nœud de Vénus. M. de la Grange trouve 30'' 55 par la théorie, et il auroit trouvé 33''4 en diminuant d'un tiers la masse de Vénus.

1341. Le nœud de Mars a été trouvé en 1778 1ˢ 17° 52' d'après les observations de M. Maskelyne calculées par M. de Lambre, et l'opposition de 1779 observée et calculée par M. Méchain. M. Bugge a trouvé le passage de Mars par son nœud le 7 décembre 1783 à 20^h 24', temps moyen, à Copenhague, dans 1ˢ 17° 54' 24'' (*Mém.* de Stockholm 1785, p. 289). M. de Lambre trouve la même chose ; ainsi on peut supposer l'époque du nœud pour 1784, 1ˢ 17° 54' 30''.

Les observations de Tycho donnent, pour le 28 oct. 1595, 1ˢ 16° 24' 33''. Le 13 novem. 1721 Cassini trouve qu'il étoit à 1ˢ 17° 29' 49'', ce qui donne pour le mouvement annuel du nœud de Mars 31''. (*Elém. d'astron. pag.* 490).

Par la comparaison de la même observation de Tycho avec celles qui furent faites en 1700 à Greenwich et à Paris, on trouve le mouvement de 34'' ¼ et de 38'' ¼, suivant qu'on emploie les observations de Flamsteed, ou celles de M. Cassini. Par les observations de Paris qui donnent, pour 1700, 1ˢ 17° 13' ½, comparées avec celles de 1778, on ne trouve que 29''6.

1342. Si l'on compare les observations de 1721 avec la détermination de Ptolémée (*Almag. liv. XIII*), qui place le terme boréal de l'orbite de Mars à la fin du Cancer, ou le nœud ascendant à la fin du Belier, on trouve 40''. Cassini ayant préféré les observations de Tycho, comparées aux siennes et à celles de Flamsteed, s'en est tenu dans ses tables à faire le mouvement annuel du nœud de Mars 34''. Halley le fait de 38''. La Caille (*Mém. acad.* 1747, *pag.* 146) trouve le nœud de Mars à 1ˢ 17° 37' 11'', pour le 14 mai. Dans les mémoires de 1754, il rapporte des observations faites à l'Isle de France, par lesquelles il trouva le nœud de Mars à 1ˢ 17° 42' 5'' le 4 novembre 1753 : ces déterminations, comparées avec le lieu trouvé pour 1784, donnent 27''. J'ai aussi observé Mars au mois de novembre 1768, dans le temps qu'il étoit près de son nœud, et j'en ai conclu l'époque de 1769, 1ˢ 17° 44' 23'', moins avancée de 24' que dans les tables de Halley; ce qui prouve qu'il faisoit le mouvement trop fort. Les observations de Cassini en 1721, comparées avec les nôtres, donnent 23″; celles de Flamsteed en 1700, 22″. M. de la Grange trouve 24″5; mais en diminuant la masse de Vénus d'un tiers, ce seroit 28″4.

M. de Lambre a calculé plusieurs observations de Flamsteed; une du 8 décembre 1689, qui donne 27″; une du 26 octobre 1681, 28″; celles des 3 et 10 mai 1700, 28″. Il y en a deux de 1713 qui donnent 34″; deux de 1715, qui donnent 25″: il s'en tient à 28″, ce qui est conforme aux observations de Tycho, Cassini, Flamsteed et la Caille. C'est le résultat que j'ai adopté dans mes tables (*Conn. des temps* 1789).

1343. LE NOEUD DE JUPITER est difficile à déterminer, parceque l'inclinaison est fort petite; l'erreur sur la latitude en produit une quarante-quatre fois plus forte sur le nœud. Les oppositions observées en 1775, 76, 77, 82 et 83, indiquent sa longitude à 3ˢ 8° 14′, pour 1783, d'après les calculs de M. de Lambre.

Suivant Ptolémée, ce nœud étoit de son temps au commencement du Cancer; cela donne le mouvement annuel de 17″. Képler le supposoit, dans ses tables rudolphines, de 4″ seulement. Par la conjonction de Jupiter avec l'étoile du Cancer appelée l'Ane austral, arrivée le 3 septembre 240 ans avant notre ere, Cassini trouve 24″; M. le Gentil 10″ seulement. D'après l'observation du 26 septembre 508, rapportée par Boulliaud, dans laquelle Jupiter se trouve en conjonction avec Régulus, Cassini trouve 15″; mais Boulliaud, en supposant que la latitude boréale de Jupiter étoit plus grande d'un doigt, ou de 2′ 30″, trouve ce mouvement 24″6. Cassini s'en tient dans ses tables à 24″, tandis que Halley l'emploie de 50″, c'est-à-dire à la précession des équinoxes; en sorte que suivant Halley le mouvement réel du nœud seroit absolument nul; c'est la conséquence qu'il tiroit déja en 1717 des observations faites en 1633 et 1716: mais il est certain, par la théorie de l'attraction, qu'il doit y avoir un mouvement réel, et que le changement de longitude doit être moindre que 50″. M. le Gentil ayant calculé diverses observations de Gassendi et de Pound, trouve 66″ pour le mouvement annuel du nœud (*Mém. ac.* 1758); mais ce mouvement est beaucoup trop fort.

1344. Cassini donne, pour 1705, 3ˢ 7° 37′ 50″, par un milieu entre plusieurs observations faites à Paris depuis 1692 jusqu'en 1730; cela ne donneroit que 34″ pour le mouvement annuel. L'observation de Pound, calculée par M. de Lambre, donne le lieu du nœud 3ˢ 7° 30′ pour 1717; celle de Gassendi, 3ˢ 6° 42′ pour 1634, et toutes deux s'accordent à donner 37″ pour le mouvement du nœud. M. de la Grange trouve 31″ par la théorie ; mais il eût trouvé 37″ en diminuant la masse de Vénus d'un tiers. Je crois donc que cet élément, sur lequel on a tant varié, est actuellement assez bien établi.

Il est vrai que pour trouver 37″ par l'observation caldéenne, il faudroit supposer 12′ de latitude à Jupiter, et le changement de latitude des étoiles augmente encore cette différence : mais il est possible que l'étoile ait paru cachée à la vue simple, quoique Jupiter fût réellement de 12 minutes au nord ; cette étoile peut avoir eu quelque mouvement ; enfin le nœud de Jupiter peut avoir eu quelque inégalité. Je supposerai donc sans difficulté le mouvement du nœud de Jupiter, avec M. de Lambre, de 35″7 par an.

1345. Le nœud de Saturne étoit, au commencement de 1769, à 3ˢ 21° 40′ 47″, suivant les observations que j'ai faites avec soin de l'opposition de Saturne ; c'est 15′ de plus que dans les tables de Halley.

Par l'opposition de 1755, où la latitude étoit le 18 juillet de 10′ 34″, je trouve 3ˢ 21° 34′. M. Bugge a trouvé le passage au nœud le 21 août 1784, 18ʰ 20′ temps moyen à Copenhague, dans 9ˢ 21° 50′. M. de Lambre, par les observations de M. Maskelyne, trouve pour le 12 juillet 9ˢ 21° 48′ 15″ ; ainsi on peut supposer le nœud, au commencement de 1784, 3ˢ 21° 48′.

1346. Le mouvement du nœud de Saturne me paroît de 31″ par an, mais on a beaucoup varié à ce sujet. Ce nœud étoit, vers l'an 136, au commencement du Cancer (*Ptolémée, liv.* 13). Cassini l'ayant trouvé en 1700, 3ˢ 21° 13′ 30″, en déduisoit le mouvement annuel de 48″ ½ (*Élémens d'astronomie, pag.* 397).

Les Caldéens observèrent, le premier mars 228 ans avant J. C. que Saturne étoit deux doigts au-dessous de l'étoile γ de la Vierge : Cassini en déduit le lieu du nœud 2ˢ 21° ; ce qui donne le mouvement pour chaque année 56″ 5. Il le suppose en effet de 57″ dans ses tables ; mais la grande distance de Saturne à son nœud rend le résultat de cette ancienne observation peu concluant.

Boulliaud (*Astron. philol. p.* 253) rapporte une occultation de Saturne par la Lune, arrivée l'an 503, d'où il conclut que le nœud de Saturne étoit alors à 3ˢ 12° 36′ 21″, et que le mouvement est de 26″.

Tycho-Brahé observa Saturne fort près de son nœud le 29 décembre 1592. Cassini ayant calculé cette observation, trouve le nœud à 3ˢ 20° 21′, et comparant cette position à celle de la fin du dernier siècle, qui donne le nœud de Saturne pour 1700, à 3ˢ 21° 13′ 30″, il en déduit le mouvement de 29″5 ; mais ayant trouvé 1′ 5″ de différence entre les déclinaisons conclues le 29 décembre 1592, de différentes observations, il en résulte 14″ d'incertitude sur le mouvement annuel. Il faut aussi observer que la position déterminée pour 1700 par Cassini est le milieu de cinq observations, dont une diffère de l'autre d'un degré et neuf minutes sur la position du nœud ; différence qui produiroit 39″ sur le mouvement annuel du nœud. Aussi la position du nœud de Saturne et son mouvement sont de tous les élémens des planetes ceux sur lesquels Halley diffère le plus de Cassini. Il y a, dans les tables de Cassini, 41′ de plus pour le lieu du nœud en 1750, et 65′ 11″ de plus pour le mouvement séculaire, que dans celles de Halley. Pour moi, rejetant la premiere des cinq déterminations de Cassini, et réduisant les quatre autres à l'année 1700, je trouve l'époque du nœud 3ˢ 21° 11′ 20″ pour 1700 ; comparant cette position avec celle que j'ai observée en 1769, je trouve, pour le mouvement annuel du nœud, 25″ 6.

En comparant l'observation de 1593 avec la mienne, je trouve 27″ par année ; les calculs de l'attraction donnent 29″, suivant M. de la Grange ; 35″ en diminuant la masse de Vénus. M. de Lambre ayant calculé les conjonctions de Saturne aux étoiles ξ, ο et π du Sagittaire, observées par Flamsteed en 1695, trouve que le nœud au mois de juillet étoit à 3ˢ 21° 3′ 50″, ce qui donne le mouvement annuel 30″. Les observations du mois de juillet 1696 donnent 3ˢ 21° 2′ 55″, et le mouvement 31″ ; par celles du mois de juillet 1697, on a 3ˢ 21° 7′ 31″, et le mouvement 28″ 2. Le milieu entre les observations de 1710, 1711 et 1712, donne 28″7 ; la théorie donne 29″3, ou 32″, en diminuant la masse de Vénus ; M. de Lambre suppose le mouvement de 33″ 35.

1347. Le nœud de Herschel est très bien déterminé par les observations faites depuis 1781, parceque cette planete est peu éloignée de son nœud ; M. de la Place trouve, pour 1788, 2ˢ 12° 47′ ; le P. Fixlmillner 48′⅓, et moi 46′ 37″. Supposant que la 34ᵉ étoile du Taureau dans Flamsteed, observée en 1690, est cette planete, M. Wurm trouvoit le mouvement de 42′ par siecle, ou de 25″ par an (*Ephém. de Berlin* 1789) ; M. de la Grange, par la théorie, 12″½ : mais en diminuant la masse de Vénus, ce sera 20″⅔. Je le supposerai de cette quantité.

1348. Pour rassembler sous un seul point de vue toutes les recherches précédentes sur les nœuds des planetes, j'ai mis dans les tables suivantes les longitudes des nœuds, et leur mouvement suivant les tables de Cassini et de Halley, et suivant les nôtres. Le signe — marque un mouvement rétrograde par rapport aux étoiles fixes ;

la derniere colonne contient ce mouvement par rapport aux équinoxes, c'est-à-dire, la somme ou la différence entre $50''\frac{1}{4}$ et les nombres de la colonne précédente.

*Table de la longitude du nœud de chaque planete pour 1750,
et de son mouvement séculaire, suivant les tables de Cassini
et de Halley, et suivant les nôtres.*

	Suivant CASSINI.		Suivant HALLEY.		Selon nos tables.
	Nœud en 1750.	Mouv. séculaire.	Nœud en 1750.	Mouv. séculaire.	Nœud en 1750.
Mercure.	1ˢ 15° 25′ 20″	1° 24′ 40″	1ˢ 15° 21′ 58″	1° 23′ 20″	1 15° 20′ 43″
Vénus.	2 14 27 45	0 56 40	2 14 23 42	0 51 40	2 14 26 18
Mars.	1 17 45 45	0 56 40	1 17 56 21	1 3 20	1 17 38 38
Jupiter.	3 7 49 57	0 40 9	3 8 15 49	1 23 20	3 7 55 32
Saturne.	3 22 1 4	1 35 11	3 21 20 5	0 30 0	3 21 32 22
Herschel.					3 12 33 31

*Table du mouvement annuel des nœuds de chaque planete par
rapport aux étoiles, suivant les tables de Cassini et de Halley;
avec le mouvement par rapport aux équinoxes, suivant nos
tables.*

	Suivant les tables de Cassini.	Suivant les tables de Halley.	Suivant nos tables.	Mouvement par rapport aux équinoxes.
Mercure,	0″	0″	— 7″0	43″3
Vénus,	— 17	— 19	— 19,2	31,0
Mars,	— 17	— 12	— 22,2	28,0
Jupiter,	— 27	0	— 14,5	35,7
Saturne,	+ 6	— 32	— 16,9	33,3

1349. Le calcul du mouvement des nœuds que j'ai déduit du
principe de l'attraction, se trouve détaillé dans les mémoires de
l'académie pour 1758 et 1761. M. de la Grange l'a fait avec encore
plus de détail dans les mémoires de Berlin pour 1782 : j'en donnerai
une idée en parlant de l'attraction (3681). Le mouvement du nœud
d'une

d'une planete est le résultat du mouvement que toutes les autres y produisent; car il n'en est aucune qui n'influe plus ou moins sur le nœud des autres planetes : mais comme la théorie fait trouver ce mouvement du nœud sur l'orbite de la planete qui le produit, il est nécessaire de réduire à l'écliptique tous ces mouvemens qui se font sur des orbites différentes, pour en composer un seul mouvement sur l'écliptique; cette réduction rend direct le mouvement du nœud de Jupiter sur l'écliptique supposée fixe, car il est nécessairement rétrograde sur l'orbite de Saturne, qui en est la cause principale.

Soit CB (fig. 75) l'écliptique, C A l'orbite de Jupiter, B A l'orbite de Saturne ; la longitude du nœud C de Jupiter en 1760 est de 3ˢ 8° 24′, suivant les tables de Halley; la longitude du nœud B de Saturne est de 3ˢ 21° 29′; la différence CB est de 13° 5′. L'inclinaison C de l'orbite de Jupiter est de 1° 19′, et l'inclinaison B de l'orbite de Saturne est de 2° 30′. En résolvant le triangle ABC, on trouve A C de 26° 36′ 21″, et l'angle A ou l'inclinaison de l'orbite de Jupiter sur celle de Saturne 1° 15′ 8″. Par l'effet naturel de l'attraction de Saturne sur Jupiter, le point d'intersection A de l'orbite de Jupiter sur celle de Saturne doit rétrograder dans le sens contraire au mouvement de Jupiter, comme on le verra dans la théorie de l'attraction ; mais l'angle des deux orbites ne change point par le mouvement du nœud (3683); ainsi le nœud ira de A en a, et l'orbite de Jupiter A C passera dans la situation ac sans que l'angle A éprouve aucun changement, les cercles A C et ac resteront parallèles dans leurs parties voisines de A a, et leur intersection D sera éloignée du point A de 90°. Ainsi le triangle ABC se changera en un triangle a B c, les angles A et B étant constans, et le nœud C de l'orbite de Jupiter sur l'écliptique passera en c; il aura donc un mouvement direct Cc, quoique le mouvement A a ait été rétrograde : ainsi l'action des planetes les unes sur les autres produit dans les nœuds un mouvement *rétrograde* sur l'orbite de la planete troublante ou de la planete qui par son attraction produit ce mouvement. Cependant le mouvement des nœuds sur l'écliptique devient quelquefois direct; et tel est le nœud de Jupiter quand on ne considere que l'action de Saturne.

1350. Le mouvement du nœud ascendant C de la planete troublée est direct (fig. 75), lorsque le nœud est moins avancé que le nœud de la planete troublante, et que l'inclin. B de la planete troublante est la plus grande, pourvu cependant que tang. C soit plus petite que tang. B cos. BC ; mais les nœuds vont du même sens (fig. 76), si la tang. de l'inclin. C est la plus grande. Si c'est le nœud desc. de la pla-

Tome II.   N

nete troublée qui est le plus voisin du nœud ascendant de la planete troublante, le mouvement C c sera rétrograde comme le mouvement A a qui est produit sur l'orbite de la planete troublante, pourvu que tang. B cos. BC, dans le premier cas, soit plus grand que tang. C, et dans le second cas plus petit (*M. Cagnoli, p.* 389).

1351. Quand on a trouvé, par le calcul de l'attraction (3684), le mouvement A a (FIG. 75 et 76) du nœud A sur l'orbite AB supposée fixe, il faut en conclure le mouvement C c sur l'écliptique. Dans un triangle ABC dont les deux angles A et B sont constans (1349), la différentielle C c ou la petite variation du côté BC est égale à la différentielle A a du côté AB, multipliée par $\frac{\text{sin. A cos. AC}}{\text{sin. C}}$ (4034).

On peut aussi employer la formule (4035) $\frac{\text{sin. BC cos. AC}}{\text{sin. AB}}$; car il seroit plus court de chercher les deux côtés AB, AC, par l'analogie de Neper (3985) : on n'auroit pas besoin de l'angle A. On peut même se dispenser de calculer AC, en employant A a (cos. B + sin. B cot. C cos. BC) (4035). C'est ainsi qu'il faut réduire à l'écliptique le mouvement du nœud de chaque planete produit par l'attraction de chacune des autres planetes. Ensuite il faut encore avoir égard au déplacement de l'écliptique produit par les autres planetes ; c'est ce que M. de la Grange a fait fort en détail: en voici le résultat.

Mouvement annuel des nœuds vrais, suivant la théorie.					
Par l'action de	MERCURE.	VÉNUS.	MARS.	JUPITER.	SATURNE.
Mercure,	— 0″10	+ 0″16	— 0″32	— 0″31	— 0″11
Vénus,	— 5, 57	— 7, 46	—11, 80	—17, 56	— 8, 06
La Terre,	— 0, 87	— 6, 69	— 1, 77	— 0, 01	— 0, 00
Mars,	— 0, 14	— 0, 29	— 0, 43	— 0, 39	— 0, 14
Jupiter,	— 2, 18	— 5, 13	—11, 00	— 6, 95	—12, 28
Saturne,	— 0, 12	— 0, 09	— 0, 47	+ 5, 88	— 0, 34
Total.	— 8, 98	—19, 70	—25, 79	—19, 34	—20, 93
Précess.	50, 25	50, 25	50, 25	50, 25	50, 25
Mouv.	41, 27	30, 55	24, 46	30, 91	29, 32

On peut diminuer d'un tiers tous les nombres de la seconde ligne (3565), et augmenter d'autant le dernier résultat, qui est le mouvement par rapport aux équinoxes.

1352. Quand on voit dans cette table que le nœud de Jupiter est changé de 6″ 95 par l'action de Jupiter, ce n'est pas que Jupiter se déplace lui-même; mais il déplace l'écliptique (2758), et ce déplacement change d'autant le vrai lieu du nœud de Jupiter compté sur l'écliptique.

En effet, dans le même temps que l'orbite de Jupiter AC (FIG. 75) est transportée en *ac* par l'action des autres planetes, Jupiter déplace lui-même l'écliptique FB, et la fait rétrograder; elle va de *c* en *f* sur l'orbite de Jupiter *acf*, et il en résulte un mouvement *fg* rapporté sur l'écliptique F*f*, qui est un nouveau mouvement du nœud de Jupiter sur l'écliptique vraie. Ainsi le mouvement du nœud de chaque planete dépend de toutes les autres, même de celle dont on calcule le mouvement: tous ces effets peuvent se calculer par les mêmes formules; mais M. de la Grange en a donné de très générales dans les Mémoires de 1774, et dans ceux de Berlin pour 1782. Nous avons placé ici ces réflexions, parcequ'elles sont nécessaires aux astronomes, indépendamment du calcul de l'attraction. Elles avoient échappé à Bradley, lorsqu'il croyoit que le mouvement direct du nœud du quatrieme satellite de Jupiter étoit contraire aux loix de l'attraction (3015); ce sont ces considérations qui me firent découvrir la cause des changemens singuliers qui ont lieu dans les inclinaisons des satellites (2987).

1353. Le mouvement du nœud d'une planete sur l'orbite d'une autre produira un mouvement de l'axe de l'orbite troublée autour de l'axe de l'orbite de la planete troublante; par exemple, quand on dit que Saturne, par son action sur Jupiter, fait rétrograder les nœuds de l'orbite de Jupiter, cela revient au même que si l'on disoit: L'axe de l'orbite, ou la ligne qui passe par les poles de l'orbite de Jupiter, et qui est perpendiculaire au plan de cette orbite, tourne autour de l'axe de l'orbite de Saturne, et le pole de l'orbite de Jupiter décrit autour de l'orbite de Saturne un petit cercle dont le rayon est de 1° 15′, c'est-à-dire égal à l'inclinaison mutuelle de ces deux orbites.

Pour faire comprendre le rapport ou plutôt l'identité de ces deux choses, soit S (FIG. 77) le centre commun de deux orbites ANB, CND, dont les plans sont inclinés d'un degré l'un sur l'autre; PSO et ESL, les axes de ces mêmes orbites qui leur sont perpendiculaires; P le pole de l'orbite ANB; E le pole de l'orbite CND;

N ij

EP la distance de ces poles, égale à l'inclinaison des deux orbites, ou à la quantité dont le point B est éloigné du point D. Si l'on tire par les deux poles P et E un cercle PEBD, il rencontrera les deux orbites à 90° des nœuds N, M, de chacune; l'arc BD égal à l'arc PE marquera la plus grande distance ou l'inclinaison des deux orbites, parceque les arcs PB et ED sont chacun de 90°, aussi bien que les arcs NB, MB, ND, MD. Mais si le nœud N change de position, les points B et D de la plus grande distance changeront de la même quantité, parcequ'ils sont toujours nécessairement à 90° des nœuds N et M; donc le cercle PEBD changera également, et le pole E avancera de la même quantité dans le petit cercle ER. On peut le voir d'une maniere plus sensible en faisant un demi-cercle de carton qui ait à son centre une aiguille perpendiculaire à son plan; on l'inclinera sur un autre cercle tracé sur la table, qui ait aussi une aiguille à son centre; et en faisant tourner le premier sur le second sans changer leur inclinaison et sans que leurs centres se quittent, on verra l'axe du premier décrire un cône autour de l'axe du second, ou le pole du premier décrire un cercle autour du pole du second. *Ainsi le mouvement du nœud d'un cercle sur un autre cercle suppose le mouvement circulaire du pole de l'un autour du pole de l'autre.* Nous ferons plusieurs fois usage de cette considération (2727, 2753, 2896).

1354. Le mouvement du nœud d'une planete sur l'écliptique se réduit donc au mouvement du pole de l'orbite de cette planete autour du pole de l'écliptique; mais ce mouvement ne sera pas uniforme, parcequ'il est l'assemblage des mouvemens particuliers que chacune des autres planetes produit sur le nœud de celle-ci, lesquels mouvemens ont chacun des modifications différentes parcequ'ils dépendent de la situation des nœuds, et de la quantité des inclinaisons. Aussi les mouvemens des nœuds des planetes déduits de l'attraction (1351) ne sont exacts que pour un petit nombre de siecles : mais M. de la Grange a donné des formules générales pour un intervalle quelconque (*Mém. de Berlin* 1782.).

Des inclinaisons des planetes.

1355. L'ɪɴᴄʟɪɴᴀɪsoɴ d'une planete est l'angle que le plan de son orbite fait avec le plan de l'écliptique (1123); la latitude héliocentrique (1137) de cette planete, lorsqu'elle est à 90° de ses nœuds, est égale à cette inclinaison, parceque la planete est alors aussi éloignée qu'elle puisse être du plan de l'écliptique.

1356. Ainsi pour trouver l'inclinaison d'une orbite, il suffit d'observer la latitude de la planete lorsqu'elle est à 90° des nœuds, et de réduire cette latitude observée, ou géocentrique, à la latitude héliocentrique; mais comme cette derniere réduction suppose connue la parallaxe du grand orbe, on cherche à éviter cette condition par la méthode suivante.

1357. On choisit le temps où le Soleil est dans le nœud de la planete, c'est-à-dire nous paroît à la même longitude, que la planete quand elle est dans son nœud, parcequ'alors la Terre passe en T sur la ligne des nœuds NST (FIG. 78), ce qui rend la détermination de l'inclinaison plus simple. Supposons que la planete se trouve pour lors au point A de son orbite, de maniere qu'ayant abaissé la perpendiculaire AB sur le plan de l'écliptique, ou de l'orbite de la Terre, prolongé jusques vers la planete, la ligne TB qui marque son lieu réduit à l'écliptique soit perpendiculaire à la ligne TSN dans laquelle se trouvent le nœud et le Soleil, l'angle d'élongation BTS étant de 90° : alors les lignes AT et BT sont perpendiculaires à la commune section TN; car le triangle ABT étant dans un plan perpendiculaire à l'écliptique et à la ligne ST, toutes les lignes tirées dans ce plan au point T sont aussi perpendiculaires à ST, l'une dans le plan de l'orbite, et l'autre dans le plan de l'écliptique; elles font donc entre elles le même angle que les deux plans, c'est-à-dire un angle égal à l'inclinaison que l'on cherche (1121) : or l'angle ATB n'est autre chose que la latitude même de la planete vue de la Terre (1123) ; donc *la latitude observée sera elle-même l'inclinaison de l'orbite.* Au reste il est rare de rencontrer ces deux circonstances ensemble, c'est à-dire le Soleil dans le nœud, et la planete à 90° du Soleil ; d'ailleurs cette derniere condition ne se rencontre que dans les planetes supérieures ; ainsi nous avons besoin d'une regle plus générale pour la détermination des inclinaisons : voici la méthode de Képler (*De stella Martis, p.* 78).

1358. Je suppose qu'on ait observé la latitude d'une planete, vue de la Terre, quelle qu'elle soit, pourvu que le Soleil soit dans le nœud de la planete ou à-peu-près ; soit P la planete en un point quelconque de son orbite, la Terre étant toujours en T dans la ligne des nœuds TSN, l'arc NL étant supposé l'écliptique, et PL la latitude, on a R : sin. NL :: tang. N : tang. PL (3882); donc le sinus de l'élongation est au rayon *comme la tangente de la latitude géocentrique observée est à la tangente de l'inclinaison.*

1359. EXEMPLE. Le 12 janvier 1747 à 6^h 6' 33" du matin, la Caille observa la longitude de Saturne, 6^s 26° 12' 52", et sa latitude boréale

2° 29′ 18″; le Soleil étoit alors à 9ˢ 21° 47′, c'est-à-dire dans le nœud de Saturne; ou du moins il n'en étoit éloigné que de 12′, ce qui ne peut produire aucune erreur sensible dans le résultat. En appliquant à cette observation l'analogie précédente, on trouve l'inclinaison de l'orbite de Saturne 2° 29′ 45″ (*Mém. acad.* 1747). Si la Terre étoit plus éloignée de la ligne des nœuds, on réduiroit facilement par les tables le lieu de la planete au temps où la Terre se trouve précisément dans le nœud.

1360. Lorsqu'on détermine le lieu du nœud d'une planete par le moyen de deux latitudes égales (1335), soit que ces latitudes soient prises avant et après le passage de la planete par ses limites, ou qu'elles soient prises avant et après le passage par le nœud, les mêmes observations peuvent déterminer à la fois le nœud et l'inclinaison.

Exemple. Le 13 mars 1693 la longitude héliocentrique de Saturne étoit 8ˢ 17° 16′, en corrigeant les tables par les observations, et la latitude géocentrique 1° 24′ 50″ (1335). Le lieu du Soleil étoit 11ˢ 24° 23′ 18″, et par conséquent l'élongation 91° 27′, et la commutation 9ˢ 7° 7′. En suivant la proportion démontrée (1145), on trouve que la latitude héliocentrique de Saturne étoit de 1° 24′ 12″. Cette observation comparée avec celle du 3 mai 1699 donne 9ˢ 21° 14′ pour le lieu du nœud descendant le 13 mars 1693 (1336); on en retranche celui de Saturne vu du Soleil 8ˢ 17° 16′; on a la distance de Saturne à son nœud descendant 33° 58′, vue du Soleil; c'est l'arc N *l*, égal à l'arc LA de l'écliptique (FIG. 54): ainsi dans le triangle sphérique P A L rectangle en L, on connoît les côtés L A et P L. On fera cette proportion : le sinus de la distance au nœud est au sinus total, comme la tangente de la latitude est à la tangente de l'angle A. L'on aura l'inclinaison de l'orbite 2° 30′ 38″.

1361. Cette méthode qui détermine à la fois l inclinaison et le nœud d'une planete par deux observations de latitudes égales, est moins exacte que celle où l'on détermine les deux choses séparément, en employant une observation faite dans le nœud pour déterminer le nœud, et une observation faite dans une des limites pour avoir l'inclinaison de l'orbite. En effet si les deux observations correspondantes sont près du nœud, elles déterminent mal l'inclinaison de l'orbite, puisqu'alors la latitude est petite et qu'on ne doit pas déterminer une quantité par le moyen de celle qui est beaucoup moindre; au contraire si ces deux observations sont trop près des limites, elles sont peu propres à déterminer le lieu du nœud. Par exemple, à 30° du nœud la latitude d'une planete n'est que la moitié de son inclinaison ; si l'on se trompe de 10″ dans la latitude observée, on sera en erreur de 20″ sur l'inclinaison cherchée ; ainsi cette observation sera moins favorable de moitié que si l'on avoit observé la planete dans ses limites. D'un autre côté, le changement de latitude d'un jour à l'autre n'étant alors que les $\frac{87}{100}$ de celui qu'elle éprouve dans les nœuds, on aura un huitieme moins d'exactitude pour le lieu du nœud que si l'on eût observé la planete dans son nœud. Si l'on prend les deux latitudes correspondantes et égales à 45° des nœuds, la latitude n'étant alors que les $\frac{7}{10}$ de l'inclinaison, une erreur de 7″ sur l'observation des latitudes que l'on compare, en produira 10 sur l'inclinaison que l'on veut en conclure ; en même temps l'erreur que l'on commettra sur le lieu du nœud sera plus grande dans le rapport de 10 à 7, que celle qu'on auroit pu commettre en observant la planete dans le nœud, comme on pourra le conclure de l'article suivant.

1362. Pour bien sentir la loi de ces différens avantages, il faut considérer que la latitude augmente comme le sinus de la distance au nœud ; mais le changement d'un sinus est comme le cosinus (3446) : ainsi la petite augmentation qu'éprouve la latitude d'un degré à l'autre sera aussi proportionnelle au cosinus de l'argument de latitude ; et comme l'on observe la position du nœud par le moyen de la latitude avec d'autant plus de précision que la latitude augmente alors plus rapidement, l'avantage ou la précision que l'on trouve à déterminer le lieu du nœud par le moyen de la latitude, est aussi proportionnel au cosinus de l'argument de latitude ; ainsi à 60° du nœud l'avantage est réduit à la moitié, tandis qu'à 30° il n'y avoit de perdu que les $\frac{13}{100}$ ou le demi-quart de l'avantage qu'on avoit eu dans le nœud.

1363. A l'égard de l'avantage qu'on trouve à déterminer l'inclinaison par le moyen d'une latitude observée, il est proportionnel au sinus même de la distance aux nœuds parceque la latitude observée suit le même rapport.

1364. J'ai dit que plus la latitude augmentoit rapidement, plus il y avoit de précision et d'avantage à déterminer le lieu du nœud par son moyen ; l'on peut s'en assurer par le même raisonnement qui a servi à prouver que l'équinoxe se déterminoit avec plus d'exactitude quand la déclinaison du Soleil augmentoit avec vîtesse d'un jour à l'autre (883).

1365. Dans le choix des oppositions ou des conjonctions, on

prend, pour déterminer l'inclinaison d'une planete, celles où la latitude géocentrique est la plus grande, afin que l'erreur commise sur cette inclinaison devienne la plus petite. L'inclinaison de l'orbite de Vénus, quoiqu'elle ne soit que de 3° 23′, produit dans certains cas pour nous une latitude géocentrique de 8° ⅓, comme cela arriva dans la conjonction inférieure de Vénus observée le 2 sept. 1700 ; si l'on a 9″ d'erreur à craindre dans une latitude observée d'environ 9°, il vaut mieux que ce soit dans cette circonstance, où il n'en résulte que 3″ d'erreur sur l'inclinaison de 3°. Il faut convenir cependant que si l'on s'étoit trompé de 9″ dans cette observation d'une latitude de 9°, quoiqu'il n'en résultât que 3″ sur l'inclinaison, il n'en seroit pas moins vrai qu'en se servant de cette inclinaison pour calculer la latitude géocentrique, on auroit encore 9″ d'erreur à craindre une autre fois sur la latitude dans une pareille situation.

1366. L'inclinaison de Mercure a été déterminée par Cassini de 7° 0′ 0″ ; Halley l'a faite de 6° 59′ 20″. M. Gentil, par une observation du 5 octobre 1750, trouve 7° 1′, et par une du 6 mai 1751, 6° 59′ 30″ (*Mém.* 1753).

1367. Je suppose cette inclinaison en nombres ronds de 7° 0′ 0″, et toutes les observations faites depuis quelques années sur la latitude de Mercure s'accordent assez bien avec mes tables pour qu'il n'y ait rien à changer (*Mém.* 1786, pag. 299).

Dix observations faites par M. d'Agelet avec son grand mural, et calculées par M. de Lambre, pour les temps où les latitudes de Mercure ont paru les plus fortes, ne donnent pas plus de 5″ d'erreur ; on ne peut rien espérer de plus satisfaisant.

1368. L'inclinaison de Vénus sur l'écliptique est facile à déterminer exactement, lorsqu'on observe ses conjonctions inférieures dans le temps de ses plus grandes latitudes, c'est-à-dire, quand elle est presque à 90° de ses nœuds ; car alors on n'a aucun besoin de connoître la position exacte du nœud ; et sa distance à la Terre étant trois fois plus petite que sa distance au Soleil, les erreurs qu'on peut commettre sur sa latitude deviennent trois fois moindres sur l'inclinaison (1365). Le 2 septembre 1700 la latitude de Vénus fut observée à Paris de 8° 40′ 15″ australe, et l'inclinaison de son orbite 3° 23′ 5″. Le 28 août 1716, la latitude de Vénus fut observée de 8° 35′ 24″, Vénus étant alors à 82° 8′ de son nœud ; d'où il résulte que l'inclinaison de son orbite étoit 3° 23′ 10″ (*Elém. d'astron. pag.* 574) ; là Hire la supposoit de 3° 23′ 5″.

1369. Cassini et Halley sont d'accord à supposer cette inclinaison

de

de 3°23′ 20″, dans leurs tables ; cependant les conjonctions de 1766, 1774, 1780 et 1782, me paroissent indiquer une augmentation d'environ 15″. Le 5 août 1780 à 0ʰ 26′ temps moyen, la latitude géocentrique de Vénus étoit de 7° 1′ 0″ A ; le 15 mars 1782, à 0ʰ 28′, elle étoit de 8° 31′ 43″ B, ce qui donne pour l'inclinaison 3° 23′ 35″ (*Mém.* 1785).

1370. L'INCLINAISON DE MARS a été déterminée par une observation de Flamsteed du 3 mars 1694, calculée par Cassini (*Elém. d'astron. pag.* 492) ; Mars étant à 89° de son nœud, et sa latitude observée 3° 30′ 0″, l'inclinaison fut trouvée 1° 50′ 52″. M. le Gentil dans les *mémoires de* 1757 a calculé un grand nombre d'observations pour déterminer cette inclinaison, et il trouve par un milieu 1° 51′ 4″. Halley la suppose dans ses tables de 1° 51′ 0″, et M. Cassini 1° 50′ 54″.

1371. Cet élément est un de ceux qui sont le mieux établis. Il a été confirmé d'abord par l'opposition du 23 février 1775. Depuis ce temps-là M. Méchain ayant observé la conjonction de Mars avec χ du Lion le 18 oct. 1778, a trouvé l'inclinaison 1° 51′ 8″. Par la conjonction avec λ ≈ le 9 et le 10 oct. 1779 il trouve 1° 50′ 55″ : le milieu 1° 51′ 1″ ne diffère pas de la quantité que nous avons adoptée, 1° 51′ 0″. Nous parlerons bientôt de la diminution qu'elle éprouve (1377).

1372. L'INCLINAISON DE JUPITER, suivant l'observation faite le 21 déc. 1690, par Flamsteed, à 86° du nœud, calculée par Cassini (*pag.* 444), est de 1° 19′ 23″. Après avoir calculé plusieurs autres observations, il se détermine pour 1° 19′ 38″.

M. le Gentil trouve 1° 18′ 28″ et 1° 19′ 2″ (*Mém.* 1758).

J'ai observé avec soin l'opposition de Jupiter le 6 avril 1768, dans sa plus grande latitude, et j'en ai conclu l'inclinaison 1° 19′ 4″, plus petite seulement de 6″ que dans les tables de Halley (*Mém.* 1768). Mais dans l'opposition de 1785 je n'ai trouvé que 1° 18′ 44″, le milieu est 1° 18′ 54″.

Elle est dans les tables de la Hire 1° 19′ 20″ ; dans celles de Cassini, 1° 19′ 30″ ; et dans celles de Halley, 1° 19′ 10″. Je l'avois employée de même dans mes tables : mais les observations de 1785 me l'ont fait diminuer, et je la réduisois à 1° 18′ 50″. M. de Lambre la trouve de 1° 19′ 2″ pour 1750.

1373. L'INCLINAISON DE SATURNE est déterminée dans M. Cassini (*pag.* 394) par une observation du 20 avril 1688, qui donne 2° 30′ 50″ et par trois autres qui donnent un peu moins.

La Caille, en 1747 (1359), la trouva de 2° 29′ 45″.

Tome II.   O

Le milieu entre ces cinq déterminations est de 2° 30′ 24″.

Halley la suppose de 2° 30′ 10″ ; je l'avois supposée de 2° 30′ 20″ dans mes premieres tables : mais les observations de 1775, 76, 77, par M. Maskelyne, m'ont fait trouver environ 20″ de moins (*Mém.* 1787). M. de Lambre trouve 2° 29′ 55″ pour 1750, et c'est ainsi qu'il l'a employée dans ses tables.

1374. L'INCLINAISON DE HERSCHEL est fort bien déterminée par l'observation faite en 1756, puisqu'elle est à 85° du nœud : aussi differe-t-on très peu à cet égard. M. de la Place la fait de 46′ 13″ ; M. Oriani 46′ 25″ ; le pere Fixlmillner 46′ 20″ ; M. Wurm 46′ 20″ ou 22″ (*Eph. de Berlin* 1789, pag. 173). Je trouve 46′ 19″ ½, par les observations de M. Maskelyne. Suivant les calculs de M. de la Grange, elle doit diminuer de 4″ par siecle, par l'attraction de Saturne, et de 1″ par celle de Jupiter.

1375. Pour rassembler sous un même point de vue les résultats précédents, et faire juger de la différence ou de l'incertitude qu'il peut y avoir dans les inclinaisons des orbites planétaires, nous allons rapporter celles qui sont établies dans les tables de Képler, Cassini et Halley, et celles que nous avons adoptées dans nos tables; on verra que la plus grande différence est pour l'inclinaison de Mercure, et cependant elle n'est que de 40″ entre Cassini et Halley. Nous avons mis dans la même table la plus grande réduction, égale à la moitié du sinus verse de l'inclinaison (3988); du moins l'erreur est insensible, si ce n'est pour Mercure.

Table de l'inclinaison des orbites, et de la plus grande réduction à l'écliptique.

	KÉPLER.	HALLEY.		CASSINI.		Suivant nos tables, pour 1780.
	Inclinaison.	Inclinaison.	Réduct.	Inclinaison.	Réduct.	Inclinaison.
Mercure,	6° 54′ 0″	6° 59′ 20″	12′ 49″	7° 00′ 00″	12′ 52″	7 0 0
Vénus ,	3 22 0	3 23 20	3 0	3 23 20	3 0	3 23 35
Mars ,	1 50 30	1 51 0	0 54	1 50 54	0 54	1 51 0
Jupiter ,	1 19 20	1 19 10	0 27	1 19 30	0 29	1 18 56
Saturne ,	2 32 0	2 30 10	1 38	2 30 36	1 39	2 29 50
Herschel ,	. . . .	. . . .	. . .	. . . .	. . .	0 46 20

1376. Les inclinaisons des orbites n'ont pas de variations périodiques : l'action de Jupiter sur Saturne produit à peine des différences de 5″ dans le cours d'une révolution, suivant M. Euler (*Prix de 1748*, pag. 77). J'ai trouvé qu'il en est de même pour les autres planetes. Mais, d'un siecle à l'autre, il y a des variations que je vais expliquer.

1377. Les calculs de l'attraction, par lesquels j'ai recherché les mouvemens des nœuds des planetes produits par leurs attractions réciproques, me firent appercevoir le 30 mars 1761 une chose qu'on n'avoit pas encore soupçonnée ; c'est que leurs inclinaisons sur l'écliptique ne sauroient être constantes : j'ai trouvé, par exemple, que l'action de Jupiter diminue de 3″ l'inclinaison de Mercure, de 4″ celle de Vénus, de 25″ celle de Mars, et augmente de 9″ celle de Saturne, en supposant l'écliptique immobile (*Mém. de l'ac.* 1783). On verra bientôt ce qui arrive en tenant compte du changement de l'écliptique.

1378. L'attraction de chaque planete fait rétrograder sur son orbite les nœuds de toutes les autres (1349, 3684) ; l'effet de ce mouvement est de déplacer toutes les orbites, et il ne peut manquer d'en résulter un changement dans leurs inclinaisons sur l'écliptique. Le triangle ABC (FIG. 75) se change en un triangle aBc (1349) : les angles A et B demeurent constans ; mais l'angle C ne l'est pas, et l'angle c est plus ou moins grand que l'angle C. Suivant les formules différentielles (4041), la variation de l'angle C est égale à celle du côté AB multipliée par le sinus de l'angle B, et par le sinus du côté BC, c'est-à-dire que $dC = d$AB. sin. B. sin. BC : par exemple, le mouvement du nœud de Mars par l'action de Jupiter étant de 14″ 2 par année sur l'orbite de Jupiter (*Mém.* 1758, *pag.* 261 ; 1761, *pag.* 404), l'angle B inclinaison de Jupiter 1° 19′ 10″, et la distance BC de leurs nœuds 50° 22′, on trouvera, pour le changement de l'angle C, 0″ 2528, ou 25″ 3 par siecle ; il se réduit à 13″, en tenant compte du changement de l'écliptique, suivant M. de la Grange.

1379. L'action de Vénus produit au contraire une augmentation de 18″ dans l'inclinaison de l'orbite de Mars ; en sorte que cet angle augmente de 3″. L'inclinaison de Jupiter diminue de 27″ par siecle suivant M. de la Grange : ainsi, depuis le temps de Tycho-Brahé, il doit y avoir près d'une minute de diminution dans l'inclinaison de l'orbite de Jupiter. Si les observations anciennes étoient assez exactes, on verroit cette différence dans la table que j'ai donnée ci-devant des inclinaisons des planetes (1375) ; mais une minute de

O ij

différence est peu sensible dans les observations de Tycho. Cet effet, qui se continue long-temps, apportera dans quelques siecles une grande différence dans les inclinaisons des orbites, et il y a déja plus de 8 minutes depuis le temps de Ptolémée, quantité qu'on ne doit pas négliger dans la comparaison des différentes observations, mais que les calculs de l'attraction pouvoient seuls indiquer, du moins quant à présent.

1380. Pour savoir si l'inclinaison d'une planete doit augmenter ou diminuer, c'est la situation des nœuds qu'il faut considérer. Soit AB (fig. 75) l'orbite de la planete troublante, et AC l'orbite de la planete troublée, dont le nœud passe de A en a; puisque l'inclinaison mutuelle des deux orbites n'est point changée, l'angle A et l'angle a sont égaux, et vers ce point-là les cercles AC, ac, sont paralleles : de là il suit qu'ils vont se rencontrer en un point D, éloigné de 90° du point A; car deux grands cercles de la sphere, pris à 90° de leur intersection commune, deviennent sensiblement paralleles, du moins sur un petit espace : or dans le triangle DCc on voit que l'angle DcC est plus petit que l'angle DCE, c'est-à-dire que dans ce cas-là l'inclinaison diminue, d'où il est aisé de déduire la regle suivante.

1381. *Lorsque le nœud de la planete troublante est plus avancé que celui de la planete troublée, l'inclinaison de celle-ci est diminuée par la rétrogradation du nœud, pourvu que l'excès ne soit pas de* 180°. Cette regle se voit en figurant les positions de différentes orbites les unes par rapport aux autres : mais elle suppose l'écliptique immobile. Voici une table du changement séculaire en tenant compte du déplacement de l'écliptique (M. de la Grange, *Mém. de Berlin* 1782).

Changemens des inclinaisons vraies en un siecle.					
Par l'action de	MERCURE.	VÉNUS.	MARS.	JUPITER.	SATURNE.
☿	. . . .	$+ 1''94$	$- 0''05$	$- 0''95$	$- 1''10$
♀	$+ 9''46$	. . . .	$+17, 95$	$-17, 67$	$-26, 65$
♂	$+ 0, 06$	$- 0, 42$	. . . .	$- 1, 06$	$- 1, 25$
♃	$+ 9, 87$	$+ 2, 60$	$-13, 20$	. . . .	$+ 5, 89$
♄	$+ 1, 04$	$+ 0, 35$	$- 1, 25$	$- 7, 51$	. . . .
Total.	$+20, 43$	$+ 4, 47$	$+ 3, 45$	$-27, 19$	$-23, 11$

Suivant moi, il faudroit diminuer d'un tiers l'effet de Vénus, contenu dans la seconde ligne de cette table (1277, 3565), et par conséquent changer d'autant le résultat total qui est au bas de la table.

1382. Après avoir rapporté les élémens de chaque planete, suivant Cassini et Halley, et d'après de nouvelles déterminations, il ne sera pas inutile de mettre tout à la fois sous les yeux du lecteur la comparaison et la différence de ces trois différens recueils de tables, pour faire juger de l'incertitude qu'il peut y avoir dans les divers élémens des tables astronomiques. Si je veux savoir, par exemple, de combien l'équation de Mercure est différente dans les tables de Halley et dans les nôtres, je trouve que dans la colonne de Mercure, et à côté du mot *Équation*, il y a — 2′ 36″; cela signifie qu'il faut ôter 2′ 36″ de la plus grande équation prise dans les tables de Halley, pour avoir celle de nos tables. C'est ainsi que les huit lignes de la table suivante renferment la comparaison des tables de Halley avec les nôtres; et l'on y trouve ce qu'il faut appliquer aux élémens pris dans les tables de Halley pour avoir ceux auxquels nous nous sommes arrêtés dans les articles précédens.

Table de ce qu'il faut ôter des nombres contenus dans les tables de Halley, ou y ajouter, pour avoir ceux de nos nouvelles tables pour 1750.

Elémens des tables.	Mercure.	Vénus.	Mars.	Jupiter.	Saturne.
Longitude moyenne, 1750.	+ 3′ 34″	+ 1′ 25″	+ 3′ 17″	— 22′ 48″	+ 53′ 58″
Long. de l'aphélie 1750.	+ 6 46	+ 28 11	— 3 14	— 12 42	— 90 51
Long. du nœud 1750.	— 1 15	— 2 36	— 17 43	— 21 27	+ 10 17
Mouv. sécul. de la planete.	+ 2 7	+ 0 33	— 0 10	— 10 38	+ 25 36
Mouv. sécul. de l'aphélie.	+ 10 25	— 13 13	— 5 0	— 25 27	— 23 13
Mouv. sécul. du nœud.	— 11 10	0 0	— 16 40	— 23 50	+ 22 35
Equation en 1750.	— 2 36	— 0 40	+ 0 38	— 0 58	— 5 22
Inclinaison de l'orbite.	+ 0 40	+ 0 15	0 0	— 0 8	— 0 15

Des diametres apparens des planetes.

1383. LE DIAMETRE apparent d'une planete est l'angle sous lequel il nous paroît, exprimé en minutes et en secondes; c'est l'angle dont le diametre de la planete est la corde ou la sous-tendante, en prenant pour rayon la distance de la planete à la Terre. Soit T la Terre (FIG. 79), où est situé l'observateur, AB le diametre d'une planete, TA et TB les rayons visuels menés de la Terre aux deux bords, ou aux deux limbes opposés du disque de la planete; l'angle ATB est le diametre apparent de la planete.

Les diametres des planetes se déterminent et s'observent avec des micrometres (2519); mais on y peut aussi employer le temps ou la durée de leur passage. En effet, si l'on observe dans une lunette le moment où le premier bord du Soleil se trouve dans le méridien, ou sur un fil perpendiculaire à la direction de son mouvement, et qu'ensuite le second bord y arrive deux minutes plus tard; ces deux minutes de temps indiqueront que le diametre du Soleil est de 30′, en supposant qu'il soit dans l'équateur; si le Soleil n'est pas dans l'équateur, il faut diminuer ce diametre (1008, 3877).

1384. *Les diametres apparens d'une planete sont en raison inverse de sa distance.* Si la planete AB étoit située en CD, de maniere que la distance TD fût la moitié de la premiere distance TB, l'angle CTD sous lequel elle paroîtroit, seroit double de l'angle ATB ou ETD sous lequel elle paroissoit auparavant. Prenons AB ou CD pour rayon; alors, suivant les regles de la trigonométrie ordinaire, TB sera la cotangente de l'angle ATB, et TD sera la cotangente de l'angle CTD: or les cotangentes sont en raison inverse des tangentes; donc TB : TD :: tang. CTD : tang. ATB ou ETD. Mais les petits angles sont proportionnels à leurs tangentes; donc CTD : ETD :: TB : TD; c'est-à-dire que le diametre apparent dans le second cas est au diametre apparent dans le premier, comme la premiere distance est à la seconde.

1385. Les diametres apparens des planetes servent à trouver leurs véritables diametres ou leurs grandeurs réelles, quand on connoît leurs distances : dans le triangle TAB qui est rectangle en B, on a cette proportion : R : sin. ATB :: TA : AB; ainsi l'on trouvera le véritable diametre AB en multipliant la distance TA par le sinus de l'angle ATB, qui est le diametre apparent de la planete.

On a vu ci-dessus (1215) la maniere de trouver les distances des planetes; on verra encore (1634) la maniere de les évaluer en lieues par le moyen de la parallaxe : nous n'avons à parler ici que des diametres apparens des différentes planetes, tels qu'on les a trouvés par les observations les plus récentes et les plus exactes.

1386. Avant la découverte des lunettes d'approche, trouvées en

1609, on avoit une idée fort défectueuse des diametres apparens des planetes : la lumiere dont elles sont environnées faisoit juger leurs diametres apparens beaucoup plus grands qu'ils ne sont, et sur-tout ceux des étoiles fixes. Il n'y a que le diametre du Soleil sur lequel on ne s'étoit pas trompé de beaucoup : Aristarque et Archimede supposoient déja le diametre apparent du Soleil de 3o' en tout temps. Du temps de Ptolémée, on n'avoit encore remarqué aucune différence entre l'hiver et l'été ; cet auteur faisoit le diametre du Soleil et celui de la Lune apogée de 31' 20" (*Almag. V*, 14). On peut voir dans Riccioli (*Almag. nov. tom. I*, *pag.* 119. et *Ast. ref. pag.* 38) une table des résultats de différens auteurs sur cette matiere. Il nous suffit de dire que Copernic supposoit les diametres du Soleil de 31' 48", et 33' 54". Tycho avoit trouvé un peu moins de 3o' dans l'apogée, 32' et quelques secondes dans le périgée (*Progymn. pag.* 471). Képler regardoit comme une chose certaine que ces diametres étoient de 3o' et 31' (*Astron. pars optica*, 1604, *pag.* 343; *Epit. Astr. Cop. pag.* 476 et 827). Il y avoit 1' d'erreur malgré la découverte des lunettes d'approche qui devoient donner une grande facilité pour avoir exactement ces mesures. Hévélius,

dans une dissertation *de Saturni facie*, imprimée en 1656, supposoit le diametre de 31' 12" dans l'apogée, et de 32' 36" dans le périgée. Voici le demi-diametre du Soleil pour le 3 mai 1661 suivant les auteurs les plus estimés de ce temps-là (*Hévélius, Merc. in Sole visus, pag.* 74).

Reinhold,	16'	2"
Longomont.	15	13
Képler,	15	2
Boulliaud,	16	15
Lansberge,	15	49
Hévélius,	15	44
Suivant nous,	15	52

Le pere Scheiner en 1625 et quelques autres astronomes crurent avoir le diametre avec beaucoup d'exactitude en recevant l'image du Soleil par un trou imperceptible, et la mesurant à une très grande distance ; mais ils trouverent le diametre du Soleil beaucoup trop grand ; quelquefois même il parut de 55 à 56' (*Astr. ref. pag.* 39) : c'étoit un effet de la *diffraction*, ou *inflexion* de la lumiere observée par Grimaldi, et ensuite par Newton (*Opt. part.* 3), qui rendoit dans ces cas-là l'image très grande et très mal terminée. Riccioli fit voir alors qu'on devoit se servir d'un trou plus large, et retrancher le diametre du trou de la largeur de l'image solaire ; c'est ainsi qu'il trouva par le gnomon de St. Pétrone, les diametres du Soleil de 31' 0" et 32' 4". Cassini, dans le même temps, les trouvoit de 31' 8" et 32' 10" (*Astr. ref. pag.* 38).

1387. Depuis la découverte des micrometres (2346) il n'y a eu qu'une incertitude de peu de secondes dans la mesure du diametre solaire, comme on le verra dans la table suivante ; mais ce petit nombre de secondes étoit devenu une chose importante à constater. Voici les différens sentimens en commençant par ceux qui faisoient le diametre le plus grand.

Flamsteed en 1673 (*Horoccii op. pag.* 488) faisoit le diametre apogée de .... 31′ 40″

Cassini en 1684, à la fin de ses observations astronomiques, *page* 48, ... 31 40

Halley, dans ses tables astron. en 1719, ... 31 38

Auzout et Picard, en 1666 (*Hist. cél. page* 10, *Philos. Trans. n°.* 21), 31′ 37″ ou 31 38

Cassini, dans ses tables astronomiques, 1740, ... 31 36

La Caille, dans ses tables du Soleil, 1758, ... 31 34⅓

Le chev. de Louville, *Mém.* de l'acad. 1724, ... 31 33

Cassini, Elémens d'astron. 1740, *page* 127, ... 31 32½

Mouton (*Observat. Diametrorum, Lugd.* 1670, *Mém. acad.* 1752, *page* 445), ... 31 31½

Par mes observations (*Mém. acad.* 1760, *page* 48), 31 30½

Suivant Short, avec un très bon télescope, ... 31 28

Suivant M. Maskelyne, avec la lunette acromatique de 8 pieds, ... 31 29,2

Quoiqu'on ait trouvé le diametre du Soleil de plus en plus petit depuis un siecle, je ne crois pas qu'il ait réellement diminué : peut-être l'émission continuelle de matiere lumineuse devroit produire cet effet ; mais on verroit probablement plus de taches qu'on n'en voyoit dans le dernier siecle, si le Soleil avoit diminué de volume dans sa partie lumineuse.

Le diametre périgée surpasse de 64″ 8 le diametre apogée ; et comme il n'y a point d'incertitude là-dessus, je me suis contenté de rapporter dans la table précédente le plus petit des diametres du Soleil, celui qui s'observe le 30 juin jour de l'apogée du Soleil, d'où il est aisé de conclure le diametre périgée en ajoutant 1′ 5″ au premier.

Le diametre du Soleil étant en raison inverse de sa distance, et sa distance apogée étant de 10168 parties dont la moyenne est 10000,

10000; si l'on connoît sa distance ou son rayon vecteur pour un temps quelconque par la méthode des articles 1246 ou 1249, on aura aussi son diametre en faisant cette proportion : La distance actuelle du Soleil est à sa distance apogée 10168, comme le diametre apogée 31′ 30″½ est au diametre apparent pour un temps quelconque.

1388. Les différences que l'on vient de voir entre les différens auteurs me paroissoient exiger une nouvelle discussion : cet élément est un des plus importans de l'astronomie, puisque c'est le diametre du Soleil qu'on emploie ordinairement pour évaluer les parties des micrometres et les mesures des petits arcs célestes ; j'y ai donc employé la plus grande lunette qui eût encore servi à cette recherche, un héliometre de 18 pieds ; et j'ai trouvé, par des mesures répétées une multitude de fois, que le diametre du Soleil apogée est de 31′ 30″½ (2529).

M. Short m'a dit depuis, en Angleterre, qu'il n'avoit trouvé ce diametre que de 31′ 28″, avec un micrometre objectif et acromatique d'une très grande perfection, appliqué à un télescope de deux pieds ; il pourroit se faire que le cercle d'aberration et de couleur qui environne toujours l'image des objets au foyer d'une lunette se fût trouvé encore plus grand de 3″ dans mon héliometre, quoique très bon : Newton supposoit qu'il y avoit une aberration sensible dans les meilleures lunettes, et les durées des passages de Vénus en fournissent encore un indice (2158). Cependant, comme les lunettes de l'espece de la mienne sont plus ordinaires dans nos observatoires, je supposerai le diametre du Soleil de 31′31″ dans son apogée ; mais pour réduire des observations faites avec de petites lunettes ou des lunettes qui ne sont pas absolument parfaites, il seroit bon de supposer le diametre de 5″ plus grand ; c'est-à-dire, comme dans les tables de Cassini.

Au contraire, dans les éclipses, il faut supposer 6″ de moins, à cause de l'irradiation (1395) ; cette diminution doit aussi avoir lieu quand on veut calculer la grosseur et la densité du Soleil (3562).

Ce diametre paroît aussi un peu plus grand du nord au sud que de l'orient à l'occident : mais c'est peut-être à cause de la différente réfrangibilité des rayons colorés (*Mém.* 1748, *pag.* 30). J'ai trouvé 2″ de plus, avec un héliometre de 18 pieds (*Mém.* 1760).

1389. Le diametre de la Lune varie depuis 29′ 22″ jusqu'à 33′ 34″ environ ; ainsi son diametre moyen est de 31′ 28″ ; c'est-à-dire qu'il égale seulement le plus petit diametre du Soleil, ou celui qu'il paroît avoir dans sa plus grande distance : mais le diametre moyen

Tome II.   P de la Lune est vu à une distance 398 fois plus petite que la distance moyenne du Soleil, et il ne seroit pas de 5″ s'il étoit vu à la distance du Soleil. Nous parlerons plus au long du diametre de la Lune (1505).

1390. Avant la découverte des lunettes, Tycho donnoit 3′ ¼ au diametre de Vénus dans sa moyenne distance à la Terre, ce qui feroit 12′ ⅓ dans le temps de ses conjonctions inférieures; suivant les tables de Képler, on auroit 6′ 51″ pour ces conjonctions, au lieu de 58″ que nous trouvons actuellement (*Horoc. Venus in Sole, c.* 16). On trouvera la table de tous les sentimens des anciens astronomes à ce sujet dans Riccioli (*Astr. ref. pag.* 359).

La découverte des lunettes fut seule suffisante pour donner une plus juste idée des diametres apparens, même avant l'usage des micrometres : le P. Riccioli et le P. Grimaldi trouverent les diametres des planetes vers 1650 de la maniere suivante : Mercure dans ses moyennes distances 13″ 48‴, Vénus 1′ 4″ 12‴, Mars 22″, Jupiter 49″ 46‴, Saturne sans son anneau 26″ 40‴ et l'anneau 57″ (*Astr. ref. pag.* 356) : tous ces diametres sont pour les moyennes distances à la Terre.

Riccioli avoit déterminé les diametres de Jupiter et de Saturne par leurs appulses ou conjonctions aux étoiles fixes (*Astr. ref. pag.* 355), et il trouvoit seulement 4″ de plus que Huygens ne trouva ensuite par le moyen de son micrometre (*Systema saturnium* 1659, *in fine*). Mais Riccioli s'étoit trompé sur le diametre de Vénus, qu'il trouvoit beaucoup trop grand, parceque ses lunettes ne dépouilloient pas assez cette planete de son excès de lumiere. Hévélius avoit trouvé le diametre de Vénus et celui de Jupiter, à peu près tels que Huygens les trouva ensuite avec son micrometre : il les comparoit avec les taches de la Lune, dont il avoit examiné la proportion avec le diametre entier de cet astre (*Selenog. pag.* 449, 477, 547). Ces diametres étoient encore un peu trop grands; l'usage des micrometres plus parfaits (2360) a mis dans cette matiere une bien plus grande exactitude.

1391. LE DIAMETRE DE MERCURE dans son passage sur le Soleil que j'observai à Meudon en 1753, mesuré plusieurs fois avec un héliometre de 18 pieds, me parut de 11″ 8, c'est-à-dire, 11 secondes et 8 dixiemes (*Mém. acad.* 1754); la distance de Mercure à la Terre étoit alors à la distance moyenne du Soleil à la Terre, comme 55674 est à 101007 : ainsi l'on fera cette proportion, 1010. 557 ∷ 11″ 8 ∶ 6″ 5, et l'on aura 6″ 5 pour le diametre de Mercure au temps où sa distance est égale à la distance moyenne du Soleil.

En 1723, lorsque Mercure passa sur le Soleil, Bradley, avec une lunette de 120 pieds, trouva que ce diametre étoit 10″¼; ce qui fai. 7″ 34 pour la distance moyenne (*Inst. astron. pag. 556*; *Philos Trans.* 1723, n°. 386): ainsi par un milieu je le supposerai de 6″ 9. On verra la maniere dont on s'y prend pour le déterminer par la durée de son entrée sur le Soleil ou de sa sortie (2157).

Le diametre de Vénus sur le Soleil, observé le 6 juin 1761, m'a paru être de 57″8, et, en 1769, de 57″ 2 (2157); la distance de Vénus à la Terre en 1761 étoit à la distance moyenne du Soleil, comme 2890 est à 10000: ainsi le diametre de Vénus à la distance moyenne du Soleil paroît de 16″7.

J'ai conclu exactement le même diametre de quatre observations de Short, faites dans d'autres temps, avec un micrometre objectif, appliqué à un télescope de deux pieds (*Mém. acad.* 1762).

1392. Le diametre de Mars, mesuré par Picard le 8 septembre 1672, parut de 30″; c'est ainsi qu'il le raconte lui-même dans les observations faites en divers endroits du royaume imprimées à la suite du voyage d'Uranibourg, en 1680, *pag.* 34. M. le Monnier dit 27″ 2 (*Inst. astr. pag. 556*). La distance de Mars à la Terre etoit alors de 0,3815: ainsi le diametre réduit à la distance du Soleil à la Terre seroit 11″4; suivant M. le Monnier ce seroit 9″ 9, d'après ses anciennes observations; ce diametre se trouve de 10″2, suivant l'observation de M. l'abbé Rochon faite en 1777 avec son nouveau micrometre prismatique de crystal de roche mobile le long de l'axe d'une lunette (*Recueil de mémoires, page* vj). Enfin M. Herschel ayant fait en 1783 des observations exactes avec ses excellens télescopes, a trouvé le diametre moyen de Mars 8″ 94, et une différence d'un seizieme entre le diametre de l'équateur et celui qui va du nord au sud (*Philos. Trans.* 1784).

1393. Le diametre de Jupiter, observé en 1719 par Pound avec la lunette de 123 pieds de Huygens, parut toujours plus petit que 40″, jamais au-dessous de 38, et plus souvent 39″ (*Newton. Princip. mathem. l. III, Phaenom.* 1). Par les durées des passages du premier et du troisieme satellite et par le passage de l'ombre du premier sur le disque de Jupiter, qui furent observés avec la même lunette, Newton conclut ce diametre de 37″¼ pour la distance moyenne de Jupiter au Soleil ou à la Terre. Si nous prenons avec lui 37″¼ et que nous fassions cette proportion, 1000 : 5201 :: 37¼ : 193,74, nous aurons 3′ 13″¾ pour le diametre que Jupiter auroit s'il étoit aussi près de nous que le Soleil; mais il s'agit ici du diametre de l'équateur, car on verra que Jupiter est applati vers les poles d'environ une quatorzieme partie (3345).

P ij

M. l'abbé Rochon a trouvé, le 5 avril 1777, les diametres de 35″ 3 et 37″7, ce qui donneroit 3′ 2″ 4, et 3′ 14″ 8 pour les diametres dans les deux sens.

LE DIAMETRE DE SATURNE, observé par Pound en 1719, parut de 18″, et le diametre de l'anneau (3353) parut de 42″, en les réduisant à la distance moyenne de Saturne au Soleil et à la Terre (*Newton. Princip. l. III, Phaenom.* 2). Newton réduisoit à 16″ le diametre de Saturne à cause de l'irradiation ; mais je ne crois pas devoir ici en tenir compte. La distance moyenne de Saturne au Soleil est à celle du Soleil à la Terre, comme 1000 est à 9541 (1222): ainsi le diametre de Saturne est 2′ 51″71, à la distance moyenne du Soleil, et celui de l'anneau seroit de 6′ 40″ 65, réduit à la moyenne distance du Soleil à la Terre. M. l'abbé Rochon, le 5 avril 1777, a trouvé le diametre de Saturne 16″9, et celui de l'anneau 40″6 ; ce qui donne 2′ 28″8. et 5′ 57″5.

LE DIAMETRE D'HERSCHEL est fort difficile à mesurer ; il a paru quelquefois de 4″ et quelquefois de 5 ; je le supposerai de 3″9 (*Philos. Trans.* 1783, 1788). M. Herschel l'a mesuré avec son télescope de 7 pieds ; il ne croit pas qu'il y ait plus d'un quart de seconde d'erreur dans ce dernier résultat.

1394. LE DIAMETRE DE LA TERRE vu du Soleil, égal au double de la parallaxe horizontale de cet astre, est d'environ 17″ 2 (1725). A l'égard du diametre réel de la Terre en lieues, il sera déterminé quand nous parlerons de la grandeur de la Terre : on verra qu'il est de 2864 lieues (2662).

1395. J'ai dit que, suivant Newton, les diametres des planetes observés avec les plus grandes lunettes sont encore affectés d'une *irradiation*, ou dilatation de lumiere, qui les environne comme une frange, et les fait paroître trop grands ; en conséquence plusieurs astronomes ont cru que, pour avoir les vrais diametres, il falloit ôter 2″ de celui de Saturne, 5″ de celui de Mars, tandis qu'il falloit ajouter 1″ ou 2″ aux diametres de Mercure et de Vénus observés sur le Soleil, à cause d'un semblable débordement de la lumiere solaire qui devoit faire paroître ces planetes plus petites (*Instit. astr. p.* 554).

Pour moi, ayant comparé le diametre de Vénus déterminé en 1761 par la durée de sa sortie du Soleil, et ce diametre observé dans sa plus grande lumiere avant et après le passage de Vénus sur le Soleil, je les ai rapportés tous à une même distance (*Mém. acad.* 1762), et je n'y ai trouvé aucune différence : ainsi l'augmentation est insensible pour les planetes, parceque leur lumiere n'est pas assez forte pour produire ce phénomene : je pense donc qu'il est inutile d'en tenir compte, si ce n'est quand on mesure le diametre d'une planete sur le Soleil, où elle est diminuée par l'irradiation solaire ; mais cet effet n'a pas lieu sur la durée de la sortie (2159).

On croit avec quelque fondement que le diametre du Soleil, avec de grandes lunettes, paroît plus petit qu'avec les petites lunettes par une suite de cette irradiation : ainsi la Caille a toujours pensé que le diametre apogée du Soleil étoit de 31′ 34″ mesuré avec des lunettes de 6 pieds, tandis que je l'ai trouvé de 31′ 30″$\frac{1}{2}$ avec un héliometre de 18 pieds (1388). Peut-être cette différence provient-elle de la difficulté qu'il y a de mesurer exactement ce diametre avec un micrometre ordinaire comme étoit celui de la Caille, et avec une lunette qui n'avoit que 6 pieds ; mais si cette différence est réelle, il faudra l'attribuer à une couronne lumineuse formée par l'aberration des rayons qui, dans les lunettes, ne se réunissent pas exactement au même point (2291). Au reste, cette différence étant toujours la même pour le Soleil, vu dans la même lunette, il est inutile d'y avoir égard ; [a] si ce n'est dans les passages de Vénus et de Mercure, et dans les éclipses de Soleil (1508, 2159). Aussi M. du Séjour, dans le calcul des éclipses de Soleil, diminue de 3″$\frac{1}{2}$ le diametre du Soleil. (*Mém.* 1770, *pag.* 273 ; 1775, *pag.* 365 ; 1781, *pag.* 326 ; *Traité analyt.*, *pag.* 264, 394). J'ai trouvé aussi le même résultat pour le Soleil par les passages de Vénus (2158).

Quand une planete paroît sur le Soleil, l'irradiation du Soleil qui l'environne de tout côté doit rétrécir en apparence la partie obscure ou le diametre de la planete ; et ce diametre, mesuré avec un micrometre, doit paroître plus petit de la même quantité que celui du Soleil paroît trop grand ; aussi le diametre de la Lune, mesuré en 1748 sur le disque même du Soleil, a paru plus petit que quand la Lune est éclairée, et cela d'environ 6″, par un effet de l'irradiation du Soleil (1508).

1396. Les diametres apparens de toutes les planetes, réduits à une même distance, nous donnent le moyen de trouver les diametres absolus et de les comparer tous ou au diametre du Soleil ou à celui de la Terre. Pour faire cette comparaison, il faut supposer qu'on connoisse la parallaxe du Soleil, c'est-à-dire l'angle sous lequel paroît, vu du Soleil, le demi-diametre de la Terre ; mais cet angle est connu par les observations du passage de Vénus : elles

(a) Si l'on se sert du diametre du Soleil pour évaluer les parties d'un micrometre (2536), il faudroit pouvoir ajouter à ce diametre la quantité dont la lunette le fait paroître trop grand.

nous ont fait voir avec assez de précision que ce diametre est de 17″2 (1725) ; ainsi comme on aime assez à rapporter tout à la Terre, nous donnerons les diametres des planetes par rapport à la Terre, en supposant que son demi-diametre vu du Soleil paroît de 8″6.

Pour trouver les volumes ou les grosseurs des planetes par rapport à la Terre, quand on connoît le rapport de leurs diametres, il suffit de prendre le cube du diametre, ou de tripler son logarithme, parceque les spheres sont comme les cubes de leurs diametres. Par exemple, le diametre de la Terre est de 17″2 ; celui de Mercure est de 6″9 à la même distance (1391). Si l'on divise 6″9 par 17″2, l'on aura 0,4012 ; c'est le diametre de Mercure, en supposant que celui de la Terre est 1. Le cube de cette fraction décimale donnera 0,06456, qui vaut à peu près $\frac{1}{15}$; ce qui nous apprend que la grosseur de Mercure est la quinzieme partie de celle de la Terre.

1397. Le volume ou la grosseur d'une planete n'est pas la même chose que sa masse ou la quantité de matiere qu'elle renferme ; celle-ci dépend de la densité (3557), qu'en attendant j'ai mise dans la table suivante. La densité multipliée par le volume donne la masse, le poids, la quantité de matiere, ou la force attractive ; c'est ce que j'ai renfermé de même dans la table suivante. J'y ai ajouté les logarithmes des masses en parties de celle du Soleil, telles que M. de la Grange les a employées dans ses savantes et utiles recherches (*Mém. de Berlin* 1782, *p.* 190), quoique je sois persuadé qu'il faut diminuer les masses de Vénus et de Mars.

On observera, au sujet de cette table, que les densités qui ne sont pas marquées par des (*d*), sont les seules qu'on puisse déterminer par un calcul immédiat ; celles qui sont marquées douteuses sont établies par une espece de conjecture ; celle de Vénus par l'effet qu'elle produit sur les planetes (3565).

1398. Les distances en lieues ne sont certaines qu'à un cinquantieme près, parcequ'elles dépendent de la parallaxe du Soleil sur laquelle on a peut-être un cinquieme de seconde d'incertitude (1725).

J'ai supposé la masse de la Lune $\frac{1}{66}$ de celle de la Terre (3567) : Bernoulli la jugeoit $\frac{1}{70}$, par son effet sur le flux et le reflux de la mer, au lieu de $\frac{1}{40}$ que Newton avoit trouvé. La masse du Soleil est plus grande que ne supposoit Newton (liv. 3, pr. 8) qui la faisoit de 169282 ; parceque j'ai fait la parallaxe plus petite que Newton, qui la supposoit de 10″$\frac{1}{2}$, et que j'ai employé d'autres élémens plus exacts que ceux qu'on avoit de son temps.

Je parlerai du diametre de la Lune (1506), et de ceux des étoiles fixes, dans le XVIᵉ livre (2808).

Les distances des planetes à la Terre en lieues, qui sont dans les dernieres colonnes de la table, ne sont autre chose que la somme et la différence de la distance moyenne de la Terre, et de la distance de chaque planete au Soleil (1222), réduites en lieues à raison de 2864 pour le diametre de la Terre ; j'ai négligé les valeurs des derniers chiffres, qui, dans ces sortes de calculs, sont tout-à-fait inappréciables, excepté pour la Lune (1704).

Des distances au Soleil et des périodes des planetes, il est aisé de conclure les vîtesses, qui sont d'ailleurs en raison inverse des racines des distances (3574). Ces vîtesses sont aussi dans la table. Par exemple, la circonférence de l'orbite terrestre supposée circulaire doit avoir 215874450 lieues ; ainsi la vîtesse de la Terre dans son orbite est de 591022 lieues par jour, 24626 par heure, 410 par minute, et 7 par seconde. A l'égard de la vîtesse diurne de la Terre, elle n'est que de 238 toises par seconde sous l'équateur, à peu-près comme celle d'un boulet de canon de 24 livres de balle, qu'on estime de 250 toises dans la premiere seconde : il emploîroit dix ans à venir du Soleil à la Terre par un mouvement uniforme.

J'ajouterai ici les vîtesses que les corps pesans doivent avoir dans la premiere seconde, à la surface de chaque planete, en pieds et en décimales de pieds, en supposant que les corps décrivent sur la Terre 15 pieds 2 pouces 2 lignes, ou 15,1037 en une seconde sous l'équateur (3543), la Terre étant supposée immobile ; cette vîtesse est la mesure de la pesanteur dans chaque planete ; elle est proportionnelle à la masse divisée par le rayon (3566).

J'ai négligé la masse de l'anneau de Saturne, parceque nous n'avons aucun moyen de l'évaluer, et qu'elle doit être fort petite ; j'ai supposé qu'elle n'ôtoit rien de la pesanteur des graves à la surface de Saturne, et que l'effet de l'anneau sur les satellites étoit confondu avec celui de la planete.

Soleil,	427ᵖⁱ·	88	
Terre,	15	1037	
Lune,	3	060	
Mercure,	15	654	d.
Vénus,	15	421	d.
Mars,	5	154	d.
Jupiter,	42	344	
Saturne,	15	714	
Herschel,	14	373	

Table des grandeurs et des distances des planetes, où l'on voit leurs diametres apparens, ces diametres réduits à la distance moyenne du Soleil à la Terre, leurs diametres vrais, en supposant la parallaxe du Soleil de 8″6; avec leurs volumes, leurs densités, leurs masses, leurs vîtesses, et leurs distances à la Terre.

Planetes.	Diametres les plus grands qu'on observe.	Diamet. à la dist. du Soleil.	Diamet. en lieues.	Diametres par rapport à la Terre.	
Le Soleil.	32′36″	31′57″0	3193r4	111, 45	111 f le diam. de la Terre.
La Terre.	. . .	17, 2	2864	1,	. . . .
La Lune.	33 37	4, 696	782	0, 2731	3 onz. du diam. de la Terre.
Mercure.	12	6, 9	1166	0, 4012	Deux cinquiemes.
Vénus.	57	16, 547	2748	0, 9593	Plus petit d'un vingt-cinq.
Mars.	27	8, 943	1490	0, 5199	La moit. du diam. de la Terre
Jupiter.	40	3 6, 82	31111	10, 862	Onze fois aussi grand.
Saturne.	18	2 51, 71	28594	9, 9830	Dix fois aussi grand.
Anneau de S.	42	6 40, 65	66719	23, 294	Vingt-trois fois.
Herschel.	4	1 14, 52	12410	4, 332	Quatre fois et un tiers.

	Grosseurs par rapport à la Terre.		Densités par rapport à la Terre.	Masses par rapport à la Terre.		Log. des masses, par rapport au S. suiv. M. de la G.
Le Soleil.	1384462	14 cens mille f. plus gros que la Terre.	0, 25484	351886		. . . . .
				1		4, 43728
La Lune.	0, 02036	Un quarante-neuv. de la Terre.	0, 74200	0, 015107		. . . . .
Mercure.	0, 064558	La 15e partie.	2, 583 d.	0, 1668	d.	3, 69340
Vénus.	0, 89025	Plus petite d'un neuvieme.	1, 0379 d.	0, 9500	d.	4, 55474
Mars.	0, 1406	Un septieme.	0, 656 d.	0, 1025	d.	3, 73375
Jupiter.	1281	Treize cens fois plus gros.	0, 25800	330, 60		6, 97176
Saturne.	995	Mille fois plus gros.	0, 10422	103, 69		6, 47387
Herschel.	80,49	Quatre-vingts fois.	0, 2204	17, 74		. . . . .

	Vîtesses par minute en lieues.	Distances à la Terre en lieues.		
		La plus petite.	La moyenne.	La plus grande.
Le Soleil.	. .	33780210	34357480	34934726
La Terre.	415	. . . . . .	. . . . . .	. . . . .
La Lune.	14	80187	86324	91397
Mercure.	667	21057738	34357480	47657222
Vénus.	488	9505595	34357480	59209365
Mars.	337	17992760	32350240	86707720
Jupiter.	182	144335070	178692550	213050030
Saturne.	134	293391240	327748720	362106200
Herschel.	95	621245120	655602600	689960080

Observations

Observations astronomiques, anciennes et modernes, du Soleil et des six planetes principales.

1399. LES observations sont le fondement de toutes les théories, elles en font la vérification et la preuve; ainsi je ne puis terminer mieux ce VI.ᵉ livre qu'en y rassemblant une collection des meilleures observations anciennes et modernes, extraites des auteurs qui en ont fait le calcul et l'application; j'y ai ajouté les observations les plus récentes et les plus décisives pour chaque planete, comme un point fixe d'où l'on pourra partir pour établir des théories, et construire de nouvelles tables.

Les anciennes observations se trouvent rassemblées et discutées dans les ouvrages suivans: Longomontani, *Astronomia Danica*, 1640, Bulliadi; *Astronomia Philolaïca*, 1645; Riccioli, *Astronomia Reformata*, 1665; Wing, *Astronomia Britannica*, 1669; *Historia Cœlestis Tychonis Brahe*, 1672; M. Cassini, *Elémens d'Astronomie*, 1740. J'en ai moi-même examiné et calculé un grand nombre; mais il sera toujours bon de remonter aux sources, quand on voudra fonder des théories sur les observations.

A l'égard des observations modernes, on pourra consulter le grand ouvrage d'Hévélius intitulé *Machina Cœlestis* (livre très rare); celui de Flamsteed, *Historia Cœlestis Britannica;* les mémoires des académies de Paris, de Londres, de Berlin, de Pétersbourg, de Toulouse. On doit desirer de voir publier toutes celles de Halley, de Bradley, celles qui sont dans les registres de l'observatoire royal de Paris, et celles que M. de l'Isle a rassemblées dans ses manuscrits, et qui sont au dépôt de la marine, rue St. Antoine à Paris: c'est une des plus grandes collections d'observations astronomiques qui aient jamais existé. M. Messier en a fait aussi une grande quantité, comme on peut en juger par la notice qu'il a donnée dans le 5ᵉ volume des mémoires présentés à l'académie, en y joignant le détail de celles de 1762. M. d'Agelet en a fait beaucoup à l'école militaire depuis 1778 (*V. les Mém. de l'acad.* 1784, *pag.* 74). Mais le plus grand inconvénient des grands recueils, c'est que la plupart de ces observations ne peuvent se réduire que par de longs calculs.

Le recueil le plus moderne et le plus précieux de tous est celui de M. Maskelyne, astronome royal d'Angleterre, qui commence à 1765, et qui forme déja deux volumes in-folio jusqu'à 1786. La précision de ces observations est si grande, qu'on trouve souvent la

Tome II.   Q

même seconde pour l'ascension droite d'une planete déduite de différentes étoiles, quoiqu'on y emploie la mesure du temps.

Les observations de M. le Monnier, imprimées au Louvre in-folio, de 1751 à 1773, commencent à 1733 : l'impression a été suspendue à 1746.

M. Cassini a commencé en 1765 à publier l'abrégé et les résultats des observations qui sont faites sans interruption à l'observatoire royal par lui et par les trois adjoints qu'on y a établis; il y ajoute les observations plus anciennes en remontant; et il espere donner les observations elles-mêmes dans un ouvrage plus étendu.

M. Darquier, à Toulouse, a publié deux volumes d'observations en 1777 et 1782 ; les suivantes sont dans les mémoires de l'académie de Toulouse.

Le P. Fixlmillner, le P. Weiss, le P. Poczobut, MM. Tofino et Varela, M. Slop, M. Bugge, ont publié aussi des recueils d'observations, auxquels j'ai eu recours plusieurs fois.

Enfin, on trouve beaucoup d'observations dans les éphémérides de Vienne, de Berlin, de Milan. Pour les observations de la Lune, *voyez* 1524.

On trouvera sur-tout ici beaucoup d'observations de Mercure, parcequ'elles sont rares et difficiles à faire sur-tout à Paris. Copernic éprouvoit la même difficulté dans le nord; il ne put jamais faire une seule observation de Mercure, ce qu'il attribuoit aux vapeurs de la Vistule et à la longueur des crépuscules en été. On trouve dans l'Astronomie réformée, dans Hévélius et Flamsteed, beaucoup d'observations de Mercure qui n'ont jamais été calculées, et dont on pourroit se servir pour la théorie de cette planete ; j'en ai employé quelques unes pour mes tables de Mercure ; j'en ai aussi calculé de Halley (*Mém. de* 1766).

J'ai trouvé dans les manuscrits de Joseph de l'Isle la notice de beaucoup d'observations de la Hire et de plusieurs autres astronomes, observations qui n'ont point été publiées : on y trouve celles que Joseph de l'Isle fit à Pétersbourg pendant 20 ans; mais j'y ai suppléé par celles de M. Maskelyne, de M. d'Agelet, et par les miennes, qui m'ont donné très bien les élémens actuels de l'orbite de Mercure (*Mém. acad.* 1786). J'en ai rapporté plusieurs de M. Pigott et du P. Fixlmillner dans le 8ᵉ volume des éphémérides ; d'autres de M. Hornsby, de M. Poczobut, de M. Vidal et de M. de Beauchamp dans les Mém. de l'acad. pour 1786.

Les longitudes que je vais rapporter sont corrigées par la réfraction et la parallaxe autant qu'il a été possible, et à cet égard ce sont des longitudes vraies: mais elles sont affectées de l'aberration; elles le sont aussi de la nutation, c'est-à-dire qu'elles sont comptées de l'équinoxe apparent, suivant l'usage que les astronomes ont suivi jusqu'à présent, mais que l'on commence à changer, parcequ'il est plus naturel de compter de l'équinoxe moyen. Lorsque j'ai pris ce parti, j'en ai averti, par exemple, pour les dernieres conjonctions de Vénus.

OBSERVATIONS DU SOLEIL.

Av. notre ere. Temps moy. à Paris.

161	27 sept.	4^h	1′	
158	26 sept.	16	1	Equinoxes observés par Hipparque.
157	26 sept.	22	1	
146	26 sept.	10	1	Voy. *Ptolémée, Almag. liv. III, c.* 1.
145	23 mars	22	10	
145	26 sept.	16	1	*Mém. de l'Acad.* 1757, *p.* 423; 1782,
142	26 sept.	4	1	*p.* 242.
134	22 mars	10	15	*Cassini, El. d'Astron. p.* 211.
127	23 mars	4	15	

1278	13 déc.	18^h	7′	sols. d'hiv.	*Hist. de l'Astron. chin.*
1279	14 juin	8	46½	sols. d'été.	*pag.* 107.
1279	13 déc.	23	52	sols. d'hiv.	*Mém. Ac.* 1757, *pag.*
1280	12 déc.	5	50	sols. d'hiv.	140, 141.

1487	12 déc.	12	1	sols. d'hiv.	
1488	11 juin	20	40¼	sols. d'été.	*Mém. Acad.* 1749, *p.*
1488	12 déc.	11	47½	sols. d'hiv.	53; 1757, *p.* 139.
1503	12 juin	12	8	sols. d'été.	
1503	12 déc.	9	45½	sols. d'hiv.	

Observations de Waltherus. (La Caille, *Mém. Acad.* 1749.)

Années. Temps moyen à Paris.				Longitude du Soleil.			
1475	15 sept.	23^h	17′	6^s	1°	51′	24″
1476	15 mars	23	33	0	5	4	55
1476	12 sept.	23	18	5	29	40	6
1477	10 mars	23	33	11	29	54	0

Q ij

Années.	Temps moyen à Paris.			Longitude du Soleil.			
1477	16 sept.	23^h	17$'$	6^s	3$°$	16$'$	48$''$
1478	11 mars	23	33	0	0	35	37
1478	12 sept.	23	18	5	29	6	54
1487	17 sept.	23	17	6	2	54	24
1488	16 mars	23	31	0	6	7	48
1488	13 sept.	23	17	6	0	43	31
1488	14 sept.	23	17	6	1	42	52
1488	17 sept.	23	16	6	4	38	37
1489	12 mars	23	32	0	1	58	30
1489	14 mars	23	31	0	3	57	46
1489	18 mars	23	30	0	7	54	20
1491	12 mars	23	32	0	1	28	26
1491	14 sept.	23	17	6	0	59	12
1498	17 sept.	23	16	6	4	13	24
1498	18 sept.	23	16	6	5	13	8
1499	13 mars	23	32	0	2	32	37
1501	16 mars	23	31	0	5	58	20
1501	14 sept.	23	17	6	1	34	15
1501	18 sept.	23	15	6	5	28	50

Equinoxes observés par Tycho. (*Mém. Acad.* 1757, 1782, *pag.* 257 ; *Cassini*, *pag.* 228.)

Vieux style ; temps moyen à Paris.

Années		Temps		Années		Temps	
1584	10 mars	0^h	47$'$	1589	12 sept.	16^h	50$'$
1584	12 sept.	11	12	1590	10 mars	11	15
1585	10 mars	6	52	1590	12 sept.	22	53
1585	12 sept.	17	4	1591	13 sept.	4	57
1586	10 mars	12	42	1592	12 sept.	10	30
1586	12 sept.	23	7	1593	10 mars	4	44
1587	10 mars	17	56	1593	12 sept.	16	6
1587	13 sept.	5	38	1594	10 mars	11	25
1588	10 mars	0	17	1594	12 sept.	22	27
1588	12 sept.	10	36	1595	13 sept.	13	34
1589	10 mars	5	6	1597	10 mars	4	14

Ces équinoxes sont quelquefois en erreur d'une heure, ou de 2$'\frac{1}{2}$ sur la longitude.

Observations du Soleil, faites par M. Maskelyne, et calculées par M. de Lambre.

Ces observations sont de la plus grande exactitude, et ont été calculées avec un soin extrême, pour servir à former les nouvelles tables du Soleil ; je n'en rapporte ici qu'une partie. (*Voyez les Mémoires de Berlin*, 1784 et 1785.)

Année.	Temps moyen à Paris.			Longitude apparente observée.			
1775	13 mai	0ʰ	5′ 16″	1ˢ	22°	27′	17″7
	31	0	6 27	2	9	44	30,2
	6 juin	0	7 24	2	15	29	0,4
	16	0	9 23	2	25	1	50,4
	21	0	10 27	2	29	48	8,9
	26	0	11 31	3	4	34	16,3
	1 juillet	0	12 32	3	9	20	24,4
	11	0	14 12	3	18	52	35,5
	19	0	15 2	3	26	30	28,8
	23	0	15 18	4	0	19	39,0
	29	0	15 16	4	6	3	59,0
	4 août	0	14 56	4	11	48	49,2
	7	0	14 37	4	14	41	27,1
	23	0	11 36	5	0	4	54,0
	26	0	10 48	5	2	58	48,7
	4 sept.	0	8 5	5	11	41	46,8
	11	0	5 45	5	18	30	6,6
	17	0	3 39	5	24	21	15,0
	24	0	1 14	6	1	12	41,2
	4 octob.	23	57 42	6	12	2	32,5
	15	23	54 56	6	22	56	13,7
	26	23	53 19	7	3	54	21,5
	1 novem.	23	53 3	7	9	54	56,5
	18	23	54 58	7	27	2	3,7
	10 décem.	0	2 29	8	18	20	33,1
	13	0	3 54	8	21	23	44,5
	25	0	9 51	9	3	37	37,9
	30	0	12 18	9	8	43	34,1

Années.	Temps moyen à Paris.			Longitude apparente observée.			
1776	31 mars	0^h	13' 18''	0^s	11°	20'	30''1
	2 avril	0	12 41	0	13	18	28,5
	29 juin	0	12 18	3	8	9	16,9
	30	0	12 29	3	9	6	25,2
	29 sept.	23	59 0	3	7	51	5,6
	1 octobr.	23	58 22	6	9	49	20,4
	28 décem.	0	11 42	9	7	27	8,9
1777	31 mars	0	13 23	0	11	5	54,0
	1 avril	0	13 4	0	12	4	54,9
	28 juin	0	12 3	3	6	57	54,8
	28 sept.	23	59 24	6	6	37	43,2
	1 octobr.	23	58 27	6	9	35	11,2
	28 décem.	0	11 35	9	7	12	31,4
1778	27 mars	0	14 41	0	6	54	56,4
	26 juin	0	11 35	3	4	49	32,3
	28 sept.	23	59 28	6	6	23	31,1
	26 décem.	0	10 28	9	4	55	19,4
1779	31 mars	0	13 32	0	10	37	24,5
	1 juillet	0	12 33	3	9	22	6,2
	31 décem.	0	12 47	3	9	46	13,9
1780	30 mars	0	13 36	0	10	23	3,7
	30 juin	0	12 30	3	9	8	14,5
	26 sept.	0	0 17	6	3	56	50,3
	30 décem.	0	12 40	9	9	31	45,3
1781	3 janvier	0	14 33	9	13	36	40,1
	30 mars	0	13 40	0	10	9	14,0
	30 juin	0	12 12	3	8	54	36,7
	28 sept.	23	59 23	6	6	39	30,6
	30 décem.	0	12 33	9	9	16	49,1
1782	31 mars	0	13 26	0	10	53	52,5
	28 juin	0	12 1	3	6	46	28,5
	29 sept.	23	59 47	6	5	26	31,6
	29 décem.	0	11 57	9	8	0	46,7
1783	29 mars	0	14 8	0	8	41	18,3
	4 avril	0	12 18	0	14	35	50,7
	1 juillet	0	12 34	3	9	24	25,9
	29 sept.	23	59 13	6	7	10	30,9
	30	23	58 54	6	8	9	37,0

Années.	Temps moyen à Paris.			Longitude apparente observée.			
1783	24 décem.	0^h	9′ 21″	9^s	2°	39′	59″,4
1784	5 janvier	0	15 8	9	14	54	26,0
	17	0	19 50	9	27	7	57,3
	28	0	22 41	10	8	19	18,7
	31	0	23 10	10	11	21	57,4
	3 février	0	23 33	10	14	24	26,9
	10	0	23 56	10	21	29	24,2
	23	0	23 1	11	4	35	51,9
	25	0	22 43	11	6	36	16,1
	3 mars	0	21 21	11	13	37	15,5
	7	0	20 24	11	17	36	57,2
	12	0	19 3	11	22	36	1,7
	20	0	16 42	0	0	32	39,0
	31	0	13 17	0	11	24	42,1
	10 avril	0	10 22	0	21	13	42,8
	17	0	8 35	0	28	4	0,4
	27	0	6 36	1	7	47	51,8
	30	0	6 10	1	10	42	25,0
	5 mai	0	5 38	1	15	32	38,5
	10	0	5 20	1	20	22	15,3
	28	0	6 10	2	7	40	13,0
	5 juin	0	7 23	2	15	19	35,7
	3 juillet	0	13 4	3	12	2	32,3
	16	0	14 52	3	24	26	20,3
	9 août	0	14 16	4	17	24	7,0
	31	0	9 7	5	8	36	58,1
	15 sept.	0	4 5	5	23	12	31,9
	30	23	58 40	6	8	54	15,9
	7 octobr.	23	56 38	6	15	49	5,8
	15	23	54 46	6	23	45	9,4
	26	23	53 15	7	4	43	33,6
	18 novem.	23	55 9	7	27	51	54,4
	30	23	58 59	8	10	1	23,2
	12 décem.	0	3 47	8	21	12	30,0
	22	0	8 43	9	1	23	52,0
	28	0	11 42	9	7	31	0,2

Les observations de la Caille sont dans le livre intitulé, *Astronomiae fundamenta*, et dans la Connoissance des temps de 1783. Celles de Mayer sont dans la seconde édition de cette Astronomie. 't. IV, 1781.

OBSERVATIONS DE MERCURE.

Années.	Temps moyen à Paris.	Longit. observ.	
264 avant J. C.	14 nov.	16^h 16'	7^s 2° 47'
261	11 févr.	15 38	9 21 48
261	25 avr.	4 31	1 23 8
261	23 août	4 42	5 18 58
256	28 mai	4 56	2 28 49
244	18 nov.	15 20	7 1 52
236	29 oct.	15 0	6 13 44
130 après J. C.	4 juil.	6 21	4 7 22
132	2 févr.	4 6	11 2 2
134	3 juin	13 55	1 19 48
134	2 oct.	15 28	5 21 15
135	5 avr.	5 13	1 5 23
138	4 juin	6 10	3 8 4
139	17 mai	5 54	2 18 34
139	4 juil.	13 57	2 21 9
141	1 févr.	16 46	9 14 34

Ces observations sont rapportées dans Ptolémée ; mais je les ai réduites et corrigées (705). (Voyez les Mémoires de l'acad. 1766, page 498.) Il y en a quelques unes qu'on ne peut accorder avec les autres.

Observ. calculées avec soin pour la théorie de Mercure.

Ces longitudes sont corrigées par la réfraction et la parallaxe, mais non par l'aberration, et elles sont comptées de l'équinoxe apparent.

Années.	Temps moyen à Paris.	Longit. observ.		
1672	21 mai	8^h 9' 18''	2^s 24° 9' 45''	*Mém.* 1766 *et* 1767.
1673	4 mai	7 53 25	2 5 52 5	
1683	13 déc.	19 39 15	8 3 48 23	
1701	20 sept.	22 57 28	5 12 23 55	
1731	15 juil.	22 38 12	3 3 2 35	M. Cassini.
1744	29 mai	8 51 52	3 2 0 0	
1750	16 avr.	22 49 52	0 6 53 1	Latitudes.
1750	5 oct.	1 19 42	7 7 18 19	2° 50' 23'' A *Mém.* 1753.
1751	6 mai	0 57 7	2 0 50 36	1 51 15 B
1753	25 sept.	22 47 51	5 15 41 35	
1758	9 mai	1 22 54	2 10 1 46	
1759	19 août	1 41 34	5 22 58 35	
1763	17 nov.	18 30 8	7 6 13 34	
1763	3 juin	9 28 28	3 5 23 1	
1763	13 nov.	18 0 49	7 2 41 28	2 22 21 B
1764	24 mai	8 7 50	2 26 50 35	1 51 11 B
1764	17 juil.	15 58 4	3 6 59 6	1 7 9 A

Observations de Mercure par M. D'AGELET.

Années.	Temps moy. à l'Observ. royal.			Longitude observée.				Latitude observée.			
1778	23 août	1ʰ 3o′	9″	5ˢ	24°	8′	44′	0°	3ı′	39″	A
	1 sept.	1 34	3o	6	5	35	3	1	5ı	43	A
	12 oct.	22 44	56	6	2	56	13	1	17	44	B
	26 déc.	1 23	26	9	23	44	53	1	41	44	A
1779	13 avril	1 6	9	1	11	10	52	2	0	22	B
	14	1 8	2o	1	12	43	41	2	8	56	B
	15	1 1o	7	1	14	12	9	2	17	2	B
	3 juin	22 26	26	1	20	4o	9	3	49	6	A
	1 sept.	1 14	46	6	0	5o	53	3	58	5o	A
	29	22 46	22	5	19	13	11	1	13	2	B
	1 oct.	22 46	43	5	21	19	8	1	3ı	4o	B
	13	23 7	2o	6	9	41	3o	1	5o	38	B
	17	23 16	24	6	16	32	35	1	34	38	B
	18	23 18	41	6	18	15	12	1	29	36	B
	6 déc.	1 13	47	9	3	13	2	2	18	4o	A
1780	13 janv.	22 3ı	32	9	1	14	59	2	26	37	A
	21	22 27	1o	9	7	3ı	3o	1	7	35	A
	27 mai	22 26	6	1	14	21	59	2	53	48	A
	28	22 26	32	1	15	46	11	2	47	8	A
	29	22 28	11	1	17	13	15	2	39	56	A
	2 juin	22 36	45	1	23	27	54	2	5	59	A
	8	22 56	0	2	4	8	36	1	3	49	A
	9	23 0	0	2	6	4	11	0	52	43	A
	29 juil.	1 5ı	2o	5	4	5	6	1	1	54	A
	3o	1 5ı	0	5	5	6	55	1	13	7	A
	12 sept.	22 49	53	5	3	18	5	0	33	45	B
	8 nov.	0 49	55	8	3	11	42	2	0	5o	A
1781	7 mars	1 3	46	0	1	46	14	0	17	36	B
	1o	1 9	28	0	6	49	9	0	55	48	B
	13	1 12	49	0	11	13	3	1	35	12	B
	14	1 13	19	0	12	3o	3ı	1	47	49	B
	15	1 13	24	0	13	41	11	2	0	3ı	B
	16	1 13	9	0	14	45	49	2	12	24	B
	17	1 12	28	0	15	43	9	2	23	53	B
	18	1 11	21	0	16	33	19	2	34	3o	B
	5 juil.	1 5o	35	4	8	5ı	13	0	48	4	B
	25 août	22 5ı	0	4	15	28	47	0	4o	5o	A
1783	26 sept.	1 32	44	6	27	34	5ı	2	3	52	A

Tome II.   R

Années.	Temps moy. à l'Observ. roy.				Longitude observée.				Latitude observ.			
1786	10 août	1ʰ	50'	28"	5ˢ	15°	19'	24"	1°	37'	35"	A
	20 sept.	22	58	19	5	11	2	37	0	32	9	B
	26	22	59	56	5	17	24	9	1	35	19	B

Des quatre dernieres l'une est de M. Hornsby, l'autre de M. Darquier, les deux dernieres de M. Maskelyne.

Observations de Mercure faites par différens astronomes aux environs des apsides, et des plus grandes digressions par lesquelles j'ai déterminé son excentricité. *Mém. acad.* 1786.

Années.	Temps moyen à Paris.				Longitude observée.				Latitude.			
1747	4 août	1ʰ	43'	10"	5ˢ	8°	57'	4"	1°	42'	1"	A
1767	30 juil.	1	50	36	5	4	15	34	1	29	34	A
	2 août	1	56	32	5	6	45	25				
1773	19 sept.	18	26	12	5	9	43	14				
	20	16	18	54	5	10	35	49				
1774	24 juil.	7	15	10	4	28	35	24				
1775	27 févr.	1	18	3	0	23	55	32	0	8	10	B
	3 mars	1	14	35	0	0	10	48	1	1	18	
	6	7	1	43	0	4	14	16				
	23 août	23	0	27	4	14	6	9				
	27	23	11	40	4	20	41	2				
1776	22 sept.	6	1	21	6	20	5	17	0	57	4	A
	23	6	21	9	6	21	32	50	1	4	25	A
1777	18 juil.	14	50	27	3	7	5	39	1	27	5	A
1778	1 sept.	1	34	30	6	15	35	3	1	51	43	A
	4	1	56	33	6	8	50	20				
	5	1	56	0	6	9	50	20				
	12 oct.	22	44	56	6	2	56	13	1	17	44	B
	....	23	7	9	6	2	57	6				
1779	14 août	1	16	31	5	18	20	21	1	14	0	A
	....	1	47	34	5	18	21	47				
	15	1	16	30	5	19	28	47	1	23	3	A
	....	1	43	27	5	19	30	13				
	....	2	6	40	5	19	30	52				
	16	1	16	17	5	20	34	17	1	33	7	A
	29 sept.	22	46	22	5	19	13	11	1	13	2	B
	1 oct.	22	46	43	5	21	19	8	1	31	40	
	2	23	9	51	5	22	32	11	1	39	4	B

Années.	Temps moyen à Paris.				Longitude observée.				Latitude.			
1779	3 oct.	23ʰ	10′	48ˢ	5ˢ	23°	51′	33″				
	4	23	12	15	5	25	14	0				
1780	29 juil.	2	0	28	5	4	5	11				
	30 juil.	1	51	0	5	5	6	55	1°	1′	44″	A
	31	1	23	2	5	6	4	46	1	24	4	A
	12 sept.	22	53	18	5	3	18	3				
	. . . .	22	49	53	5	3	18	5				
	13	16	20	40	5	4	1	38	0	42	58	B
	15	22	55	13	5	6	41	56				
	16	16	25	19	5	7	39	43	1	15	53	B
1781	7 mars	1	3	46	0	1	46	14	0	17	30	B
	10	1	9	28	0	6	49	9	0	55	48	B
	13	1	12	49	0	11	13	3	1	35	12	B
	14	1	13	19	0	12	30	31	1	47	49	B
	15	1	13	24	0	13	41	11	2	0	31	B
	16	1	13	9	0	14	45	49	2	12	24	B
	17 juil.	2	4	40	4	21	32	14				
	31 août	23	8	50	4	22	6	21				
	12 oct.	0	49	57	7	2	56	43				
1783	26 sept.	1	32	44	6	27	34	51				
1785	28 août	1	41	5	6	2	38	28	2	14	2	A
1786	28 juil.	1	40	14	5	29	6	55				
	5 août	2	1	31	5	9	48	54	0	45	41	A
	7	1	46	9	5	12	7	45	1	6	14	A
	8	1	32	9	5	13	13	36				
	. . . .	1	51	5	5	13	14	11	1	16	53	A
	9	1	30	28	5	14	17	6	1	27	6	
	10	2	25	34	5	15	21	1	1	37	43	
	11	1	41	59	5	16	17	46	1	48	44	
	. . . .	2	0	21	5	16	18	28	1	48	33	
	12	1	40	26	5	17	13	26	1	59	25	
	18 sept.	22	40	3	5	9	58	38				
	20	22	49	8	5	11	2	20	0	31	46	B
	21	22	48	19	5	11	47	35	0	45	40	B
	21	23	2	30	5	11	47	55	0	45	54	B
	22	23	2	12	5	12	41	20	0	58	21	B
	. . . .	22	33	19	5	12	40	22				
	. . . .	22	36	50	5	12	40	40				

Passages de Mercure sur le Soleil observés jusqu'à présent.

Temps moyen à Paris.						Long. réd. à l'écl.				Lat. géoc. vraie.			
1631	6 nov.	19^h 36′ 20″				7^s	14° 41′ 35″			3′ 22″	B	$\{$	*M. Cassini, p. 592.* $\atop$ *Phil. Trans. n. 386.*
	6 nov.	18 50 0				. . . . . .			4 28	B		*Mss. de M. de l'Isle.*
1651	2 nov.	13 2 30				7	10 26 29			12 0	A		*Astr. Br. p. 312. dout.*
1661	3 mai	4 48 28				1	13 33 27			4 30	B		*M. Cassini, p. 587,608.*
1677	7 nov.	0 23 0				7	15 44 20			4 3	B		*M. Cassini, p. 591.*
1690	9 nov.	18 6 0				7	18 20 46			12 20	B		*M. Cassini, p. 595,608.*
1697	2 nov.	17 42 0				7	11 33 50			10 42	A		*M. Cassini, p. 598.*
1723	9 nov.	5 16 0				7	16 47 20			6 0	B	$\{$	*M. Cassini, p. 601.* $\atop$ *Phil. Trans. n. 386.*
1736	10 nov.	22 59 23				7	19 23 38			14 7	B		*Mém. Ac. 1736.*
1740	2 mai	10 36 37				1	12 43 19			14 59	B		*Phil. Trans. n. 471.*
1743	4 nov.	22 26 8				7	12 37 32			9 7	A		*Mém. Ac. 1736.*
1753	5 mai	18 29 50				1	15 48 0			2 25	A		*Mém. 1754, p. 599.*
1756	6 nov.	16 17 28				7	15 13 41			0 58,8	A		*Mém. 1758, p. 154.*
1769	9 nov.	10 7 7				7	17 50 49			7 39	B		*Mém. 1772.*
1782	12 nov.	3 48 43				7	20 26 41			15 53	B		*Mém. 1782.*
1786	3 mai	17 8 47				1	13 49 45			11 42	B		*Mém. 1786.*

Pour avoir égard aux deux aberrations du Soleil et de Mercure, il faut ôter des temps observés 6′ 34″ en novembre, et 6′ 43″ en mai, et ajouter 3″ aux longitudes; ou ajouter 1′ 43″ aux longitudes héliocentriques pour les passages du mois de novembre, et 53″ pour les passages du mois de mai, en conservant le temps de la conjonction observée, tel qu'il est ci-dessus. Pour les latitudes, il faut ajouter 4″6 dans les premiers, et ôter 3″3 pour les seconds, en supposant la latitude boréale; c'est le contraire, quand elle est australe, parcequ'elle est décroissante dans le nœud ascendant. Il n'y a que le passage de 1786 où les corrections soient faites.

OBSERVATIONS DE VÉNUS.

Anciennes observations, *Mém. de l'Acad.* 1785, *pag.* 250; *Cassini, pag.* 534, 539. Je les ai corrigées (705).

Années.		Temps moyen à Paris.			Long. observ.			
271 av. J. C.	11 oct.	16^h 8′			5^s	3° 36′		Dout.
127 de J. C.	11 oct.	14 50			5	1 18		
129	19 mai	14 15			0	11 37		D. lat. 1° 30′ A

Années.	Temps moyen à Paris.	Long. observ.	
132 de J. C.	8 mars 6ʰ 0'	1ˢ 2° 32"	
134	17 fév. 14 30	9 12 58	D.
136	18 nov. 5 20	9 13 53	D.
	25 déc. 5 10	10 20 39	
138	15 déc. 14 50	7 7 34	
140	18 fév. 5 40	0 14 54	
	29 juil. 13 20	2 19 34	D.

De ces dix observations, il y en a cinq qui diffèrent entre elles de plus d'un degré; ainsi il est difficile de pouvoir les faire servir à la théorie de Vénus.

Conjonctions de Vénus au Soleil, rapportées par Cassini, pag. 561, mais dont plusieurs longitudes sont rectifiées; auxquelles j'ai ajouté celles de 1639, 1691, 1751.

Années.	T. vr. de la conjonction.	Longit. de Vénus.	Latit. géocent.
1639 4 déc.	6 18'⅓ inf.	8ˢ 12° 32' 15"	0ʰ 9' 5" A
1689 25 juin	13 46 inf.	3 4 54 24	3 1 40 B
1691 15 nov.	11 4 sup.	*par la Hire.*	*Anc. Mém. t. X, p. 25.*
1692 3 sept.	19 7 inf.	5 12 33 0	
1693 25 juin	17 38 sup.	3 5 5 35	17ʰ 30'⅓ *suiv. la Hire.*
1696 1 sept.	0 58 sup.	5 9 52 55	1 21 20 B
1698 15 avr.	22 2 sup.	0 26 50 40	
1699 30 janv.	7 6 inf.	10 11 17 18	7 36 0 B
1699 13 nov.	12 0 sup.	7 21 24 0	0 32 20 B
1700 2 sept.	11 20 inf.	5 10 20 47	8 40 15 A
1705 21 juin	22 0 inf.	3 0 35 26	2 25 10 A
1706 14 avr.	9 45 sup.	0 24 26 30	1 3 10 A
1707 28 janv.	18 20 inf.	10 8 46 17	
1708 31 août	0 30 inf.	5 8 1 56	
1709 22 juin	6 0 sup.	3 0 56 30	
1710 10 avr.	18 7 inf.	0 20 54 6	
1711 27 janv.	12 52 sup.	10 7 33 51	
1712 28 août	14 53 sup.	5 5 43 34	
1713 19 juin	15 15 inf.	2 28 29 16	
1714 12 avr.	2 0 sup.	0 22 15 38	
1715 26 janv.	8 19 inf.	10 6 22 47	7 10 33 A
1716 28 août	16 36 inf.	5 5 50 48	8 34 9 A

Années.	Temps vr. de la conjonc.			Longit. de Vénus.				Latit. géocent.			
1718	8 avr.	10^h 13′	inf.	0^s	18°	40′	42″	6°	57′	22″	B
1719	10 nov.	9 17	inf.	7	17	55	31	4	6	18	B
1729	14 juin	23 56	inf.	2	24	11	16	1	26	53	A
1737	12 juin	15 43	inf.	2	22	0	30	1	8	12	A
1751	31 oct.	11 47 $\frac{2}{3}$	inf.	7	8	13	0	5	23	1	A

Conjonctions inférieures que j'ai calculées avec soin pour la théorie de Vénus, *Mém. de l'Ac.* 1785, *p.* 264.

Années.	Temps moyen de la conjonc. vraie.				Longit. vraie en conj. comptée de l'équin. moyen.				Latitude observée.			
1761	5 juin	17^h	44′	34″	2^s	15°	36′	31″	0°	9′	30″	A
1766	25 mars	6	13	12	0	5	6	32				
1769	3 juin	10	7	54	2	13	27	8	0	10	16, 4	B
1774	22 mars	21	11	58	0	2	49	18	8	16	24	B
1775	24 oct.	2	25	13	7	1	1	20	6	14	25	A
1777	1 juin	2	32	53	2	11	17	13	0	30	16	B
1779	6 janv.	14	5	53	9	16	44	8	4	52	36	B
1780	9 août	20	39	54	4	18	11	33				
1782	20 mars	12	21	9	6	0	32	16	8	23	30	B
1783	21 oct.	15	34	15	6	28	37	57	6	30	28	A
1785	29 mai	19	2	6	8	9	9	9				
1787	4 janv.	2	26	50	9	14	15	39	4	31	40	B
1788	7 août	12	34	4	4	16	0	51	7	31	23	A

Pour les conjonctions inférieures, jusqu'à 1751, il faut ajouter 29″ aux longitudes, si l'on veut tenir compte des deux aberrations du Soleil et de Vénus, et l'on aura le lieu vrai pour le temps de la conjonction apparente. Dans les conjonctions supérieures, il faut ajouter 1′16″. Les 12 dernieres sont des conjonctions vraies, c'est-à-dire, dégagées de l'aberration et de la nutation. On trouvera un grand nombre d'observations de Vénus par M. d'Agelet, dans les supplémens à la seconde édition de cette Astronomie. Mais je ne rapporte ici que les conjonctions inférieures, qui sont les observations les plus importantes. (*Mém. acad.* 1779, *pag.* 452.)

OBSERVATIONS DE MARS.

Années.	Temps moyen à Paris.	Long. géoc. obs.	Latitude.
271 av. J. C.	17 janv. 15ʰ 0′	7ˢ 1° 41′	
130 apr. J. C.	14 déc. 11 8	2 22 1	
135	21 fév. 7 8	4 29 53	
139	27 mai 8 8	8 3 38	
139	30 mai 7 8	8 2 40	
1580	28 nov. 0 49	2 6 28 35″	1° 40′ B *Kepler de S. M.*, *p.* 90.
1583	7 janv. 3 16	3 16 55 30	4 6 B
1585	9 fév. 18 32	4 21 36 10	4 32 10 B
1587	16 mars 6 41	5 25 43 0	3 41 B
Suivant M. de Lambre.	9 27¼	5 25 42 27	
1589	24 avr. 5 41	7 4 23 0	1 12 45 B
1591	18 juin 7 1	8 26 43 0	4 0 A
1593	4 sept. 16 45	11 12 16 0	6 2 30 A
Selon mon calcul,	14 32	11 12 17 56	
1595	9 nov. 23 57	1 17 31 40	0 8 B
Suivant M. Cassini,	22 8	1 17 32 48	*El. d'Ast p.* 489.
1597	23 déc. 15 12	3 2 28 0	3 33 B
1600	28 janv. 13 20	4 8 38 0	4 30 50 B
1602	2 mars 13 31	6 12 27 0	4 10 B
1604	7 avr. 15 41	6 18 37 10	2 26 B
1608	3 août 1 18	10 11 10 0	*Ast. Dan. p.* 342.
1610	18 oct. 16 8	0 25 30 0	*Ibid.*

(Dans la colonne « Long. géoc. obs. » : Ces longitudes sont corrigées (705).)

Voyez Képler, *de stella Martis, p.* 90; Longomontanus, *Astr. Danica, p.* 342; Boulliaud, *Astr. Phil., p.* 287; Riccioli, *Astr. reform., p.* 316; Cassini, *pag.* 467.

Oppositions de Mars rapportées dans les tables de Halley.

Dans l'espace de 32 ans on a quinze oppositions dans toutes les parties de l'orbite.

Années. Temps moy. à Paris.	Long. hélioc. réd. à l'écliptique.	Anom. moyenne de Mars.
1659 1 déc. 11ʰ 42′	2ˢ 9° 51′ 2″	8ˢ 29°
1662 9 janv. 6 9	3 19 52 14	10 13
1666 18 mars 12 15	5 28 39 49	1 4

Années. Temps moy. à Paris.				Long. hélioc. réd. à l'écliptique.				Anom. moyenne de Mars.	
1670	21 juin	15^h	47$'$	9^s	0$°$	46$'$	42$''$	4^s	10$°$
1672	8 sept.	11	33	11	16	56	4	6	14
1674	12 nov.	17	1	1	21	11	32	8	11
1676	25 déc.	19	14	3	5	29	55	9	26
1679	30 janv.	14	59	4	11	27	59	11	8
1681	4 mars	16	27	5	15	16	16	0	18
1683	10 avr.	23	40	6	21	39	18	2	0
1685	28 mai	1	9	8	7	38	15	3	18
1687	8 août	1	9	10	15	56	5	5	18
1689	21 oct.	17	29	0	29	28	52	7	20
1691	11 déc.	3	15	2	19	53	50	9	9
1694	17 janv.	4	56	3	28	11	52	10	22
1696	20 fév.	9	9	5	2	18	4	0	3
1698	26 mars	18	29	6	7	4	17	1	13
1700	8 mai	7	49	7	18	5	16	2	28
1702	8 juil.	12	59	9	16	10	10	4	23
1704	26 sept.	10	3	0	3	45	46	6	28
1711	8 fév.	5	31	4	19	24	6	11	16
1713	13 mars	13	3	5	23	20	30	0	27
1717	11 juin	9	29	8	20	38	46	4	0

Oppositions observées à Paris, rapportées par Cassini.

Années. Temps moy. à Paris.				Long. hélioc. réd. à l'écliptique.				
1683	11 avr.	0^h	11$'$	6^s	21$°$	41$'$	30$''$	Cassini, *p.* 465.
1687	8 août	0	0	10	15	54	0	6$°$ 50$'$ 40$''$ A. *p.* 449.
1691	11 déc.	3	8	2	19	54	28	*Ibid. p.* 472.
1694	17 janv.	4	31	3	28	12	0	*Ibid. p.* 474.
1696	20 fév.	9	15	5	2	18	8	*Ibid. p.* 472.
1698	26 mars	18	0	6	7	4	18	*Ibid. p.* 474.
1700	8 mai	7	38	7	18	5	0	*Ibid. p.* 472.
1702	8 juil.	13	2 $\frac{1}{2}$	9	16	10	23	*Ibid. p.* 474.
1709	4 janv.	5	54	3	14	18	25	*Ibid. p.* 469.
1713	13 mars	16	49 $\frac{1}{2}$	5	23	30	30	*Ibid. p.* 470.
1715	21 avr.	10	58 $\frac{1}{2}$	7	1	9	30	*Ibid. p.* 464.
1717	11 juin	9	10	8	20	37	15	*Ibid. p.* 465.
1730	5 avr.	7	7	6	15	43	36	*Ibid. p.* 465.

Oppositions

Oppositions observées à Paris depuis quelques années.

Années.	Temps moyen à Paris.			Longitude observ.				Latitude de Mars.			
1741 12 janv.	8ʰ	14′	23″	3ˢ 22°	49′	16″					
1743 15 fév.	19	17	40	4 27	16	32		*Mém. açad.* 1755,			
1745 21 mars	14	19	17	6 1	34	44		*pag.* 218.			
1747 1 mai	7	3	0	7 10	55	59					
1749 26 juin	2	6	12	9 4	55	41					
1751 14 sept.	8	28	0	11 21	35	0					
1753 16 nov.	10	28	33	1 24	47	24					
1755 30 déc.	0	0	32	3 8	34	11		3°	42′	58″	B
1758 2 fév.											
1760 7 mars	17	44	7	5 18	9	8		3	58	57 ½	B
1762 14 avril	7	40	56	6 24	46	43		1	56	8	B
1764 1 juin	1	2	10	8 11	22	24		2	20	8	A
1766 13 août	1	40	26	10 20	41	11		6	52	23	A
1768 25 oct.	19	35	44	1 3	25	35		1	27	29	A
1770 14 déc.	11	22	21	2 23	7	11		2	53	7	B
1773 20 janv.	6	12	45	4 1	7	4		4	25	20	B
1775 23 fév.	9	1	46	5 5	7	44		4	21	15	B
1777 29 mars	21	27	58	6 10	0	7		2	56	0	B
1779 11 mai	22	15	51	7 21	27	9		0	20	10	A
1781 12 juil.	6	53	10	9 20	37	21		5	52	2	A
1783 1 oct.	0	6	11	0 8	10	10		4	6	5	A
1785 27 nov.	6	10	0	2 5	59	17		1	38	5	B
1788 7 janv.	7	59	17	3 17	18	10		4	4	1	B

Depuis 1755, j'ai observé la plupart des oppositions de Mars, et je les ai calculées avec soin pour servir à la construction de mes Tables. Il n'y a que l'opposition du 2 février 1758 que le mauvais temps n'a pas permis d'observer à Paris.

Observations de Mars hors de ses oppositions.

Les trois premieres sont de la Caille, *Astr. fundam.* La derniere est de moi, et c'est le milieu entre plusieurs jours d'observations.

Années.	Temps vrai à Paris.			Longitude observ.				Latitude géocent.			
1747 14 mai	10ʰ	50′	43″	7ˢ 6°	15′	20″		0°	0′	25″ ½	B
1751 13 sept.	11	8	38	11 21	48	6		5	33	16	A
1753 3 nov.	9	31	46	1 29	29	38 ½		0	0	27 ½	A
1768 3 déc.	8	47	24	0 27	11	47		0	33	57	B
1786 24 fév.	6	21	58	2 12	5	27		*Mém. açad.* 1786.			

Tome II.   S

OBSERVATIONS DE JUPITER.

Années.	Temps moy. à Paris.	Longit. observ.	
240 av. J. C.	3 sept. 13ʰ 45ʹ	3ˢ 7° 6ʹ	Ces observations
133 apr. J. C.	17 mai 9 8	7 24 13	rapportées dans
136	31 août 8 8	11 8 57	Ptolémée sont
137	7 oct. 15 8	0 15 26	corrigées (705).
139	10 juil. 15 8	2 16 49	

Oppositions calculées par M. de Lambre pour la construction de ses tables. *Mém. présentés, etc.* t. XII.

Années.	Temps moy. à Paris.	Long. hél. vr. comptée de l'équin. moyen.	Latit. hélioc.	Observateurs.
1690	26 sept. 8ʰ 27ʹ 33ʺ	0ˢ 4° 5ʹ 51ʺ	1ⁿ 19ʹ 22ʺ A	Flamsteed.
1691	2 nov. 13 30 50	1 10 52 6	1 5 40 A	Idem.
1692	déc. 22 49 6	2 16 24 53 ∴	0 27 47 A	
1694	9 janv. 3 47 42	3 20 0 13	0 17 42 B	
1695	9 févr. 15 8 54	4 21 42 10	0 55 46 B	
1696	11 mars 4 4 35	5 21 5 23	1 16 47 B	
1697	10 avril 17 38 45	6 21 59 48	1 17 5 B	
1698	12 mai 5 25 52	7 22 18 37 ∴	0 56 37 B	
1699	14 juin 9 21 0	8 23 50 35	0 18 48 B	
1700	19 juil. 15 49 30	9 27 15 7 :	0 26 31 A	
1701	25 août 19 54 43	11 2 42 26	1 5 1 A	
1702	2 oct. 16 44 39	0 9 27 51	1 18 58 A	
1704	12 déc. 18 54 19	2 21 25 26	0 21 46 A	
1706	14 janv. 15 26 52	3 24 39 41 :	0 23 9 B	
1707	14 févr. 21 31 29	4 26 5 57	0 59 33 B	
1708	16 mars 9 23 31	5 26 22 16	1 17 45 B	
1709	16 avril 0 38 30	6 26 17 13 ∴	1 14 30 : B	
1710	17 mai 17 59 7	7 26 45 16	0 51 38 B	
1711	20 juin 5 47 32	8 28 34 12	0 12 12 B	
1712	24 juil. 21 40 22	10 2 21 21 ∴	0 33 26 B	
1713	31 août 5 35 0	11 8 2 26	1 9 19 A	
1714	8 oct. 1 41 38	0 14 51 51	1 18 31 A	
1715	13 nov. 19 47 47	1 21 22 22	0 57 4 A	
1716	17 déc. 12 35 37	2 26 20 28	0 15 1 A	
1718	19 janv. 3 2 41	3 29 18 32	0 29 30 B	
1719	19 févr. 4 41 26	5 0 31 4	1 3 21 B	Flamsteed.

Années.	Temps moy. à Paris.	Long. hél. vr. comptée de l'équin. moyen.	Latit. hélioc.	Observateurs.
1734 27 mai	0ʰ 1′ 0″	8ˢ 5° 49′ 33″	0° 42′ 12″ B	M. le Monnier.
1735 30 juin	2 16 29	9 8 9 24	0 0 32 A	
1737 10 sept.	19 19 42	11 18 30 16	1 14 41 A	
1738 18 oct.	10 16 38	0 25 20 5 ∷	1 15 5 A	
1739 23 nov.	15 39 33	2 1 29 5	0 46 35 A	
1745 29 avril	4 44 31	7 9 22 26	1 7 33 B	
1746 31 mai	12 42 0	8 10 15 42	0 36 52 B	
1749 15 sept.	20 49 47	11 23 32 30	1 16 23 A	La Caille.
1761 21 sept.	5 26 40	11 28 52 49	1 18 2 A	
1762 28 oct.	16 24 27	1 5 45 22	1 9 45 A	M. Darquier.
1763 3 déc.	10 34 10	2 11 35 31	0 35 19 A	
1765 4 janv.	23 24 59	3 15 30 7	0 10 2 B	
1766 5 févr.	15 49 2	4 17 27 30	0 50 6 B	M. Maskelyne.
1767 8 mars	6 29 55	5 17 59 45	1 14 12 B	
1768 6 avril	18 7 9	6 17 55 6	1 17 49 B	
1769 8 mai	0 43 0	7 18 6 29	1 0 34 B	M. Maskelyne.
1770 9 juin	21 46 56	8 19 25 7	0 25 31 B	
1771 14 juil.	20 40 17	9 22 31 46	0 19 35 A	
1772 19 août	18 46 35	10 27 40 28	1 0 0 A	
1773 26 sept.	15 13 24	0 4 17 1	1 18 44 A	
1774 2 nov.	21 17 52	1 11 3 45	1 6 16 A	
1775 8 déc.	7 11 27	2 16 37 11	0 28 53 A	
1777 9 janv.	12 19 51	3 20 12 45	0 16 30 A	
1778 9 févr.	23 19 16	4 21 54 44	0 54 34 A	
1779 12 mars	12 20 48	5 22 18 57	1 15 59 B	
1780 11 avril	1 30 40	6 22 14 7	1 16 29 B	
1782 14 juin	17 12 16	8 24 6 40	0 19 15 B	
1783 19 juil.	23 52 30	9 27 31 13	0 26 14 A	
1784 25 août	2 3 38	11 2 53 34	1 4 16 A	
1785 1 oct.	21 45 10	0 9 34 3	1 18 47 A	
1786 7 nov.	21 50 28	1 16 11 53	1 2 12 A	M. de Lambre.
1787 12 déc.	23 30 32	2 21 28 16	0 22 44 A	

Les longitudes suivantes ne sont pas des oppositions, mais peu s'en faut, et elles ne méritent pas moins de confiance.

Années.	Temps moy. à Paris.	Long. hél. vr. comptée de l'équin. moyen.	Latit. hélioc.	Observateurs.
1749 2 oct.	10 44 0	11 25 3 34		La Caille.
1751 30 nov.	11 40 0	2 6 13 34	0 40 56 A	M. le Monnier.
1753 17 janv.	10 47 0 ∷	3 8 30 48 ⎫		Idem.
		31 3 ⎭		

Années.	Temps moyen à Paris.	Long. hél. vr. comptée de l'équin. moyen.	Lat. hélioc.	Observateurs.
1754 7 févr.	11ʰ 48′ 0″ :	4ˢ 13° 29′ 34″		M. le Monnier.
1755 25 févr.	12 43 0	5 13 12 54	1° 11′ 38″ B	
1756 2 avril	12 12 0	6 13 40 39	1 18 54 B	
1757 29 avril	12 14 0	7 13 26 43	1 4 19 B	
1757 4 mai	11 59 0	7 13 44 54	1 4 10 B	
1759 9 juil.	12 6 0	9 17 33 57	0 13 6 A	

Quadratures de Jupiter tirées des observations de M. Maskelyne et calculées par M. de Lambre.

Années.	Temps moyen à Paris.	Anomalie moyenne.	Latit. géocent. vraie.
1768 22 janv.	17ʰ 26′ 12″	0ˢ 1° 47′ 46″	6ˢ 22° 28′ 36″
1774 9 août	17 46 16	6 20 27 27	1 15 5 8
1776 15 oct.	18 12 0	8 26 45 43	3 24 9 25
1776 17 oct.	18 5 12	8 26 55 40	3 24 19 21
1780 11 juil.	5 58 7	0 20 7 59	6 18 22 47
1782 10 sept.	6 7 0	2 25 51 17	8 20 10 40
1783 18 avril	18 33 6	3 14 10 35	10 0 54 20
1785 28 déc.	6 3 35	6 5 58 23	0 6 7 31

On trouve des suites d'oppositions dans les Elémens de Cassini et dans les Tables de Halley; dans les Mémoires de l'Académie, 1754 et 1763 : mais il y en avoit beaucoup de défectueuses, et je n'ai rapporté ici que celles dont M. de Lambre a pu refaire les calculs. Il a tenu compte par-tout de l'aberration du Soleil, de celle de la planete et de l'inégalité de la précession : il a marqué de deux points celles où il peut y avoir 30″ d'incertitude, et de quatre points celles où l'incertitude est encore plus forte.

OBSERVATIONS DE SATURNE.

Années.	Temps moyen à Paris.	Long. obs.	Lieu du soleil.	Latit.
228 av. J. C.	1 mars 4ʰ 23′	5ˢ 9° 6′	11ˢ 7° 26′	2° 45′ B
127 apr. J. C.	26 mars 4 14	6 2 14	0 3 53	
133	3 juin 2 8	8 10 42	2 10 33	
136	7 juil. 22 9	9 15 17	3 14 5	
138	22 déc. 6 11	10 10 19	9 0 20	

Ces longitudes tirées de l'Almageste sont corrigées (705)

Oppositions calculées par M. de Lambre pour la construction de ses Tables.

Années.	Temps moyen à Paris.	Long. hél. vr. comptée de l'équin. moyen.	Latit. hélioc.	Observateurs.
1690 5 mai	6ʰ 28′ 6″	7ˢ 15° 32′ 17″	2 16′ 29″ B	Flamsteed.
1691 17 mai	13 6 0	7 27 7 48	2 1 25 B	
1692 28 mai	16 55 46	8 8 33 42	1 41 14 B	
1693 9 juin	19 10 46	8 19 53 33	1 17 36 B	
1694 21 juin	20 51 10	9 1 10 21	0 51 12 B	
1695 3 juil.	22 46 8	9 12 27 34 :	0 22 28 B	
1696 15 juil.	2 43 39	9 23 49 55	0 7 18 A	
1697 27 juil.	9 2 20	10 5 19 17	0 36 43 A	
1698 8 août	18 22 6	10 16 57 47	1 5 13 A	
1699 21 août	8 7 14	10 28 50 14	1 31 30 A	
1700 3 sept.	2 41 29	11 10 58 10	1 54 47 A	
1701 16 sept.	2 27 42	11 23 23 39	2 12 32 A	
1702 29 sept.	7 49 9	0 6 8 8	2 24 40 A	
1703 12 oct.	18 38 55	0 19 12 1	2 29 52 A	
1704 25 oct.	11 51 45	1 2 37 21 :	2 26 55 A	
1705 8 nov.	9 0 0	1 16 18 45	2 15 42 A	
1706 22 nov.	10 42 25	2 0 16 28	1 56 29 A	
1707 ⸱ déc.	14 34 50	2 14 24 1	1 29 57 A	
1708 ⸱⸱ déc.	19 6 0	2 28 35 57	0 57 32 A	
1710 2 janv.	23 37 16	3 12 48 37	0 21 35 A	
1711 17 janv.	1 27 35	3 26 54 8 ∷	0 14 44 B	
1712 31 janv.	0 37 40	4 10 50 40	0 50 42 B	
1713 12 févr.	19 5 50	4 24 31 34	1 22 32 B	
1714 26 févr.	8 15 55	5 7 54 55	1 49 8 B	
1715 11 mars	16 32 27	5 21 0 26	2 9 48 B	
1716 23 mars	19 5 40	6 3 46 4	2 22 55 B	
1717 5 avril	16 30 15	6 16 13 39 :	2 29 23 B	
1718 18 avril	8 47 0	6 28 23 17 :	2 28 50 B	
1719 30 avril	20 23 21	7 10 16 56	2 21 33 B	
1736 29 nov.	14 11 56	2 8 14 32	1 42 53 A	M. Le Monnier.
1737 13 déc.	19 2 10	2 22 26 12	1 12 28 A	
1738 28 déc.	0 28 20	3 6 41 11	0 38 31 A	
1740 11 janv.	4 18 7	3 20 52 18	0 1 20 A	
1741 24 janv.	5 13 31	4 4 54 49 :	0 35 4 B	M. Le Monnier.

Années.	Temps moyen à Paris.	Long. hél. vr. comptée de l'équin. moyen.	Latitude héliocent.		Observateurs.
1744 5 mars	5ʰ 6′ 32″	5ˢ 15° 30′ 54″	2° 1′ 38″	B	
1745 18 mars	10 24 41	5 28 26 14	2 18 14	B	
1746 31 mars	10 35 7	6 11 3 17	2 27 41	B	
1747 13 avril	5 33 19	6 23 21 57	2 29 48	B	La Caille,
1748 24 avril	19 53 26	7 5 24 7	2 25 34	B	
1749 7 mai	6 6 0	7 17 11 57	2 15 15	B	
1751 31 mai	17 13 35	8 10 14 43	. . . .		
1752 11 juin	19 50 0	8 21 35 15	1 14 59	B	
1753 23 juin	22 10 38	9 2 53 31	0 48 3	B	
1755 18 juil.	5 4 31	9 25 35 46	0 10 40	A	
1756 29 juil.	11 49 3	10 7 6 3	0 40 5	A	Cassini.
1757 10 août	22 6	10 18 46 55	1 8 28	A	
1759 5 sept.	7 23 39	11 12 50 34	1 57 2	A	Jeaurat.
1760 17 sept.	7 55 17	11 25 18 9	2 14 28	A	La Caille,
1761 30 sept.	13 48 57	0 8 4 28	2 25 41	A	
1762 14 oct.	1 16 55	0 21 9 53	2 29 26	A	Darquier.
1764 9 nov.	15 36 32	1 18 17 23	2 13 35	A	
1765 23 nov.	16 44 28	2 2 14 7	1 53 42	A	M. Maskelyne,
1766 7 déc.	20 11 38	2 16 20 50	1 26 37	A	
1767 22 déc.	0 37 29	3 0 32 24	0 54 2	A	
1769 4 janv.	4 26 10	3 14 43 23	0 18 14	A	
1770 18 janv.	5 59 20	3 28 48 10	0 18 31	B	
1771 1 févr.	4 12 13	4 12 42 3	0 53 40	B	
1772 14 févr.	22 3 56	4 26 21 22	1 25 15	B	
1773 27 févr.	10 49 21	5 9 43 23	1 51 26	B	
1774 12 mars	18 22 40	5 22 46 37	2 11 14	B	
1775 25 mars	20 35 20	6 5 31 0	2 23 48	B	
1776 6 avril	17 25 38	6 17 57 3	2 29 37	B	
1777 19 avril	9 28 50	7 0 6 4	2 28 21	B	
1778 1 mai	21 23 51	7 12 0 6	2 20 37	B	
1779 14 mai	5 38 36	7 23 41 9	2 7 19	B	
1780 25 mai	11 13 59	8 5 12 18	1 48 48	B	
1781 6 juin	14 47 21	8 16 36 12	1 26 48 : ⎱ 33 ⎰	B	Bugge.
1782 18 juin	17 21 3	8 27 56 0	1 0 41	B	M. Maskelyne,
1783 30 juin	20 4 50	9 9 15 4	0 32 40	B	
1784 11 juil.	23 41 56	9 20 36 21	0 3 20	B	
1785 24 juil.	5 38 24	10 2 3 59	0 26 18 :	A	
1786 5 août	14 25 35	10 13 40 23	0 55 26 :	A	De Lambre,
1787 18 août	2 43 47	10 25 28 15	1 22 57	A	

Quadratures observées par M. Maskelyne.

Années.	Temps moyen à Paris.			Anomal. moyen.				Longit. géocentr.			
1767 29 sept.	17^h	50′	48″	5^s	29°	11′	11″	3^s	3°	47′	4″
1768 17 mars	6	14	56	6	4	51	21	2	27	25	23
1774 29 déc.	18	9	37	8	27	45	11	6	8	33	58
1777 17 juil.	6	9	32	9	28	52	30	6	26	58	29
1783 27 sept.	6	10	36	0	14	33	58	9	6	12	0

On trouve, dans les tables de Halley et dans les élémens de Cassini, des suites d'oppositions de Saturne. M. le Gentil avoit calculé les suivantes (Mém. 1754.), M. le Monnier et moi en avions calculé plusieurs : mais je n'ai conservé ici que celles dont M. de Lambre a discuté les observations en 1788; le travail de cet habile astronome étant de beaucoup supérieur à tout ce qu'on avoit fait auparavant.

OBSERVATIONS DE HERSCHEL,

Planete découverte en 1781 (1160).

Oppositions avec le lieu apparent du Soleil, compté de l'équinoxe moyen.

Années. Temps m. à Paris.			Longitude.				Latitude géocentr.			Observateurs.
1781 21 déc.	18^h	3′	3^s	0°	52′	17″	0°	15′	10″	M. Méchain.
1782 26 déc.	9	19	3	5	20	30	0	18	20	M. Méchain.
1783 31 déc.	0	35	3	9	50	36	0	22	6	
1785 3 janv.	17	59	3	14	23	0	0	25	34	M. Méchain.
	17	46	3	14	22	32	0	25	57	M. Mallet.
1786 8 janv.	10	50	3	18	56	34	0	29	2	M. Mallet.
	11	43	3	18	56	34	0	28	51	P. Fixlmillner.
1787 13 janv.	5	10	3	23	32	37	0	31	54	La Lande.
1788 17 janv.	23	57	3	28	10	37	0	33	35	M. Darquier.
18	0	2	3	28	10	24				M. Triesnecker.

Cette planete fut observée en 1756 comme une étoile par Mayer, et placée au n°. 964 de son catalogue, avec 348° d'ascension droite, et 6° 2′ de déclinaison. La longitude calculée pour le 25 septembre 10^h 31′, temps moyen de Paris, se trouve 11^s 16° 37′ 44″; la latitude 48′ 23″ A.

Observations vers les quadratures propres à vérifier la distance au Soleil (1215).

Elles sont de M. Maskelyne, et par conséquent de la plus grande exactitude.

Années.	Temps moy. à Paris.				Longitude observée.				Latitudes.	
1781	25 avril	9ʰ	47′	0″	2ˢ	25°	39′	17″	11′	36″
	28 sept.	17	48	31	3	2	52	39	13	31
	8 oct.	17	9	23	3	2	54	44	13	56
1782	7 mars	7	1	47	2	28	49	37	15	6
	16 mars	6	26	36	2	28	52	16	15	2
	26 mars	10	9		2	29	0	29	15	5
	23 sept.	15	48		3	7	13	39	16	47
	30 sept.	18	1		3	7	19	26	16	52
1783	10 mars	7	10	24	4	3	17	43	18	31
	11 oct.	17	38	25	3	11	52	37	20	22
1784	23 mars	6	36	1	3	7	49	22	21	45
	15 oct.	17	39	18	3	16	24	55	23	45
1785	28 mars	6	36	59	3	12	21	21	25	7
	26 oct.	17	26	38	3	20	59	46	27	3
1788	8 mars	8	54	33	3	26	22	24	34	28
	21	8	2	34	3	26	9	58	34	11
	2 nov.	17	36	53	4	4	52	3	35	15

La derniere observation est de moi, et tient le milieu entre plusieurs jours d'observations.

M. Fixlmillner, M. Zach, M. Bode, M. Wurm, M. Oriani, M. de Caluso croient que la trente-quatrieme étoile du Taureau, dans Flamsteed, est aussi la même planete ; le 23 décembre 1690, à 9ʰ 41′, temps vrai à Paris, longitude 1ˢ 28° 2′ 50″, latitude 10′ 34″ A. (*Eph. de Berlin*, 1788.) ; mais il y a du doute sur cette identité (*Mém. de l'Ac.* 1787).

LIVRE SEPTIEME.

De la Lune.

1400. La Lune est après le Soleil le plus remarquable de tous les astres : nous n'avons parlé dans le premier livre que des apparences les plus simples de son mouvement (55); nous allons en suivre les circonstances, et en donner l'explication détaillée.

Les premiers phénomenes que les hommes apperçurent dans le mouvement de la Lune, furent les changemens de figure que nous appelons ses *Phases,* et dont nous avons déja donné quelque idée (56). Après avoir disparu pendant quelques jours, la Lune commence à se montrer le soir du côté de l'occident, peu après le coucher du Soleil, sous la forme d'un filet de lumiere en forme d'arc, et qu'on appelle *Croissant* parcequ'en effet il croît d'un jour à l'autre. Sa lumiere est foible, parcequ'elle est diminuée par l'éclat du crépuscule. Hévélius n'a jamais observé la Lune plutôt que 40^h après sa conjonction, ou plus tard que 27^h avant (*Selenog. p.* 276, 408). Il ajoute que si la Lune dans le premier cas avoit eu une déclinaison plus septentrionale, étant au nord de l'écliptique, et qu'elle eût été en même temps périgée et dans les signes ascendans, on auroit pu la voir 24^h après la conjonction : mais l'assemblage de ces trois circonstances est rare; on n'apperçoit guere la Lune que le deuxieme jour après sa conjonction, quoique Képler ait dit qu'on pouvoit voir la Lune, même en conjonction, lorsque sa latitude est de $5°$ (*Astr. Pars Opt. cap.* 6, *pag.* 257).

Les pointes du croissant sont élevées et tournées à l'opposite du Soleil, c'est-à-dire à l'orient si le Soleil est à l'occident; il est un peu plus fort le lendemain, et dans l'espace de cinq à six jours il prend la forme d'un demi-cercle : la partie lumineuse est alors terminée par une ligne droite, et nous disons que la Lune est *dichotome* [a] ou qu'elle est en quadrature, c'est son PREMIER QUARTIER.

Après avoir paru sous la forme d'un demi-cercle lumineux, la Lune continue de s'éloigner du Soleil; elle devient une espece d'ovale et augmente en lumiere pendant 7 à 8 jours; elle paroît alors

---

(a) Διχότομος, *dimidiatus;* δίχα, *bis;* τέμνω, *seco.* Copernic se sert du mot *Luna dividua.*

Tome II.   T

tout-à-fait circulaire; son disque entier et lumineux brille pendant toute la nuit, et c'est le jour de la PLEINE LUNE, ou de l'opposition : on la voit passer au méridien à minuit, et se coucher dès que le Soleil se leve ; tout annonce alors qu'elle est directement opposée au Soleil par rapport à nous, et qu'elle brille parceque le Soleil l'éclaire en face et non pas de côté.

Après la pleine Lune, arrive le décours, qui donne les mêmes phases et les mêmes figures que nous venons d'indiquer en parlant de l'accroissement de la Lune ; elle est d'abord ovale, puis *dichotome* ou sous la forme d'un demi-cercle, et c'est le DERNIER QUARTIER.

Le demi-cercle de lumiete diminue ensuite, et prend la forme d'un croissant qui devient chaque jour plus étroit, et dont les cornes sont toujours élevées, et du côté le plus éloigné du Soleil; la Lune alors se trouve avoir fait le tour du ciel ; on la voit se lever le matin un peu avant le Soleil, dans la même forme qu'elle avoit le premier jour de l'observation ; elle se rapproche du Soleil et se perd enfin dans ses rayons ; c'est ce qu'on appelle la NOUVELLE LUNE, ou la conjonction, autrefois la néoménie. [a]

1401. La mesure la plus naturelle du temps fut celle que présentoient ces phases de la Lune ; cet astre, en changeant tous les jours d'une maniere sensible le lieu de son lever et de son coucher, en variant sans cesse sa figure, et recommençant ensuite un nouvel ordre de changemens tous semblables, offroit une regle publique et des nombres faciles, sans le secours de l'écriture, des calculs, des dates, des almanacs ; les peuples trouvoient dans le ciel un avertissement perpétuel de ce qu'ils avoient à faire ; les familles nouvellement formées, et dispersées dans les campagnes, se réunissoient sans méprise au terme convenu de quelque phase de la Lune.

La NÉOMÉNIE servit à régler les assemblées, les sacrifices, les exercices publics; ce culte et ces fêtes n'avoient pas la Lune pour objet, mais pour indication. On comptoit la Lune du jour qu'on commençoit à l'appercevoir. Pour la découvrir aisément, on s'assembloit le soir sur les hauteurs ; quand le croissant avoit été vu, on célébroit la néoménie, ou le sacrifice du nouveau mois, qui étoit suivi de fêtes et de repas. Les nouvelles Lunes qui concouroient avec le renouvellement des quatre saisons, étoient les plus solemnelles; il semble qu'on y trouve l'origine de nos quatre temps, comme on

(a) Νέος, *novus;* Μήνη, *Luna;* μήν, *mensis;* d'où l'on a tiré ménisque, dans l'optique (2304.).

trouve celle de la plupart de nos fêtes dans les cérémonies des anciens (*Casali, de comparatione rituum Christ. et Pagan.*).

1402. On retrouve dans les histoires de tous les peuples du monde cette coutume de se réunir sur les hauts lieux ou dans les déserts, d'observer la nouvelle phase, de célébrer la néoménie par des sacrifices ou des prieres ; la solemnité particuliere de la nouvelle Lune qui concouroit avec les semailles, et celle qui suivoit l'entiere récolte des productions de la terre, se trouvent dans toutes les histoires ; les fêtes et les sacrifices de la nouvelle Lune et du commencement de chaque mois sont rappellés en plusieurs endroits de l'Ecriture, comme un ancien usage (*Isaiae I*, 13. *Num. X*, 10. XXVIII, 11. *Reg. I*, 9, *v.* 12, et 20, *v.* 5). Spencer a fait une dissertation pour prouver que les Juifs avoient reçu des Païens cet ancien usage ; il cite à ce sujet un grand nombre d'auteurs. (Jo. Spencer, *de legibus Hebraeorum ritualibus. Lipsiae* 1605, *in-*4°, *l. III, c.* 1, *dissert.* 4, *pag.* 1043. Voy. l'Encyclopédie au mot *Néoménie*).

La nouvelle Lune étoit annoncée par le bruit des trompettes. (Judith VIII, 6. *Psalm.* 80, *v.* 4. Scaliger, *de emendatione temporum, l. III, pag.* 223, édit. de 1629). Horace fait mention de ces fêtes sous le nom de *tricesima sabbata, l. I, sat.* 9, *v.* 69, *Cœlo supinas si tuleris manus nascente luná, l. III, ode* 23. Les Juifs observent encore la Lune quand elle est nouvelle, et ils en font l'objet d'une cérémonie religieuse (*Buxtorfi Synagoga judaïca, Basileae, in-*8°, 1641, *c.* 17, *pag.* 336). De là l'usage de sacrifier sur les montagnes où on alloit pour observer la nouvelle Lune. Cet usage étoit déja dans l'Egypte (*Maimonid,* ou *Mossei, Dux dubitantium, l. III, c.* 46), aussi bien que celui de sacrifier dans les nouvelles Lunes (*ibid. c.* 47).

La fête de la nouvelle Lune avoit lieu chez les Ethiopiens d'Afrique (*Itinerarium Alexandri Geraldini, Romae* 1631, *l. IX, pag.* 150) ; chez les Sabéens de l'Arabie heureuse (*Hottinger, historia orientalis, l. I, c.* 8, *pag.* 279, *ed. in-*4°, 1660) ; chez les Perses (*Halcuit's Voyages, tom. II, pag.* 399) ; chez les Grecs, comme le prouve fort au long Jean Meursius, *Graecia feriata, Lugd. Batav.* 1619, *in-*4°, *pag.* 210, au mot Νουμηνία. Les Olympiades établies par Iphitus commençoient à la nouvelle Lune (Samuël Petit, *Leges Atticae, in-fol.* 1635, *pag.* 59). Les Romains avoient aussi cette fête (Macrobe, *Saturn. l. I,* 15, *pag.* 181, *ed. de* 1694. Pline, *l. XVI,* à la fin). La cérémonie du gui chez les Gaulois se faisoit à la nouvelle Lune, et le Druïde portoit un croissant comme on le voit dans les figures anciennes (Pelloutier, Hist. des Celtes). On a trouvé cet usage chez les Chinois (Scaliger, *pag.* 118) ; parmi les Caraïbes de

T ij

l'Amérique (*Huetii Demonstratio evangelica*, 1679, *in-fol. pag.* 84); chez les Péruviens (Garcilasso de la Vega, *Commentarios réales de los incas, VII*, 5 et 7. Goguet, I, 219, *in-4°*); dans l'isle de Taïti (Voyage de Cook en 1773). Il étoit également chez les Turcs (*Geuffraus de Turcarum religione, l.* 2, *pag.* 53).

1403. Il se passe 29 jours et demi d'une nouvelle Lune à l'autre; c'est une observation facile, et les premiers pasteurs ne manquerent pas de la faire; c'est ce qu'on appelle *mois lunaire*, Lunaison, ou révolution synodique de la Lune: nous en verrons bientôt une détermination rigoureuse (1422). Cette lunaison fut la plus ancienne mesure du temps (58, 253). On en composa des années lunaires (253, 1534, 1602).

1404. En observant avec attention les phases de la Lune, on dut remarquer naturellement que les éclipses de Soleil qui paroissent au moins tous les 2 à 3 ans, arrivent entre le dernier croissant d'un cours de Lune fini et la premiere phase d'une nouvelle Lune, c'est-à-dire, entre le temps où la Lune s'approche le plus du Soleil, et celui où elle commence à s'en éloigner par le côté opposé : on apperçoit alors sur le Soleil un corps rond et parfaitement noir; on le voit se glisser peu à peu devant le disque du Soleil et en intercepter la lumiere, du moins en partie; quelquefois se placer dans le milieu de son disque, et y paroître environné d'une couronne de lumiere; d'autres fois enfin le couvrir en entier et nous plonger dans les ténebres, comme on l'a vu à Paris en 1724 (art. 1775).

Les premiers observateurs comprirent bientôt que ce corps obscur ne pouvoit être autre chose que celui de la Lune, qu'on avoit vu les jours précédens s'avancer de plus en plus vers le Soleil, et qu'on voyoit ensuite un ou deux jours après de l'autre côté ou à l'orient du Soleil, s'en éloignant avec la même vîtesse.

La Lune, après avoir intercepté la lumiere du Soleil en plein jour, paroissoit absolument noire et opaque : on comprit par-là qu'elle ne brilloit qu'autant qu'elle étoit éclairée, et que le côté qu'elle tournoit vers nous dans le temps d'une éclipse du Soleil ne pouvant recevoir aucune lumiere du Soleil, ne nous en rendoit aucune. C'est ainsi que les premiers observateurs virent que la Lune étoit un globe opaque et massif qui n'avoit pas de lumiere par lui-même, et qui n'étoit lumineux que dans la partie éclairée par le Soleil; on voyoit d'ailleurs que la Lune n'étoit jamais plus lumineuse que quand elle étoit opposée au Soleil, de maniere à être vue de face, et à nous réfléchir toute la lumiere que le Soleil envoyoit sur sa surface ou sur son disque; preuve qu'elle ne renvoyoit vers nous qu'une lumiere empruntée.

1405. Quatorze ou quinze jours après une éclipse de Soleil, il arrive quelquefois une éclipse de Lune. Avant qu'elle commence on voit la Lune pleine, ronde, lumineuse et opposée au Soleil (1400). Dans ces circonstances, s'il arrive une éclipse, on voit en peu de temps la Lune perdre cette grande lumiere et disparoître même pour quelque temps à nos yeux; on comprend que la Terre placée entre la Lune et le Soleil est l'obstacle qui empêche la Lune d'être alors éclairée par le Soleil.

La Lune est donc un corps opaque et qui n'a point de lumiere par lui-même : cela est démontré soit par les éclipses de Lune, soit par celles de Soleil (1404). Voyons donc de quelle maniere elle paroît lumineuse.

Le Soleil éclairant toujours la moitié du globe lunaire, nous ne pouvons voir la Lune pleine que quand nous appercevons cette moitié qui est éclairée, et que nous l'appercevons toute entiere; si nous sommes placés de côté, en sorte que nous ne puissions voir que la moitié de la partie éclairée, c'est-à-dire, de l'hémisphere exposé au Soleil, nous ne verrons que la moitié de ce qui paroissoit dans la pleine Lune : c'est-à-dire que nous ne verrons qu'un demi-cercle de lumiere, la Lune paroîtra en quartier; et ainsi des autres situations. Telle est la cause des phases de la Lune.

1406. Soit S le Soleil (*fig.* 80), T la Terre autour de laquelle tourne la Lune dans son orbite; E O le globe de la Lune placé entre la Terre et le Soleil, c'est-à-dire, en CONJONCTION, ou au temps de la nouvelle Lune; alors la partie E est seule éclairée du Soleil; au contraire la partie O est la seule visible pour nous qui sommes en T: ainsi *l'hémisphere éclairé* est précisément celui que nous ne voyons point, et *l'hémisphere visible* est celui qui n'est point éclairé du Soleil; telle est la cause qui rend alors la Lune invisible pour nous, vers le temps de la nouvelle Lune (1400).

Au contraire, quand la Lune est opposée au Soleil, l'hémisphere éclairé L est celui que nous voyons, parceque nous sommes placés du même côté que le flambeau dont elle est éclairée, et il n'y a rien de perdu pour nous de la lumiere que la Lune répand; c'est pourquoi elle nous paroît pleine, c'est-à-dire ronde et lumineuse, quand elle est en OPPOSITION.

Quand la Lune est éloignée de 90° du Soleil ou environ, c'est-à-dire à peu près à moitié chemin de O en L ou de la *conjonction* à l'*opposition*, l'hémisphere visible est AQZ; l'hémisphere éclairé par le

Soleil est MZQ : ainsi nous ne voyons que la moitié de cet hémisphere éclairé, qui paroissoit tout entier et comme un cercle complet dans le temps de l'opposition ; nous ne voyons donc qu'un demi-cercle de lumiere, tel qu'il est représenté séparément en N, la partie ronde et lumineuse étant toujours du côté du Soleil.

1407. Lorsque la Lune après la conjonction est à 45° du Soleil, nous disons qu'elle est dans son PREMIER OCTANT ; alors la partie éclairée ou qui regarde le Soleil est CDF, la partie visible est BCD : ainsi nous n'appercevons que la partie CD de l'hémisphere éclairé : alors la Lune paroît sous la forme d'un croissant, tel qu'on le voit en G ; nous ne voyons d'orient en occident que la huitieme partie de la circonférence du globe lunaire, et la Lune est éloignée du Soleil de la huitieme partie d'un cercle ; c'est ce qui a fait appeller cette phase un *octant* : mais la surface de la partie éclairée n'est qu'un peu plus de la septieme partie de la surface de son disque visible, comme on le verra par le calcul de la partie éclairée (1410).

Dans le SECOND OCTANT, qui arrive après la quadrature, l'hémisphere visible est HIK, l'hémisphere éclairé par le Soleil est IKP ; ainsi il ne manque à notre vue que la petite portion IH, pour que nous puissions voir la partie éclairée toute entiere ; nous verrons alors plus de la moitié du disque lunaire, et la Lune paroîtra sous la forme R ; ce qui manque à son cercle est de la même grandeur que la partie éclairée dans le premier octant, quand la Lune étoit en C.

Le troisieme octant V, qui arrive 45° au-delà de l'opposition, est semblable au second octant ; et le quatrieme octant X est pareil au premier octant G.

1408. Pour calculer exactement la portion lumineuse et visible du disque lunaire, soit S le Soleil (*fig.* 81), T le centre de la Terre, C le centre de la Lune, A E le diametre de la Lune, perpendiculaire au rayon du Soleil, et qui sépare la portion éclairée ANE, de la portion obscure ADE ; le diametre lunaire ND, perpendiculaire au rayon visuel TC mené de la Terre, sépare la partie visible DAN de la partie invisible DEN ; on abaissera de l'extrémité A du demi-cercle lumineux ENA une perpendiculaire AB sur le diametre ND, et la ligne NB sera la largeur apparente de la partie visible de l'hémisphere lumineux. En effet, de tout l'hémisphere lumineux ANE il n'y a que la partie AN qui soit comprise dans l'hémisphere visible DAN, et l'arc AN ne peut paroître à nos yeux que la largeur BN, par la même raison que le demi-cercle entier NAD ne paroît que comme un simple diametre NBCD, et qu'un hémisphere entier ne paroît que comme un cercle ou un plan qui en est la projection (1814). La portion NB du diametre visible NBCD est le sinus verse de l'arc NA; cet arc NA, ou l'angle NAC, est égal à l'angle CTF, en supposant TF parallele à CS; car l'angle NCA est le complément de l'angle FCT, à cause de l'angle droit NCT. Mais l'angle FCT est le complément de l'angle FTC à cause du triangle rectangle CFT; donc l'angle NCA est du même nombre de degrés que l'angle FTC. Cet angle FTC est égal à l'élongation de la Lune ou à la distance de la Lune au Soleil, parceque le Soleil est supposé sur la ligne TF de même que sur la ligne CS, à cause de la distance qui est prodigieuse en comparaison de CF (1115); donc l'arc NA est égal à l'élongation de la Lune; donc, dans les différentes phases de la Lune, *la largeur du segment lumineux de la Lune est égale au sinus verse de l'angle d'élongation*, en prenant pour rayon le rayon même du disque de la Lune, ou la demi-distance des cornes du croissant. Par exemple, quand la Lune, quatre à cinq jours après sa conjonction, est à 60° du Soleil, sa partie lumineuse NB paroît la moitié du rayon NC ou le quart du diametre entier ND de la Lune, parceque le sinus verse de 60° dans un cercle quelconque est la moitié du rayon de ce cercle. Si le disque lunaire est exprimé par un cercle GNH (*fig.* 83), dont C soit le centre, NB égal à la moitié du rayon CN, on aura NB pour la largeur du croissant de la Lune, à 60° d'élongation.

1409. Les réflexions précédentes font voir que ce n'est pas exactement le sinus verse de l'élongation, mais plutôt le sinus verse de l'angle extérieur du triangle formé au centre de la Lune par les rayons qui vont au Soleil et à la Terre. En effet, nous avons supposé, dans la démonstration précédente, que les lignes CS et TF menées au Soleil, soit de la Terre, soit de la Lune, étoient sensiblement parallèles; cela n'est vrai qu'à peu près, et à cause de la grande distance du Soleil, qui est 398 fois plus loin de nous que la Lune (1729). Mais si les rayons ST et SV (*fig.* 82) qui vont du Soleil à la Terre et à la planete ne sont pas parallèles, on aura l'angle extérieur TVO du triangle SVT égal à l'angle NVA, l'un et l'autre étant le complément de l'angle AVT; or la partie éclairée et visible NB est égale au sinus verse de l'angle NVA; donc le diametre entier est à la largeur de la partie éclairée et visible d'une planete, comme le diametre du cercle est au sinus verse de l'angle au centre de la planete, extérieur au triangle formé au Soleil, à la Terre et à la planete.

1410. La courbure GBH (*fig.* 83) qui forme l'intérieur du croissant est une *ellipse*, dont le grand axe GH est égal au diametre même du disque lunaire: pour le prouver nous nous contenterons d'observer que GBH est la circonférence du cercle *terminateur* de la lumiere et de l'ombre, ou du cercle qui sépare l'hémisphere obscur de la Lune ; ce demi-cercle est vu de côté, sous une inclinaison qui est le complément de l'angle d'élongation, c'étoit l'angle ACT (*fig.* 81) : or un cercle vu obliquement paroît toujours sous la forme d'une ellipse (1815) ; donc GBH, étant une circonférence vue obliquement, doit paroître le contour d'une ellipse. Ainsi le calcul de la surface éclairée dépend de celui de l'ellipse ; et comme la surface est proportionnelle à son petit axe (3399), la lumiere du croissant est proportionnelle à sa largeur ; donc à 45° d'élongation, le sinus verse étant $\frac{3}{25}$ du diametre, la lumiere est aussi $\frac{3}{25}$ de celle de la pleine Lune.

Je dis encore que le grand axe de cette ellipse est le diametre même GH du disque lunaire ; car tous les grands cercles d'un globe se coupent en deux parties égales : ainsi le cercle visible GNH et le cercle terminateur GBH sur le globe de la Lune se coupent en deux parties égales, et en deux points diamétralement opposés ; donc le diametre GCH est la commune section de ces deux cercles. C'est pourquoi les cornes G et H du croissant sont toujours éloignées entre elles d'un demi-cercle, et l'on peut en tout temps mesurer le diametre de la Lune en mesurant la distance des cornes.

1411. La considération employée dans l'article 1409 a été négligée dans l'article 1408, où nous avons supposé paralleles les rayons du Soleil qui vont à la Lune et à la Terre. C'est une petite erreur qui provient de ce que ces rayons font en divergeant un angle de 8 à 9 minutes ; mais il est insensible dans ces sortes de calculs. J'ai négligé de même la différence entre les grosseurs du Soleil et de la Lune, qui fait que le Soleil éclaire toujours un peu plus de la moitié du globe lunaire : mais la différence ne va qu'à un degré de la circonférence de la Lune de chaque côté. On pourroit aussi remarquer que nous ne voyons pas tout-à-fait la moitié de la Lune : mais la différence qui en résulte sur le diametre apparent de la Lune, ou la différence entre CTG que nous voyons (*fig.* 81), et CTD, angle sous lequel nous verrions le quart de cercle entier HD, ne va pas à un centieme de seconde ; car le sinus verse d'un arc DG de 15 minutes, 0,00000952, n'est pas la cent millieme partie du rayon : il n'en peut donc rien résulter pour les phases de la Lune ; ainsi nous n'insisterons point là-dessus.

1412. On voit distinctement après la nouvelle Lune que le croissant qui en fait la partie la plus lumineuse, est accompagné d'une lumiere foible répandue sur le reste du disque ; elle nous fait entre-
voir

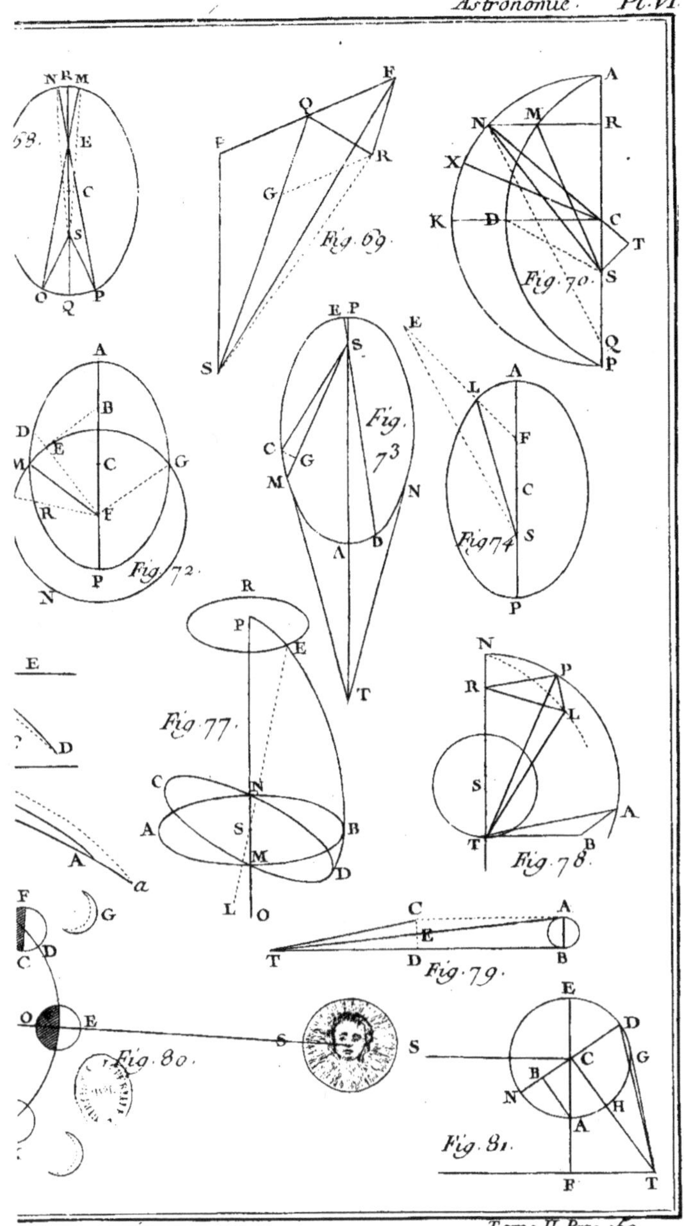

Fig. 68.
Fig. 69.
Fig. 70.
Fig. 72.
Fig. 73.
Fig. 74.
Fig. 77.
Fig. 78.
Fig. 79.
Fig. 80.
Fig. 81.

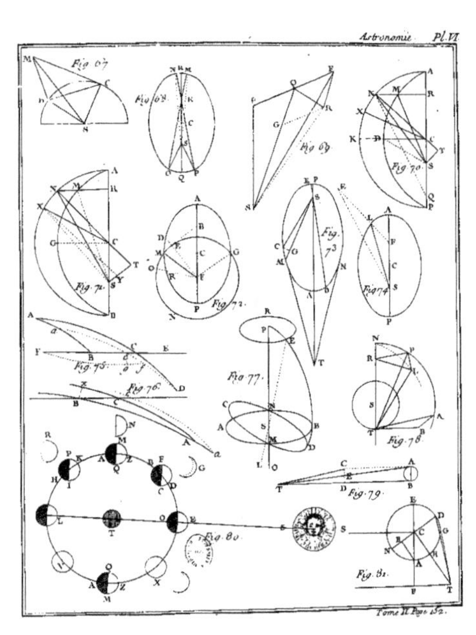

voir toute la rondeur de la Lune, et c'est ce qu'on appelle LA LU-
MIERE CENDRÉE.

La Terre réfléchit la lumiere du Soleil vers la Lune, comme la
Lune la réfléchit vers la Terre : quand la Lune est en conjonction
pour nous avec le Soleil, la Terre est pour elle en opposition ; c'est
proprement pleine terre pour l'observateur qui seroit dans la Lune,
comme dit Hévélius ; et la clarté que la Terre y répand est telle que
la Lune en est illuminée beaucoup plus que nous ne le sommes par
un beau clair de Lune qui nous fait appercevoir tous les objets. La
Terre étant bien plus grosse que la Lune, la lumiere que la Terre y
répand doit être bien plus grande que celle qu'elle en reçoit ; il n'est
donc pas étonnant que la Lune puisse la réfléchir jusqu'à nous, et
que cette lumiere nous fasse voir la Lune. Nous l'appercevrions
toute entiere lorsqu'elle est en conjonction, si le Soleil, que nous
voyons en même temps, n'absorboit entièrement cette lueur terrestre
réfléchie sur le globe lunaire, et n'empêchoit alors de voir la Lune ;
mais quand la Lune est un peu plus éloignée du Soleil, qu'il est
couché, et le crépuscule presque fini, nous appercevons très distinctement la lumiere cendrée.

Les anciens eurent beaucoup de peine à expliquer la cause de
cette lumiere secondaire : les uns l'attribuoient à la Lune même, ou
transparente, ou phosphorique ; les autres aux étoiles fixes (*Riccioli, Almag. novum, I, 199*). Képler assure que Tycho l'attribuoit à
la lumiere de Vénus, et que Mœstlinus, dont Képler se déclaroit le
disciple, fut le premier qui expliqua en 1596 la véritable cause de
cette lumiere cendrée (*Astr. pars optica, pag.* 254). Il y a des Italiens qui attribuent cette explication à *Leonardo da Vinci*, célebre
peintre toscan, mort en 1518 ; et le P. Frisi m'a assuré qu'elle se
trouve dans un de ses manuscrits sur les rivieres, que l'on conserve
à Londres. Galilée en donna la même explication (*Sidereus Nuncius*,
1610, *pag.* 26), comme l'ayant trouvée depuis plusieurs années.
Hévélius observa beaucoup cette lumiere (*Selenog.* 288, 400).

La lumiere cendrée paroît beaucoup plus vive quand on se place
de maniere que quelque toit cache la partie lumineuse de la Lune,
qui efface un peu la lumiere secondaire ; celle-ci est suffisante alors
pour nous faire distinguer les grandes taches de la Lune, telles que
la mer des crises (FIGURE 282), sur-tout vers le troisieme jour de
la Lune, et le matin aux environs de l'équinoxe du printemps.

Quoique la lumiere cendrée doive aller en diminuant, du jour
même de la nouvelle Lune, c'est cependant vers le troisieme jour
qu'elle est le plus sensible pour nous, parceque la Lune est alors

plus dégagée des rayons du Soleil; c'est aussi aux environs de l'équinoxe du printemps, quand la Lune, ayant une grande latitude septentrionale, se couche long-temps après le Soleil, que cette lumiere est le plus sensible. Elle disparoît presque entièrement quand la Lune est en quadrature : 1°. parceque la Terre envoie alors quatre fois moins de rayons vers la Lune; 2°. parceque la phase de la Lune, devenue 4 à 5 fois plus grande, nous empêche de la distinguer. Par la même raison cette lumiere cendrée paroît un peu plus vive suivant Hévélius, quand la Lune décroît, et qu'elle paroît le matin, quoiqu'à même distance du Soleil et à pareille phase, parceque la lumiere de la partie orientale de la Terre est plus vive que celle de la partie occidentale où les eaux de la mer absorbent les rayons, tandis que celle de la partie orientale de la Lune est un peu plus foible à cause des taches obscures qui s'y trouvent; d'ailleurs la prunelle est plus dilatée après les ténebres de la nuit qu'après l'éclat du grand jour (Hévél. *Selenog. pag.* 307, 399). M. du Séjour a donné des calculs sur la lumiere cendrée (*Traité analyt. pag.* 695).

La lumiere cendrée présente un autre phénomene optique, fort sensible; c'est la dilatation apparente du croissant lumineux, qui paroît être d'un diametre beaucoup plus grand que le disque obscur de la Lune : cela vient de la force d'une grande lumiere placée à côté d'une petite; l'une efface l'autre, et la tue, comme disent les peintres à l'occasion des couleurs; le croissant paroît enflé par un débordement de lumiere qui s'éparpille dans la rétine de l'œil, et élargit le disque de la Lune; l'air ambiant éclairé par la Lune augmente encore cette illusion.

1413. La lumiere de la Lune n'est accompagnée d'aucune chaleur. Tschirnausen, avec ses verres brûlans, ne put la rendre sensible (*Hist. acad.* 1699). La Hire le fils exposa le miroir concave de l'Observatoire qui a 35 pouces de diametre aux rayons de la pleine Lune, lorsqu'elle passoit au méridien dans le mois d'octobre 1705, et il rassembla ces rayons dans un espace 306 fois plus petit que dans l'état naturel : cependant cette lumiere concentrée ne produisit pas le moindre effet sur le thermometre d'Amontons, qui étoit très sensible (*Mém. acad.* 1705).

1414. Bouguer a trouvé par expérience que la lumiere de la Lune est 300 mille fois moindre que celle du Soleil, et cela en les comparant l'une et l'autre avec la lumiere d'une bougie placée dans l'obscurité (*Optique* 1760, *in-*4°, p. 89).

De la révolution de la Lune.

1415. Les plus anciens philosophes comprirent d'abord que la Lune tournoit chaque mois tout autour de la Terre, qu'elle en étoit la compagne, et, comme nous disons actuellement, *le Satellite*. Aristote, au rapport d'Averroès, disoit que la Lune lui paroissoit comme une Terre éthérienne. On peut voir dans Macrobe et dans Plutarque tout ce que les philosophes avoient dit à ce sujet.

Toutes les raisons qu'on a eues de changer l'ancienne opinion par rapport au mouvement des planetes cessent par rapport à la Lune ; on voit évidemment qu'elle tourne autour de la Terre : il ne s'agit plus que de connoître la durée de sa révolution ; nous allons la rechercher à-peu-près : mais, pour la connoître bien exactement, il faudra dans la suite faire usage de la connoissance que nous aurons acquise de ses inégalités.

Les premiers observateurs dûrent reconnoître bien facilement que, dans l'espace de 59 jours, la nouvelle Lune arrivoit deux fois ; en sorte que la durée d'une lunaison étoit de 29 jours et demi : mais cette regle, à-peu-près vraie, étoit sujette à plusieurs exceptions et à plusieurs inégalités qu'on ne développa que bien long-temps après.

1416. La premiere connoissance exacte que l'on ait eue dans la Grece du mouvement de la Lune, ou de la durée exacte de sa révolution, fut celle du cycle de 19 ans. Il est attribué à Méton par Diodore et Censorinus ; Geminus l'attribue à Euctemon, Philippe et Calippus. Méton vivoit environ 430 ans avant notre ere : mais c'est des Orientaux probablement que les Grecs apprirent qu'en 19 années solaires il y avoit 235 mois lunaires complets ; et cette détermination n'est en défaut que d'un jour sur 312 ans (1563) : ainsi la regle de 19 ans étoit assez exacte pour les usages de la société ; nous parlerons de l'emploi que l'on en fait encore dans le calendrier (1558).

Cette découverte parut si belle aux Grecs, qu'on en exposa le calcul en lettres d'or dans des endroits publics, pour l'usage des citoyens, et qu'on appella *Nombre d'or* l'année courante de cet espace de 19 ans qui ramenoit sensiblement la Lune en conjonction avec le Soleil au même point du ciel, ou au même jour de l'année solaire.

1417. Calippus crut remarquer, 330 ans avant notre ere, que le cycle de Méton avoit un quart de jour de trop ; il y substitua une période quadruple, ou de 76 ans, dans laquelle il ne mettoit que

V ij

27759 jours, au lieu de 27760 qu'il y avoit dans quatre cycles de Méton (*Doctrina temporum*, *l. II, c.* 16).

Hipparque apperçut ensuite que, dans 4 périodes calippiques ou 304 ans, le retour étoit plus exact, et de 3760 mois lunaires; c'est ce que Censorinus appelle l'année d'Hipparque (*Doct. tempor. II*, 33, *Censorinus*, *c.* 18, *pag.* 95) : mais Hipparque y substitua lui-même dans la suite la période plus exacte de 126007 jours et une heure, pour 4267 lunaisons; ce qui donnoit pour chacune 29^j 12^h 44' 3'' 26224 (Ptolémée, IV, 2).

1418. Ce mois synodique (1173) de 29^j 12^h, qu'on appelle aussi lunaison, ne finit que quand la Lune, après avoir fait le tour du ciel, est revenue en conjonction avec le Soleil. Mais, dans cet intervalle de temps, le Soleil a fait lui-même 29° par son mouvement propre d'occident en orient : ainsi la Lune a fait 29° de plus que le tour entier du ciel; d'où il est aisé de voir qu'elle n'auroit employé que 27 jours et un tiers à faire les 360°, c'est-à-dire à revenir à un même point du ciel : c'est cette révolution de 27^j et un tiers, qu'on appelle Mois périodique (1173). Nous allons déterminer l'une et l'autre révolution par la plus ancienne observation qui nous soit parvenue.

1419. Ptolémée rapporte (p. 88) une éclipse de Lune observée à Babylone par les Caldéens, l'an 720 avant J. C. le 29 thot de la premiere année de Mardocempade, ou la premiere année de la captivité des Juifs sous Salmanasar, au temps d'Ezéchias et de Tobie : l'éclipse commença une bonne heure après le lever de la Lune; l'opposition dut arriver le 19 mars à 6^h 11' temps moyen au méridien de Paris, suivant mon calcul (*Mém. ac.* 1757) et celui de Dunthorn (*Philos. Trans. vol.* 46). Je compare cette éclipse avec celle du 23 oct. 1771, dont l'opposition, suivant nos tables, a dû être à 4^h 28', et qui se trouve vers le même degré d'anomalie. J'écris le 12 octobre pour la réduire au vieux style : l'intervalle est de 2491 ans et 207 jours moins une heure 43'. Mais de ces 2491 ans il y en a le quart de bissextiles ou 622, savoir 5 jusqu'à l'année 700 inclusivement, 600 pour les 24 siecles, et 17 depuis 1700 exclusivement jusqu'à 1771 : ainsi cela fait 910044 jours moins 1^h 43', c'est-à-dire 78627795420''. Il y a eu dans cet intervalle 30817 révolutions synodiques de la Lune; donc chacune est de 29^j 12^h 44' 2''2. M. Cassini se sert de la même éclipse de l'an 720 comparée avec celle du 20 sept. 1717, l'intervalle étant de 890288 jours moins 46 minutes : pendant ce temps il y a eu 32585 révolutions périodiques de la Lune, plus 6^s 6° 7', dont la Lune étoit plus avancée dans la seconde observation que dans la premiere; ce qui donne la révolution moyenne de la Lune à l'égard des équinoxes de 27^j 7^h 43$'$ 5$''$ (*Elém. d'astron. pag.* 293).

On trouve encore dans l'Almageste une éclipse du 8 mars 719, dont le milieu arriva à 9^h 18$'$ du soir au méridien de Paris, et une du 1 sept. 719, 5^h 48$'$ du soir (Cassini, p. 286).

1420. Ces éclipses fournissent une détermination d'autant plus exacte qu'elles sont plus anciennes : mais il faudroit tenir compte des différentes inégalités du Soleil et de la Lune dans chaque observation ; c'est-à-dire n'employer que les longitudes moyennes, et pour cela connoître bien le mouvement de l'apogée de la Lune et de l'apogée du Soleil. Au reste, après beaucoup de comparaisons semblables, et sur-tout après l'examen des observations faites depuis un siecle, la révolution périodique a été trouvée de 27^j 7^h 43$'$ 4$''$ 6480, par rapport aux équinoxes, pour le commencement de ce siecle-ci, suivant Mayer; et le mouvement séculaire 10^s 7$°$ 53$'$ 35$''$ outre les 1336 révolutions completes de la Lune qu'il y a dans un siecle. Mais j'en ai ôté 23$''$, d'après les dernieres observations de M. d'Agelet calculées par M. de Lambre (1487); ainsi la révolution tropique est de 27^j 7^h 43$'$ 4$''$ 6795.

1421. Il faut ajouter environ 7$''$ à la révolution périodique de la Lune par rapport aux équinoxes que nous venons de trouver, quand on veut avoir la révolution moyenne de la Lune par rapport aux étoiles fixes, parceque, dans l'espace d'un mois lunaire, les équinoxes rétrogradent d'environ 4$''$ de degré, en sorte que la Lune rencontre plutôt l'équinoxe qu'elle n'eût rencontré une étoile fixe située au même point du ciel (1161), et la différence est pour la Lune de 7$''$ de temps. La révolution moyenne sidérale de la Lune est de 27^j 7^h 43$'$ 11$''$52588 de temps moyen dans ce siecle-ci.

Si l'on ne connoissoit que la révolution périodique, il seroit aisé de trouver la révolution synodique, parceque *la différence des mouvemens de la Lune et du Soleil est au mouvement de la Lune seule comme la révolution périodique est à la révolution synodique.* Car ces deux mois sont entre eux comme le mouvement absolu de la Lune est à son mouvement relatif par rapport au Soleil (1173).

Ptolémée supposoit la révolution synodique, ou le mois lunaire, de 29^j 12^h 44$'$ 3$''$ 26222, Boulliaud de 29^j 12^h 44$'$ 3$''$ 9$'''$ 37^{iv} 9^v 59^{vi} 15^{vii}¼. Mayer trouve cette révolution, pour l'an 300 avant notre ere, de 29^j 12^h 44$'$ 3$''$ 4015, et pour le commencement de ce siecle, ou vers l'année 1700, de 29^j 12^h 44$'$ 2$''$ 8283, parcequ'à cause de l'accélération de la Lune (1483) la longueur du mois lunaire ou de la révolution synodique a diminué de $0''5732$ ou $34'''23^{iv}$ de temps, dans l'espace de 2000 ans (1484).

1422. En partant du mouvement séculaire qui est employé dans les tables de la Lune, on peut avoir ces révolutions avec toute la précision qu'on voudra, en disant, Le mouvement séculaire est à la durée du siecle, comme 360° sont à la durée de la révolution; ou en divisant le produit d'un siecle et de 360° réduits en secondes (893), 1°. par le mouvement séculaire total de la Lune par rapport aux équinoxes, $1732564392''$; 2°. par le mouvement séculaire relativement aux étoiles, $1732559367''$; 3°. par le mouvement séculaire relativement au Soleil, 1602961632. Par ce moyen l'on trouve les trois especes de révolutions telles qu'elles seront rapportées art. 1481. En supposant le mouvement séculaire du Soleil $46'0''$, le mouvement séculaire relatif est de 1236 cercles entiers, et $10'7°7'12''$; on a pour un jour $12°11'26''697659$. Le mouvement diurne de la Lune par rapport aux équinoxes dans ce siecle-ci est de $13°10'35''0278439$.

Des quatre grandes inégalités de la Lune.

1423. LES révolutions moyennes de la Lune que nous venons de déterminer supposent dans la Lune un mouvement toujours égal et uniforme; cependant il n'est aucun astre dont les mouvemens soient aussi compliqués et aussi irréguliers, comme l'observoit déja Pline : *Multiformi haec ambage torsit ingenia contemplantium, et proximu mignorari maximè sidus indignantium (L. II, cap. 9).* C'est ce que disoit encore Halley dans ces vers sur la théorie de la Lune :

> Quâ causâ argentea Phœbe
> Passibus haud æquis graditur; cur , subdita nulli
> Hactenus astronomo, numerorum fræna recusat;
> Cur remeant Nodi, curque Auges progrediuntur.

Ce sont ces inégalités dont nous allons traiter, en nous réduisant à ce que les observations seules ont fait connoître immédiatement, sans le secours des calculs de l'attraction; nous parlerons ensuite des petites inégalités que l'attraction a indiquées.

Ces inégalités principales que l'observation seule a fait découvrir sont au nombre de quatre, sans compter le mouvement de l'apogée de la Lune, et le mouvement du nœud. La premiere est l'Equation de l'orbite, la seconde est l'Evection, la troisieme est la Variation, la quatrieme est l'Equation annuelle. A l'égard des petites inégalités que la théorie de l'attraction a fait connoître, du moins à-peu-près, je tâcherai aussi d'en donner une idée ; mais on les a reconnues, soit par le calcul, soit par l'observation, à force d'essais, de tentatives et de combinaisons : il est encore fort douteux qu'on les connoisse bien, et personne n'a donné le détail prodigieux de ces calculs. Ainsi je n'entreprendrai pas d'en donner une explication, qui ne les feroit connoître même que d'une maniere imparfaite et peu sûre ; il ne faut regarder les dix-huit petites équations dont nous parlerons ci-après (1463 *et suiv.*), que comme une hypothese qui explique et qui représente à-peu-près les observations qu'on a faites jusqu'ici du mouvement de la Lune.

1424. Pour suivre le progrès des astronomes dans cette partie, nous sommes obligés de recourir au livre de Ptolémée (*Almag. liv. IV, c.* 1), où l'on trouve toujours l'histoire de l'ancienne astronomie. Il nous avertit d'abord qu'il faut choisir les éclipses de Lune pour établir la théorie de la Lune, parceque ces éclipses nous paroissent de la même maniere que si nous étions au centre même de la Terre, auquel ces mouvemens doivent nécessairement se rapporter ; au lieu que, dans toute autre situation, la diversité d'aspect, ou la parallaxe, ajoute à ces recherches une nouvelle difficulté (1620).

Les inégalités de la Lune sont si grandes et si variées, qu'il parut d'abord aux anciens astronomes fort difficile de déterminer seulement la durée d'une révolution *moyenne* de la Lune, c'est-à-dire, d'une révolution qui ne fût point augmentée ni diminuée par les inégalités périodiques de la Lune.

1425. Pour parvenir à connoître cette révolution moyenne, en se servant toujours des éclipses de Lune, les anciens chercherent combien il falloit prendre de mois ou de jours pour avoir un mouvement de la Lune qui fût toujours de la même quantité dans le même intervalle de temps ; ils trouverent 6585 jours et 8 heures, qui font 223 mois lunaires, ou 18 ans et 10 jours ; c'est-à-dire qu'ils reconnurent que quand deux éclipses de Lune avoient été éloignées de 18 ans et 10 jours, il en revenoit toujours une semblable au bout d'un pareil espace de temps, lorsque le Soleil avoit fait 18 révolutions avec 10° et 40'. Dans cet intervalle, toutes les inégalités de la Lune avoient eu leur cours, et recommençoient toutes ensemble, soit en longitude, soit en latitude (*Almag.* IV, 2, *pag.* 77). Hipparque reconnut que cette période de 223 lunaisons n'étoit pas rigoureusement exacte; mais nous la prendrons seulement pour exemple.

1426. Dans cet espace de 223 lunaisons ou retours de la Lune au Soleil, les anciens remarquerent que le retour de l'équation, ou de l'inégalité de la Lune, qui étoit d'environ 5°, avoit recommencé 239 fois, la révolution de la latitude 242 fois, et celle de la longitude 241 fois avec 10° 40' de plus; ainsi la Lune avoit été 241 fois au même degré de longitude, 239 fois à sa distance moyenne ou au point de sa plus grande équation, et 242 fois à son nœud, à quelque chose près. Il n'en falloit pas davantage pour reconnoître les trois principales circonstances du mouvement de la Lune; c'est-à-dire, son moyen mouvement, celui de son apogée, et celui de son nœud; circonstances nécessaires pour trouver les quatre inégalités dont nous avons à parler; car les méthodes que nous avons employées dans le VIe livre pour les planetes ne suffiroient pas pour la Lune, à cause du mouvement rapide de son apogée et de son nœud.

Ptolémée ajoute que si l'on ne s'attache pas aux éclipses et qu'on veuille seulement considérer l'inégalité de la Lune dans son mouvement en longitude le long du Zodiaque, en allant d'une pleine Lune à l'autre, on aura des retours égaux de la Lune en 251 mois, pendant lesquels il y aura eu 269 restitutions des inégalités de la Lune; mais alors la latitude aura été différente.

Tel est donc l'aspect sous lequel les plus anciens astronomes commencerent à considérer la Lune, quand ils voulurent parvenir à déterminer ses inégalités; ils virent que des éclipses de Lune arrivées dans le même point du ciel, et dans la même saison de l'année, ne se trouvoient point à des distances égales pour le temps; ils dûrent faire une table des intervalles de temps observés entre plusieurs éclipses de Lune, et chercher s'il n'y auroit pas entre elles exactement deux intervalles de temps qui fussent égaux : cela ne se rencontra que sur 223 lunaisons ou 18 ans; on reconnut ainsi que la Lune ne revenoit pas toujours au même degré d'anomalie ou d'inégalité, quoiqu'elle revînt au même point du ciel, et en opposition avec le Soleil.

1427. En examinant la Lune dans l'espace d'un mois, il n'étoit pas difficile de voir que tous les 7 jours elle avoit cinq à six degrés d'inégalité; qu'au bout de 14 jours cette inégalité disparoissoit, et ainsi de suite; qu'il y avoit toujours dans le mois deux points éloignés tout à la fois d'une demi-révolution en temps, et d'un demi-cercle en longitude; c'est-à-dire, deux moitiés égales parcourues en temps égaux : en sorte que les inégalités recommençoient toujours au

bout

bout de 27 jours et demi environ. Mais, en faisant la même recherche en différens mois ou en différentes années, on remarqua bientôt que le lieu de la plus grande inégalité ne se trouvoit pas au même point du ciel, mais toujours un peu plus avancé dans le zodiaque, et cela d'environ 3° à chaque révolution, en sorte que le mouvement de la Lune, par rapport à son apogée, ou son mouvement d'anomalie, étoit plus petit de $\frac{1}{120}$ que le mouvement absolu.

Pour expliquer cette premiere inégalité, on supposa que la Lune décrivoit un cercle excentrique, comme nous l'avons expliqué pour le Soleil (865), ou bien un épicycle placé sur un cercle concentrique (868) ; et en même temps que la ligne des apsides (864), c'est-à-dire la ligne qui va de l'apogée au périgée, changeoit de position et s'avançoit vers l'orient d'environ 3° par mois.

1428. Ptolémée employa, pour déterminer cette premiere inégalité, 3 éclipses de Lune observées à Babylone dans les années 719 et 720 avant J. C. et il la trouva de 5° 1′ (*Almag. IV*, 6 et 11). C'est cette premiere inégalité que nous appellons *équation de l'orbite*, ou *équation du centre* [a], et qui est appellée dans Képler *inaequalitas soluta*. Nous donnerons ci-après sa véritable quantité avec plus d'exactitude (1434).

1429. Pour déterminer l'équation et le lieu de l'apogée de la Lune, à la maniere des anciens, je suppose qu'on ait rassemblé plusieurs lieux de la Lune déterminés par observation, dans l'intervalle d'une même révolution; l'on comparera le mouvement vrai avec le mouvement moyen (1261,1279), la plus grande différence sera le double de l'équation de l'orbite. S'il se trouvoit deux observations où cette différence entre le mouvement moyen et le mouvement vrai fût nulle, ce seroit une preuve que la Lune étoit dans son apogée et dans son périgée, et que son lieu moyen étoit le même que son lieu vrai : ainsi l'on connoîtra le lieu de l'apogée de la Lune. Quelle que soit l'erreur qu'on commettra sur le lieu moyen calculé, si les différences sont égales et dans le même sens, elles indiqueront des observations faites dans l'apogée et le périgée; puisque, l'erreur étant la même, c'est une preuve que le mouvement vrai a été égal au mouvement moyen dans cet intervalle de temps, et cela indique les apsides (1279).

1430. Depuis la découverte des lunettes on a un autre moyen assez simple de trouver l'apogée de la Lune, en observant ses diametres apparens; car ils varient depuis 29′ $\frac{1}{2}$ jusqu'à 33′ $\frac{1}{2}$ (1506);

(a) Elle est dans Ptolémée sous le nom de πρώτης καὶ ἁπλῆς ἀνωμαλίας, ou de premiere et simple inégalité.

Tome II.   X

l'on est donc assuré que la Lune est apogée toutes les fois que son diametre apparent n'est que de $29'\frac{1}{2}$, et qu'elle est périgée lorsque ce diametre est de $33'\frac{1}{2}$; cette méthode seroit suffisante pour trouver le lieu de l'apogée à très peu près, si l'on ignoroit son mouvement.

1431. Mais si l'on vouloit trouver le lieu de l'apogée de la Lune par le moyen de ses diametres, il vaudroit mieux les observer vers les moyennes distances lorsque le diametre est environ de $31'\frac{1}{2}$. Si on l'a trouvé deux fois de la même quantité, c'est une preuve que dans ces deux observations la Lune étoit à des distances égales de ses apsides; ainsi prenant un milieu entre les deux temps où l'on a observé, on aura le temps où la Lune a été apogée.

C'est en observant ainsi les diametres de la Lune que Horoccius, vers l'an 1638, trouva qu'il falloit admettre un balancement de l'apogée et un changement d'excentricité pour expliquer la seconde équation trouvée par Ptolémée, dont nous parlerons ci-après (1435).

1432. Après avoir ainsi déterminé plusieurs fois le lieu de l'apogée de la Lune en différens temps, on a trouvé qu'il faisoit le tour du ciel par rapport aux étoiles dans l'espace de 8 années communes et 312 jours, ou $3232^j 11^h 11' 39''4$, et, par rapport aux équinoxes, en $3231^j 8^h 34' 57'',6$. Son mouvement considéré par rapport aux équinoxes est de $6' 41'' 069815$ par jour, ou $3' 19° 11' 15''$ par siecle, outre 11 révolutions completes, en total $14649075''$, et, par rapport aux étoiles, $14644050''$ [a]. De là il suit que le mouvement moyen de la Lune (1420) par rapport aux étoiles fixes, $13° 10' 34'',890267$, étant pris pour unité, celui de son apogée $6' 40'', 932238$ est égal à la fraction décimale $0,00845226445$, dont le logarithme est $7, 9269731$. Pour trouver la révolution anomalistique de la Lune, on dira : La différence des mouvemens séculaires de la Lune et de son apogée $17179153 17''$ est à un siecle, comme $360°$ sont à $2380713''$ ou $27^j 13^h 18' 33'' 94994$.

1433. Jusqu'au temps de Ptolémée on s'étoit borné principalement à observer des éclipses de Lune; et la premiere inégalité de $5°$ (1428) étoit la seule qui pût s'y manisfester. Ptolémée reconnut qu'il y en avoit une autre qui étoit fort sensible dans les quadratures (*Almag. liv. V, ch.* 1), et qu'on appercevoit par les distances de la

(a) Par les observations de la Hire que la Caille a calculées, il paroît qu'il faudroit augmenter de $5'$ la longitude de l'apogée de la Lune employée dans les tables de Mayer pour 1684 ; mais cette correction peut être susceptible de quelque doute à cause des inégalités de la Lune dans lesquelles elle se trouve compliquée (M. Bailly , *Mém.* 1763).

Lune au Soleil. « En observant avec soin l'ordre de cette inégalité,
« nous avons reconnu, dit-il, qu'il n'y avoit que la première et simple
« inégalité dans les conjonctions et les oppositions, et même dans
« les quadratures, quand la Lune est apogée et périgée; mais on
« s'assurera facilement qu'elle ne suffit pas pour calculer les mouve-
« mens particuliers de la Lune observés dans les autres aspects. La
« seconde inégalité se rapporte aux distances de la Lune au Soleil;
« elle se rétablit et disparoît dans les conjonctions et dans les opposi-
« tions; elle est la plus grande dans certaines quadratures. Nous
« avons découvert cette différence par les observations de la Lune
« que nous avons d'Hipparque, et par celles que nous avons faites
« au moyen d'un instrument construit exprès pour mesurer les
« différences de longitude le long du zodiaque entre le Soleil et la
« Lune. »

Ces distances de la Lune au Soleil observées par Hipparque et
par Ptolémée, s'accordoient quelquefois avec le calcul de la première inégalité ou de la première supposition (1427); quelquefois
aussi elles en étoient éloignées. [a] Ptolémée reconnut qu'il y avoit
une différence de $2°\frac{2}{3}$ quand la Lune en quadrature se trouvoit
être à 3 signes de son apside (*Almag. V*, 3, *in fine*). Alors le
Soleil étant dans l'apogée ou dans le périgée de la Lune, l'inégalité,
qui seroit de 5° suivant les regles établies ci-dessus (1428), se
trouve être de $7°\frac{2}{3}$, c'est-à-dire plus grande de $2°\frac{2}{3}$ en vertu de la
seconde inégalité. Ptolémée suppose en conséquence que l'épicycle
de la Lune est porté dans un cercle excentrique, et qu'il est plus
près de nous dans les quadratures que dans les conjonctions et dans
les oppositions, en sorte que pour expliquer ces deux inégalités
ensemble il se sert d'un excentrique et d'un épicycle (*L. V*,
c. 2 et 4).

Il suppose que dans un jour le centre de l'épicycle, allant suivant
l'ordre des signes, fait 13° 14', et que l'apogée ou la ligne des apsides
de l'excentrique fait 11° 9' contre l'ordre des signes: ainsi tous les
14 ou 15 jours l'apogée de l'excentrique rencontrera l'épicycle,
et tous les 7 jours ils seront opposés entre eux. Par-là l'équation de
5° seulement a lieu dans toutes les conjonctions et oppositions,
parcequ'alors l'épicycle est toujours dans l'apogée de l'excentrique.
L'équation de $7°\frac{2}{3}$ a lieu quand l'épicycle est plus près de la Terre,
ce qui arrive dans les quadratures; le diametre de l'épicycle, paroissant alors plus grand, produit une inégalité plus considérable. Mais

(a) *In quadraturis verò utrisque, in minimo vel in nullo erratur, cùm Luna
vel in maxima vel minima epicycli longitudine sit.* Ptol. L. V, cap. 2.

X ij

il faut supposer d'ailleurs toutes choses égales, et la Lune au point de la plus grande équation.

Dans l'explication que donne Copernic de cette inégalité (*de Revol. lib. IV, cap.* 8), en suivant les mêmes données que Ptolémée, il emploie deux épicycles. Le petit épicycle est supposé parcourir dans l'espace d'une révolution anomalistique, et contre l'ordre des signes, la circonférence du grand épicycle, tandis que la Lune parcourt, contre l'ordre des signes, le petit épicycle en $14^j\ 18^h$, c'est-à-dire dans l'espace d'une demi-révolution synodique : en sorte que dans toutes les syzygies (57) la Lune se trouve en dedans du grand épicycle pour former une plus grande équation de l'orbite de 5° seulement ; mais dans les quadratures elle est au dehors pour donner une équation de $7°\ \frac{2}{3}$. C'est ainsi que la seconde inégalité découverte par Ptolémée, et que l'on appelle aujourd'hui *Evection*, s'expliquoit encore du temps de Tycho, c'est-à-dire jusques vers l'an 1600. Ptolémée l'appelloit προσνευσιν, *epicycli quasi annutum*; Copernic l'appelloit *prostaphaeresim secundi vel minoris epicycli*; Tycho l'appelloit *prostaphaeresim excentricitatis*; nous l'appellons *évection,* à l'exemple de Boulliaud, parcequ'elle vient de l'éloignement ou de l'élévation de l'apogée, ou bien parcequ'elle porte le calcul à une plus grande précision.

1434. Puisque l'inégalité de la Lune alloit selon Ptolémée depuis 5° jusqu'à 7° 40', sa quantité moyenne étoit, suivant les anciens, de 6° 20' ; on l'emploie actuellement de 6° 18' 32'' (1479) : ainsi Hipparque par le seul secours des éclipses de Lune, et Ptolémée en y employant les quadratures, avoient déterminé avec une exactitude assez singuliere ces deux premieres inégalités.

1435. La seconde inégalité que les anciens avoient expliquée par le moyen d'un épicycle sur un excentrique, ou d'un épicycle sur un épicycle, fut expliquée d'une maniere différente par Horoccius vers l'an 1640 ; mais sa théorie ne fut connue qu'en 1673 : alors Flamsteed calcula de nouvelles tables de la Lune sur les principes et sur les nombres donnés par Horoccius ; et ces tables furent publiées par Wallis dans les œuvres posthumes d'Horoccius en 1673 (460). Cette hypothese ressemble à celle d'Arzachel, astronome arabe (362).

Soit T le centre de la Terre (FIG. 84), C le lieu moyen du centre de l'orbite qu'une planete est supposée décrire, en sorte que T C A soit la ligne des apsides, et T C l'excentricité de la planete ; si l'on suppose que le centre de l'orbite, au lieu d'être fixe en C, décrive la circonférence d'un petit cercle A G B, il en résultera un double effet. 1°. La ligne des apsides T A changera de position ; et au lieu d'être constamment sur la direction T C A , elle passera par exemple en T G , et fera avec la premiere situation un angle A T G. 2°. L'excentricité, au lieu d'être égale à TC, deviendra TG, TB, etc. Copernic imita cette hypothese , liv. III, c. 20 ; Horoccius en fit usage pour la Lune.

1436. Képler avoit déja annoncé qu'il employoit une excentricité de l'orbite lunaire, variable à chaque année (*Ephém.* 1618, *préf.*) ; et l'on verra que la maniere dont Tycho expliquoit cette inégalité (1443) par le moyen d'un cercle CETD (FIG. 86) conduisoit aussi à imaginer un changement d'excentricité : ainsi il n'est pas étonnant qu'Horoccius ait fait usage, pour le mouvement de la Lune, de l'hypothese d'Arzachel , sur-tout en reconnoissant par les observations que non seulement il falloit changer l'équation de l'orbite lunaire ou son excentricité tous les six mois, mais encore avancer ou reculer l'apogée.

1437 .Horoccius dut en effet être conduit à cette hypothese par l'observation des diametres de la Lune , qui pouvoient servir à faire connoître le lieu de l'apogée (1431) ; il dut s'appercevoir par leur moyen que l'apogée de la Lune se trouvoit dans un lieu du ciel plus avancé de 25° environ lorsque la distance du Soleil à l'apogée de la Lune étoit à-peu-près de 45° ou de 225°, que lorsqu'elle étoit de 135° et de 315° ; de sorte que le mouvement de l'apogée n'étoit point uniforme , mais sujet à un balancement annuel de plus de 12° : ce changement de l'apogée étant une fois reconnu , sa liaison avec le changement de l'excentricité étoit aisée à appercevoir.

Les tables de Flamsteed , où cette théorie d'Horoccius étoit employée , parurent dans le cours de Jonas Moor, qui a pour titre : *A new systeme of the mathematicks*, 2 *vol. in*-4°. 1681. Elles ont été refaites, augmentées et perfectionnées sur la théorie de Newton, et insérées en 1746 par M. le Monnier, avec des additions , dans ses Institutions astronomiques. Newton et Halley se servirent de la même hypothese.

1438. Suivant la méthode de Newton (*Liv. III, prop.* 35), le centre A de l'orbite de la Lune (FIG. 84) décrit un cercle A G B, la Terre étant en T, en sorte que T C exprime l'excentricité moyenne de la Lune, T A la plus grande excentricité, et T B la plus petite, TC étant à CB comme l'excentricité moyenne est à sa différence à la plus petite, ou comme le sinus total est au sinus de 12° 18′ qui est la plus grande équation de l'apogée. Il suppose également

que si l'on fait l'angle ACG égal au double de l'*Argument annuel* [a],
ou de la distance entre le Soleil et l'apogée moyen de la Lune pour
un temps donné, l'angle CTG sera l'équation de l'apogée, et TG
l'excentricité pour le même temps. Ainsi, dans le triangle TCG dont
on connoît deux côtés et l'angle compris, l'on dira, La somme de TC
et CG est à leur différence, comme la tang. de la moitié de ACG,
c'est-à-dire la tangente de l'argument annuel, dont le double est
l'angle ACG, est à la tangente de la demi-différence des angles
inconnus : cela se réduisoit à un logarithme constant qu'on ajoutoit
à celui de la tangente de l'argument annuel moyen, pour avoir
l'argument annuel corrigé ; et celui-ci, ajouté avec le lieu du Soleil,
donnoit le vrai lieu de l'apogée de la Lune ; c'est la forme que Halley
avoit employée dans ses tables.

1439. Cette hypothese d'Horoccius produit le même effet que
celle de Ptolémée ou de Copernic (1433). En effet, si l'apogée de
la Lune concourt avec la ligne des syzygies ou des conjonctions et
des oppositions sur laquelle est le Soleil, l'excentricité TA est assez
grande pour que le double de cette excentricité produise une équation de $7°\frac{2}{3}$, la Lune étant dans sa moyenne distance, et en quadrature tout à la fois ; il y aura donc $7°\frac{2}{3}$ d'équation, dans cette hypothese, ainsi que l'exigeoient les observations de Ptolémée : mais si
l'apogée de la Lune concourt avec la ligne des quadratures, l'excentricité simple sera plus petite ou égale à TB, et la plus grande
équation ne sera jamais que de 5°.

En faisant varier ainsi l'excentricité de la Lune, il falloit avoir
différentes tables d'équations pour les différentes excentricités, ou
bien calculer à chaque fois directement l'équation de l'orbite pour
l'excentricité actuelle. C'est ce que faisoit Halley dans ses tables,
au moyen d'un artifice de calcul qui abrégeoit l'opération en corrigeant l'anomalie moyenne, de maniere que le calcul très facile de
l'hypothese elliptique simple (1254) donnât exactement l'anomalie vraie.

1440. Flamsteed, Newton ni Halley ne remarquerent pas qu'il y
avoit une méthode facile pour calculer cette équation, sans supposer une excentricité variable, et un balancement dans l'apogée ;
c'est celle qu'a employée Euler, et dont voici une démonstration
assez simple. Soit L la Lune (FIG. 84), T la Terre, C le centre
moyen de l'orbite lunaire, G le centre pour un moment donné ; CT
l'excentricité moyenne de la Lune, CLT la moitié de la moyenne

<hr>

(a) On l'appelle annuel parcequ'il dépend principalement du mouvement
annuel du Soleil.

équation de l'orbite, parceque c'est la double excentricité qui produit l'équation entière, GLT la moitié de l'évection pour le temps donné, représentée par une augmentation d'excentricité comme dans la méthode de Newton (1438); CLG est la différence de ces deux équations, ou l'effet que produit sur la demi-équation le changement de l'excentricité et la libration de l'apogée. Pour trouver, par une simple opération, cet angle CLG qui est la moitié de l'évection, je considere que quand cet angle est le plus grand, ou lorsque LC est perpendiculaire sur CG; l'angle CLG est de 40′, c'est-à-dire que le rapport constant qu'il y a entre CL et CG est tel qu'il n'en peut résulter que 40′ pour l'angle L, lorsqu'il est le plus grand, ou 1° 20′ pour l'évection entière. Lorsque l'angle LCG sera oblique, l'angle CLG diminuera, et cela dans le rapport de la perpendiculaire GD à la ligne CG, ou de sin. DCG au rayon; donc l'évection sera 80′ sin. DCG : mais l'angle DCG = ACL — ACG est l'anomalie moyenne de la Lune, moins deux fois la distance du Soleil à l'apogée de la Lune, ou, ce qui revient au même [a], deux fois la distance de la Lune au Soleil moins l'anomalie moyenne de la Lune, qui forme l'argument de l'évection ; donc la demi-évection, ou l'angle GLC, est égale à 40′ sin. (2 dis. ☽ ☉ — an.): c'est la forme sous laquelle elle se trouve actuellement dans toutes les tables de la Lune ; mais dans nos tables elle est jointe à une équation de 35″ qui a pour argument le double de celui de l'évection.

1441. Cette seconde inégalité de la Lune, qui, suivant Ptolémée, étoit de 1° 19′ ½, et, suivant Tycho, 1° 15′, est dans les tables de Flamsteed 1° 18′ 50″, dans les nôtres 1° 20′ 28″, dans celles de d'Alembert 1° 18′ 18″, et dans celles de Clairaut 1° 16′ 18″; mais d'Alembert observe que cette équation de Clairaut ne répond qu'à une partie équivalente à 1° 16′ 12″ dans les anciennes tables de Mayer, parceque la forme des équations étant différente, il faut les décomposer pour pouvoir les comparer ensemble (*Recherches, etc. III*, 27). Nous donnerons une idée de la maniere dont l'attraction du Soleil produit cette inégalité (3637).

1442. LA TROISIEME INÉGALITÉ de la Lune étant une découverte

(a) L'anomalie de la Lune est égale à la longitude de la Lune moins celle de l'apogée, ou à 2 ☽ — ☽ — ap. ☽ ; si l'on en ôte le double de l'argument annuel ou 2 ☉ — 2 ap. ☽ , on aura 2 ☽ — 2 ☉ — ☽ + ap. ☽ , ou 2 (☽ — ☉) — (☽ — ap. ☽), c'est-à-dire, deux fois le lieu de la Lune, moins celui du Soleil, dont on aura ôté le lieu de la Lune, moins celui de son apogée, ou l'anomalie moyenne de la Lune; donc l'anomalie de la Lune, moins le double de l'argument annuel, équivaut à l'argument de l'évection.

de Tycho-Brahé, il est nécessaire de remonter à l'origine de ses recherches sur la théorie de la Lune ; elle étoit entrée pour beaucoup
dans le projet que Tycho avoit conçu de réformer toute l'astronomie, et de lui donner une nouvelle face ; cependant comme les
mouvemens de la Lune lui parurent les plus compliqués et les plus
difficiles à démêler, il fut long-temps sans oser se décider, et il ne
comptoit pas en parler dans ses *Progymnasmes*, où il traita des
autres parties fondamentales de l'astronomie : néanmoins ce livre
qu'il avoit fait imprimer chez lui à différentes reprises, n'ayant vu
le jour qu'après sa mort par les soins de ses héritiers, qui le firent
achever en 1610, on y ajouta pour lors un appendix de 28 pages
pour la théorie de la Lune, qui est à la suite de la théorie du Soleil,
et qui interrompt l'ordre des chiffres entre les pages 112 et 113. Ce
petit abrégé de la théorie de la Lune avoit été achevé en 1601 par
Tycho, aidé de Longomontanus (comme les éditeurs en avertissent
à la page 819 du même livre), et on le trouva dans ses papiers. Je
vais en donner l'extrait comme d'une piece originale qui contient la
découverte de la VARIATION ou de la troisieme inégalité de la Lune ;
mais comme je ne puis séparer celle-ci des deux autres, il est nécessaire de rappeller la maniere dont il envisage les deux premieres
inégalités.

1443. Soit T le centre de la Terre (FIG. 86), TF le rayon de l'*excentrique*, ou du cercle principal, par lequel on représente les mouvemens de la Lune ; nous le supposons de 100000 : on prendra TB
de 2174, et l'on décrira un cercle TECD, sur lequel on fera mouvoir le centre de l'excentrique, de maniere que, dans les syzygies, le
centre soit en T, au centre même de la Terre, que dans toutes les
quadratures il soit au contraire en C, à la plus grande distance de la
Terre, et que dans les octans il soit en D et en E. L'équation qui
en résultera, ou l'angle BRT, est de 1° 15' ; cette équation est proportionnelle au sinus du double de l'élongation de la Lune au Soleil,
puisque le cercle est décrit tout entier dans une demi-révolution ;
elle est soustractive dans la premiere quadrature, parceque le mouvement de la Lune se fait de F en R ; en sorte que l'angle FTR, vu
de la Terre, est plus petit que l'angle formé en C autour du vrai
centre de l'orbite lunaire : cette hypothese sert à expliquer l'évection (1441).

1444. Le grand épicycle, dont le rayon FG est de 5800, exprime
une partie de l'équation du centre, et produit 3° 19' d'inégalité ; le
centre du 3e épicycle MNKL est supposé en G lorsque la Lune est
apogée, il descend vers H et se trouve en I lorsqu'elle est périgée,
ce

ce qui arrive, suivant Tycho, à la moitié des 27^j 13^h 18$'$ 35$''$, qui
forment la durée de sa révolution anomalistique. Ce troisieme épicycle est celui sur lequel la Lune même est supposée se mouvoir; son
rayon GM est de 2900, c'est-à-dire, la moitié du grand épicycle, et
il produit par conséquent une inégalité de 1° 40$'$. La Lune se meut
sur cet épicycle, de maniere que quand le centre du petit cercle est
apogée en G, la Lune soit en K dans la partie inférieure de ce petit
cercle MNK; mais quand le centre du petit cercle sera en H ou en
O, et que l'équation de l'orbite sera la plus grande, la Lune sera en
M, et à la plus grande distance possible du centre F du grand épicycle, parceque la Lune parcourt ce troisieme épicycle en 13^j 18^h
39$'$ 17$''\frac{1}{2}$, moitié de sa révolution anomalistique : la somme de ces
deux équations, qui répondent à la distance FM, est de 4° 58$'\frac{1}{2}$;
c'étoit, suivant Tycho, la plus grande équation, qui, par l'évection,
devenoit quelquefois de 7° 28$'$, moindre de 12$'$ que dans Ptolémée
et Copernic.

1445. Mais, ajoute l'auteur, j'ai éprouvé, par un grand nombre
d'observations exactes, que ces trois cercles ne satisfont pas encore
aux observations, et que dans les octans, c'est-à dire, à 45° des
syzygies et des quadratures, il y a une autre différence sensible;
j'ai donc été obligé d'ajouter un petit cercle en F pour expliquer
cette VARIATION, et je suppose que le centre F du grand épicycle
en parcourt, non pas la circonférence, mais le diametre VX perpendiculaire au rayon BF, par un mouvement de libration qui soit réglé
cependant de même que s'il se faisoit sur la circonférence, comme
l'a supposé Copernic dans d'autres occasions; c'est-à-dire, proportionnellement aux sinus des arcs parcourus : il en résulte une équation qui, depuis les syzygies jusqu'aux quadratures, doit toujours
s'ajouter à la longitude moyenne de la Lune, pour avoir la véritable
situation du centre de l'épicycle, mais qui est soustractive dans le
second et le quatrieme octant. Cette libration dépend donc du
double de la vraie distance de la Lune au Soleil, et produit la *Variation*. Tycho avoit encore déterminé cette inégalité avec assez de
précision, puisqu'il la faisoit de 40$'$ 30$''$: or elle est dans Flamsteed
40$'$ 34$''$, dans Clairaut 39$'$ 54$''$, dans les anciennes tables de
Mayer 40$'$ 43$''$, et dans les nouvelles tables 35$'$ 41$''$, sans y comprendre les petites équations qu'on a renfermées dans la même table.

Tycho se proposoit de donner l'explication et les preuves de toute
sa théorie dans un ouvrage particulier, mais il n'en eut pas le
temps, et il ne nous en laissa que le résultat renfermé dans les hypotheses que je viens d'expliquer.

Tome II. Y

1446. Dans les tables de la Lune qui sont jointes à cet ouvrage, on trouvera les trois inégalités dont je viens de raconter la découverte, sous le nom d'*Équation de l'orbite*, *évection et variation* (Equat. XIX, V, et XX); mais les quantités en sont déterminées par les recherches et les observations nouvelles. Les deux dernieres sont appellées dans Képler *Inaequalitates menstruae*, l'évection en particulier y est nommée *Æquatio temporanea*, et la variation *Æquatio perpetua* ou *Variatio* (Képler, *Epitome, p.* 790, 793, 811), parceque celle-ci revient perpétuellement deux fois chaque mois, et que la premiere ne se rétablit qu'au bout de plus d'une année. La seconde avoit déja été appellée variation par Tycho qui en étoit l'inventeur; Boulliaud l'appelle *Variation* ou *Réflexion*. Cette équation se détermine assez bien par la théorie, c'est-à-dire, par le principe de l'attraction (3626); elle dépend uniquement de la masse du Soleil et de sa distance à la Terre, et subsisteroit quand même les orbites du Soleil et de la Lune seroient circulaires et concentriques. Pour la déterminer, Mayer avoit supposé dans ses premieres tables la parallaxe du Soleil de $11''\frac{1}{2}$, au lieu de $8''\frac{1}{2}$ qu'elle doit être; mais, dans ses nouvelles tables, il emploie la parallaxe de $7''8$ d'après la valeur d'une équation qui dépend principalement de la parallaxe du Soleil, et qui est $1'55''$ sin. dis. $\mathbb{C}\odot$, qu'il avoit déterminée par les observations, et comparée avec la théorie, et il fit la variation de $35'43''$. Enfin, dans nos tables, elle est de $35'41''$: la variation change suivant les distances du Soleil et de la Lune, ce qui produit d'autres inégalités (1467).

1447. Il y a des auteurs qui ont fait la variation exactement la moitié de l'évection : ce rapport si simple entre deux des plus fortes inégalités de la Lune n'est pas une suite nécessaire de la théorie de l'attraction; c'est un fait dû au hasard, et qui méritoit d'être remarqué : mais, dans nos nouvelles tables, il y a une petite différence.

1448. L'ÉQUATION ANNUELLE de la Lune, qui est de $11'$, est la derniere de celles que les observations seules avoient fait découvrir: elle fut aussi découverte par Tycho; il dit qu'une expérience répétée de plusieurs façons lui a fait connoître que les mouvemens moyens de la Lune exigent, pour être uniformes, une équation des jours, différente de celle que donnent les mouvemens du Soleil. Tycho donne, en effet, une table de l'équation du temps qu'il faut employer pour calculer le lieu de la Lune; mais cette équation ne s'accorde pas avec l'équation annuelle que nous employons actuellement.

1449. Képler chercha comme Tycho une équation du temps pour

la Lune ; il écrivoit en 1625 : *In Lunâ post omnem apparatum Ty-chonis et meum transigi de eclipsibus non posse puto nisi introductâ insuper æquatione annuâ, sive in motus Lunae, sive in temporis æquationem usitatam* (*Epist. Kep. et Berneggeri, pag.* 72).

1450. Enfin Horoccius, dans sa théorie de la Lune, en fit éga-lement usage ; il corrigeoit le temps vrai pour lequel il vouloit calcu-ler le lieu de la Lune par une équation du temps, additive dans les six premiers signes de l'anomalie moyenne du Soleil, et qui alloit à 13′ 24″ de temps dans les moyennes distances, ce qui revenoit au même que s'il eût ajouté 7′ 21″ aux longitudes de la Lune, tandis qu'il négligeoit une partie de la véritable équation qui auroit dû être de 7′ 42″ de temps soustractive, de sorte que par-là il ajoutoit 4′ 14″ au lieu moyen de la Lune ; le total revenoit à 11′ 35″ pour la plus grande équation annuelle : on ajoute actuellement 11′ 9″ pour l'é-quation annuelle ; ainsi l'on peut dire qu'elle étoit véritablement employée dans les tables d'Horoccius, quoique sous un nom diffé-rent. Flamsteed remarqua ensuite avec raison que l'équation em-ployée par Horoccius n'étoit pas proprement l'équation du temps (972) ; cependant, ajoute-t-il, cette équation physique doit être employée dans les calculs de la Lune, et elle lui est particuliere ; c'est un satellite qui est affecté par le mouvement de la Terre [a].

1451. Halley, dans son catalogue des étoiles australes, publié en 1679, donna quelques réflexions sur la théorie de la Lune, et fixa cette équation à la neuvieme partie de celle du Soleil ; c'est-à-dire, à 13′ environ : elle est de 11′ 49″ dans les tables de Flamsteed et de Halley ; elle y est accompagnée de deux équations analogues, l'une de 20′ pour l'apogée, et l'autre de 9′ ½ pour le nœud, que Newton introduisit (1462), et qu'il reconnut être une suite de la théorie de l'attraction.

1452. L'équation annuelle est de 11′ 20″ dans les tables d'Euler (*Alman. de Berlin,* 1750) et dans les premieres tables de Mayer ; de 10′ 36″ dans les premieres tables de Clairaut, de 12′ 57″ dans celles de d'Alembert (*Recherches, etc. pag.* 230). Mayer la fait dans ses secondes tables de 11′ 16″, sans doute d'après les obser-vations ; car la théorie de l'attraction ne la détermine pas d'une ma-niere assez exacte : aujourd'hui on la fait de 11′ 8″ 6.

1453. Il est facile de comprendre comment on devoit découvrir l'équation annuelle ; il ne s'agissoit que de calculer plusieurs lieux de la Lune ou plusieurs observations d'éclipses en différens temps

[a] Flamsteed ajoute qu'elle se meut plus lentement, quand la Terre est fort éloignée du Soleil ; mais c'est le contraire.

Y ij

de l'année, sur les tables où l'on employoit déja l'équation de l'orbite, l'évection et la variation; tous ces calculs s'accordoient avec
les observations au mois de janvier et au mois de juillet : ils s'en
écartoient constamment d'abord au mois de mars, ensuite au mois
de septembre en sens contraire ; cela suffisoit pour faire voir qu'il y
avoit une inégalité qui étoit à son *maximum* toutes les fois que le Soleil
étoit dans ses moyennes distances. Cette équation annuelle est la
plus grande dans les distances moyennes du Soleil, quoiqu'elle dé-
pende du plus grand et du plus petit éloignement, par la même
raison que l'équation de l'orbite est nulle dans les deux apsides, et
la plus grande dans les moyennes distances (1257). Aussitôt que la
vîtesse actuelle cesse d'excéder la vîtesse moyenne, la somme des
excès accumulés jusqu'alors, c'est-à-dire l'équation totale, se trouve
la plus forte et elle est à son *maximum;* cette équation provenant
de l'excès de la vîtesse doit augmenter sans cesse, tant que cette
vîtesse surpasse la moyenne, quelque petite que soit la différence

Des petites inégalités de la Lune.

1454. Jusqu'alors la théorie de la Lune n'étoit composée que des
quatre équations dont nous avons parlé; Horoccius les avoit employées de la manière la plus exacte. Halley, en 1679, lui rendoit
cette justice en disant : *Unica verò* (theoria) *Horoccii nostratis ad
veritatem naturalem accedere videtur.* En même temps il assure que
l'évection et la variation peuvent se calculer à la fois par une seule
hypothese, en supposant que dans la ligne des syzygies l'orbite de
la Lune est comprimée au-dedans et vers la Terre d'environ la 90°
partie de la distance moyenne, et qu'elle est alongée d'autant dans
la ligne des quadratures. Halley n'accompagne son idée d'aucune
espece de calcul; il se contente de dire que cela est très d'accord
avec les lieux de la Lune observés par Cassini. Paris étoit alors le
seul endroit où l'on fît habituellement une suite d'observations.

1455. Des trois inégalités de la Lune découvertes avant le temps
de Képler, les deux dernieres avoient un rapport trop visible avec
le Soleil pour que ce génie actif et pénétrant n'en cherchât pas la
cause physique dans le Soleil. La Lune, disoit-il, est mise en mouvement par deux forces, savoir, une qualité qui émane de la Terre
et qui entraîne la Lune autour d'elle, et une autre force qui provient
des rayons solaires ; en sorte que quand la Lune a fait 90° depuis sa
conjonction jusqu'à sa quadrature, il y en a 88 qui proviennent de
la force de la Terre, et deux qui viennent de la lumiere du Soleil
(*Epit. astr. Cop. pag.* 552, 564, 780). Ses idées physiques firent

naître dans la suite l'explication complete que l'attraction nous donna enfin de toutes ces inégalités (*v. liv. XXII*), et cette même attraction a fait reconnoître une multitude d'autres inégalités dont nous avons à parler.

On a écrit sans fondement que Halley avoit proposé une autre correction pour la théorie d'Horoccius, c'est-à-dire, celle qui a été fixée depuis par Newton à 2′ 25″ (1463). Halley n'en avoit aucune idée; il indiquoit seulement une cause des changemens de latitude que Tycho avoit découverts, en disant que le Soleil, qui envoyoit obliquement ses rayons à la Lune, l'obligeoit, par une certaine puissance, de s'approcher de lui : *Efficit potentiâ quâdam insitâ ut propiùs ad se accedat* (*Halley, Catal. stell. austr.* 1679); mais Newton, plusieurs années auparavant, avoit déja eu des idées de l'attraction universelle (3526).

1456. Les observations seules n'avoient pu faire découvrir aux astronomes que des inégalités qui alloient à plusieurs minutes; peut-être l'équation annuelle n'eût pas même été reconnue par les observations, si elle n'avoit eu un retour constant dans les mêmes saisons de l'année, ce qui la rendoit remarquable (1453). Aussi toutes les autres petites inégalités dont il nous reste à parler, n'ont été d'abord soupçonnées que par l'idée de l'attraction, et n'ont été déterminées qu'en comparant avec cette théorie un grand nombre de bonnes observations : il étoit réservé à Newton de faire le plus grand pas dans la théorie de la Lune, comme dans toute la physique céleste; guidé par le principe de la gravitation universelle, et aidé des observations de Flamsteed, il détermina la quantité de plusieurs nouvelles équations, avec les époques, et les moyens mouvemens. Cette théorie parut en 1702, dans l'ouvrage intitulé : *Davidis Gregorii astronomiae physicae et geometricae elementa, Oxonii, 1702, in-folio. Genevae, 1726, 2 vol. in-4°*.

C'étoit la partie la plus précieuse de cet ouvrage de Gregory, qui contient d'ailleurs la plupart des grandes découvertes qu'on avoit faites dans la physique céleste. La théorie de Newton reparut de nouveau cinq ans après avec des explications et des tables (*Praelectiones astronomicae Cantabrigiae habitae a Guillelmo Whiston, 1707, in-8°*). Newton la publia aussi dans la seconde édition de son fameux ouvrage intitulé : *Philosophiae naturalis principia mathematica, 1713, in-4°*. Ce fut alors que l'on commença de construire des tables conformes à ces nombres.

1457. HORREBOW, professeur à Copenhague, publia, dans un journal littéraire de Hall (*Bibliotheca novissima*), quelques tables de la Lune qu'il assujettit autant qu'il put à la théorie de Newton; il les compara avec plus de 30 observations qui s'y accordoient assez bien. Le P. GRAMMATICI publia de petites tables de la Lune (voyez *Tabulae lunares ex Theoria Newtonis, a quodam Uranophilo e Soc. Jesu, Ingolstadii,* 1726), et calcula plus de 60 observations choisies sur ces tables, sans y trouver d'erreurs sensibles. LEADBETTER donna en 1728 de nouvelles tables de tous les mouvemens célestes, tirées de différens auteurs, et, l'année suivante, des tables particulieres de la Lune faites sur la théorie de Newton, qui ont été réimprimées dans l'ouvrage intitulé, *Uranoscopia, or the contemplation of the heavens, by Charles Leadbetter,* London, 1735, 2 *vol.* 8°.

1458. ROBERT WRIGHT publia la même année une adresse aux lords préposés pour examiner les mémoires sur la découverte des longitudes; il fit voir, par le calcul de plusieurs observations comparées avec les tables, que la théorie de la Lune étoit suffisante pour remplir cet objet; il publia ensuite ses tables avec le détail du calcul de 30 observations, dont la plupart sont des éclipses de Lune (*New and correct tables of the lunar motions, according to the Newton's theory, by Robert Wright,* 1732, 4°).

ANGE CAPELLI, chanoine de Parme, donna en 1733 des tables de la même nature (*Astroscopia numerica, Venet. in*-4°), et il calcula le lieu de la Lune pour tous les jours de l'année 1736, afin que les astronomes pussent y comparer leurs observations. On les publioit dans le journal intitulé, *Commercium litterarium ad astronomiae incrementum, t. I, auctore Michaele Adelbulnero; Norimbergae,* 1735, *in*-4°. Ce journal cessa au mois de mai 1739. Il parut encore d'autres tables calculées sur le même principe. Voy. *The practical astronomy of the moon, or new tables of the moon's motions, exactly constructed from sir Isaac Newton's theory, by Richard DUNTHORNE; Cambridge,* 1739, 8°.

1459. Flamsteed, qui, depuis ses dernieres tables publiées en 1681, n'avoit pas cessé de travailler à la même théorie, calcula aussi des tables, que M. le Monnier a publiées depuis, avec des augmentations (*Institutions astronomiques,* 1746).

Enfin celles de Halley, qui étoient imprimées depuis 1719, ont été rendues publiques en 1749; Halley y avoit négligé de petites équations, dont il ne croyoit pas la détermination assez sûre; et Newton disoit à Joseph de l'Isle, en 1724, que si Halley eût employé toutes ses petites équations, et qu'il eût ajouté une minute et demie à la longitude de la Lune pour son accélération physique dans notre siecle (1483), il n'auroit trouvé presque aucune différence entre l'observation et le calcul. Voy. *les lettres de M. de l'Isle sur les tables astron. de Halley* (Mém. de Trévoux, janv. et fév. 1750).

D'un autre côté Halley négligea deux des équations de Newton, parcequ'il trouva qu'il n'étoit pas possible de les déterminer par les observations que l'on avoit; il disoit que si les erreurs de ses tables alloient quelquefois à 5′, c'étoit dans les circonstances où Flamsteed avoit rarement observé la Lune, et où par conséquent Newton avoit manqué de secours pour le calcul des équations. Ajoutons que les observations de Flamsteed n'avoient pas toujours le degré d'exactitude nécessaire pour un objet si délicat. Halley lui-même reconnut l'imperfection de ses tables, et il l'exposa aux yeux du public avec le moyen qu'il croyoit propre à y remédier, c'est-à-dire, la table des erreurs pendant 18 ans (1501).

1460. Jusqu'alors c'étoit la théorie de Newton, et même les nombres qu'il avoit calculés, qui avoient produit toutes les tables de la Lune. Mais un géometre aussi laborieux que profond commençoit vers 1745 à s'occuper des calculs de l'attraction, c'étoit le célebre Léonard Euler; il vit bientôt que Newton n'avoit pas tiré des calculs de l'attraction tout ce qu'on pouvoit en conclure, et il donna dans ses opuscules en 1746 de nouvelles tables de la Lune, où il avoit fait usage de la théorie autant qu'il lui avoit été possible jusqu'alors : il les perfectionna encore trois ans après dans l'almanac astronomique de Berlin pour 1750 ; mais il n'avoit pas assez employé le secours des observations.

Tobie Mayer, qui avoit étudié ces calculs dans la piece d'Euler sur Saturne, calcula aussi, en 1751, 17 équations pour la Lune, et il différoit peu de Clairaut, qui s'occupoit vers le même temps des mêmes recherches : ayant comparé les calculs de la théorie avec les observations, il trouva moyen de les corriger si bien, qu'il publia en 1753, dans les mémoires de Gottingen, des tables qui ne s'écartoient jamais de l'observation de 2′ (1471), tandis que dans les tables de Halley il y avoit quelquefois des erreurs de 7 à 8′. Clairaut et d'Alembert donnerent aussi des tables de la Lune en 1754.

Le succès de Mayer, dans ses premieres tables, l'encourageoit à les perfectionner encore; il rectifia tous les coëfficiens de l'équation générale de l'orbite lunaire par un grand nombre d'observations, et en 1755 il envoya de nouvelles tables à Londres, comme étant dignes de concourir au prix des longitudes. Après sa mort, arrivée en 1762 (543), sa veuve envoya à Londres une copie de ces tables encore perfectionnées, que Bradley vérifia par ordre des commissaires des longitudes, et qui furent trouvées si exactes et si précieuses pour la navigation, qu'on donna à sa veuve une récompense de 3000 liv. sterlings (ou 72000 liv. de France). On a fait imprimer ces tables aux dépens de l'état en 1770. On chercha encore à les corriger, et le bureau des longitudes chargea M. Mason de faire pour cet objet un travail suivi, comme on le voit dans la préface du *Nautical almanack* de 1774 et 1775. Il trouva qu'on approchoit un peu plus des observations, en employant une équation — 16″ 4 sin. (☾—apogée ☉), en ôtant 1″ des longitudes moyennes, 56″ de l'apogée, et ajoutant 45″ au lieu du nœud : c'est ainsi qu'on a calculé le *Nautical almanack* de 1777 et des années suivantes. Enfin M. Mason les a corrigées de nouveau d'abord en 1778, ensuite en 1780; celles-ci ont servi pour le *Nautical almanack* de 1789 et des années suivantes. Il y a 8 équations de plus, et les erreurs ne passent guere 30″: ce sont celles que l'on trouve ici et que nous allons expliquer.

1461. On comprend en général que, puisque la distance de la Lune et du Soleil, par rapport à l'apogée de chacun, et leurs distances réciproques, produisent de grandes inégalités, ces élémens doivent influer les uns sur les autres, et que leurs différentes combinaisons doivent produire d'autres inégalités; voilà pourquoi nos tables ont pour argumens les différentes combinaisons des deux anomalies, et des distances du Soleil à la Lune.

1462. A l'équation annuelle fixée par Horoccius, Newton avoit joint une équation annuelle pour l'apogée et pour le nœud : ces trois équations sont proportionnelles à l'équation de l'orbite du Soleil, parcequ'elles ne dépendent que de la distance du Soleil, qui, lorsqu'il est plus près de la Terre, dilate l'orbite de la Lune et retarde par conséquent son mouvement : il augmente au contraire le mouvement de l'apogée et des nœuds, qui, n'ayant pas d'autre cause que l'action du Soleil, devient plus fort lorsque la cause augmente. L'équation annuelle est, dans Newton, de 20′ 0″ pour l'apogée, et 9′ 30″ pour le nœud, dont le mouvement est plus lent que celui de l'apogée; elles sont, dans les nouvelles tables, de 21′ 42″ et 9′ 12″.

L'équation semestre qui, dans Newton, étoit de 3′ 45″ avoit le nom de seconde équation, il la faisoit dépendre du double de l'*argument annuel;* elle est comprise en partie dans la IXe équation de nos tables : elle vient de ce que la force perturbatrice du Soleil est plus grande lorsque le grand axe de l'orbite de la Lune est dirigé vers le Soleil, et doit produire une inégalité que Newton trouva, par les observations, d'environ 3′ 45″ dans les moyennes distances du Soleil, lorsque la ligne des apsides est éloignée de 45° du Soleil; elle n'est que de 57″ dans les tables de Mayer, parcequ'il y a
d'autres

d'autres équations qui corrigent la différence. Clairaut la faisoit de 2' 13".

1463. L'équation de 60", qui dépend de la double distance du Soleil au nœud, ou l'équation semestre de Halley, et la dixieme dans nos tables, vient de ce que l'action du Soleil sur la Lune est un peu plus grande quand la ligne des nœuds passe par le Soleil; elle étoit de 47" dans Newton, où elle formoit la troisieme équation. Clairaut la fait de 1' 21", d'Alembert de 1' 9" (*Recherches, etc. pag.* 28). Mayer l'avoit faite de 58" : elle est ici de 60".

L'équation que Halley appelle la quatrieme équation, et qu'il ne faisoit que de 2' 25", est appellée par Newton la sixieme équation, ou *la seconde équation du centre;* son *argument* (ou l'angle dont elle dépend) est la somme de la distance de la Lune au Soleil et de la distance de leurs apogées; ou le double de la distance de la Lune au Soleil moins l'anomalie moyenne de la Lune, plus l'anomalie moyenne du Soleil. On voit en général que si la Lune étoit en conjonction et qu'elle fût apogée, le Soleil étant périgée elle seroit le plus près du Soleil qu'il soit possible, et par conséquent plus exposée à l'effet de la gravitation du $\odot$, qui diminue sa pesanteur vers la Terre. Newton, qui faisoit sa sixieme équation de 2' 10", l'employoit après l'équation de l'orbite, de sorte qu'il employoit le vrai lieu de la Lune pour la trouver; mais Halley employoit celle-ci avant l'équation de l'orbite, afin que le lieu de la Lune étant plus rapproché du vrai, il pût faire trouver l'excentricité et l'équation de l'orbite avec plus de précision; cette équation est de 2' 3" dans nos tables où elle est la sixieme.

1464. Halley n'employoit que ces trois petites équations avec l'équation annuelle: ce n'étoit pas assez pour parvenir à la précision d'une minute; Mayer en ajouta six autres; Clairaut en employoit 18 indépendamment des quatre grandes équations, et de celles de la latitude; et il y en a autant dans nos tables.

1465. La septieme équation, suivant Newton et Flamsteed, est de 2' 20", dans les quadratures; elle dépend de la distance de la Lune au Soleil; et elle est soustractive dans les six premiers signes de la distance; Mayer la fait de 1' 57" et Clairaut de 3' 40"; elle est comprise dans la table de la variation, c'est-à-dire dans notre XXe équation.

1466. L'*Évection* (1441) est variable à raison des distances du Soleil ou de la Lune à la Terre; on trouvera ces accessoires dans les équations V^e, VIe, VIIe, et dans la IXe, qui dépend de l'argument annuel. Dans la table de la variation, qui est la 20e équation, Mayer

Tome II.   Z a encore ajouté une autre petite équation qui a le même argument et qui tient à l'évection (1465). D'Alembert a décomposé ces équations pour examiner la maniere dont sa théorie s'accordoit avec les équations supposées dans les premieres tables de Mayer; on peut voir la table qu'il en donne dans ses *Recherches*, etc. tom. III, *pag.* 28.

1467. La variation (1445), produite par la force du Soleil qui accélere ou retarde le mouvement de la Lune dans son orbite (3626, 3639), forme l'équation XX, quant à sa partie moyenne: mais elle devient plus grande quand le Soleil s'approche de la Terre ou que la Lune s'en éloigne; les changemens qu'elle éprouve par la distance du Soleil à la Terre et qui dépendent de l'anomalie du Soleil, sont renfermés dans les équations II et III, et ceux qui proviennent du changement de distance de la Lune à la Terre, dans l'équation IV et dans une partie de la Ve. Newton admettoit un changement de 2′ 10″ en plus et en moins dans la variation; il faisoit la plus grande variation de 37′ 25″, le Soleil étant périgée, et de 33′ 4″ le Soleil étant apogée. Les équations précédentes produisent à peu-près le même résultat.

1468. L'équation VIII, de 42″, est un supplément nécessaire de l'équation annuelle (1448); car cette inégalité vient de la force du Soleil sur la Lune, en tant que l'orbite du Soleil est excentrique, et que la distance à la Terre est variable : mais cette équation annuelle étant considérable, elle ne peut manquer de changer lorsque la distance de la Lune à la Terre varie; car alors non seulement la Lune est plus ou moins près du Soleil, mais sa vitesse, devenue différente, donne aussi plus ou moins de prise à l'action du Soleil: pour cet effet, Mayer a ajouté l'équation VIII, dont l'argument est l'anomalie moyenne de la Lune moins celle du Soleil; et comme cette table ne suffit pas encore pour représenter toute l'inégalité, il a renfermé le reste d'une façon particuliere dans l'équation de l'apogée (1451), qui est de 21′ 42″, qu'on applique à l'anomalie moyenne.

1469. Les inégalités renfermées dans les équations X et XX dépendent de l'inclinaison de l'orbite lunaire, parceque la force du Soleil agit plus ou moins obliquement sur la Lune, suivant qu'ils sont l'un et l'autre plus ou moins éloignés des nœuds, et situés dans des plans plus ou moins différens; dès-lors le mouvement de la Lune en est diversement affecté: à cela se joint l'excentricité qui rend cette force plus grande dans l'apogée de la Lune. Voilà pourquoi l'équation XXI dépend du double de l'argument de latitude moins l'anomalie de la Lune.

1470. Indépendamment des trois grandes équations et des neuf petites, dont j'ai tâché de donner du moins une idée générale, il y en a encore quelques unes que Mayer dit avoir réunies aux précédentes (quand il a pu les assujettir à un même argument), sur-tout à l'équation de l'anomalie moyenne; il y en a d'autres enfin qu'il a regardées comme négligeables par leur petitesse, ou dont il n'a pu déterminer assez exactement la véritable quantité par les observations, mais qui sont employées dans les nouvelles tables corrigées par Mason en 1780.

1471. Mayer, au moyen de neuf petites équations, combinées et ajustées sur 200 observations de la Lune, tant de ce siecle-ci que du précédent, étoit venu à bout dès 1753 de représenter ces observations de maniere qu'à peine s'en trouvoit-il dix dont le calcul s'écartât d'une minute et demie; aucune des erreurs ne montoit à deux minutes, et le nombre de celles qui n'alloient qu'à quelques secondes étoit considérablement le plus grand : ces tables furent imprimées plusieurs fois; et il les perfectionna encore (1460).

1472. On peut voir la comparaison des secondes tables avec les observations dans la *Connoiss. des temps* de 1774, 1779 et 1783, et dans le tome VIII de mes éphémérides. Sur 1137 observations l'erreur n'alloit que cinq fois à une minute ou un peu au delà.

Mais, dans les nouvelles tables que nous publions ici, l'erreur passe rarement 30"; car, sur 180 observations qu'on a données à la fin de l'édition angloise de ces tables, il n'y en a que 7 où l'erreur passe 30", et ces 180 observations sont les seules des 1137 de Bradley (1524) où les tables corrigées en 1778 différoient de 20" de l'observation, et les nouvelles tables de 1780 sont plus exactes que celles de 1778; ainsi il paroît que, sur les 1137 observations, il n'y en a que 7 où l'erreur aille entre 30" et 43".

1473. Voici les équations telles qu'elles résultent des nouvelles tables que j'ai décomposées pour donner séparément celles qui sont réunies ensemble dans une même table.

Pour former les argumens de ces équations, on commence par chercher le vrai lieu du Soleil, par les élémens qui ont été donnés ci-devant (1265, 1312, 1330), ensuite le lieu moyen de la Lune, de son apogée et de son nœud (1479) pour le moment donné; le lieu de l'apogée, retranché du lieu moyen de la Lune, donne son anomalie moyenne; on applique ensuite à cette anomalie moyenne de la Lune l'équation annuelle marquée A, qui vient des inégalités de l'apogée 21' 42" sin. anom. moy. ☉, — 14" sin. 2 anom. et au supplément du nœud son équation annuelle — 9' 12" sin. anom. ☉ : mais on n'emploie l'anomalie de la Lune corrigée, que pour l'équation de l'orbite, pour laquelle on corrige encore l'anomalie avec les 18 premieres équations ; pour la variation, l'on applique à la distance de la Lune au Soleil même l'équation de l'orbite ; pour la suivante on emploie la longitude corrigée par la variation ; et pour la réduction l'on emploie la longitude vraie de la Lune dans son orbite.

Formule du lieu de la Lune.

Table. I. { + 0° 11' 8" 6 sin. anomalie moyenne du ☉

Equat. an. — 0 8,9 sin. 2 anomalie moy. ☉

II. — 0 0 55,9 sin. 2 distance moyenne ☾ ☉ + anomalie moyenne ☉

III. — 0 1 15,3 sin. 2 dist. moy. ☾ ☉ — anomalie moy. ☉

IV. + 0 0 57,8 sin. 2 dist. moy. ☾ ☉ — anom moy. ☾

V. { — 1 20 28,4 sin. 2 dist. moy. ☾ ☉ — anom. moy. ☾

Evection. { + 0 35,0 sin. 4 dist. moy. ☾ ☉ — 2 anom. moy. ☾

VI. + 2 3,5 sin. arg. évection + anom. moy. ☉

VII. + 0 46,5 sin. arg. évection — anom. moy. ☉

VIII. + 0 42,0 sin. anom. moy. ☾ — anom. moy. ☉

IX. { + 0 22,7 sin. dist. moy. ☾ ☉ — anom. moy. ☾ ou sin. (apog. ☾ — ☉)

{ — 57,4 sin. 2 dist. moy. ☾ ☉ — 2 anom. ☾, ou sin. 2 (apog. ☾ — ☉)

X. + 1 0,4 sin. 2 dist. moy. ☾ ☉ 2 arg. moy. de latit. ou sin. 2 (☊ — ☉)

XI. — 17,0 sin. dist. ☾ ☉ + anom. moy. ☉

XII. — 3,1 sin. dist. ☾ ☉ — anom. moy. ☉

XIII. — 3,7 sin. 2 dist. ☾ ☉ + 2 anom. moy. ☾

XIV. + 12,4 sin. 4 dist. ☾ ☉ — anom. moy. ☾

XV. — 6,3 sin. 2 dist. ☾ ☊ — 2 anom. moy. ☾

XVI. + 8,3 sin. 2 dist. ☾ ☉ + anom. moy. ☾

XVII. — 5,3 sin. 2 dist. ☾ ☉ — anom. moy. ☾ — 2 dis. ☾ ☊

XVIII. + 7,7 sin. longit. ☊. On néglige celle-ci.

XIX. { — 6 18 15,30 sin. anom. ☾ corrigée par les équ. précéd. et par son éq. A.

Equation { + 13 0,08 sin. 2 anom. ☾

de l'orb. { — 37,18 sin. 3 anom. ☾

{ + 2,03 sin. 4 anom.

{ — 0,12 sin. 5 anom.

{ — 1 56,4 sin. dist. ☾ ☉ corrigée par les équations précédentes.

XX. { + 35 41,1 sin. 2 dist. ☾ ☉

Variat. { + 5,2 sin. 3 dist. ☾ ☉

{ + 8,8 sin. 4 dist. ☾ ☉

XXI. + 1 24,1 sin. 2 arg. latit. corrigés — anomal. corrigée.

XXII. — 6 47,7 sin. 2 argum. latit. (1130,3988).

Réduct.

XXIII. — 0 18,0 sin. longit. moyen. ☊, ou 16" 8 (2899).

Nutation.

1474. On trouve dans la seconde édition des tables de Clairaut, faite en 1765, une formule du lieu de la Lune, dans laquelle il n'employoit que les longitudes moyennes du Soleil et de la Lune, ce qui en rendoit l'usage plus facile : mais le nombre des équations est un peu plus considérable, et je crois que l'exactitude de ces tables n'est pas aussi grande, à en juger par les erreurs dont on trouve le catalogue dans la *Connoissance des temps* de 1783.

M. Schulze, dans les tables de Berlin, et dans les Mém. de Berlin pour 1781, a donné une formule pour calculer les premieres tables de Mayer par des moyens mouvemens avec 18 tables ; il néglige 22 termes qui ne passent pas 10″ après avoir déja omis d'avance ceux qui ne passoient pas 3″ : or, dans les dernieres tables de la Lune, on a employé même des équations de 3 ou 4″.

1475. J'aurois voulu donner ici une notion plus distincte de toutes ces inégalités de la Lune, leur quantité, la maniere dont on les a découvertes et dont on peut les constater ; mais dans tout ce qui s'est fait jusqu'ici sur cette matiere, il y a encore trop d'incertitude et d'obscurité. Clairaut emploie 22 équations, Euler en emploie 42 dans ses dernieres tables de 1772 : mais les géometres qui s'en sont occupés depuis 1745, n'ont point donné les détails de leurs procédés, et ne sont point d'accord sur les quantités des équations, sur leur utilité, sur leur exactitude ; il se passera bien des années avant qu'on puisse éclaircir cette matiere dans un simple traité d'astronomie.

1476. Les tables de la Lune, quoique déduites en apparence de la théorie de l'attraction, ont pour fondement les observations mêmes ; car quoique Newton eût trouvé à peu-près la forme de ses équations par le principe de l'attraction, il en avoit déterminé la quantité par les observations de Flamsteed. Mayer, ayant cherché de même dans la théorie la forme de ses tables, les ajusta sur les observations de Bradley, à force de tentatives, d'essais et de calculs, et c'est ce qu'a fait encore Mason en les perfectionnant de nouveau en 1780 (1460).

Cependant le seul principe de l'attraction devroit suffire, ce semble, pour calculer, sans le secours de l'observation, toutes les petites inégalités de la Lune ; c'est ce qu'ont entrepris les plus habiles géometres de ce siecle : mais d'Alembert avoue que la valeur des coëfficiens des équations lunaires, trouvés par la théorie, est encore fort incertaine. « Il me paroît très douteux (ajoute-t-il) « qu'on puisse parvenir à les fixer par la théorie seule ; il ne faut pas « se presser d'assurer aux tables de Mayer l'exactitude astrono-

« mique ; d'ailleurs il y a employé un tâtonnement fait sur les seules
« observations » (*Mercure de sept.* 1757). D'Alembert dit à
peu-près la même chose, en plusieurs endroits de ses *Recherches*,
sur la nécessité d'avoir recours aux observations pour déterminer
ces coëfficiens (III , 31).

1477. Clairaut, dans le journal des savans (déc. 1757), répondit
que Mayer n'avoit omis dans ses tables aucune des équations qui
sont essentielles pour la longitude de la Lune, et qui ne demandent
pas une extrême attention dans les calculs de la théorie ; et cette
réponse indique encore que, dans les autres équations qu'on peut
ajouter à celles de Mayer, il reste quelque doute du côté de la
théorie : je sais d'ailleurs que Clairaut a fait un grand usage des
observations pour rectifier les coëfficiens de ses équations, et qu'il
a varié beaucoup sur la valeur de quelques unes.

1478. On trouvera dans le XXIIe livre la forme et les principes
de ces recherches (3625). Nous n'en suivrons pas le détail pour
chacune des inégalités de la Lune, parceque ce détail est prodigieux, et qu'il exigeroit des volumes ; on trouvera tout ce qui s'est
fait là-dessus dans les ouvrages de Clairaut, d'Alembert, et Euler,
savoir, dans la piece de Clairaut imprimée en 1752 et 1765, dans la
théorie d'Euler 1753 et 1772, et dans les *Recherches sur différens
points importans du systéme du monde*, par M. d'Alembert, 1754.
On y trouve des tables de la Lune de d'Alembert ; elles ont été
publiées de nouveau avec des corrections dans le second volume
de ses *Opuscules mathématiques* en 1762, avec plusieurs nouvelles
considérations sur la théorie de la Lune. Les volumes suivans de
ses Recherches et de ses Opuscules contiennent beaucoup de supplémens à ce travail. On peut ajouter à ces ouvrages primitifs ceux
de Mayer, de Simpson, du P. Walmesley, du P. Frisi, et sur-tout
de M. de la Grange.

1479. *Elémens principaux de la théorie de la Lune tirés
de l'observation, selon divers auteurs.*

Képler et Horoccius,	10^s	7°	48′	51″
Newton, Flamsteed et Halley,	10	7	50	25
La Hire,	10	7	50	1
Cassini,	10	7	49	52
Mayer, *premieres tables*,	10	7	52	20
secondes tables,	10	7	53	35
M. de Lambre (1487),	10	7	53	12

Mouvement séculaire pour cent années juliennes, dont 25 sont bissextiles, ou 36525
jours moyens.

Mouvement de l'apogée pour cent années ju-liennes.	Képler et la Hire,	3^s $19°$ $14'$ $16''$
	Horoccius,	3 19 4 16
	Flamsteed, Halley, et Mayer, *dans les deux éditions*,	3 19 11 15
	Cassini,	3 19 14 16
	Bailly, (*Mém. ac.* 1763)	3 19 5 0
Mouvement séculaire du nœud.	Képler, Horoccius, et la Hire,	4 14 11 7
	Flamsteed et Halley,	4 14 11 15
	Cassini,	4 14 11 5
	Mayer, *premieres et secondes tables*,	4 14 11 15
Epoque de la longitude moyenne de la Lune pour 1750.	Képler,	6 8 13 49
	Horoccius,	6 8 12 49
	La Hire,	6 8 18 5
	Flamsteed,	6 8 16 19
	Halley,	6 8 15 19
	Cassini,	6 8 14 55
	Mayer, *premieres tables*,	6 8 16 53
	secondes tables,	6 8 17 19
	Mason, en 1780,	6 8 17 16
	M. de Lambre (1787)	6 8 17 15
Epoque ou longitude de l'apogée pour 1750.	Képler,	5 21 30 33
	Horoccius,	5 20 30 33
	La Hire,	5 20 40 54
	Flamsteed,	5 20 58 52
	Halley,	5 20 58 52
	Cassini,	5 21 1 21
	Mayer, *anc. Tables*,	5 20 56 47
	nouvelles tables,	5 20 55 51
	Mason, en 1780,	5 20 54 53
Epoque ou longitude du nœud pour 1750.	Képler,	9 10 33 14
	Horoccius,	9 10 15 14
	La Hire,	9 10 21 0
	Flamsteed,	9 10 15 0
	Halley,	9 10 13 59
	Cassini,	9 10 18 8
	Mayer, *premieres et sec. tables*,	9 10 19 9
	Mason, en 1780,	9 10 20 0

Equation de l'orbite.
Flamsteed, *moyenne*,	6° 18′ 43″
Euler,	6 18 18
D'Alembert, III, 29,	6 18 43
Clairaut,	6 18 1
Mayer, *premieres tables*,	6 18 44
sec. tabl., et M. Mason,	6 18 32

1480. L'excentricité moyenne, employée par Clairaut d'après Flamsteed et Halley, est 0,05505 ou 5505 parties, dont la distance moyenne contient 100000. Dans la suite il la diminua de $\frac{1}{171}$, pour rapprocher sa formule des observations auxquelles il l'avoit comparée; mais il a conservé la premiere dans sa seconde édition, *page 59*. Cette excentricité donne pour équation 6° 18′ 37″; mais, pour trouver celle de Mayer 6° 18′ 31″ 6, il faut supposer l'excentricité 0,05503568. D'Alembert croyoit que la table de l'équation de l'orbite, dans Mayer, renfermoit encore quelque partie des perturbations du Soleil (III, 29). Mais l'excentricité 0,05503568 donne par le calcul rigoureux dans l'ellipse les mêmes équations que la Table de Mayer. On trouve dans sa Théorie, *page 50*, que l'excentricité lui avoit paru de 5454, et qu'il l'augmenta de $\frac{1}{300}$: je crois qu'il faut lire 5484, ce qui donneroit pour excentricité 0,0550267, et pour équation 6° 18′ 29″; au lieu qu'en supposant qu'il la faisoit d'abord de 5454, on trouveroit 6° 16′ 21″, ce qui differe trop de ses tables : mais il y avoit plusieurs incohérences dans ses calculs.

1481. Les révolutions de la Lune, de son apogée et de son nœud, peuvent se déduire de leurs mouvemens séculaires : en supposant la précession de 1° 23′ 45″ par siecle, et les moyens mouvemens tels qu'ils sont dans les nouvelles tables (1479), je trouve les révolutions (1422) de la maniere suivante.

Révolution tropique de la Lune,	27ᴶ 7ʰ 43′ 4″6795
Révolution sidérale de la Lune, en supposant la précession 1° 23′ 45″,	27 7 43 11,5259

On trouve 136 décimales de plus, en supposant la précession plus forte de 10″; de même dix secondes de changement sur le mouvement séculaire de la Lune produisent un centieme de seconde sur la durée de la révolution.

Révolution synodique, en supposant le mouvement du Soleil 46′ 0″,	29 12 44 2,8283
Année lunaire de 12 révolutions synodiques,	354 8 48 35,

Révolution

Révolution anomalistique, $\qquad$ 27^{i} 13^{h} 18$'$ 33$''$9499

Révolution par rapport au nœud (1490), $\qquad$ 27 5 5 35,6030

Révolution tropique de l'apogée (1432),
   8 ans 311^{j} ou $\qquad$ 3231 8 34 57,6177

Suivant Cassini, *pag.* 312, $\qquad$ 3231 8 0

Révolution sidérale de l'apogée, $\qquad$ 3232 11 11 39,4089

Révolution tropique du nœud, 18 années
   communes et 228 jours, ou $\qquad$ 6798 4 52 52,0296

Suivant Cassini, *pag.* 288, $\qquad$ 6798 7 0

Révolution sidérale du nœud, $\qquad$ 6793 7 13 17,7440

Mouvement diurne de la Lune par rapport
   à l'équinoxe, $\qquad$ 13° 10$'$ 35$''$,02784394

Mouvement diurne de l'apogée, $\qquad$ 0 6 41,069815195

Mouvement diurne du nœud, $\qquad$ 0 3 10,638603696

Le mouvement de la Lune, par rapport aux étoiles fixes (1422), étant pris pour unité, celui de l'apogée est 0,008452264448 (1432), et celui du nœud 0,04021853526, aussi par rapport aux étoiles (1490) ; c'est celui dont on a besoin dans la théorie de l'attraction.

1482. La distance moyenne de la Lune à la Terre est de 86351 lieues, chacune de 2283 toises (1703).

Le diametre vrai de la Lune (1702) nous apprendra que son volume est la 49e partie de celui de la Terre. La masse ou la quantité de la matiere de la Lune est $\frac{1}{66}$ de celle de la Terre (3568).

Accélération apparente dans le mouvement de la Lune.

1483. L'ÉQUATION SÉCULAIRE qu'on trouvera dans les tables de la Lune exprime une accélération qu'on a cru remarquer dans les moyens mouvemens de la Lune ; la durée de sa révolution synodique, en mettant à part toutes ses inégalités, est plus courte actuellement de 0$''$5732, ou de 34 tierces de temps, qu'elle n'étoit il y a 2000 ans : ce qui produit un degré d'erreur sur le lieu de la Lune, quand on le calcule pour l'année 300 avant notre ere, en employant le mouvement de la Lune qui convient aux observations modernes, c'est-à-dire, 10^{s} 7° 53$'$ 12$''$ par siecle.

Halley, sur la fin du dernier siecle, fut le premier qui remarqua cette accélération apparente dans le mouvement de la Lune (*Philos. Trans. n°.* 204 *et* 218) : il en parla en 1693 et 1695 à l'occasion des observations d'Albategnius et des ruines de Palmyre. Newton, dans la seconde édition de ses Principes, *pag.* 481, cite Halley comme ayant reconnu le premier cette accélération ; Dunthorn a examiné

Tome II. $\qquad$ Aa

ensuite cette matiere (*Phil. Trans.* 1749 *et* 1750, *n°.* 491, *p.* 162); Mayer en parle dans le second volume des Mémoires de Gottingen (*Comment. soc. Gotting.* 1752, *pag.* 388); enfin j'ai discuté de nouveau cet objet dans les mémoires de l'académie pour 1757. Voici en peu de mots le résultat de mes recherches à ce sujet.

1484. Pour connoître l'inégalité du moyen mouvement de la Lune entre les anciennes observations de l'an 720 avant J. C. (1419) et celles de notre siecle, il faut nécessairement en avoir qui aient été faites dans un siecle intermédiaire, et l'on en trouve très peu. Les seules observations que l'on puisse employer sont trois éclipses, deux de soleil, et une de Lune, observées à Geffa, à 6 ou 7 milles du Caire, en 977, 978 et 979, par Ibn-Junis (358), astronome du calife d'Egypte. Du moins ces observations sont rapportées dans un manuscrit arabe de cet auteur qui est à la bibliotheque de Leyde. On en conclut que, le 12 décembre 977, à 19ʰ 21′ temps moyen à Paris, la Lune avoit 8ˢ 26° 19′ de longitude; le 8 juin 978 à 1ʰ 24′, 2′, 22° 16′ ½; et le 14 mai 979 à 4ʰ 29′ 24″, 7ˢ 27° 46′ 43″ (*Philos. Trans. tom.* 46, 1749, 1750; *Abr. X*, 87; *Mém. de l'ac.* 1757; *Mém. de Berlin* 1773 et 1782). Dans celui-ci M. Bernoulli a calculé la troisieme éclipse, et fait voir qu'il faut rejeter les corrections que Costard faisoit dans le manuscrit (*Phil. Trans.* 1777, *pag.* 231). Pour représenter ces éclipses, j'avois trouvé qu'il falloit supposer le moyen mouvement séculaire de la Lune, 10ˢ 7° 53′ 21″ dans ce siecle-ci, plus grand de 3′½ que dans Cassini, et y appliquer une équation séculaire de 9″886 pour le premier siecle. Mayer, qui ne la faisoit que de 7″ dans ses premieres tables, l'a faite de 9″ dans ses dernieres. L'équation de 9″, augmentant ensuite comme le carré des temps (1166), devient de 1° pour l'an 300, et de 1° 26′ 24″ pour l'année 700 avant J. C. Elle fait que la durée de la révolution périodique de la Lune n'est, dans ce siecle-ci, que de 27ʲ 7ʰ 43′ 4″68, tandis qu'elle étoit, il y a 200 ans, de 27ʲ 7ʰ 43′ 5″ 17; la différence est 0″ 49.

1485. Je dois cependant avertir que Grischow, étant à Leyde en 1749, engagea Schultens, professeur en langue arabe, à faire la recherche et la traduction du manuscrit arabe dont ces observations sont tirées. Bevis me communiqua cette traduction : on y trouve des obscurités; et Bevis pensoit même qu'on y avoit mêlé le calcul avec de véritables observations, mais cela ne paroît pas fondé. Cependant il seroit à souhaiter qu'on s'assurât mieux d'un fait aussi intéressant, et qu'on recherchât de pareilles observations dans les manuscrits arabes : les personnes instruites dans les langues orien-

tales , et qui n'ont encore presque rien fait pour nos sciences , n'auroient pas de meilleures occasions de rendre leurs études utiles (359).

1486. Au reste la nécessité de cette équation séculaire est prouvée
encore par les observations faites depuis un siecle. En effet, Mayer
a trouvé le mouvement pour 60 ans , 1ˢ 10° 44′ 9″, plus grand de
deux minutes que ne le donnent les anciennes observations. Toutes
les éclipses du dernier siecle s'accordent à la minute avec cette accélération , tandis que les erreurs vont à 2 ou 3′ quand on emploie
le mouvement moyen des autres tables. De plus 42 observations de
la Hire, calculées avec soin par la Caille et par M. Bailly, indiquent qu'il faut ajouter environ 38″ au mouvement pour 60 ans
établi par Mayer dans ses premieres tables (*Mém. acad.* 1763). En
effet, dans ses nouvelles tables , Mayer ajouta 45″, et il fit l'équation
séculaire de 9″ pour le premier siecle ou de 1° pour 2000 ans, et le
mouvement séculaire de 10ˢ 7° 53′ 35″.

1487. Mais M. de Lambre ayant calculé 67 observations de M.
d'Agelet faites en 1780 et 1781 , et les comparant avec celles de
la Hire, trouve qu'il faut ajouter 13″ à l'époque de 1684 , et en ôter
12″ en 1781 (*Éphémérides, tome VIII*). Les observations de la
Caille et celles de Bradley, qui sont dans la *Connoissance des temps*
de 1779 et 1782 , s'accordent avec ce résultat qui donne 26″ à ôter
du mouvement séculaire moyen des tables de Mayer. Au reste le
mouvement du Soleil en un siecle étant plus fort de 23″ dans les
tables de Mayer que dans les nôtres, il est naturel que celui de la
Lune lui ait paru plus considérable de la même quantité. Par-là M.
de la Place trouve 11″ 135 pour l'équation séculaire dans le premier siecle.

Ce savant géometre a encore trouvé par les calculs de l'attraction
un terme 0″044 qui augmente comme le cube des temps, qui change
de signe pour les siecles antérieurs à 1700, et qui diminue de 5′ 52″,
pour 2000 ans, la premiere équation. Par le moyen de ces deux
équations M. de la Place représente, à 4′ près, l'observation de l'an
720 avant notre ere, et celles des années 977 et 978, et, à une ou
deux minutes près, celles des années 200 avant notre ere, et 364
après (*Connoiss. des temps* 1790, *pag.* 294; *Mém.* 1786).

Nous parlerons de la cause de cette espece d'accélération (3677).
Elle vient de l'action du Soleil, à raison de la diminution de son excentricité (1277); mais elle se convertira dans la suite en un retardement.

A a ij

Des nœuds et de l'inclinaison de l'orbite lunaire.

1488. L'ORBITE de la Lune est inclinée sur l'écliptique, de même que celles de toutes les autres planetes (1117) : ainsi la Lune traverse l'écliptique deux fois dans chaque révolution; et sept jours après avoir traversé l'écliptique dans un de ses nœuds, elle s'en éloigne de 5° : sans cette inclinaison nous aurions tous les mois une éclipse de Soleil, le jour de la conjonction, et une éclipse de Lune le jour de l'opposition; mais il y a des années entieres où il n'arrive aucune éclipse de Lune (par exemple, en 1763), parcequ'au moment de chaque opposition la Lune est trop éloignée de son nœud, et se trouve par conséquent au-dessus ou au-dessous de l'écliptique où sont toujours le centre du Soleil et l'ombre de la Terre.

LE NOEUD ASCENDANT de la Lune, ou celui par lequel elle traverse l'écliptique en s'avançant vers le nord, s'appelle quelquefois *la tête du Dragon*, et se désigne par ce caractere ☊ : le nœud descendant, ou queue du Dragon, par celui-ci ☋.

Ce qu'il y a de plus remarquable dans les nœuds de la Lune, c'est la promptitude de leur mouvement; si la Lune traverse l'écliptique dans le premier point du Belier ou dans le point équinoxial (comme cela arrivoit au mois de juin 1764), dix-huit mois après, c'est dans le commencement des Poissons qu'elle coupe l'écliptique, c'est-à-dire que son nœud a rétrogradé de 30° ou d'un signe entier; et il fait de même tout le tour du ciel contre l'ordre des signes, dans l'espace de 18 années communes et 228 jours. Ce mouvement des nœuds fut aisé à reconnoître en voyant la Lune éclipser, par exemple la belle étoile du Lion, ou *Regulus*, qui est sur l'écliptique même (comme cela arrivoit au mois de juin 1757). Cette étoile étant dans l'écliptique, la Lune y est aussi; elle est donc dans son nœud : mais, quelques années après, on voit qu'au lieu d'éclipser *Regulus*, la Lune passe 5° plus haut ou plus bas, au nord ou au midi de l'étoile; donc le nœud de l'orbite lunaire n'est plus au point de l'écliptique où se trouve *Regulus*, mais à 90° de là : il en est de même des autres étoiles. Toutes les fois que la Lune a été en conjonction avec une étoile, de maniere à en passer fort près, elle se trouve le mois suivant plus éloignée de l'étoile, et toujours de plus en plus. Au bout de 19 ans on la voit revenir par les mêmes points du ciel et couvrir les mêmes étoiles, ce qui prouve assez que le nœud de la Lune fait le tour du ciel dans cet espace de temps. Mais au bout de 9 ans et demi, la Lune, qui s'éloignoit de l'équateur de 28° dans les LUNIstices [a], ne s'en écarte plus que de 18°, par une raison semblable à celle qui sera expliquée en détail (2989).

1489. Les éclipses de Lune sont de la même grandeur, quand la Lune est à la même distance de l'écliptique ou à la même distance de son nœud (1766). *Hipparque*, ayant comparé entre elles des éclipses de Lune observées depuis les Caldéens jusqu'à lui, trouva que, dans l'espace de 5458 mois lunaires, la Lune avoit passé 5923 fois par son nœud. Cela lui servit à trouver le mouvement diurne de la Lune, par rapport à son nœud, de 13° 13′ 45″ 39‴ $\frac{2}{3}$ (Riccioli, *Almag. tom. I, pag.* 252) : et ce résultat s'est trouvé fort exact ; car, suivant Boulliaud (*Astron. philol. pag.* 154), il est de 13° 13′ 45″ 39‴ 38ⁱᵛ. Riccioli trouve 13° 13′ 45″ 29‴ 28ⁱᵛ, en y employant deux observations choisies. Cet élément est si facile à déterminer par les éclipses de Lune (1419) comparées avec les nôtres, qu'il n'y a là-dessus aucune incertitude. J'ai donné les résultats de différentes tables pour le mouvement séculaire du nœud (1479); dans celles de Mayer, il est de 4ˢ 14° 11′ 15″ pour cent années juliennes , outre les cinq révolutions completes, par rapport aux équinoxes.

1490. Le mouvement diurne du nœud par rapport aux étoiles est de 3′ 10″776180698, et, par rapport aux équinoxes, 3′ 10″638603696; le mouvement en 100 ans, par rapport aux équinoxes, y compris cinq révolutions, est de 6963075″; il est de 6968100″, par rapport aux étoiles fixes. Si l'on prend pour unité le mouvement de la Lune par rapport aux étoiles (1422), celui de son nœud est égal à la fraction décimale 0,00402185353, dont le logarithme est 7,6044263; le mouvement de la Lune par rapport à son nœud (qui se meut dans un sens contraire), est donc 1,00402185353. La révolution de la Lune par rapport au nœud se trouve, en divisant par ce dernier nombre la révolution sidérale, 27ʲ 7ʰ 43′ 11″ 4947; car la révolution par rapport aux étoiles est à la révolution par rapport au nœud, comme le mouvement par rapport au nœud est au mouvement par rapport aux étoiles (1173). On la trouvera aussi en disant : La somme des mouvemens séculaires de la ☾ et du nœud 1739527467″ , est à un siecle, comme 360° sont à 2351135″6030; ainsi cette révolution de la Lune, par rapport au nœud , est de 27ʲ 5ʰ 5′ 35″ 6030.

1491. L'orbite de la Lune fait avec l'écliptique un angle d'environ 5°, c'est-à-dire que la Lune, lorsqu'elle est à 90° de ses nœuds, a eu-

(a) *Lunistice*, mot dont je me suis servi en 1761 dans la *Connoissance des temps* de 1763, *pag.* 160, pour exprimer les limites des plus grandes déclinaisons qui peuvent influer sur les changemens de temps.

viron 5° de latitude. Mais cette plus grande latitude, qui n'est que de
5° dans les nouvelles Lunes ou les pleines Lunes qui arrivent à 90°
des nœuds, se trouve de 5° 18′ dans les quadratures, lorsqu'elles
sont observées de même à 90° des nœuds ; c'est-à-dire que l'inclinaison de l'orbite lunaire est la plus petite dans les syzygies, et la
plus grande dans les quadratures. Ptolémée ne connoissoit pas cette
différence : il supposoit l'inclinaison constante et toujours de 5°. Copernic lui-même (*lib. IV, cap.* 4) n'avoit pas examiné la chose
de plus près. Tycho-Brahé fut le premier qui fit cette remarque importante pour la théorie de la Lune ; et après avoir découvert la troisieme inégalité de la Lune par ses observations (1445), il découvrit
aussi le changement de l'inclinaison, et l'inégalité du mouvement
des nœuds de la Lune, comme on le voit à la 26ᵉ page de l'appendix
que j'ai déja cité (1442).

« On s'est persuadé mal-à-propos, dit Tycho, que les limites de
« la plus grande latitude de la Lune étoient toujours les mêmes,
« et alloient constamment à 5°. Ptolémée, Albategnius, Alphonse, ont
« été suivis en cela par Copernic avec trop de confiance, comme dans
« plusieurs autres occasions. On a eu tort de croire aussi que les
« nœuds de la Lune avoient un mouvement uniforme et régulier. Des
« observations faites depuis quelques années avec le plus grand soin
« nous ont forcés d'abandonner les anciennes traditions sur lesquelles
« nous avions compté jusqu'alors ; nous avons trouvé que, dans les
« nouvelles et pleines Lunes, la latitude de la Lune est de 4° 58′½, à-
« peu-près comme l'établissoit Ptolémée; mais, dans les quadratures,
« elle va jusqu'à 5° 17′½, c'est-à-dire 19′ de plus : nous nous en sommes
« assurés par des observations exactes et multipliées, faites dans
« les limites australes et boréales, en tenant compte des réfractions
« et des parallaxes. »

1492. Tycho reconnut aussi dans les nœuds de la Lune une inégalité qui dans les nouvelles et pleines Lunes n'étoit pas sensible ;
aussi n'avoit elle pas été remarquée par les anciens, qui n'observoient
presque jamais la Lune, si ce n'est dans les éclipses : mais dans les
autres situations il trouvoit 1° 46′ de différence sur le lieu du nœud,
ce qui faisoit environ 12′ de plus ou de moins sur la latitude de la
Lune, aux environs des nœuds.

1493. Enfin Tycho vit que ces deux inégalités de l'inclinaison et
du nœud pouvoient se représenter à la fois par le mouvement du pole
de l'orbite lunaire dans un petit cercle, tel que E C F G (*fig.* 85),
dont le rayon GD étoit de 9′ 30″, le centre D de ce petit cercle étant
supposé à 5° 8′ du pole A de l'écliptique; c'est la moyenne incli-

naison ou la moyenne distance des poles de l'écliptique et de l'orbite de la Lune ; c'est-à-dire que, suivant Tycho, l'arc AD est de 5° 8′. L'exactitude de cette détermination est remarquable : car l'inclinaison moyenne a été reconnue de 5° 8′ 49″ par les plus récentes observations, et la valeur de GD 8′ 48″; ce qui diffère à peine des quantités trouvées par Tycho-Brahé.

Le pole de l'orbite lunaire est supposé se mouvoir sur la circonférence GEC, de maniere qu'il soit en G dans les syzygies, en C dans les quadratures, en F et en K dans les octans, son mouvement étant proportionnel au double de la vraie distance de la Lune au Soleil: cela supposé, en calculant le triangle sphérique ADF, on trouve que l'angle DAF est de 1° 46′; c'est la plus grande équation du lieu du pole D, et par conséquent du lieu du nœud de la Lune sur l'écliptique, éloigné toujours de 90° du lieu du pole (1353). Dans un autre point comme H, l'angle HAG sera aussi l'équation du nœud, et AH la distance actuelle des poles de l'écliptique et de l'orbite lunaire ou l'inclinaison de l'orbite de la Lune pour le temps donné, l'angle ADH étant toujours égal au double de l'élongation de la Lune, ou plutôt de sa distance à la conjonction ou à l'opposition.

1494. Tycho-Brahé n'apperçut pas qu'il résultoit de cette hypothese et de cette construction une maniere très simple de corriger la latitude de la Lune par une seule équation ; Képler, Newton, Halley, et Euler même, continuerent d'employer une équation pour l'inclinaison et une pour le nœud, d'où ils tiroient ensuite la latitude de la Lune, par la résolution d'un triangle sphérique : mais Tobie Mayer, dans ses premieres tables de la Lune, prit une voie plus simple : je vais la démontrer ici, car l'auteur ne nous en a point laissé de démonstration.

1495. Pour cela je supposerai d'abord que la Lune soit fixe en L, en sorte que LE soit sa distance au pole vrai de son orbite, tandis que l'arc LD ou la distance au pole moyen est plus ou moins grande que la distance LE au pole actuel. Si du pole moyen D on abaisse le petit arc perpendiculaire DM sur le cercle LE prolongé en M, on aura LM=LD du moins sensiblement à cause de la petitesse de MD ; par conséquent EM sera la différence cherchée entre la distance au pole vrai et la distance au pole moyen, ou entre la latitude vraie et la latitude moyenne. Puisque AD est le cercle de latitude qui passe par les poles de l'orbite de la Lune, et qui lui est perpendiculaire aux points de la plus grande latitude, l'arc de cercle DB perpendiculaire au premier sera celui qui passe par les nœuds de la Lune, et l'angle LDB sera la distance de la Lune à son nœud, ou l'argument de lalitude mesuré au pole de l'écliptique; ce qui revient au même que s'il étoit compté sur l'écliptique. L'angle ADM est égal à l'angle LDB; car si des angles droits ADB et LDM on ôte la partie commune MDB, on aura les restes égaux ADM et LDB : ainsi ADM est aussi égal à l'argument de latitude. Mais ADE, suivant l'hypothese et les observations de Tycho (1493), est égal au double de la distance de la Lune au Soleil; donc MDE est égal au double de cette distance, moins l'argument de latitude. Le petit triangle rectangle DME sensiblement rectiligne donne, suivant la regle ordinaire de la trigonométrie rectiligne, ME=ED. sin. MDE. Maintenant la Lune étant toujours à 90° du pole de son orbite, il faut la supposer en O, de maniere que LO soit parallele et égal à DE. Ayant tiré le cercle de latitude ALX, et abaissé la perpendiculaire OX, on aura LX pour le changement de latitude; mais le triangle LOX est sensiblement égal au triangle MED, puisque le cercle de latitude AL ne differe jamais de plus de 5° du cercle DL : ainsi l'on peut dire que *l'équation de la latitude de la Lune est égale à 8′ 48″ multipliées par le sinus de la double distance de la Lune au Soleil, moins l'argument de latitude.*

1496. Il résulte aussi de ce changement dans les nœuds et l'inclinaison de l'orbite lunaire, une inégalité dans la réduction à l'écliptique; mais Mayer l'a renfermée dans la table de la *variation,* parcequ'on a reconnu qu'en diminuant de quelques secondes la variation, on produisoit le même effet. D'Alembert trouve en effet (*pag.* 97) que les quantités qui proviennent de l'équation du nœud et de celle de l'inclinaison, se détruisent mutuellement, à l'exception d'une équation de 23″ qui a le même *argument* que la variation de la Lune.

1497. Newton supposa que l'inclinaison de l'orbite de la Lune étoit sujette à un balancement alternatif de 9′, et le nœud à une inégalité de 1° 29′ 39″; il considéroit ces deux choses séparément, comme Tycho, et il a été suivi par Flamsteed, Halley, etc. Dans cette hypothese, on trouve que, lorsque le Soleil est dans le nœud de la Lune, ce nœud a moins de mouvement; car son équation additive augmente et diminue le mouvement rétrograde, jusqu'à ce que le Soleil se trouve à trois signes du nœud : alors l'équation additive est de 1° 29′ 39″. Elle cesse alors d'augmenter, et le mouvement du nœud est le même que s'il n'y avoit point d'inégalité, c'est-à-dire égal au mouvement moyen.

1498. L'inclinaison de l'orbite lunaire, dans cette hypothese, est la plus grande quand le Soleil est dans le nœud ; Newton la supposoit de 5° 17′ 30″; elle est au contraire la plus petite, ou de 4° 59′
30″,

30", lorsque le Soleil répond aux limites de la plus grande latitude, ou qu'il est à 90° des nœuds de la Lune. C'est ainsi que Newton changeoit l'angle d'inclinaison et le lieu du nœud ; après quoi, connoissant la distance de la Lune à son nœud . et l'angle d'inclinaison, il cherchoit la réduction à l'écliptique et la latitude. On verra le principe de ces singularités par le moyen de l'attraction (3681) : il ne s'agit ici que de l'hypothese astronomique, trouvée par le moyen des observations de Tycho, et adoptée par Newton à cause de sa conformité avec les loix qu'il avoit reconnues : mais il est plus simple de ne corriger que la latitude (1495).

1499. J'ai dit que Newton avoit aussi introduit une équation annuelle de 9' 27" pour le nœud (1451) ; elle est plus petite que celle de l'apogée, dans le même rapport que le moyen mouvement du nœud est plus petit que celui de l'apogée : mais l'équation du nœud est soustractive . quand les autres sont additives, parceque le mouvement du nœud se fait en sens contraire du mouvement de la Lune et de celui de son apogée. Ces équations sont aussi employées dans nos tables (1473).

1500. Enfin le calcul rigoureux de l'attraction du Soleil a fait voir que cette grande inégalité de la latitude ne pouvoit représenter, qu'à une ou deux minutes près, les latitudes observées, et que les différentes manieres dont se combinent les élémens dont depend l'attraction du Soleil sur la Lune (1461), donnoient lieu à neuf autres équations qui méritoient d'entrer dans le calcul. Voici les nombres sur lesquels sont faites les onze tables que l'on trouvera parmi les tables de la Lune, et que nous publions d'après Mayer ; ils ne sont pas conformes à la théorie imprimée, parcequ'il paroît que Mayer corrigeoit encore ses tables en 1762, même après avoir envoyé à Londres sa théorie. On suppose dans ces tables que l'argument de latitude a été formé en ôtant du vrai lieu de la Lune dans son orbite le lieu du nœud corrigé ; et la distance de la Lune au Soleil, en ôtant du vrai lieu de la Lune dans son orbite le vrai lieu du Soleil. Voici la formule qui exprime toutes les équations contenues dans les nouvelles tables (voyez les *Tables de Berlin*, pag. 15).

TABLE I. { 5° 8' 44"5   sin. argument de latitude.
Latitude. } —   4,4   sin. 3 argumens de latitude.
   II.   + 8   48,4   sin. 2 dist. ☾ ☉ —argument de latitude.
   III.   +   3,1   sin. argument de latitude—anom. ☉
   IV.   —   17,6   sin. argument de latit.—anom. moy. ☾

V.	—	25″1	sin. argum. latit. — 2 anom. moy. ☽
VI.	+	1,9	sin. argum. latit. — 3 anom. moy. ☽
VII.	—	9,0	sin. 2 dist. ☽ ☉ — argum. latit. + anom. ☉
VIII.	—	3,7	sin. 2 dist. ☽ ☉ — argum. latit. — anom. ☉
IX.	—	2,2	sin. 2 dist. ☽ ☉ — arg. latit. + anom. moy. ☽
X.	+	15,9	sin. 2 dist. ☽ ☉ — arg. latit. — anom. moy. ☽
XI.	—	5,2	sin. 2 dist. ☽ ☉ — arg. lat. — 2 anom. moy. ☽

Parmi les autres équations que donne la théorie, il n'y en a aucune qui passe 2″, et l'auteur les a négligées dans ses tables; il paroît même que dans les précédentes on en pourroit négliger cinq ou six, quant à présent; car les erreurs des tables pour la latitude vont souvent à plus d'une minute, malgré toutes ces équations.

Période de éclipses en 18 ans, ou deux cents vingt-trois lunaisons.

1501. NOUS avons dit (303, 1425) que les anciens astronomes, long-temps avant Hipparque, avoient apperçu le retour constant des éclipses, après une période de 18 ans et 10 jours [a], dont la quantité moyenne est de 6585 jours 7ʰ 42′ 30″71 (*Almag.* IV, 2). Pline dit aussi qu'il est certain que les éclipses retournent dans le même ordre en un espace de 223 mois (*lib. II, cap.* 13). C'est pourquoi Halley appelle cette période *la Période de Pline;* il l'appelle aussi *Saros* ou *Période caldaïque* (*Philos. Trans.* 1692, *n°.* 194; *Acta erudit.* 1692, *pag.* 529). Nous parlerons du saros (1572).

Les éclipses ne peuvent revenir dans le même ordre, malgré les inégalités de la Lune, à moins que ces inégalités n'aient aussi la même période; d'où Halley conclut que les inégalités et les erreurs des tables, quoiqu'imparfaitement connues, devoient cependant revenir les mêmes au bout de 223 lunaisons; en sorte qu'une erreur observée devoit suffire pour annoncer celle qui auroit lieu 18 ans après, malgré l'imperfection des tables de la Lune.

Halley, dès l'année 1684, avoit fait usage des 18 ans pour prédire les éclipses : on avoit observé, le 22 juin 1666 (vieux style), une éclipse de Soleil à Londres et à Dantzick; il s'en servit pour prédire celle du 2 juillet 1684, en y employant la même erreur qu'il avoit reconnue dans les tables pour le 22 juin 1666, et sa prédiction se trouva vérifiée à la minute; enfin, il trouva que, même hors des syzygies, les erreurs des tables se retrouvoient presque les

(a) On compte onze jours, s'il n'y a que quatre bissextiles dans les 18 ans, c'est-à-dire, si l'on commence par l'année qui suit la bissextile, ou les deux premiers mois de l'année d'après.

mêmes : il en conclut que les défauts de la théorie avoient au moins cette régularité ; et pour en tirer parti , il forma dès-lors le dessein d'observer la Lune sans interruption pendant une période entiere de 18 ans (537).

1502. On trouve dans les tables de Halley un catalogue des éclipses de Lune et de Soleil arrivées depuis 1701 jusqu'en 1718; il donna pour chacune le temps moyen du milieu de l'éclipse, l'anomalie moyenne du Soleil, l'argument annuel, et la latitude de la Lune. Pour que cette table pût servir à trouver les éclipses dans d'autres périodes , il y joignit deux autres tables pour corriger la période moyenne, suivant les positions du Soleil et de la Lune , parcequ'en effet le retour n'est pas assez rigoureux pour qu'on puisse en tirer sans examen et sans correction l'heure et la quantité de l'éclipse. Boulliaud avoit fait cette remarque long-temps avant Halley ; l'éclipse de Lune du 31 janvier 1580 avoit été totale, celle du 10 février 1598 ne fut que de 11 ½ doigts , celle du 14 mars 1634 ne fut que de 11 doigts , celle du du 27 avril 1706 de 5½, celle du 29 mai 1760 de trois cinquiemes de doigt; enfin , le 10 juin 1778 , après dix périodes accomplies, il n'y avoit plus d'éclipse, parceque la période ne ramene pas la Lune à même distance du nœud (M. le Gentil, *Mém. acad.* 1756). Par la même raison, les erreurs des tables doivent devenir différentes après quelques périodes : le 18 octobre 1641, celle des tables de Flamsteed étoit, suivant M. le Gentil, de 2′ 6″ en excès; mais, le 23 décembre 1749 , elle étoit de 1′ 11″ en défaut : l'erreur des tables avoit donc varié de 3′ 17″ dans l'espace de 6 périodes ; ce qui fait 33″ de changement pour chacune. L'éclipse du 20 janvier 1647, comparée avec celle du 27 mars 1755, donne 45″ pour la différence de l'erreur des tables de Flamsteed à la fin de chaque période. Ainsi, quoique cette maniere de connoître et de prédire l'erreur des tables fût bonne dans le temps où l'on craignoit de la part des tables plusieurs minutes d'erreur , elle n'est plus nécessaire actuellement que nous avons des tables dont l'erreur ne va jamais à une minute ; mais elle est utile pour trouver promptement les jours où il doit y avoir éclipse.

1503. La période de 521 années juliennes est plus exacte , et M. Pingré s'en est servi avec avantage, en calculant les éclipses pour un espace de 1000 ans avant l'ere vulgaire; l'incertitude sur la latitude de la Lune n'est que de 2′. Pour trouver le temps d'une éclipse par le moyen de celle qu'on observe, on ôte de celle-ci 521 ans 3ʰ 3′, ajoutant un jour, si l'on part des dix derniers mois d'une année bissextile , ou des deux premiers mois de l'année suivante; on ajoute 4° 57′ à l'anomalie moyenne du Soleil, et on ôte 1ˢ 13° 23′ de l'argument annuel : cela peut produire quelques heures de différence sur le temps de la conjonction , comme on en jugera par les 4 éclipses suivantes. La derniere est comptée sur le vieux style, pour qu'on voie l'identité de jour. M. Pingré s'est fait pour l'usage de cette période des tables de corrections analogues à celles qui sont dans les tables de Halley pour la période de

Années.	Conjonct.	Latit.
204 19 janv.	10^h 32′	10′ 38″ A
725 18 janv.	17 2	5 38 A
1246 18 janv.	18 27	1 47 A
1767 18 janv.	17 7	6 0 B

18 ans ; elles vont à plus de 8^h pour le temps de la conjonction. Enfin , il y a une période qui ramene les éclipses au bout de 2362 ans 16ʲ 5^h 5′, ou un jour de moins, suivant les bissextiles. Il faut, pour les temps antérieurs, ajouter à l'anomalie moyenne 6° 23′ 37″, ôter de l'argument annuel 1ˢ 7° 27′ 8″, ajouter à la distance du Soleil au nœud 14′ 53″ : ainsi la conjonction du 1 juin 1760, 20^h 14′, en donne une pour le 17 mai, 602 ans avant J. C., 15^h 9′; mais l'équation dans ce cas-là est de 5^h 41′ à ajouter.

1504. M. Toaldo trouve que la période de 18 ans ramene aussi les années seches ou pluvieuses, chaudes ou froides (*Della vera influenza de gli astri, Saggio meteorologico*, 1770 et 1781, *pag.* 177 ; *Saros météorologique*, Journal de physique, tom. XXI, pag. 176). Sur les autres influences que les anciens attribuoient à la Lune, voy. Riccioli (*Almag. I*, 185; *II, 533*) et la *Connoissance des temps*, 1765, *pag.* 161.

Du diametre de la Lune.

1505. LES anciens, qui, comme Ptolémée, ne pouvoient mesurer le diametre apparent de la Lune qu'avec des pinnules, ne pouvoient guere s'en assurer avec précision : Hipparque et Ptolémée se contenterent de dire que le diametre de la Lune dans son apogée étoit égal à celui du Soleil, c'est-à-dire de 30′ ; mais que dans le périgée il paroissoit plus grand que celui du Soleil.

Albategnius dit que le diametre moyen de la Lune est de 32′ 25″, et qu'il varie depuis 29′ 30″ jusqu'à 35′ 20″; Copernic le donne de 27′ 34″ à 35′ 38″ (*liv. IV, ch.* 22) : en sorte que le diametre moyen est de 31′ 36″. Nous le trouvons aujourd'hui de 31′ 29″; mais l'un étoit trop petit, et l'autre trop grand.

Tycho-Brahé, voyant que la Lune dans les éclipses perdoit cette lumiere étrangere qui, dans les pleines lunes, la fait paroître plus large, établissoit le diametre moyen de la Lune de 26' 50" dans les conjonctions, et de 34' 0" dans les oppositions (*Progymn. p.* 134).

Képler, avant la découverte des lunettes, le trouvoit de 32'; mais il étoit dans l'incertitude de 20" environ, quoiqu'il eût discuté cet article fort en détail, avec des observations et des méthodes propres à trouver les diametres du Soleil et de la Lune, dans l'ouvrage qui a pour titre : *Ad Vitellionem paralipomena, quibus Astronomiae pars optica traditur,* 1604, *in-*4°, *p.* 349. Mais, dans la suite et après l'invention des lunettes, Képler trouva les diametres de la Lune de 30' 0" à 32' 44", c'est-à-dire, le diametre moyen 31' 22" (*Epit. astron. Copern. pag.* 861). Horoccius, dans sa théorie de la Lune, le supposoit de 31' 0".

Nous voyons dans l'histoire de l'académie des sciences par Duhamel, que, dans l'éclipse de Soleil du 2 juillet 1666, dont les différentes phases furent observées avec soin par Huygens, Roberval, Auzout, Frénicle et Buot, on reconnut que le diametre de la Lune étoit plus petit que celui du Soleil, et que les tables astronomiques le faisoient plus grand, en même temps qu'elles faisoient le diametre du Soleil plus petit qu'il n'étoit réellement; ainsi le diametre de la Lune étoit trop grand dans les tables de Képler.

Le 8 juillet 1666 à $8^h \frac{1}{2}$, la Lune étant périgée et en quadrature, son diametre fut mesuré et trouvé de 33'; et le 22, à 3^h du matin, la Lune étant apogée, elle avoit 29' 50". Ces mesures, qui n'avoient plus que quelques secondes d'incertitude, étoient beaucoup plus exactes que toutes celles qu'on avoit prises jusques-là; elles furent faites avec des fils placés au foyer d'une lunette, suivant la description rapportée en 1667 par Galloys dans les éphémérides de la même année, c'est-à-dire, après l'invention du micrometre (2348).

La Hire, dans ses tables, supposa les diametres de la Lune 29' 30" et 33' 30"; Cassini, dans ses tables, 29' 30" et 33' 38". M. le Monnier, dans ses institutions astronomiques (*pag.* 184), donne pour les diametres de la Lune 29' 28" et 33' 42".

1506. Suivant les observations exactes que j'en ai faites avec un héliometre de 18 pieds (*Mém.* 1788), le diametre moyen de la Lune est de 31' 26", les extrêmes sont à-peu-près 29' 22" lorsque la Lune est apogée et en conjonction, et 33' 31" lorsqu'elle est périgée et en opposition; mais les différentes inégalités de la Lune mettent dans ces diametres beaucoup de diversités. Ce que j'appelle ici *diametre moyen de la Lune*, est un milieu arithmétique entre le plus grand et le plus petit diametre. L'on ne trouve que

31′ 7″ pour les moyennes distances : c'est la quantité constante à laquelle on ajouteroit toutes les équations, ou les inégalités du diametre, pour avoir le diametre actuel dans un temps donné (1507, 1698).

Les variations observées dans le diametre de la Lune indiquent celles de sa distance; aussi la découverte des lunettes a donné le moyen de reconnoître exactement les augmentations et les diminutions de la distance de la Lune. Non seulement le diametre de la Lune diminue quand la Lune avance vers l'apogée; mais Horoccius trouva vers l'an 1638 que la Lune étant apogée n'étoit pas toujours à même distance de la Terre (1435), que son diametre étoit plus petit dans les conjonctions apogées, plus grand dans les syzygies périgées. Picard constata ces différences; elles viennent des inégalités de la Lune.

Quand l'argument de l'évection est de 0 signes, le diametre est diminué de 18 ou 20″; l'argument de l'évection étant de 6 signes, le diametre est au contraire augmenté de 18″, quoique la ☽ soit à la même distance de son apogée. On a reconnu de même, par rapport à l'argument de la variation, que lorsqu'il est nul, ou égal à 6 signes, le diametre de la Lune augmente de 14 ou 15 ″, et diminue d'autant vers 3 ou 9 signes, c'est-à-dire, dans les octans, à même distance de l'apogée.

1507. Le diametre de la Lune pour un temps quelconque est exprimé par la formule suivante : $31′7″3 — 1′42″3 \cos.$ anomal. $+ 5″4 \cos. 2$ anomal. $+ 13″7 \cos. 2$ dist. ☽☉ $— 20″2 \cos. (2$ dist. ☽☉ $—$ anomal. ☽). Les autres équations sont peu sensibles : on peut les trouver en prenant les équations de la parallaxe (1700) données par Mayer. Toutes ces équations étant multipliées par $\frac{6}{11}$ donneront les équations correspondantes du diametre. D'ailleurs, lorsqu'on connoît par les tables la parallaxe horizontale de la Lune pour Paris, on en conclut le diametre, par le rapport constant de 11 à 6, ou plus exactement de 60′ à 32′ 46″6 (1696, 1702).

1508. La Hire crut reconnoître dans le dernier siecle que le diametre de la Lune, vue sur le Soleil dans les éclipses, paroissoit plus petit de 30″ que quand sa circonférence étoit lumineuse (*Tabulae astron. pag.* 41); mais c'étoit une faute de calcul (*Mém. acad.* 1748). M. le Monnier ayant mesuré le diametre de la Lune sur le Soleil, le 25 juillet 1748, à 10ʰ 18′, le trouva de 29′ 47″½, c'est-à-dire plus grand qu'il ne s'y étoit attendu; et il reconnut que la diminution dont la Hire avoit parlé n'avoit pas lieu. La même chose a été reconnue dans l'éclipse du 1 avril 1764 : la plus grande phase arriva à 10ʰ 30′ 43″ à Londres. Suivant l'observation de Short, le diametre de la Lune, mesuré horizontalement sur le Soleil, étoit de 29' 49"½, et celui du Soleil de 31' 59" : la différence 2' 9"½ est conforme à celle que j'avois annoncée dans mes calculs de la *Connoissance des mouvemens célestes.*

En effet le diametre du Soleil, selon moi, devoit être de 32' 1", le diametre de la Lune augmenté, à raison de sa hauteur sur l'horizon, 29' 52"; la différence étoit 2' 9". Ainsi la diminution que la Hire croyoit avoir lieu dans les éclipses de Soleil paroîtroit nulle d'après ces observations de Short. Cependant M. du Séjour (*p.* 429) est tenté de croire qu'elles prouvent une irradiation du Soleil sur le bord de la Lune, qui la fait paroître plus petite de 3", quand elle est sur le Soleil, parceque le véritable diametre du Soleil étoit de 31' 56", d'après les calculs de toutes les observations ; ainsi Short le trouvoit plus grand de 3" par l'irradiation : il trouvoit aussi le diametre de la Lune sur le Soleil plus petit de 3" que je ne l'avois donné dans mes premieres tables pour la Lune, quand elle étoit éclairée ; ces 3" pouvoient être l'irradiation du Soleil, qui, s'étendant tout autour de la Lune, la faisoit paroître plus petite de 3" : mais, dans mes nouvelles tables, j'ai diminué le diametre de la Lune de 3"; ainsi cette irradiation ne seroit pas sensible. Cependant on verra (1992) que, suivant M. du Séjour, il y a encore 4" à ôter du diametre de la Lune dans les éclipses, et l'on peut les regarder comme le résultat de l'irradiation de la Lune quand elle est éclairée, de celle du Soleil sur la Lune quand elle paroît sur le Soleil, et de l'inflexion des rayons solaires dans l'atmosphere de la Lune.

1509. Lorsque la Lune est plus près du zénit, elle est aussi plus près de nous; ainsi son diametre apparent paroît plus grand dans la même proportion. Soit T le centre de la Terre (*fig.* 87), O un observateur situé à la surface de la Terre, Z la Lune située au zénit de l'observateur; si la distance ZO de la Lune à l'observateur est plus petite d'un soixantieme que la distance ZT de la Lune au centre de la Terre, le diametre apparent, vu du point O, sera plus grand d'un soixantieme que le diametre qui seroit vu du centre T de la Terre.

De même, si la Lune est située en L, de maniere que sa hauteur au-dessus de l'horizon soit égale à l'angle LOH, sa distance au zénit étant égale à l'angle LOZ, on voit que la distance LO sera plus petite que la distance LT au centre de la Terre : le seul cas où cette augmentation sera nulle, est celui où la Lune sera dans l'horizon même en H; car alors elle sera également éloignée du point O et du point T : du moins la différence est insensible. Voilà pourquoi l'on appelle Diametre horizontal de la Lune, celui qui est supposé vu du centre de la Terre, parcequ'il est aussi égal au diametre que nous devons observer quand la Lune est à l'horizon, ou, plus exactement, quand elle est au-dessous de l'horizon de la moitié de sa parallaxe, et que le triangle HTO est isoscele.

Lorsqu'on connoît le diametre horizontal de la Lune, il est aisé de trouver le *diametre augmenté*, à raison de la hauteur sur l'horizon, puisqu'ils sont entre eux comme le côté LO est au côté LT. Dans le triangle LOT, l'angle O est le supplément de la distance apparente au zénit, l'angle LTO est la dist. vraie au zénit, vue du centre de la Terre, ou le complément de la hauteur vraie. Dans tout triangle rectiligne les côtés sont comme les sinus des angles opposés; ainsi le côté LO est au côté TL, comme le sinus de l'angle OTL est au sinus de l'angle LOT ou LOZ qui a le même sinus; donc le diametre horizontal est au diametre apparent, comme le sinus de la distance vraie de la Lune au zénit, vue du centre de la Terre, est au sinus de la distance apparente de la Lune au zénit, vue du point O.

1510. Ainsi, pour trouver le diametre de la Lune augmenté, à raison de sa hauteur au-dessus de l'horizon, on fera cette proportion : *Le cosinus de la hauteur vraie est au cosinus de la hauteur apparente, comme le diametre horizontal est au diametre apparent.* C'est la différence entre celui-ci et le diametre horizontal qu'on appelle *augmentation du diametre,* et dont j'ai donné une table à la suite de celles de la Lune. Si la Lune est très près du zénit, il faut employer les distances au centre et à la surface de la Terre, au lieu des distances au zénit [a].

Voici une formule simple et commode de M. de Lambre, avec laquelle j'ai calculé ma table en centiemes de seconde. Soit d le diametre horizontal, et d' le diametre apparent, D' la distance apparente de la Lune au zénit, et D la distance vraie, P la parallaxe horizontale, et p la parallaxe de hauteur; on a $d' : d :: $ sin. D' : sin. D; donc $d' - d : d :: $ sin. D' $-$ sin. D : sin. D; donc l'augmentation que

$$j'appelle \; a = d \; \frac{\sin. D' - \sin. D}{\sin. D} = 2\, d \; \sin. \frac{\frac{1}{2}\,(D'-D)\,\cos.\frac{1}{2}\,(D'+D)}{\sin. D}$$

(a) Si l'on veut avoir égard à l'aplatissement de la Terre, il faut augmenter la hauteur de la quantité de l'angle de la verticale (1694), lorsque la Lune est dans le méridien. Cette correction est nulle dans le premier vertical; la différence produit un dixieme de seconde sur l'augmentation du diametre : j'ai pris le milieu, dans la table que j'ai faite de cette augmentation, dans laquelle je n'ai pas porté la précision au-delà des dixiemes de seconde. Cette table est faite pour Paris; mais à d'autres latitudes il n'y auroit pas un dixieme de seconde de différence.

$$(3835) \quad = \frac{2\, d \sin. \frac{1}{2} p.\ \cos. \left(D' - \frac{1}{2} p \right)}{\sin. D} = \frac{2\, d' \sin. \frac{1}{2} p \cos. \left(D' - \frac{1}{2} p \right)}{\sin. D'} =$$

$$\frac{d' \sin. p \cos. \left(D' - \frac{1}{2} p \right)}{\sin. D'} = d' \sin. P \cos. \left(D' - \tfrac{1}{2} p \right); \text{ donc } a = (d + a)$$

$$\sin. P \cos. \left(D' - \tfrac{1}{2} p \right), \text{ et } a = \frac{d \sin. P \cos. \left(D' - \frac{1}{2} p \right)}{1 - \sin. P \cos. \left(D' - \frac{1}{2} p \right)} = d \sin. P \cos.$$

$$(D' - \tfrac{1}{2} p) + d \left(\sin. P \cos. \overline{D' - \tfrac{1}{2} p} \right)^2 (3422).$$ Ces deux termes suffisent ; le troisieme ne produiroit que des milliemes de seconde, mais le second peut aller à trois dixiemes ; ainsi il doit être employé.

1511. La Caille (art. 622) donne pour cause de cette augmentation du diametre de la Lune la différence de parallaxe (1627) entre le bord supérieur et le bord inférieur de la Lune : mais cette notion n'est pas exacte. Il est vrai qu'il y a une différence égale, du moins à un quart de seconde près, pour le diametre mesuré verticalement, puisque le bord inférieur étant plus abaissé par la parallaxe que le bord supérieur, il doit en paroître plus éloigné, et le diametre de la Lune paroître plus grand. Mais pour le diametre mesuré horizontalement, cette différence n'a plus lieu ; ainsi il faut dire seulement que l'augmentation du diametre est à-peu-près de la même quantité que la différence des parallaxes entre le bord supérieur et le bord inférieur : celle-ci est plus petite de deux dixiemes de seconde (M. de Lambre, *Mém. de l'acad. de Padoue*).

1512. Le diametre de la Lune doit donc paroître plus petit, quand la Lune se leve, que quand elle est parvenue à une certaine hauteur ; la Lune en s'élevant doit paroître plus grande à nos yeux, et l'observation faite avec un instrument exact prouve en effet aux astronomes que la Lune paroît sous un angle plus petit, quand elle est à l'horizon. Cependant un fait généralement reconnu, c'est que la Lune, à la vue simple, paroît d'une grandeur extraordinaire lorsqu'on la voit se lever, à la fin du jour, derriere des bâtimens ou des montagnes ; il n'y a presque personne qui ne s'imagine la voir alors deux ou trois fois aussi large que quand elle arrive ensuite à une grande hauteur. C'est là certainement une illusion optique, et elle a lieu de même pour les autres astres ; mais il suffit de regarder la Lune dans une lunette quelconque, dans un tube de papier, et même, si l'on veut, au travers d'une carte où l'on a fait un trou d'épingle, pour se convaincre que l'augmentation n'a rien de réel, et que le diametre de la Lune est vu au contraire alors sous un plus petit angle, que lorsque la Lune est à une plus grande hauteur.

1513. Pour se former une idée de la cause de cette illusion, il faut admettre avec tous les opticiens ce jugement tacite, commun et involontaire, par lequel nous estimons fort grands les objets que nous

Tome II,   C c

jugeons être fort éloignés , en même temps que nous jugeons les objets fort éloignés , lorsque nous voyons à la fois beaucoup de corps interposés entre nous et ces objets. Roger Bacon, en citant l'Optique de Ptolémée (ouvrage qui s'est perdu pendant les siecles d'ignorance), nous apprend que cet auteur en avoit jugé ainsi: Descartes, Wallis, en 1687 (*Algebra*, c. 102), et Mallebranche (*Recherches de la vér. liv. I.*), l'expliquent de la même maniere. Régis écrivit contre Mallebranche ; mais les géometres se déclarerent pour celui-ci (*Journal des savans, 8 et 15 mars 1694*). Voici donc, ce me semble, le nœud de la difficulté.

La Lune, se levant à l'horizon derriere une montagne ou à l'extrémité d'une plaine, paroît nécessairement à la suite de plusieurs objets sensibles et variés ; au lieu que dans une certaine hauteur on éleve la vue pour appercevoir la Lune , et l'on ne voit rien entre elle et nous qui puisse nous faire juger de sa distance. Dans le premier cas, notre imagination, accoutumée à juger de l'éloignement d'un corps par la multitude des objets qui paroissent entre lui et nous, estime la Lune fort loin de nous , et cela par habitude, par instinct, et par une suite de sa maniere d'estimer et de juger des distances. Or, un même objet, que nous jugerons fort éloigné, sera jugé plus grand que si on le croyoit fort près : ainsi la Lune , dans l'horizon estimée à une plus grande distance, est jugée plus grande par cette premiere perception ; la réflexion ne suffit pas pour empêcher la liaison de ces deux jugemens, parcequ'une habitude continuelle y a mis une dépendance si forte qu'on ne peut plus les séparer [a].

C'est par la même raison que les deux voyageurs qui sont parvenus sur le Mont-Blanc, en 1784, à 2346 toises de hauteur, disent que le volume du soleil couchant leur paroissoit immense; cela venoit probablement des objets interposés (Bourrit, *déscr. des glaciers*, 1785, *page* 306). On trouvera d'autres preuves de la vérité de ce jugement habituel et involontaire sur la grandeur des objets , et un détail sur l'apparence de la Lune, dans l'*Optique* de Smith (*art.* 160, 164, et *remarque* 97). Cet auteur y ajoute la figure apparente du ciel, qui paroît surbaissée, d'après beaucoup d'expériences op-

(a) C'est ainsi qu'en touchant une petite boule avec les doigts bien croisés , on croit en sentir deux. Ordinairement un corps que l'on touche avec la partie droite du doigt qui est à droite, et le corps que l'on touche avec la partie gauche du doigt qui est à gauche , sont toujours des corps très différens : on peut, en croisant les doigts, y produire la même sensation avec un seul corps ; mais, la sensation étant la même, le jugement que l'on en porte, par une suite nécessaire de l'habitude, reste le même, et l'on en sent deux, même en voyant très bien qu'il n'y en a qu'une.

tiques. M. le Cat, dans son *Traité des Sens*, y ajoute la couche de vapeurs qui nous fait juger les objets plus éloignés.

1514. Le P. Gouye faisoit usage encore d'une autre considération ; une colonne qui paroît au-devant d'une muraille, ou qui est environnée de plusieurs objets différens, et même une colonne cannelée, semble à la vue être plus grande que si elle étoit simple et isolée : les vapeurs de l'horizon et le voisinage de la Terre, des montagnes, des arbres, font cet effet sur la Lune : et, en la faisant paroître plus accompagnée, la présentent à notre perception comme si elle étoit d'un plus grand volume (*Hist. de l'acad.* 1700) ; voyez aussi l'*Almageste* de Riccioli, *II, 643* ; et Molyneux, *Philos. Trans.* 1687, n°. 187.

1515. L'estime que l'on fait de la grandeur des objets dans les lunettes devient très incertaine, parcequ'on n'a point d'objet de comparaison ; si l'on regarde Jupiter dans une lunette qui grossit cent fois, l'un trouve qu'il paroît avoir deux lignes de diametre, l'autre dit 4 à 5 pouces ; il n'y a point alors de terme fixe : il s'établit au hasard une comparaison involontaire entre l'impression qui se fait dans l'œil et celles qu'on a coutume d'éprouver en regardant les objets terrestres ; mais cette comparaison varie suivant que l'œil est plus ou moins sensible, et que l'on est plus ou moins accoutumé à comparer des objets et à regarder dans les lunettes. Les astronomes estiment les objets beaucoup plus petits que les personnes qui ne font pas usage des lunettes : celui à qui la vue d'un astre dans la lunette produit une grande surprise, qui s'en fait moralement une grande idée, dont les nerfs très sensibles éprouvent une forte impression, comparera cet astre à un objet fort considérable, tandis qu'un autre ne l'assimilera qu'à un objet très petit.

1516. Le diametre de la Lune en ascension droite, dont on fait souvent usage, est la quantité dont different entre elles les ascensions droites des bords de la Lune. Soit P le pole du monde (*fig.* 88), EQ l'équateur, PLA le cercle de déclinaison qui passe par le centre de la Lune, et qui marque en A l'ascension droite de la Lune sur l'équateur, PMB le cercle de déclinaison qui passe par le bord de la Lune M, et qui, touchant le limbe de la Lune, va déterminer en B l'ascension droite du bord, AB est donc le demi-diametre de la Lune en ascension droite, et le double de AB sera le diametre ; donc, suivant ce qu'on a vu pour le Soleil (1008,3877), il faut *diviser le diametre horizontal par le cosinus de la déclinaison vraie de la Lune, pour avoir le diametre en ascension droite.*

Lorsqu'on veut savoir le temps que le diametre de la Lune em-

C c ij

ploie à traverser le méridien, *on convertit en temps lunaire le diametre horizontal de la Lune en ascension droite.* Je suppose que le
retardement diurne de la Lune par rapport au Soleil soit d'une heure,
c'est-à-dire qu'elle emploie 25 heures de temps moyen à parcourir
360°, et à revenir au méridien, le jour pour lequel on calcule; je
suppose aussi que son demi-diametre en ascension droite soit de
15′ : il ne s'agit que de savoir combien la Lune emploiera de temps à
parcourir 15′ par son mouvement diurne, à raison de 25ʰ pour 360° :
l'on fera donc cette proportion : 360° sont à la révolution diurne
25ʰ, comme le demi-diametre en ascension droite 15′, est au temps
cherché, qu'on trouvera de 1′ 2″; c'est ce que le demi-diametre de la
Lune emploie à traverser le méridien. Les astronomes font ce calcul lorsqu'après avoir observé le passage du premier bord de la
Lune au méridien, ils veulent savoir à quelle heure le centre de la
Lune y a passé (4143).

On trouve aussi le temps qui répond au demi-diametre de la Lune,
par le moyen de deux tables (*Tab.* de la Lune). L'une contient la réduction du demi-diametre horizontal en temps lunaire, suivant les
divers retardemens de la Lune d'un jour à l'autre, et les diverses
grandeurs du demi-diametre de la Lune : l'autre est une table de ce
qu'il faut y ajouter, à raison de la déclinaison de la Lune; c'est la différence en temps, du demi-diametre LM de la Lune (*fig.* 88), à la
quantité AB qui lui répond dans l'équateur (3879).

1517. Quelques astronomes avoient cru que, pour trouver ainsi
le temps du diametre, il falloit auparavant augmenter le diametre
de la Lune, à raison de sa hauteur au-dessus de l'horizon (1510);
mais il faut prendre le diametre horizontal, ou vu du centre de la
Terre. En effet, lorsque le bord de la Lune paroît toucher le méridien, l'observateur qui seroit au centre de la Terre, ou celui qui
seroit à la surface, étant tous deux dans le même plan et dans le même
méridien que le bord de la Lune, verroient tous deux à la fois, et
sans aucune différence, le bord de la Lune dans le méridien; on peut
dire la même chose du bord suivant : ainsi le temps que la Lune emploie à traverser le méridien, seroit absolument le même, vu du
centre ou vu d'un point quelconque de la surface de la Terre, situé
sous le même méridien; et il ne dépend point de la hauteur de la
Lune au-dessus de l'horizon. Un arc de 15′, vu du centre de la Terre,
traverse le méridien en une minute de temps; si je m'approche de
l'objet assez pour qu'il me paroisse de 30′ au lieu de 15, il n'en tra-
versera pas moins le méridien en une minute, parcequ'en même
temps que l'objet me paroîtra doublé par sa proximité, la vîtesse de

son mouvement sera aussi doublée, et les 3o′ traverseront le méridien dans le même temps que les 15′ employoient à le traverser auparavant.

1518. On avoit cru trouver la Lune sensiblement alongée du nord au sud, c'est-à-dire, le diametre vertical dans le méridien plus grand de 3o″, que le diametre mesuré horizontalement d'orient en occident, comme on le voit dans le *Commerce astronomique* qu'Adelbulner faisoit imprimer à Nuremberg (*tom. II, page* 81). Cela venoit de ce qu'on ôtoit du diametre de la Lune, trouvé par la mesure du temps de son passage, la valeur de l'augmentation, pour en conclure le diametre horizontal; on faisoit une correction qu'il ne falloit point faire; et cela rendoit le diametre d'orient en occident plus petit que le diametre vertical. C'étoit une méprise de Godin.

Au contraire, suivant les loix de la force centrifuge, le globe de la Lune doit être aplati, mais du nord au sud, à cause de la rotation de la Lune sur son axe (3746).

Il est probable aussi que la Lune est alongée vers le centre de la Terre (33o2).

Nous parlerons du diametre absolu de la Lune en lieues, après que nous aurons déterminé sa parallaxe et sa distance à la Terre (17o2).

Mouvement horaire de la Lune.

1519. Le mouvement horaire est le nombre de minutes et de secondes que la Lune paroît décrire en une heure de temps moyen (98o), vue du centre de la Terre; on en fait usage dans le calcul des éclipses, et il est important de le connoître avec précision.

Le mouvement diurne de la Lune peut changer depuis 11° 46′ jusqu'à 15° 21′; ainsi le mouvement horaire est entre 29′ 25″ et 38′ 22″, sa quantité moyenne 32′ 56″5 : mais l'excentricité seule de l'orbite lunaire fait que le mouvement horaire de la Lune varie de 3′ 36″ : l'évection produit une inégalité de 42″, la variation en produit une de 4o″. Toutes les autres équations de la Lune (1473) influent aussi dans l'inégalité du mouvement horaire.

1520. Pour avoir le mouvement horaire, on pourroit calculer le lieu de la Lune avec toutes ses équations, pour deux instans éloignés d'une heure l'un de l'autre; la différence des deux longitudes de la Lune sur son orbite seroit le mouvement horaire. Mais cette méthode peut produire une erreur de quelques dixiemes de seconde, et elle seroit très longue, parcequ'il faudroit trois calculs pour être sûr de n'avoir point de fautes. C'est pourquoi Clairaut,

Mayer, et M. Maskelyne, ont donné des formules pour le mouvement horaire de la Lune, en y employant les dixièmes de seconde;
ce qui donne une précision aussi grande que celle dont la théorie
de chaque équation peut être susceptible. La formule de Clairaut
est dans les *Mémoires* de 1752. Mais M. du Séjour a remarqué qu'il
y manquoit une petite équation (*Mém.* 1771). Voici celle que M. de
Lambre a tirée de la décomposition des nouvelles tables de la
Lune, et qui a servi pour les tables de cet ouvrage : elle est plus
étendue et plus exacte que toutes les autres; il y a même ajouté les
équations nécessaires pour trouver l'inégalité de ce mouvement
d'une heure à l'autre : ces équations sont du second ordre relativement aux autres (3997). Les tables sont dans la *Connoissance des
temps* de 1791.

*Formule pour le mouvement horaire de la Lune en
longitude.*

$+$ 0″4382 cos. arg. I. —0″01276 cos. 2 arg. I.
— 1,0968 cos. arg. II.
— 1,3058 cos. arg. III.
— 0,9780 cos. arg. IV.
—42,2150 cos. arg. V. +0″6020 cos. 2 arg. V.
$+$ 1,0192 cos. arg. VI.
$+$ 0,4020 cos. arg. VII.
$+$ 0,2912 cos. arg. VIII.
$+$ 0,0566 cos. arg. IX. +2″0082 cos. 2 arg. IX.
— 0,0866 cos. arg. X.
— 0,1628 cos. arg. XI.
— 0,0253 cos. arg. XII.
$+$ 0,0558 cos. arg. XIII.
$+$ 0,2942 cos. arg. XIV.
— 0,0012 cos. arg. XV.
$+$ 0,0786 cos. arg. XVI.
— 0,0555 cos. arg. XVII.
$+$ 32′56″432 —3′36″044 cos. arg. XIX +14,823 cos. 2 arg. XIX.
— 1″059 cos. 3 arg. XIX +0″077 cos. 4 arg. XIX.
— 1″088 cos. arg. XX +40″149 cos. 2 arg. XX +0″138 cos. 3 arg. XX.
$+$ 0″3624 cos. 4 arg. XX.

$+$ 0,8059 cos. arg. XXI. ⎰ Ces deux équations supposent le mou-
— 7,8074 cos. arg. XXII. ⎱ vement horaire moyen, ou 32′56″458.
Elles se corrigent au moyen d'une ta-
ble subsidiaire.

Equations du second ordre, et proportionelles aux carrés des temps.

$+0''1632$ sin. arg. V$-0''0047$ sin. 2 arg. V.

$+1,0246$ sin. arg. XIX$-0''141$ sin. 2 arg. XIX$+0,0151$ sin. 3 arg. XIX.

$+0,0046$ sin. arg. XX$-0''6731$ sin. 2 arg. XX$-0,0537$ cos. 4 arg. XX.

Quantités négligées dans les tables du mouvement horaire.

$-0''0264$ cos. (arg. XIX$+$arg. I).

$+0,0705$ cos. (arg. XIX$+$arg. III).

$-0,0317$ cos. (arg. XIX-2 arg. V).

$+0,0628$ cos. (arg. XIX$+$arg. XX).

$-0,0656$ cos. (arg. VI$-$arg. XIX).

$-0,0246$ cos. (arg. VII$+$arg. XIX).

$-0,0203$ cos. (2 arg. XIX$-$arg. I).

$+0,0090$ cos. (arg. XIX$+$arg. XI).

$+0,0090$ cos. (arg. XIX$-$arg. XI).

$-0,0176$ cos. (4 arg. XX$-$arg. XIX).

$+0,0116$ cos. (arg. XX $+$ arg. V).

$-0,0107$ cos. (4 arg. XX$+$arg. I).

$+0,0106$ cos. (arg. XX$+$arg. IV).

$-0,0265$ cos. (2 arg. XX sin 2 arg. XIX).

$-0,0256$ cos. (arg. V$+2$ arg. IX).

$+0,05$ en seize petites équations.

$0''4725$ Total des quantités négligées.

Formule pour le mouvement horaire en latitude, ou mouvement vers le pole boréal de l'écliptique.

$+2'58''220$ cos. arg. I. $-0''126$ cos. 3 arg. I de la latitude.

$+\qquad 4,2883$ cos. arg. II.

$+\qquad 0,2400$ cos. arg. V.

$-\qquad 0,0208$ cos. arg. X. On a négligé cette équation

Equation du second ordre.

$-\qquad 0''8669$ sin. arg. I de latitude.

Les équations du second ordre sont pour l'heure qui suit l'instant du calcul ; il faut, pour l'heure qui précede, changer les signes.

Les équations de latitude supposent le mouvement horaire moyen.

32' 56''458. Il faut les corriger comme les équations XXI et XXII du mouvement en longitude.

On seroit tenté de croire que ces équations du mouvement horaire sont le changement qui arrive en une heure dans chacune des équations de la Lune; mais il y a une différence sensible : par exemple, la neuvieme équation donne 2'' pour le mouvement horaire, tandis que l'équation de la Lune, correspondante au même argument, ne change jamais d'un dixieme de seconde par heure. Ces 2'' viennent de la combinaison de deux autres argumens; en effet le changement horaire de l'évection, 42''2 cos. E, change d'autant l'anomalie A. Or, le changement de l'équation est $2\,c$ cos. A. dA (3446, 3486). Si dans la valeur de dA on substitue, outre le moyen mouvement, 42''2 cos. E, l'on aura 4'' cos. E. cos. A, ou 2'' cos. (A—E), etc. (3815); or A—E revient à deux fois la distance du Soleil à l'apogée de la Lune : ainsi l'on trouve 2'' pour l'équation IX du mouvement horaire. M. de Lambre a discuté le premier ces équations d'une maniere complete dans un mémoire lu à l'académie en 1788, et qui sera imprimé dans les *Mémoires* de Montpellier, *tom. III.*

1521. Quand on a des longitudes calculées de 12 en 12 heures, comme dans la *Connoissance des temps*, ou le *Nautical almanack*, on peut en conclure le mouvement horaire avec une très grande précision. En effet, lorsque l'on prend la douzieme partie du mouvement de la Lune entre midi et le minuit suivant, l'on a le mouvement horaire qui avoit lieu à six heures, c'est-à-dire, vers le milieu de l'intervalle qu'il y a eu entre les deux longitudes employées; car le mouvement horaire croît ou décroît d'une maniere qui est sensiblement uniforme depuis midi jusqu'à minuit.

Par la même raison, si l'on prend la douzieme partie du mouvement, entre minuit et le midi du lendemain, on aura le mouvement horaire à 18^h, comme dans l'opération précédente on l'a eu vers 6^h. Ayant donc le mouvement à 6^h et à 18, il ne sera pas difficile de le trouver aussi pour toute autre heure.

1522. La même méthode sert pour trouver le mouvement horaire en ascension droite, et en temps; car, connoissant le retardement diurne et inégal de la Lune, deux jours de suite, pour vingt-quatre heures, on peut trouver le retardement horaire pour une heure quelconque. Cela est souvent utile, sur-tout pour trouver la longitude en mer par le moyen de la Lune, comme on le peut voir dans l'*Etat du ciel* de M. Pingré, pour 1757.

Des

Observations de la Lune.

1523. Pour établir et confirmer les théories précédentes, on a eu besoin d'un grand nombre d'observations; mais je ne puis que les indiquer ici. Les observations anciennes qui servent à déterminer les moyens mouvemens de la Lune, de son apogée, et de son nœud, sont d'abord trois éclipses de Lune, observées à Babylone par les Caldéens (1419), qui sont les plus anciennes des dix éclipses caldéennes que Ptolémée nous a conservées dans son *Almageste*. On trouve ensuite celles de Ptolémée lui-même, et celles de Tycho-Brahé, qui ont été calculées par Longomontanus, mais qu'il seroit peut-être utile de vérifier, et de réduire par les nouveaux élémens. Il en est de même des observations d'Hévélius, et de Flamsteed, qui sont en très grand nombre (voyez *Machina cœlestis*, et *Historia cœlestis*). Celles qui furent faites à Paris sont dans l'*Histoire céleste*, publiée par M. le Monnier en 1741. Elles n'avoient jamais été discutées et calculées; la Caille et M. Bailly en ont examiné quarante-deux (*Mém.* 1763) : ce sont les plus anciennes qui aient été faites avec la précision qu'on exige aujourd'hui, et les plus exactes qu'on puisse avoir du dernier siecle. La Caille avoit fait en 1759, sur les anciennes observations, un travail considérable; il détermina l'erreur du mural de la Hire, qui alloit jusqu'à 34″, les élémens du Soleil (1266, 1313), la position de Sirius (2776); il a vérifié par ces calculs l'accélération de la Lune (1486).

Halley, en 1682 et 1684, observoit la Lune à Islington près de Londres, dans le dessein de faire servir ses observations à corriger les tables de la Lune par la période de 18 ans (1501); ces observations sont rapportées à la fin de l'*Astronomie caroline*, édition de 1710. Dans la suite Halley fit, dans la même vue, la plus nombreuse collection qu'on ait vue d'observations de la Lune; elle commence à 1722, et finit au commencement de 1740. Elle renferme plus de 2000 observations, calculées et comparées avec ses tables; mais ces observations supposent les lieux des étoiles tirés du catalogue de Flamsteed : elles sont exposées à des erreurs d'une minute, et il seroit important de recourir aux manuscrits originaux de Halley, pour rectifier ses conclusions, et vérifier ses calculs; avec cette précaution, on pourroit profiter encore de cet immense travail. Les registres originaux de Halley, ainsi que ceux de Flamsteed, sont à l'Observatoire de Greenwich : le bureau des longitudes a donné cent livres sterlings (2460 livres) aux héritiers de l'un et de l'autre.

Parmi les observations modernes les plus exactes, nous avons 31 observations de la Lune, faites en 1751 et 1752, à l'occasion des recherches de la parallaxe de la Lune (1650) : le soin qu'on apporta à les faire, et celui que la Caille mit à les calculer, assure l'exactitude de ces observations, et je crois qu'on n'en sauroit guere trouver de meilleures ; elles sont dans le sixieme volume des *Ephém.* *pag.* liij. Il y a aussi 104 observations de la Caille, faites au college Mazarin en 1760 et 1761, et 67 de M. d'Agelet, calculées par M. de Lambre dans le 8ᵉ volume des *Ephémérides*, que j'ai publié en 1783.

1524. La plus belle collection qui existe est celle de 1137 observations de Bradley, entre 1750 et 1760, calculées et réduites par lui et par Gaël Morris ; elles ont paru dans le *Nautical almanach* pour 1774 et 1778, et dans la *Connoissance des temps* de 1779. Ces observations ont servi à corriger les tables de Mayer (1460, 1472). Les manuscrits des observations de Bradley furent remis entre les mains de Bliss, son successeur à Greenwich, d'où ils ont passé à l'université d'Oxford. Je fus témoin, le 9 juin 1763, d'une délibération de la société royale de Londres qui en ordonna la publication (*Connois. des mouv. cél.* 1767) ; M. Hornsby est occupé de l'impression : j'en ai vu un volume *in-folio* à Oxford, en 1788, déja imprimé ; la santé de M. Hornsby a été la seule cause du retard. On trouvera beaucoup d'observations de la Lune dans les recueils que j'ai cités (1399), principalement dans celui de M. Maskelyne, dont les observations mériteroient sur-tout d'être calculées : j'ai déja commencé ce travail pour une partie, et M. Maskelyne les fait calculer actuellement à Greenwich, où l'on observe la Lune tous les jours avec une assiduité et une précision dont il n'y avoit point d'exemple.

LIVRE HUITIEME.

DU CALENDRIER.

1525. LE CALENDRIER, n'étant que la distribution des temps mesurée par le Soleil et par la Lune, appartient trop à l'astronomie pour ne pas en traiter ici séparément; ce qui nous conduira à parler aussi des périodes sur lesquelles est fondée la chronologie. Ainsi, après avoir parlé des moindres parties du temps, qui sont les heures, les jours, et les semaines, nous parlerons des mois, des années, de leurs différentes divisions, des cycles qui en sont composés, du calendrier, des périodes anciennes; enfin, des époques les plus célebres.

1526. LES HEURES sont aujourd'hui la 24ᵉ partie de la révolution diurne du Soleil; mais il y eut autrefois des peuples qui partageoient en douze seulement l'intervalle total du jour et de la nuit (Syncelle, page 10, D; *Journal des savans*, 1778, *page 611, in-4°*); et cette division en douze venoit probablement des douze mois, ou des douze Lunes de l'année.

Le jour de 24 heures est appellé *jour artificiel*, et la durée de la lumiere, *jour naturel*, par Macrobe, Riccioli, et M. Bailly : mais il y a des auteurs qui entendent tout le contraire, comme dans l'Encyclopédie.

Les heures planétaires ou judaïques étoient des heures inégales, usitées autrefois chez les Juifs et les Romains. On divisoit séparément le jour en 12 parties, et la nuit en 12 autres heures. Cet usage avoit encore lieu du temps de Xénophon, 370 ans avant J. C. Ces heures recevoient leur nom d'une des sept planetes. Cet usage étoit venu des anciens Egyptiens, suivant Hérodote (*liv. II, n°. 82*), et Dion Cassius (*liv. 37, page 42*, édition de 1592), ou des Caldéens (Salmas. *de an. climat. page 595*; Goguet, *II*, 437; Sallier, *Mémoire des inscript. IV, 65*). L'ordre des planetes, dans les jours de la semaine, venoit de l'influence qu'on leur supposoit sur les différentes heures du jour : le dimanche, au lever du Soleil, la premiere heure étoit pour le Soleil; ensuite venoient Vénus, Mercure, la Lune, qui étoient supposés au-dessous de lui; puis Saturne, Jupiter

Dd ij

et Mars, qui étoient au-dessus : par-là il arrivoit que le lendemain commençoit par la Lune ; et voilà pourquoi le lundi fut placé à la suite du jour consacré au Soleil (*Clavius in sphaerum*). M. l'abbé Roussier, dans un savant mémoire sur la musique des anciens (pag. 75, et ensuite dans le *Journal de Trévoux, nov. et déc.* 1770 *et août* 1771), soutient que cet arrangement vient des intervalles de la musique, et il cite encore Xiphilin d'après Dion (*lib.* 36, *in Pompeio*). Plutarque en avoit fait la matiere d'une dissertation dont il ne nous reste que le titre, dans ses questions de table (*Symposiacón, l. IV, q.* 7.).

1527. Les Juifs et les Romains distinguoient dans le jour artificiel, pris du lever au coucher du Soleil, quatre parties principales, *prime, tierce, sexte,* et *none*. Prime commençoit au lever du Soleil ; tierce, trois heures après ; sexte commençoit à midi ; et none, trois heures avant le coucher du Soleil ; et le même nom indiquoit peut-être tout l'intervalle de 3 heures [a]. Ces heures étoient plus ou moins grandes, suivant que le Soleil étoit plus ou moins long-temps sur l'horizon ; l'on emploie encore dans le bréviaire de l'église romaine les mêmes dénominations.

1528. Les heures babyloniques commençoient à se compter au lever du Soleil (*Macrob. Saturn. lib. I, c.* 3) ; mais les 24 heures étoient égales. On commençoit au lever du Soleil chez les Perses et la plupart des Orientaux. M. Towson croit que les Romains commençoient aussi au lever du Soleil, et divisoient le jour naturel en 12 heures (*Discourses on the 4 Gospels; Journ. des savans,* 1779, *pag.* 59). Cela se pratiquoit encore à Majorque et à Nuremberg, du temps de Riccioli.

1529. Les heures italiques sont celles que l'on commence au coucher du Soleil, à l'imitation des Juifs et des Athéniens (Riccioli, *Chron. réf. pag.* 4) ; car les Juifs de toute ancienneté comptoient leur jour d'un coucher à l'autre. On suivoit encore, dans le dernier siecle, cet usage en Pologne, en Bohême ; il y a même actuellement à Prague des horloges réglées de cette maniere : mais l'usage commence à se passer, même en quelques endroits de l'Italie. Les Italiens qui conservent l'ancien usage ont coutume de commencer une demi-heure ou trois quarts d'heure après le coucher du Soleil, et comptent vingt-quatre heures de suite : j'ai expliqué leur usage à cet égard dans mon *Voyage d'Italie*, où j'ai donné des tables des heures italiques.

(a) Par là on accorderoit deux passages de l'évangile : *Erat autem hora tertia, et crucifixerunt eum* (S. Marc)... *Et erat hora quasi sexta, et dicit Judæis : Ecce rex vester* (S. Jean).

1530. Hipparque et Ptolémée comptoient les heures de minuit à minuit, et il paroît que de leur temps c'étoit l'usage à Rome et en Egypte (Riccioli, *Almag. I*, 34; *Chronol. réform. pag.* 2). M. Towson croit que, dans l'évangile de S. Jean, les heures sont comptées ainsi; c'est aussi l'usage de l'église romaine, et de la plupart des nations de l'Europe : aussi appelle-t-on ces heures *européennes*.

1531. Tous les astronomes commencent le jour à midi, comme on le voit dans Ptolémée (*page* 74). C'est ce que faisoient autrefois les Umbres, suivant Macrobe. On attribue aussi cet usage aux Arabes. Les astronomes vont jusqu'à 24 heures : ainsi, lorsqu'on compte, dans la société, le 2 de janvier, 8 heures du matin, les astronomes disent, le premier janvier, à 20 heures; et c'est ce que nous appellons *temps astronomique*, pour le distinguer du *temps civil*, où l'on se sert du matin et du soir.

1532. L'usage de diviser les temps en semaines de sept jours est de la plus haute antiquité (303) : il paroît que les plus anciens peuples de l'Orient s'en sont servis; c'est le sentiment du Syncelle cité par Sallier (*Mém. de l'acad. des Inscript. tom. IV, pag.* 65). Cet usage étoit le même chez les Péruviens (Garcilaso de la Vega, *Commentarios reales de los Incas, tom. I, lib. II*, c. 23; Scaliger, *de Emend. temp. pag.* 9; Spectacle de la nature, *tom. IV, pag.* 47).

Goguet pense que les Grecs furent presque les seuls peuples qui d'abord ne se servirent pas des semaines de sept jours (*tom. I, pag.* 217, *in-4°.*). Cependant il y a des savans qui doutent que cette manière de diviser le temps ait été employée ailleurs que chez les Juifs (voyez Costard, *The History of astronomy*, p. 150; Spencer, *De Legibus Hebræorum*, lib. *I*, c. 4). Quoi qu'il en soit, on ne peut disconvenir que le nombre sept n'ait été fort remarquable et fort distingué parmi les anciens (S. Clément d'Alexandrie, *Stromatum VI*, 16, *pag.* 813, édition de 1715; Macrobe, *Somn. Scip. I, 6, pag.* 35; Selden, *de Jure nat. et gent. lib. III*, c. 17).

Plusieurs auteurs ont cru même que la fête du septieme jour n'étoit point particuliere aux Juifs, mais qu'elle avoit lieu chez les païens. Sallier cite un grand nombre de témoignages à ce sujet, sur-tout Philon et Joseph, quoiqu'il soit d'un sentiment contraire (*page* 64).

1533. Cela n'empêche pas qu'on ne regarde l'usage des semaines de sept jours comme ayant eu lieu chez la plupart des anciens; il étoit d'ailleurs très naturel, d'après les phases de la Lune qui ne se montre que pendant quatre semaines ou 28 jours : ce qui a servi à régler le temps chez toutes les nations (1401). Ces phases changent à-peu-près tous les sept jours. Si l'on avoit voulu partager le mois en quatre , et faire des semaines de huit jours, on eût trouvé un excès de trois jours au bout du mois. D'ailleurs les années solaires de 365 jours se partagent, à un jour près, en semaines de 7 jours, au lieu qu'il y auroit eu cinq jours de reste si l'on eût fait les semaines de huit jours ; ainsi l'usage des mois et des années paroît avoir dû entraîner celui d'une semaine de sept jours.

Années des anciens.

1534. Nous avons parlé des années qui servirent aux premiers peuples du monde (253) , et qui furent d'abord des jours, ensuite des mois ; nous parlerons plus bas des années lunaires dont se servent encore les Turcs et les Arabes , et qui sont de 354 et de 355 jours (1602). On croit qu'il y eut très anciennement des années de 360 jours , et que les Grecs s'en servirent long-temps (254, 299, 385): mais, environ 1500 ans avant notre ere, les Egyptiens firent les années de 365 jours (*Mém. acad.* 1781, p. 231) ; c'est ce qu'on appelle les années égyptiennes : elles étoient toutes égales ; le Soleil retardoit chaque année de six heures sur une année égyptienne , et tous les quatre ans l'équinoxe arrivoit un jour plus tard dans l'année civile ; ce retardement formoit une année entiere au bout de 1461 années civiles , ou d'une période caniculaire (270, 1605). Nous en donnerons une table ci-après (1598). Les années égyptiennes sont encore employées dans la Perse. Mais , au sujet de la forme ancienne et nouvelle de l'année des Perses, on peut voir les notes de Golius sur Alfergan , Scaliger (*de Emendatione temporum*), et le P. Pétau (*Doctrina temporum*).

1535. Parmi nous , l'année civile est tantôt de 365 jours , et tantôt de 366 (1539) ; elle commence au premier janvier depuis l'année 1567 , en vertu de l'édit de Roussillon donné en 1564 par Charles IX. Les anciens Romains la commençoient avec le mois de mars sous le regne de Romulus ; et ils avoient reçu cet usage des Etrusques ; les Grecs commençoient au mois de septembre ; Numa Pompilius la fixa au mois de janvier. Sous la seconde race de nos rois elle commençoit à Pâque après la bénédiction du cierge pascal ; et dans certains endroits elle commençoit à l'Annonciation, c'est-à-dire, le 25 de mars (ª) , à-peu-près comme chez les Hébreux, dont

(a) Cet usage s'observoit encore à Pise en 1746 ; et il fut changé par un édit de l'empereur : l'extrait en est gravé sur un marbre, en lettres d'or, à la rive gauche de l'Arno.

l'année ecclésiastique et civile commençoit à Pâque (*Exod.* 12),
quoiqu'ils eussent aussi une année solaire qui commençoit au mois de
septembre (*Levit. c.* 23 et 25. *Ezech. c.* 40). Voyez aussi l'*Art de vé-*
rifier les dates, par D. Clémencet et D. Durand (*in-4°*, 1752 ; in-
folio, 1770 et 1784); le P. Petau (*Doct. temp. lib. IX, c.* 3); Casali,
(*De veteribus sacris christianorum ritibus. Romae,* 1647, in-fol. *c.* 62).

1536. Le printemps, étant le commencement de la reproduction,
devoit naturellement commencer l'année :

> Dic, age, frigoribus quare novus incipit annus,
> Qui meliùs per ver incipiendus erat? *Fast. I,* 149.

Mais la raison qui détermina les anciens pour le mois de janvier fut
qu'au solstice d'hiver le Soleil recommence à monter vers notre
hémisphere boréal ; ce commencement d'élévation et d'accroissement dans les jours leur parut devoir être le commencement de
l'année :

> Bruma novi prima est veterisque novissima Solis ;
> Principium capiunt Phœbus et annus idem. *Fast. I,* 163.

L'année, qui se divise actuellement en 12 mois solaires de 30 ou
31 jours, avoit été divisée par Romulus en dix mois seulement,
et elle n'avoit que 304 jours. Macrobe donne un assez long détail
du calendrier de Romulus (*Saturn. lib. I, c.* 12), de même que
Solinus (*Memorabilium pars I, c.* 2). On y voit que mars étoit le premier mois de l'année, et portoit le nom du dieu dont Romulus
vouloit descendre. Les mois de juillet et août se nommoient quintile et sextile. Le mois de décembre étoit, comme son nom l'indique, le dixieme et le dernier mois de l'année.

1537. Numa ajouta 50 ou 51 jours à l'année des Romains, et la
fit de 354 jours (*Macr. I,* 13), ou, suivant Solinus, de 355 : il diminua les mois qui étoient de 30 jours, et il en ajouta deux, l'un de 29
jours, l'autre de 28.

> Primus, oliviferis Romam deductus ab arvis,
> Pompilius menses sensit abesse duos. *Fast. III,* 151.

Il plaça ces deux mois, l'un au commencement de l'année, c'est
celui de janvier, l'autre à la fin ; c'étoit alors le mois de février.
Cette réformation se fit vers l'année 713 avant notre ere. Pour
qu'elle continuât de s'accorder avec le commencement de l'hiver,
il fallut employer des intercalations que l'on changea plusieurs fois
(voy. l'*Encyclopédie méthod.* 1784, au mot *année* ; Gassendi, *oper.*
t. V, pag. 550). L'an 450 avant J. C., les décemvirs déplacerent le

mois de février qu'ils mirent après le mois de janvier de l'année suivante pour prolonger leur magistrature, et cela augmenta la confusion du calendrier, sur lequel même les savans ne sont pas d'accord.
Ovide nous apprend aussi que le mois de février avoit été le dernier
de l'année ancienne de Numa.

> Qui sequitur Janum, veteris fuit ultimus anni ;
> Tu quoque sacrorum, Termine, finis eras. *Fast. II*, 49.

On voit par ces vers pourquoi les jours intercalaires se plaçoient
non à la fin de février, mais après le 24 de février appellé *VI*
calend. martii ; c'étoit à cause des *Terminales*, ou de la fête du
dieu *Terme*, qui étoit la dernière de l'année, et qui se célébroit le
23 de février (*VII° calendas martii*).

1538. Les intercalations, qui étoient confiées aux prêtres, furent
quelquefois altérées ; il y eut des temps où par superstition l'on omit
des intercalations ; il arriva même, selon Censorinus, Macrobe et
Solinus, que les prêtres, pour contrarier ou favoriser des magistrats
ou des traitans, firent des années plus ou moins longues.

1539. Jules César entreprit de corriger le désordre de ce calendrier 46 ans avant J. C. Il voulut faire correspondre les années
civiles aux années astronomiques, en sorte qu'à la même saison l'on
comptât toujours les mêmes mois, et qu'on pût dire que le printemps arrivoit toujours au même temps de l'année (voyez Censorinus, *cap.* 10; Suétone, dans la *vie de César* ; Dion Cassius, *liv.*
XLIII; Solinus, *cap.* 3 ; Macrobe, *Saturn. lib. I*, *cap.* 14). Jules
César étoit curieux d'astronomie ; il avoit même composé divers
ouvrages.

> Media inter prælia semper
> Stellarum cœlique plagis superisque vacavi,
> Nec meus Eudoxi vincetur fastibus annus. *Pharsal. X,* 185.

César étoit tout à la fois dictateur et pontife, et ce soin le regardoit principalement. Pour s'en acquitter avec plus d'exactitude, il
fit venir *Sosigenes*, mathématicien d'Egypte. Pline (XVIII, 25)
fait l'éloge de l'application que Sosigenes y donna : *Ipse ternis com-*
mentationibus, quanquam diligentior esset cæteris, non cessavit
tamen addubitare, ipse semet corrigendo. Il abandonna la Lune
pour s'en tenir aux mouvemens du Soleil ; mais, comme l'année solaire étoit de 365 jours et un quart, il falloit, pour suivre ce
quart d'excédant, donner un jour de plus à l'année, dans laquelle on
rassembleroit les quatre quarts de jour tous les quatre ans.

Sosigenes

Sosigenes imagina donc de faire trois années de 365 jours, et la quatrieme de 366 : on laissa le commencement de l'année d'accord avec le commencement de l'hiver et du mois de janvier, ou plutôt de la nouvelle Lune qui, cette année-là, suivit le solstice d'hiver, afin de ne pas s'écarter d'une maniere trop marquée de l'usage des Romains. Ce fut dans les années 47 et 46 avant J. C., suivant la maniere de compter des chronologistes, que se fit la réforme ; et l'année 45, ou 4669 de la période julienne (1567), fut la premiere année julienne réguliere. L'équinoxe arriva le 25 septembre : on prolongea l'année précédente de 90 jours jusqu'à la nouvelle Lune qui suivit le solstice d'hiver, de façon qu'il y eut, suivant Pétau, une année de 445 jours qui fut prise en partie sur l'année 47 et en partie sur 46 ; elle fut appellée l'*année de confusion* (Scaliger, *de Emend. temporum*, *lib. II, pag.* 187; *lib. IV, pag.* 228; P. Pétau, *Doctrina temporum*, *lib. IV, c.* 1 ; *lib. X, c.* 61 ; & *Censorinus, c.* 20). Et Scaliger, en suivant Macrobe (*Saturn. I*, 14), donne 444 jours à l'année de confusion ; mais Pétau l'a réfuté (*t. I, pag.* 161).

1540. L'année de Numa n'avoit que 355 jours (1537); il fallut donc en ajouter dix. César, à l'exemple de Numa, répartit ces dix jours de maniere à ne point toucher aux mois de mars, mai, quintile (ou juillet) et octobre, parcequ'ils avoient été établis de 31 jours par Romulus ; il ajouta deux jours à chacun des mois de janvier, sextile (ou août) et décembre, qui étoient de 29, et devinrent par-là de 31 ; il ajouta un jour aux mois d'avril, juin, septembre et novembre, qui en avoient 29, pour les faire de 30 jours ; il n'ajouta rien au mois de février (dit Macrobe, *Saturn. I*, 14) : *Ne deûm inferûm religio immutaretur*, par respect pour les morts à qui le mois de février étoit consacré ; car le mot de février venoit de *Februus*, dieu des lustrations, ou des sacrifices qu'on célébroit à l'honneur des dieux mânes.

1541. Jusqu'alors le mois intercalaire avoit été le mois de février (1537); César plaça de même en février le jour intercalaire qu'il ajoutoit tous les 4 ans, et cela après le 23 février, ou le 7ᵉ des calendes de mars, et avant le régifuge, ou la fête instituée en mémoire de l'expulsion de Tarquin, qui se célébroit le VI des calendes : ce jour, au lieu d'être le 24, se trouvoit alors le 25 ; et le 24, qui étoit le jour intercalaire, s'appelloit *bis sexto calendas martias*, parceque le jour du régifuge conservoit son nom de *sexto calendas*, et se trouvoit le 25 : de là vint le nom d'années bissextiles pour celles où le mois de février avoit 29 jours, et où le 24 février s'appelloit *bis sexto calendas*. Toutes les années, tant avant qu'après notre ere,

dont le nombre est divisible par quatre , sont bissextiles dans le
calendrier julien. Nous verrons ci-après les exceptions du calendrier
grégorien (1547).

1542. Jules César étoit né le 4 des ides du mois *quintile;* après sa
mort, Antoine, qui étoit son collegue dans le consulat, fit ordonner
par une loi que ce mois porteroit le nom de Jules César, et il fût
toujours appellé le mois de *juillet* depuis la seconde année de la réformation julienne (1539). Le mois sextile fut ensuite appellé *au-
gustus,* août, en vertu d'un sénatus-consulte, après la bataille d'Ac-
tium : non que cet empereur fût né dans le mois *sextile,* car le jour
de sa naissance étoit le 23 septembre ; mais, dans le mois sextile, dit
Macrobe, il étoit parvenu au consulat, il avoit triomphé trois fois,
il avoit conquis l'Égypte, il avoit terminé les guerres civiles : ce qui
fut cause que le sénat, regardant ce mois comme le plus heureux de
l'empire d'Auguste, ordonna qu'à l'avenir on l'appelleroit du nom
de ce prince.

Néron voulut donner son nom au mois d'avril ; Commode voulut
donner le sien au mois d'août, et celui d'Hercule au mois de septembre : Domitien voulut appeller le mois de septembre Germani-
cus, et celui d'octobre Domitien : mais (comme Macrobe l'observe),
après la mort de ce tyran, non seulement on arrachoit ses inscriptions ; mais, en haine de sa mémoire, on changea les noms qu'il
avoit établis pour les mois de l'année.

1543. Après la mort de Jules César, il y eut un dérangement
dans les intercalations ; les pontifes, ne comprenant pas le sens de
la regle qu'il avoit établie, rendoient bissextile l'année qui étoit
la quatrieme, en y comprenant la bissextile précédente, en sorte
qu'il n'y avoit que deux années communes, au lieu de trois qu'il
doit y avoir entre deux bissextiles : Auguste y remédia, (*Solinus I,
part.* 2) ; mais depuis il n'y a eu dans le calendrier julien aucune
interruption. Euler avoit pensé qu'il pouvoit y avoit eu un jour
d'erreur ; ce qui lui servoit à expliquer la discordance des équinoxes observés par Ptolémée : mais j'ai prouvé, par les lieux de la
Lune, qu'il n'y avoit point erreur de date, et il paroît que les observations de Ptolémée étoient défectueuses (*Mém. acad.* 1757).
Flamsteed explique par le dérangement des armilles l'imperfection
des équinoxes de Ptolémée (2277).

1544. Malgré l'avantage que le calendrier julien avoit sur celui
des années égyptiennes, il étoit encore imparfait, puisqu'il supposoit l'année de 365 jours 6^h : on se trompoit de 11' chaque année
(886), et les 11' avoient produit une différence de dix jours sur

l'équinoxe ; ce qui occasionna la réformation grégorienne de 1582.

De la réformation grégorienne pour les années solaires.

1545. La réformation du calendrier avoit été proposée bien des fois depuis qu'on s'étoit apperçu que les équinoxes anticipoient de plusieurs jours (1544). Pierre d'Ailly (*Petrus ab Alliaco*), né en 1350, qui fut chancelier de l'université de Paris, puis évêque de Cambrai, et dont Gerson fut disciple, présenta son projet au concile de Constance, et au pape Jean XXIII, en 1414, et l'on regarde son ouvrage comme ayant été une des premieres occasions de la réforme grégorienne (*Weidler, pag.* 295). Le cardinal *Cusa* écrivit aussi vers le même temps sur la réformation du calendrier, et sur la correction des tables alphonsines. Cet auteur, dont nous avons les œuvres en trois volumes in-folio, mourut en 1464. Le pape Sixte IV forma décidément le projet d'exécuter cette réformation du calendrier ; il attira près de lui Régiomontanus, dont la réputation et le savoir méritoient la plus grande confiance en pareille matiere (403) : mais il mourut à Rome en 1476 avant que d'avoir pu exécuter cette entreprise. Voyez Gassendi dans la vie de Régiomontanus, et dans son histoire du calendrier (*Oper. tom. V, pag.* 584). Le concile de Trente, terminant ses sessions en 1563, chargea le pape de travailler à la réformation du calendrier. Enfin Grégoire XIII parvint en 1582 à terminer ce grand ouvrage ; et le calendrier qu'il a établi a pris le nom de CALENDRIER GRÉGORIEN. (Voy. Clavius, *Calendar. gregorianum,* 1603, in-fol. ; Blondel, *Hist. du calendrier romain,* 1682, in-4° ; Riccioli, *Chronol. reform. ;* Gassendi, *Romanum calendarium,* in-folio, *Op. t. V, pag.* 545 ; Viete, *Relatio calendarii verè gregoriani ;* le P. Meliton, capucin, *Gregoriana correctio illustrata. Tolosae,* in-4°). Le pape envoya en 1577 à tous les princes chrétiens un abrégé des raisons qu'il avoit d'entreprendre la réformation du calendrier, en les priant de consulter tous les mathématiciens qu'ils croiroient capables de lui suggérer des idées nouvelles ou des expédiens commodes. Après avoir reçu différens mémoires à ce sujet, le pape assembla à Rome les gens les plus habiles pour achever ce grand ouvrage. Ce calendrier grégorien, devenu aujourd'hui le calendrier civil dans tous les pays de l'Europe, consiste dans une maniere de compter les années, telle que les saisons commenceront toujours aux mêmes temps de l'année.

1546. Le point fixe d'où l'on partit dans la réformation du calendrier fut la décision du concile de Nicée tenu l'an 325, qui établit l'équinoxe au 21 de mars, et ordonne que la fête de Pâque sera célébrée le dimanche *après* le XIVe de la Lune du premier mois [a], c'est-à-dire de la Lune dont le 14e arrive *ou le jour même, ou après le jour de l'équinoxe* (1571).

On croyoit, au temps du concile de Nicée, que l'année étoit à-peu-près de 365^j 5^h 55' suivant le sentiment de Ptolémée (885). On supposa donc que l'équinoxe, qui arrivoit alors le 21 de mars, arriveroit toujours de même, ou qu'on y remédieroit dans la suite : mais comme il y a six minutes de moins dans la véritable durée de l'année solaire (886), l'équinoxe arrivoit chaque année six minutes plutôt qu'on ne croyoit ; et, du temps de Grégoire XIII, en 1577, il se trouvoit arriver le 11 de mars. Il auroit fallu omettre trois jours de l'année tous les 400 ans pour que le 21 de mars fût toujours près du véritable équinoxe. On se servit, pour la réformation, des tables de Copernic et de Reinhold (415), qui supposoient la durée de l'année 365^j 5^h 49' 16" 23''' ½.

Ce fut le 24 février 1581 que parut le bref par lequel Grégoire XIII ordonna l'observation des trois articles qui devoient remplir pour toujours l'intention du concile de Nicée ; les voici en abrégé.

1547. Il est dit 1°. qu'après le 4 octobre 1582, on retranchera 10 jours du mois, en sorte que le jour qui suivra la fête de S. François, ou le 4 octobre, sera appellé non le 5, mais le 15 d'octobre, et que la lettre dominicale G sera changée en C (1551).

2°. Pour qu'à l'avenir l'équinoxe du printemps ne puisse pas s'éloigner du 21 de mars, il est dit que les années bissextiles, qui avoient lieu de quatre ans en quatre ans, n'auront plus lieu dans les années séculaires 1700, 1800, 1900, mais seulement l'an 2000, et ainsi de suite à perpétuité ; de sorte que trois années séculaires soient toujours communes, et la quatrieme bissextile, dans l'ordre suivant :

1600, biss.	2100, com.	2600, com.	3100, com.
1700, com.	2200, com.	2700, com.	3200, biss.
1800, com.	2300, com.	2800, biss.	3300, com.
1900, com.	2400, biss.	2900, com.	3400, com.
2000, biss.	2500, com.	3000, com.	3500, com.

On voit que toutes les années dont le nombre séculaire est divisible par 4, seront bissextiles, comme 16, 20, 24, 28, de même

____

[a] On commençoit alors l'année au mois de mars.

que les autres années dont les derniers chiffres sont divisibles par 4.

3°. Pour trouver d'une manière plus sûre le quatorzieme de la Lune pascale, et les jours de la Lune, dans tout le cours de l'année, on supprime du calendrier le nombre d'or, et l'on y substitue le cycle des épactes, plus propre à indiquer la nouvelle Lune dans le calendrier (1573).

Le pape ordonne ensuite à tous les ecclésiastiques d'embrasser la nouvelle forme du calendrier ; il exhorte et prie l'empereur et tous les princes chrétiens de le faire recevoir également dans leurs états.

1548. La suppression de dix jours, faite en 1582 dans les états seulement des princes catholiques, fut cause d'une différence qui a subsisté long-temps en Europe dans la manière de compter les jours ; toutes les fois, par exemple, que l'on comptoit en Angleterre le 2 janvier, on comptoit le 12 en France, c'est-à-dire, 10 jours de plus ; les personnes qui craignoient l'équivoque datoient ainsi, $\frac{2}{12}$ janvier, c'est-à-dire le 2, *vieux style*, ou style julien ; et le 12, *nouveau style*, ou style grégorien. Lorsqu'en 1700 on eut supprimé une bissextile, suivant la regle du calendrier grégorien, la différence se trouva de 11 jours, parceque, dans le calendrier julien, on avoit fait l'année 1700 plus longue d'un jour ; ce qui faisoit compter ensuite un jour de moins.

Cette différence du vieux et du nouveau style a subsisté long-temps entre les pays protestans et les pays catholiques. On voit, dans les *Transactions philosophiques* (*n.* 203, 239, 257. 260), ce que l'on pensoit en Angleterre de la réformation : mais elle y a été adoptée enfin ; et le nouveau style a commencé en Angleterre au mois de septembre 1752 : on a retranché alors 11 jours, et l'on s'est trouvé d'accord avec nous. Les protestans d'Allemagne avoient adopté le nouveau style dès le commencement du siecle, et, vers 1775, ils ont reçu même le calendrier des épactes pour la célébration de la pâque. La Russie est le seul pays où l'on compte encore 11 jours de moins que dans les autres parties de l'Europe.

1549. La forme du calendrier grégorien est d'une exactitude bien suffisante ; cependant comme la durée exacte de l'année differe de 11′ 12″ de l'année julienne (886), au lieu de 10′ 43″ 36‴ $\frac{1}{2}$; cela fait un jour en 128 ans $\frac{57}{100}$, ou 7 jours en 900 ans, il faudroit ôter 28 jours en 36 siecles, au lieu de 27 qu'on ôte réellement. Ainsi, l'an 5200, il faudroit ôter la bissextile ; et il n'y en auroit point depuis 4800 jusqu'en 5600.

M. Carouge, considérant la durée du temps que le Soleil emploie à parcourir chaque signe, observe que si l'on avoit placé le commencement de l'année au solstice d'hiver, en faisant les trois premiers mois, et les trois derniers, de 30 jours, le Soleil entreroit dans chaque signe presque toujours le premier du mois, et chaque saison occuperoit précisément trois mois; et comme le mois de janvier répond au signe où le Soleil est le moins de temps, ce seroit celui-là qu'on feroit de 29 jours dans les années communes (*Journ. des savans*, août 1776, janvier 1779).

Du cycle solaire et des lettres dominicales.

1550. Le cycle solaire est un intervalle de 28 ans, après lequel les jours de la semaine reviennent aux mêmes jours du mois et dans le même ordre, tant que les années sont bissextiles, de 4 ans en 4 ans. On se servoit de ce cycle, dans la primitive église, pour trouver les jours de la semaine. Suivant la maniere dont on compte les années de ce cycle, elles commencent 9 ans avant l'ere vulgaire.

Ainsi, pour trouver à quelle année du cycle solaire on étoit en 1763, on ajoute 9 avec 1763, l'on divise la somme 1772 par 28, on trouve pour quotient 63 qui nous apprend que le cycle solaire a recommencé 63 fois depuis l'ere chrétienne; mais le reste de la division se trouve de 8 : ainsi il y a huit années de plus que les 63 cycles complets; nous étions donc à la huitieme année, c'est-à-dire que l'on avoit *huit* de cycle solaire en 1763. Voyez aussi l'art. 1567.

1551. On trouvera ci-après (1586) le calendrier perpétuel qu'on a coutume de mettre dans les livres d'église, où les douze mois de l'année sont marqués avec des lettres à côté de chaque jour; ces lettres servent à marquer les jours de la semaine qui répondent aux quantiemes des mois, suivant un ordre qui revient tous les 28 ans. On met un A vis-à-vis du premier jour de janvier, B vis-à-vis du 2, et ainsi de suite; si l'année commence par un dimanche, comme cela est arrivé en 1758, la lettre A sera la lettre dominicale, et tous les dimanches de l'année se trouveront indiqués par un A, dans chaque mois du calendrier perpétuel. Après avoir rencontré 52 fois les sept lettres A, B, etc. dans le calendrier, c'est-à-dire, après 52 semaines qui font 364 jours, le 365e jour de l'année recommencera par un A, et sera encore un dimanche; car l'année commune commence et finit par le même jour du mois, parceque 52 fois 7 font 364. Ainsi l'année suivante commencera par un lundi, et aura son premier dimanche le 7 du mois : or, dans le calendrier, c'est un G qui répond au 7 du mois; ainsi la lettre dominicale de cette seconde année sera le G, celle de la troisieme année sera une F, et ainsi de suite dans un ordre rétrograde.

Mais quand il arrive une année bissextile, le mois de février a 29 jours; la lettre D, qui commence le mois de mars, doit dénoter alors un lundi, si elle a été dominicale pendant les deux premiers mois de l'année: c'est la lettre précédente qui devient dominicale; car si le 22 de février a été un dimanche, le premier de mars seroit un dimanche dans les années communes, et un lundi dans les années bissextiles: donc dans celles-ci il y a toujours deux lettres dominicales, une qui indique les dimanches pour les mois de janvier et de février, jusqu'à 28 inclusivement; l'autre qui sert pour le 29 de février et pour les dix autres mois; on en met deux aux 25, 26, 27 et 28, du moins suivant Clavius et l'*Art de vérifier les dates*, où l'on dit que la lettre dominicale change le jour de S. Mathias, qui est le 24 dans les années communes, et le 25 dans les années bissextiles.

Dans ce siecle-ci quand le cycle solaire est 1, l'année commence par un jeudi, comme en 1756 et 1784; la suivante commence par un samedi, les autres par dimanche, lundi. etc., en retardant d'un jour après les années communes, et de deux jours après les années bissextiles.

Quand le cycle solaire est 1, les lettres dominicales sont D et C, comme en 1756; dans les 27 années suivantes on a B, A, G, F (et E); D, C, B, A (et G); F, E, D, C (et B); A, G, F, E (et D); C, B, A, G (et F); E, D, C, B (et A); G, F, E. Après 1783 l'on recommencera D et C dans le même ordre pour 28 autres années qui formeront un nouveau cycle solaire.

1552. On peut trouver la lettre dominicale de plusieurs façons. Avant la réformation le nombre 1 du cycle solaire répondoit à GF; depuis 1582 jusqu'à 1600, à CB; jusqu'à 1700, à BA; depuis 1700, à C et DC: après 1800 ce sera ED. Ainsi dans le siecle dix-huitieme l'année 3 du cycle solaire a toujours A pour lettre dominicale; après quoi l'on recommence par la derniere G, jusqu'à l'année où l'on se trouve; d'où il est facile en rétrogradant de trouver celle d'une année quelconque.

Une seconde maniere de trouver la lettre dominicale consiste à ajouter 5 au nombre des années de ce siecle-ci, et de plus autant d'unités qu'il y a de bissextiles dans cet intervalle; la somme étant divisée par 7, le reste désignera la lettre dominicale de l'année, en appellant G la premiere, F la seconde, etc. Pour en sentir la raison, on remarquera que la lettre dominicale de 1700 étoit C, c'est-à-dire la cinquieme dans l'ordre rétrograde marqué au-dessus des lettres dans la table suivante, et qui est celui des lettres d'une année à l'autre. Depuis ce temps-là toutes les années ont eu une lettre; il faut

donc prendre autant de lettres que d'années depuis 1700, et cinq
de plus ; et comme les années bissextiles ont deux lettres, il faut
encore ajouter autant de nombres qu'il y a eu de bissextiles. Par exemple, en 1763 on ajoutera 63 avec 5 et 15, on divisera 83 par 7, on
aura 6 de reste ; donc la sixieme lettre B dans l'ordre rétrograde sera
la lettre dominicale de 1763. S'il ne reste rien, c'est comme s'il restoit 7, et cela indique la lettre A.

1553. La troisieme maniere de trouver la lettre dominicale est
celle-ci : divisez par 7 le nombre de l'année depuis 1700, augmenté
de sa quatrieme partie qui désigne le nombre des bissextiles (on néglige le reste s'il y en a) ; retranchez le reste de 3 (ou de 3 plus 7,
c'est-à-dire de 10) ; vous aurez le chiffre qui indique la lettre dominicale dans l'ordre inférieur de la table suivante. Ainsi pour 1757 ajoutez à 57 son quart 14, la somme 71 étant divisée par 7, le reste sera
1, qu'on ôtera de 3 ; car ôter de 3, ou ajouter 5, c'est la même chose,
excepté que l'on compte vers la droite au lieu de compter vers la
gauche. L'on aura donc pour indicateur le nombre 2, qui, dans l'ordre inférieur ci-après, ou dans l'ordre alphabétique, fait voir que B
sera la lettre cherchée pour 1757. Si le reste étoit égal à 3, on se serviroit de 10, et l'on auroit 7 ; ce qui désigneroit la lettre G.

7	6	5	4	3	2	1
A	B	C	D	E	F	G
1	2	3	4	5	6	7

Si c'est une année bissextile, cette regle donnera la seconde lettre
de l'année : la premiere sera celle qui suit dans l'ordre alphabétique.

Pour sentir la raison de ce procédé, on remarquera que la lettre
de 1700 étant C ou 3, et la succession des lettres dominicales se faisant dans un ordre rétrograde, il faudra retrancher une unité, et reculer d'une place pour chaque changement qui a eu lieu depuis 1700.
Mais comme après sept changemens on se retrouve toujours au point
d'où l'on étoit parti, il s'ensuit qu'il faut rejeter 7 autant de fois qu'il
se trouvera dans le nombre à retrancher de 3. Ce nombre à retrancher n'est autre que le nombre des années écoulées depuis 1700,
augmenté de son quart, à cause des bissextiles qui ont eu lieu tous les
quatre ans.

Ces

Ces regles ne serviront que jusqu'en 1799 inclusivement, ou pour la premiere lettre de 1800, parceque les années 1800 et 1900 ne seront point bissextiles, comme le sont les autres années de 4 en 4, ce qui formera une interruption dans le cours ordinaire des lettres dominicales; car l'année 1800 n'aura que la lettre E, au lieu des deux lettres E et D qu'elle auroit dû avoir suivant la regle précédente: ainsi pour le dix-neuvieme siecle, on mettra, dans la premiere regle, 3 au lieu de 5, parceque E, lettre dominicale de 1800, est la troisieme dans l'ordre rétrograde. Mais, pour la troisieme regle, il faut au contraire mettre 5 au lieu de 3, parceque E se trouve la cinquieme dans l'ordre alphabétique. Voyez la table de l'article 1594, où j'ai mis les lettres dominicales pour 28 ans, soit dans le dix-huitieme, soit dans le dix-neuvieme siecle.

Les nombres que nous venons de placer au-dessous de chaque lettre servent aussi à trouver quel sera le premier dimanche de l'année; par exemple, quand la lettre dominicale est A, le premier dimanche tombe au premier janvier; quand elle est B, il arrive le 2, etc.

1554. Pour trouver la lettre qui convient à chaque jour du mois, dans une année quelconque, il suffit de diviser par 7 le nombre de jours écoulés depuis le commencement de l'année; le reste de la division sera le nombre répondant à cette lettre, parceque les lettres se suivent sans interruption tout le long de l'année : si ce nombre est 1, on aura A; s'il est 2, on aura B, et ainsi de suite, comme dans les chiffres inférieurs de la petite table précédente. Pour connoître plus aisément le nombre de jours écoulés depuis le commencement de l'année, on peut avoir recours à la table que nous en avons donnée, avec celles du Soleil, et encore à la suite du catalogue des étoiles. Dans cette table nous avons fait observer que, si c'est une année bissextile, il faut, pour connoître le nombre de jours, ajouter l'unité après le mois de février, puisqu'il y a un jour de plus, et qu'il se place au mois de février pour y former un 29ᵉ jour. Mais, pour trouver la lettre dominicale par le nombre de jours, il ne faut rien ajouter dans les années bissextiles; puisque, dans le calendrier perpétuel, les lettres sont les mêmes toutes les années, et qu'on n'y marque point le 29 de février: la lettre du 29, dans les années bissextiles, est la même que celle du 28 dans une année commune.

1555. Pour connoître à quel jour de la semaine répond un quantieme de mois, dans ce siecle-ci, par exemple, le 20 février 1762 : on considérera que chaque année le jour de la semaine change d'une unité, parcequ'il y a 52 semaines et un jour de plus dans une année commune; ainsi à 1761 complet ajoutez le nombre de bissextiles qui

y sont renfermées, savoir 440; ôtez-en 12 jours, savoir 11, à cause
du nouveau style, et 1, parceque la premiere année de notre ere
commençant par le samedi qui répond à 7 ou à zéro, il falloit encore
un jour pour achever la semaine; en sorte que la suivante commençoit le 2 janvier de l'année 1 de J. C. Ajoutez-y les jours écoulés depuis le commencement de l'année, c'est ici 51; divisez la somme
2240 par 7, il ne reste rien; ce qui prouve que c'est un samedi : s'il
restoit 1, ce seroit un dimanche, et ainsi des autres.

On peut étendre cette regle à d'autres siecles, en n'ajoutant que
le vrai nombre des bissextiles, et ôtant la différence des deux styles.

Si l'on vouloit trouver la même chose en suivant l'ancien calendrier, il ne faudroit ôter que 1, au lieu de 12, puisqu'il y a 11 jours
à compter de moins, quand on suit le vieux style.

1556. Voici une table qui sert aussi à trouver quel est le jour de
la semaine qui répond à chaque jour du mois, quand on connoît
l'année du cycle solaire, ou la lettre dominicale.

Table pour trouver le quantieme du mois qui répond à chaque jour de la semaine, quand on connoît la lettre dominicale.

juil. 5 avril 2	sept. 7 déc. 10	juin. 4	févr. 12 mars 1 nov. 9	août 6	mai 3	janv. 11 oct. 8
1 8 15 22 29	2 9 16 23 30	3 10 17 24 31	4 11 18 25	5 12 19 26	6 13 20 27	7 14 21 28
G dim.	F lun.	E mar.	D mer.	C jeudi	B ven.	A sam.

Les chiffres d'en-haut indiquent l'ordre des mois, en supposant que le mois de mars s'appelle 1 ; les autres chiffres de la table indiquent les jours du mois qui répondent à un des jours de la semaine, indiqué par la lettre dominicale qui est au bas de la table. Ainsi, quand la lettre dominicale est G, comme en 1770, le dimanche arrive dans les mois d'avril et de juillet, le 1, le 8, le 15, le 22 et le 29; dans les mois de septembre et de décembre le 2, le 9, etc. Quand la lettre dominicale est F, comme en 1771, tous les nombres de la table marquent le lundi ; car le nombre 1, qui répond aux mois 5 et 2, c'est-à-dire aux mois de juillet et d'avril, se trouve en effet indiquer que ces deux mois commencent par le lundi ; le nombre 2, qui est au-dessous de 7 et 10, c'est-à-dire, de septembre et décembre, annonce que, dans ces deux mois, le 2 est un lundi, etc.

On trouve souvent cette table gravée sur le revers des cadrans à boussole que l'on faisoit autrefois ; si les noms des mois, les lettres dominicales, et les jours de la semaine n'y sont pas marqués, elle devient alors une énigme dont j'ai cru devoir donner ici l'explication.

1557. Troisieme méthode pour trouver le jour de la semaine à chaque jour du mois dans une année quelconque. Réduisez la date au vieux style. Ajoutez à l'année sa quatrieme partie, en négligeant le reste, s'il y en a. Ajoutez le quantieme du mois, et le nombre correspondant au mois donné dans la table suivante.

janvier	5 ou 4	avril	4	juillet	4	octobre	5
février	1 ou 0	mai	6	août	0	novem.	1
mars	1	juin	2	sept.	3	décem.	3

Pour janvier et février le second nombre sert dans les années bissextiles ; divisez la somme totale par 7, le reste 0 indiquera le samedi, 1 fera dimanche ; 2, lundi, etc.

Exemple : Le roi est né le 23 août 1754, ou le 12, vieux style ; on demande le jour de la semaine. Avec 1754 j'ajoute le quart 438, le quantieme 12, rien pour août ; la somme 2204 étant divisée par 7, il reste 6 qui désigne le vendredi.

Du cycle lunaire et du nombre d'or.

1558. LE CYCLE LUNAIRE est un espace de 19 années solaires, dont 5 sont bissextiles ou de 6940 jours à-peu-près, dans lequel il arrive 235 lunaisons (1416); en sorte qu'au bout des 19 ans les nou-

Ff ij

velles lunes arrivent au même degré du Zodiaque, et par conséquent au même jour de l'année, que 19 ans auparavant [a]. On appelle la premiere année d'un cycle lunaire, celle où la nouvelle lune arrive le 1 de janvier, du moins suivant le calendrier grégorien. De ces 235 lunaisons, on en donne 12 à chaque année, ce qui fait 228 mois lunaires, alternativement de 29 et de 30 jours; il en reste 7 qu'on appelle *lunaisons embolismiques* ou *intercalaires* : il y en a six de 30 jours chacune, que l'on place de trois en trois ans, mais la septieme est de 29 jours seulement; on la place à la fin du cycle ou de la dix-neuvieme année, où elle forme une irrégularité. Tout cela fait 6935 jours; il en manque 5 qu'on ajoute, dans les 5 années bissextiles, à la lunaison qui renferme le vingt-neuvieme jour de février; car cette lunaison a 30 au lieu de 29, ou 31 au lieu de 30 (Clavius, *pag.* 87). La totalité fait 6940 jours, comme les 19 années dont 5 sont bissextiles. L'on appelle NOMBRE D'OR l'année du cycle lunaire, dans laquelle on se trouve.

1559. Pour faire voir plus exactement la correspondance des 235 lunaisons avec les 19 années lunaires, il faut considérer que les lunaisons étant de 29 et 30 jours, on néglige $44'\,3''\,10'''\,48''''$, qui, au bout du cycle, font $7^{i}\,4^{h}\,32'\,27''\,18'''$ [b]. De plus, en faisant 234 lunaisons, alternativement de 29 et 30, c'est comme si on les avoit faites de 29 et demi chacune : la derniere devroit être aussi de $29\frac{1}{2}$, au lieu de 29 ; car après celle-ci il ne s'en trouve plus qui puisse suppléer 12 heures pour faire 30 jours complets. On la fait de 29 seulement; si l'on ajoute les 12 heures qu'on lui ôte, avec les 7 jours 4^{h}. etc. retranchés ci-dessus, on aura pour l'erreur totale $7^{i}\,16^{h}\,32'\,27''\,18'''$. C'est trop pour compenser celle de $4^{i}\,18^{h}$, faite sur les 19 années solaires; il reste $2^{i}\,22^{h}\,32'\,27''\,18'''$ qu'il faut rendre aux mois lunaires. Mais, dans le cycle de 19 ans, six lunaisons intercalaires, au lieu d'être alternativement de 29 et de 30, ont toutes été faites de 30 jours : elles ont donc pris 3 jours de trop; elles ont plus que compensé l'erreur de $2^{i}\,22^{h}$ qui restoit ci-dessus. La différence est $1^{h}\,27'\,32''\,42'''$ [c]; et c'est précisément l'erreur du cycle lunaire (1563).

(a) Il est vrai que l'apogée de la Lune est plus avancé de 53°; en sorte qu'il peut y avoir 9° de différence sur la longitude de la Lune, à midi : mais cela n'empêche pas que le cycle ne ramene les nouvelles lunes moyennes au même jour du mois.

(b) Clavius donne $17'''$ de moins, en quoi il se trompe, comme l'a remarqué M. de Lambre.

(c) Clavius donne $1'''$ de moins (*pag.* 87, *édit.* de 1612). Cette légere différence affecte sensiblement le reste du calcul.

Cette erreur se corrige par l'équation lunaire qui s'applique tous les 3 ou 4 cents ans (1579, 1583).

1560. Toutes les fois que la nouvelle Lune arrive le premier de janvier, comme en 1767, on recommence un cycle lunaire, et l'on a 1 pour le nombre d'or, du moins à présent. Voici la regle générale pour trouver le nombre d'or en tout temps: on ajoute 1 à l'année de notre ere, parceque, dans l'année 1 de notre ere, le nombre d'or a dû être 2; on divise la somme par 19; le reste, s'il y en a un, marque l'année du cycle lunaire où l'on se trouve. c'est-à-dire, le nombre d'or qui convient à l'année proposée. Ainsi en 1764 après avoir ajouté 1, l'on divisera 1765 par 19; le quotient sera 92, parceque le cycle lunaire a recommencé 92 fois : mais il restera 17; et cela nous apprend que le nombre d'or en 1764 est 17 : si l'on ne trouve aucun reste dans la division, c'est une preuve qu'on est à la derniere année du cycle, ou que le nombre d'or est 19. Voyez aussi l'article 1567.

1561. Il est bon d'observer qu'il y a eu autrefois deux cycles de 19 ans, appellés également nombre d'or, l'un emprunté des Hébreux, l'autre des Romains; et l'un des deux commençoit trois ans plus tard que le nôtre (voyez l'*Art de vérifier les dates*, pag. xx de l'édition *in-folio*, 1770).

Dans la table chronologique de l'ouvrage que je cite, la premiere année de notre ere répond à 18 du cycle de 19 ans, et à 2 de notre cycle lunaire : mais le premier n'y est pas continué au-delà de l'an 1582, ou il y a 6 pour le cycle de 19 ans, et 3 pour le cycle lunaire. Celui-ci est le seul qui aille jusqu'à la fin de la table; c'est celui qui a prévalu, et à qui l'on a laissé le nom de *cycle lunaire*, suivant l'usage actuel de tous les calendriers; et c'est celui dont nous avons deja parlé (1556).

1562. Les lunes prennent quelquefois le nom du mois où elles finissent : on appelle lune de mars, celle qui finit en mars; et cela est une suite naturelle de la distribution des 235 lunaisons dans les 19 années. Voyez à ce sujet la *Connoissance des temps* de 1773 et 1774, *pag.* 255; le *Journal des savans*, déc. 1771; le *Journal de Paris*, 4 mars 1783; l'*Art de vérifier les dates*, *pag.* xxij; l'*Encyclopédie méthodique*, au mot *Lune*.

1563. Pour savoir exactement combien le cycle lunaire differe de 19 années juliennes de 365 jours $\frac{1}{4}$ chacune, ou de $6939^j\,18^h$, il ne s'agit que de multiplier par 235 la révolution synodique de la Lune, qui est $29^j\,12^h\,44'\,3''10'''48''''$, suivant le calendrier grégorien; on trouvera, suivant Clavius (*cap.* 8, *n°.* 4, *pag.* 86), 6939 jours 16^h 32' 27" 18''' : ainsi il y a un excès de 1^h 27' 32" 42''' [a]; donc, à la fin des 19 ans, les nouvelles lunes arriveront 1$^h\frac{1}{2}$ plutôt, puisque le cycle finira à-peu-près 1$^h\frac{1}{2}$ avant la fin des 19 ans, ce qui formera, après 312 ans$\frac{1}{2}$, la valeur de 23^h 59' 52" 49''', c'est-à-dire, un jour, moins 7" 11'''; car 1^h 27' 32" 42''' sont à 19, comme 24^h sont à 312. En calculant plus rigoureusement avec les données du calendrier grégorien, l'on aura l'anticipation exacte d'un jour sur 312 ans$\frac{1}{2}$, plus 23^j 17^h. Pour tenir compte de cette différence, on fait une correction dans les années séculaires seulement; les 312 ans et demi font une équation d'un jour tous les 300 ans : mais ensuite tous les 2400 ans, il y a 100 ans de retard, et l'équation d'un jour est reculée d'un siecle, parceque les 12 ans et demi, omis tous les 300 ans, font un siecle après 2400 ans. C'est sur ce dernier résultat de 312 ans et demi qu'on a réglé l'*équation lunaire* (1582) d'un jour entier pour chaque espace de 300 ans, excepté la huitieme fois où l'on attend 400 ans. En conséquence après chaque espace de 2500 ans, il y a 8 jours. Il s'en faut encore presque un tiers de jour, après 481436 ans, à cause des 23^j 17^h, qui font alors à-peu-près 100 ans; mais on néglige cette différence, parceque cette période excédoit celle de 300000 ans, pour laquelle principalement le calendrier avoit été dressé (Clavius, *pag.* 133).

1564. Il y avoit, du temps de la réformation grégorienne (1545), plusieurs astronomes qui, en suivant le calcul d'Hipparque, assuroient que c'étoit en 304 ans, et non en 312 ans$\frac{1}{2}$, qu'il devoit y avoir un jour à ajouter au cycle lunaire. Si l'on admet avec Mayer le mois lunaire, vers 1700, de 29^j 12^h 44' 2"8921 (au lieu de 3" 10'''$\frac{4}{5}$), on trouve pour 235 lunaisons 6939^j 16^h 31' 19" 6435, c'est-à-dire, par rapport aux 19 années de 365$^j\frac{1}{4}$, ou 6939^j et 18^h, un défaut de 1^h 28' 40" 3565 [b]; or cette quantité est à 6939 jours 18^h, comme

(a) Clavius, à la page 99, n'emploie que 31" 55'''; et cette faute, jointe à celle de 1''', remarquée ci-dessus, lui fait trouver ensuite 7" 11''', au lieu de 6" 54'''$\frac{1}{2}$, et 481436 ans, au lieu de 1250566 ans qu'il auroit dû trouver, suivant le calcul de M. de Lambre, qui a reconnu ces deux fautes dans l'immense ouvrage de Clavius. Au reste, ce n'est véritablement qu'au bout de 1302774 ans, que l'erreur est d'un tiers de jour; en sorte que le calendrier est plus exact que Clavius ne le croyoit.

(b) Il y a au contraire un excès de 2 heures 4' 8", si l'on prend 19 années solaires de 365 jours 5 heures 48' 48". Ainsi on calcule l'erreur du cycle lunaire, par rapport aux années juliennes qui sont trop longues : on corrige cette erreur, en ôtant un jour de l'année à chaque siecle, et la correction du cycle lunaire se trouve faite réellement en sens contraire, par rapport aux années grégoriennes; car on diminue plus que l'on n'augmente l'année, l'équation solaire étant plus fréquente.

24^h sont à 308 années communes 201 jours $3^h 89$ [a]. Ainsi l'erreur du cycle lunaire seroit d'un jour en 308 ans et demi, et non pas 312 ans$\frac{1}{2}$. Mais, comme nous n'avons à expliquer ici que le calendrier grégorien, tel qu'il a été établi, nous supposerons, avec les auteurs de ce calendrier, que la révolution de la Lune est exactement telle qu'on la trouve dans les tables prussiennes d'*Erasme Reinhold* (415): il avoit comparé les observations de Copernic avec celles de Ptolémée et d'Hipparque; il avoit dressé des tables calculées avec encore plus de soin que celles de Copernic, et elles passoient pour être les meilleures de toutes avant la publication des tables rudolphines de Képler.

Le cycle lunaire a été long-temps la seule maniere que l'on eût de trouver les nouvelles lunes de chaque mois; mais l'imperfection que nous venons de faire voir dans le cycle lunaire, lui a fait substituer celui des épactes, que nous expliquerons bientôt (1575).

1565. Les combinaisons du cycle solaire et du cycle lunaire forment la période dionysienne, qui doit ramener les nouvelles lunes aux mêmes jours de la semaine, et aux mêmes jours du mois, puisqu'à la fin de chaque cycle solaire, les jours du mois reviennent aux mêmes jours de la semaine, et qu'au bout de chaque cycle lunaire, les nouvelles lunes reviennent aux mêmes jours du mois. Si l'on multiplie 19 par 28, ou le cycle lunaire par le cycle solaire, on aura 532 ans. Cette période fut employée par *Denys le Petit*, l'an 527 (Janus, *Hist. cycli dionysiani*; Petavius, *Doct. temporum, lib. II, cap.* 67). Ce fut lui qui, en réformant les calculs du calendrier, établit pour époque de nos années celle de la naissance de J. C.; ce qui fut adopté bientôt dans toute la chrétienté. Cette période s'appelle aussi *période victorienne*, à cause de Victorinus ou Victorius qui l'avoit proposée le premier dans le cinquieme siecle, pour corriger le cycle pascal de Cyrille et Théophile (Petav. *tom. I, pag.* 116). Enfin on l'appelle *grand cycle pascal*, parcequ'après cet espace de 532 ans, les nouvelles lunes reviennent aux mêmes jours de la semaine et du mois, ainsi que les lettres dominicales; Pâques et les fêtes mobiles se retrouvoient aussi dans le même ordre, avant la réformation grégorienne, et alors on s'en servoit réellement pour cet effet. Quand on veut trouver l'année actuelle de cette période, en partant de celle où l'on avoit 1 de cycle solaire et de cycle lunaire, comme Blondel, dans son *Histoire du calendrier*, il faut ajouter 457 à l'année courante, et diviser la somme par 532, le reste est l'année de la période dionysienne. Mais, dans l'*Art de vérifier les*

(a) Ou 201 jours 4 heures; ce sont des années de 365 jours et un quart.

dates, on fait commencer cette période l'année o de J. C., qui avoit 9 de cycle solaire, et 1 de cycle de 19 ans; et cela, d'après Denys le Petit, réformateur de cette période : Victorius en avoit fixé le commencement à l'an 28; et l'on a varié beaucoup à ce sujet. Depuis la réformation du calendrier, cette période n'est plus d'aucun usage.

Du cycle d'indiction, de la période julienne, et de quelques autres périodes.

1566. Les indictions, ou especes d'ajournemens, qu'on employoit dans les tribunaux sous Constantin et les empereurs suivans, formerent une période ou un cycle de 15 ans, qui s'est perpétué sans cause, et comme une forme arbitraire de numération; les indictions commencerent au 25 septembre 312. Les empereurs grecs, et l'église de Constantinople, commençoient à compter les indictions du premier septembre; les papes, qui s'en servent aussi, commencent au premier janvier 313. Cette période n'a rien de plus remarquable que d'être citée dans les actes de la cour de Rome, et à Venise dans les actes du sénat.

Si l'on prolonge le cycle d'indiction, en remontant au-delà même de son institution, l'on voit qu'il auroit été 1, trois ans avant l'ere vulgaire. Il suffit donc d'ajouter 3 au nombre de l'année courante, et de diviser la somme par 15; le reste de la division sera le nombre du cycle d'indiction qui convient à l'année proposée. Ainsi, pour 1763, on divisera 1766 par 15; le quotient 117 nous apprend qu'il y a eu 117 révolutions de ce cycle depuis le commencement de notre ere, et le reste 11 de la division est le nombre d'indiction qui convient à 1763. On verra une autre méthode à la fin de l'article suivant.

1567. La période julienne est le produit des trois cycles, solaire, lunaire et d'indiction, ou de 28, 19 et 15, c'est-à-dire, un espace de 7980 ans, dans lequel il ne peut y avoir deux années qui aient les mêmes nombres pour les trois cycles, mais au bout duquel les trois cycles reviennent ensemble dans le même ordre. Pour savoir combien de temps il y a que cette période a commencé, il ne faut qu'ajouter 4713 à l'année de l'ere chrétienne, et l'on a l'année de la période julienne qui répond à l'année courante où l'on est.

La période julienne a été proposée par Joseph Scaliger [a] comme

(a) Il naquit à Agen, en 1549. Son pere, Jules-César Scaliger, étoit né en 1484 : Ozanam et d'autres disent que c'est du nom de son pere qu'il tira celui

une

une mesure universelle en chronologie (*de Emendatione temporum*, 1583); nous y réduirons ci-après toutes les époques (1597). Képler et Boulliaud en ont fait usage dans leurs tables astronomiques, et sur-tout *Mercator* (*Institutiones astronomicae*, 1676, *pag.* 217).

Les époques des mouvemens célestes sont rapportées à la première année de la période julienne, dans Muller, et celles de la chronologie, dans le grand ouvrage de Petau, *de Doctrina temporum*. Par exemple, la première année de l'ère vulgaire est l'année 4714 de la période julienne; et la création du Soleil, suivant Scaliger, répondroit au 22 octobre 764 de cette période, ou à l'an 730, suivant Petau (1595).

La période julienne peut servir à trouver pour chaque année les trois cycles; car il suffit d'ajouter 4713 à l'année de notre ère, et de diviser la somme par 28, par 19, par 15 : les restes sont les nombres de chaque cycle.

1568. Si, pour une année dont on connoît le cycle solaire, le nombre d'or et l'indiction, on cherchoit quelle est l'année de la période julienne, ce seroit la matiere d'un problême indéterminé arithmétiquement, mais déterminé chronologiquement; il se réduit à chercher un nombre qui, divisé par trois nombres donnés, produise trois restes donnés. Wallis en donna une solution en 1678; elle fut imprimée à la suite des œuvres d'Horoccius. On en trouve une d'Euler dans les *Mémoires* de Pétersbourg (*tom. VII, page* 46), et une dans les *Institutions astronomiques* de M. le Monnier (*page* 620). En voici une encore différente.

PROBLÊME. *Trouver un nombre qui, divisé par* 28, *donne pour reste un nombre* a; *divisé par* 19, *donne un reste* b; *et divisé par* 15, *donne un reste* c.

SOLUTION. Nommons x, y, z, les trois quotiens des divisions par 28, 19 et 15; l'on aura pour le nombre cherché $28\,x + a = 19\,y + b = 15\,z + c$. Pour résoudre en nombres entiers l'équation $28\,x + a = 19\,y + b$, ou $y = x + \frac{9x + a - b}{19}$, je suppose $m = \frac{9x + a - b}{19}$, ou $x = 2\,m + \frac{m - a + b}{9}$; j'égale encore cette fraction à n, et j'ai $m = 9\,n + a - b$, donc $x\left(= 2\,m + \frac{m - a + b}{9}\right) = 19\,n + 2\,a - 2\,b$; et $28\,x + a = 532\,n + 57\,a - 56\,b = 15\,z + c$.

de *Période julienne*. Mais Petau et Riccioli disent que c'est à cause des années juliennes dont il se servoit : Petau ajoute que Scaliger avoit reçu cette période des Grecs de Constantinople (1,356).

Tome II. Gg

Pour résoudre de même en nombres entiers cette équation, je la mets sous cette forme, $z = 35\,n + 3\,a - 3\,b + \dfrac{7\,n + 12\,a + 11\,b - c}{15}$, j'égale la fraction à p, j'en tire $n = 2\,p - a + b + \dfrac{p - 5\,a + 4\,b + c}{7}$; et faisant cette fraction $= q$, il s'ensuit que $p = 7\,q + 5\,a - 4\,b - c$, donc $n = 2\,p - a + b + q = 15\,q + 9\,a - 7\,b - 2\,c$; et $532\,n + 57\,a - 56\,b$, qui est la valeur de $15\,z + c$, sera $= 7980\,q + 4845\,a - 3780\,b - 1064\,c$; c'est aussi la valeur du nombre cherché.

RÈGLE GÉNÉRALE. Les produits du nombre d'or par 3780 et de l'indiction par 1064, étant ôtés du produit de 4845 par le cycle solaire (augmenté, s'il le faut, de 7980), on divisera la différence par 7980, si cela se peut; le reste de la division sera le nombre cherché, ou l'année de la période julienne.

EXEMPLE. En 1770 les cycles étoient 15, 4 et 3; les trois produits sont 72675, 15120 et 3192, le quotient 6, et le reste de la division 6483; c'est l'année de la période julienne qui répond à 1770.

On ajouteroit le nombre 7980 pris autant de fois qu'il le faudroit, si la somme des trois produits étoit négative; mais quand le nombre positif est plus grand que les deux produits négatifs, il n'y a rien à ajouter aux trois produits, et q est égal à zéro.

1569. Quoique le cycle lunaire soit la période la plus simple de celles qui expriment avec quelque exactitude le retour de la Lune au Soleil, il y a cependant plusieurs autres périodes remarquables : telle est la période caldéenne de 18 ans et dix jours (1501); celle de 59 ans, proposée par Philolaüs et OEnopidès ; et celle de 76 ans, proposée par Calippus Cyzicenus, astronome grec, qui vivoit 330 ans avant J. C. Cette période est quadruple du cycle lunaire ; et, en ôtant un jour de 4 cycles, il croyoit le rendre plus exact. Il en est parlé dans Censorinus (c. 18); Ptolémée (*III*, 2; *V*, 3; *VII*, 2 et 3); Scaliger (*page* 84); Petau (*II*, 16).

La période de 304 ans fut employée par Hipparque, pour les années civiles (Riccioli, *Almag. I*, 243). Voyez sur les autres périodes l'ouvrage *de veteribus Graecorum Romanorumque cyclis ab Henrico Dodwello*, Oxonii 1701, 919 pages *in*-4° ; l'*Encyclopédie*, au mot *cycle* (*tom. XVII in-fol. pag.* 767). Il faut voir aussi deux mémoires de Dominique Cassini : l'un, intitulé *Nouveau cycle solaire*; et l'autre, *sur le Calendrier, et la différence entre les cycles lunaires et solaires* (Anciens Mémoires de l'acad. 1666, *tom. I, pag.* 205 ; *tom. II, pag.* 198).

1570. On trouve aussi dans les anciens quelques vestiges d'une

période de 600 ans (271), que Dominique Cassini a fait valoir comme
la plus exacte de toutes les périodes lunisolaires (*de l'origine de l'Astron. p.* 4; *Regles de l'astron. indienne, p.* 56). Joseph, dans ses Anti-
quités judaïques (*liv.* 1, *ch.* 4), dit que les patriarches n'auroient
pu perfectionner l'astronomie s'ils avoient vécu moins de 600 ans,
*parceque ce n'est qu'après la révolution de six siecles que s'accomplit
la grande année.* Cassini observe aussi que 600 années solaires qui
seroient de 365^j 5^h 51′ 37″ ½ chacune, et 7421 mois lunaires (supposés
de 29^j 12^h 44′ 3″ chacun) font de part et d'autre la même somme,
savoir, 219146 jours 12^h 15′ ou 1893425800″; il n'y a pour la Lune
que 3″ de plus; or ces périodes sont peu différentes de celles que
nous avons trouvées, savoir, pour l'année, 365^j 5^h 48′ 48″, et pour
le mois lunaire il y a 2000 ans, 29^j 12^h 44′ 2″81 (1422, 1481). Ainsi,
dans l'espace de 600 ans, la Lune doit revenir en conjonction avec
le Soleil dans le même point du ciel (*Anciens Mém. de l'académie,
tom. VIII, pag.* 5). Il fit là-dessus un livre qui n'a pas paru. (Weidler,
p. 629; *Mém. acad.* 1733). Voy. M. le Gentil, *Mém.* 1756, *p.* 64;
M. Bailly, *tom. I, pag.* 66 *et* 309; M. Goguet, *tom. III, pag.* 261.
Il y a une dissertation de Mairan sur cette période de 600 ans, à
la suite de ses lettres au P. Parennin (1770, *pag.* 83, 125).

J'observerai seulement que si l'on emploie la durée de l'année
que nous connoissons, et le mois synodique tel que nous l'avons indiqué ci-devant, l'on aura 28^h 1′ 42″ de trop dans les 7421 mois lunaires; ainsi la Lune retarderoit de plus d'un jour au bout de 600 ans:
mais, dans ces temps reculés, on ne pouvoit connoître l'année solaire
avec une si grande précision. M. Bailly croit que cela prouve que la
durée de l'année n'étoit pas la même qu'à présent (*Mém. académ.*
1773). Mais il est plus naturel de croire qu'on la connoissoit mal
(*Mém. académ.* 1782.) L'erreur de la période de 18 ans, répétée
quatorze fois, ne feroit, au bout de 266 ans, que 28^h 58′ d'erreur;
ainsi il ne vaudroit pas la peine d'y substituer celle de 600 ans.

1571. Mais il y en a une bien plus exacte, c'est la *période luniso-
laire* de *Louis le Grand*, proposée par Cassini (*Regles de l'astronomie indienne*). Cette période de 11600 ans ramene les nouvelles
lunes au même jour et presque à la même heure de l'année grégorienne.

1572. Le *Néros* des Caldéens n'étoit, suivant Goguet, que la période de 600 ans; mais on dispute beaucoup sur la valeur de trois
périodes anciennes appellées SOSSOS, NÉROS et SAROS. Bérose, prêtre
de Babylone, en parloit dans son *Histoire des Caldéens*, composée
300 ans avant notre ere. Cette histoire, qui n'existe plus, fut citée par

Jule Africain, auteur du second siecle, qui composa une chronique grecque ; mais elle est également perdue. George, surnommé le *Syncelle*, qui, dans le huitieme siecle, a écrit une chronographie en grec, cite un passage de Bérose, qui avoit été rapporté par Jule Africain, où il s'agit du *Sossos*, du *Néros* et du *Saros*, et c'est là le seul passage ancien où il en soit parlé. Le Syncelle cite Anianus et Panodorus qui avoient prouvé que le *Sossos* étoit de 60 jours, le *Néros* de 600 jours, et le *Saros* de 3600 jours, ou 9 années communes, dix mois et onze jours. M. le Gentil, d'après M. Fugeres, fait aussi le *Saros* de dix ans (*Mém.* 1756.) Fréret a cru que le *Saros* étoit de 19 ans et demi (*Mém. de l'acad. des inscr. tom. VI.*) Le P. Giraud de l'Oratoire pense qu'il est de 3600 mois juliens, qui font 3711 lunaisons ou 31 ans. (*Mém. de Trév. fév.* 1760.) Goguet (tom. III), et Gibert (*Mém. de Trévoux, avril* 1760), estiment le *Néros* de 600 ans. Enfin M. Dupuis croit que ce n'étoient que des périodes allégoriques tirées de la division des douze signes du zodiaque, d'abord en dix parties, puis successivement en 60, en 10, et en 60 ; ce qui donne 4320000 parties, comme dans la période allégorique des Indiens (391).

Quoi qu'il en soit, Suidas, et après lui Halley, ont attribué sans preuve le nom de *Saros* à la période caldaïque de 18 ans (1501).

1573. L'année lunaire est de 354 jours 9^h. Si l'on néglige 11' qu'il y a de moins (1481), le temps que le commencement de l'année lunaire doit mettre à revenir d'accord avec le commencement de l'année solaire se trouve de 2835 années solaires, qui font 2922 années lunaires. Cette période sert à Gibert (*Mém. de Trévoux*, 1762, *pag.* 197) pour expliquer un passage célebre, mais très obscur, d'Hérodote (*l. 2, c.* 42.) Cet auteur voyageant en Egypte 450 ans avant Jésus-Christ, entendit dire aux prêtres égyptiens que pendant la durée de 341 regnes qu'ils comptoient dans leur histoire, jusqu'au temps de Séthon, qui étoit sur le trône quand Sennachérib vint fondre sur l'É-gypte, *le Soleil s'étoit levé quatre fois des points où il a coutume de se lever ; et que deux fois il avoit recommencé son cours du côté où il se couchoit du temps d'Hérodote, deux fois il l'avoit fini du côté où il se levoit au même temps.*

Gibert pense que le mot de *soleil* doit se prendre au figuré. En effet, suivant le témoignage de *Phavorinus*, au mot Η΄λιος, on disoit un soleil pour dire un jour, d'autrefois pour une année. M. G. évalue les 341 regnes à 11340 ans, à raison de 33 ans pour chacun ; et il observe que, dans cet espace de temps, la période lunaire s'est accomplie quatre fois ; les quatre renouvellemens de cette période don-

neront, pour ainsi dire, quatre levers du soleil, ou quatre commencemens d'année égyptienne aux commencemens de l'année lunaire;
mais, dans ces 11340 ans, l'année avoit commencé deux fois dans la
saison où elle finissoit au temps d'Hérodote : voilà peut-être le sens
emblématique du passage. Cette conjecture paroît du moins plus
soutenable que les applications forcées qu'on a voulu faire des hypotheses astronomiques à ce passage d'Hérodote. Voyez Fréret sur *la
Chronologie de Newton;* Goguet, *tom. 3, pag.* 298; M. le Gentil,
Mém. de l'acad. 1757, et différens volumes des *Mémoires de l'académie des inscriptions,* où ce passage d'Hérodote est discuté.

1574. La grande année appellée chez les anciens Ἀποκατάϛασις ou
Restitutio, étoit celle qui devoit ramener les phénomenes célestes et
les événemens moraux dans le même ordre. On a donné ce nom à la
précession des équinoxes (917), à cause du rétablissement des étoiles aux mêmes positions par rapport aux cercles de la sphere : elle est
de 25696 ans (2769). Les peuples superstitieux firent de ce retour
purement astronomique, un retour moral et civil des choses humai-
nes, auquel on croit que Virgile fait allusion :

> Alter erit tum Tiphys, et altera quæ vehat Argo
> Delectos heroas : erunt etiam altera bella,
> Atque iterum ad Trojam magnus mittetur Achilles.
>
> *Eclog. IV, v. 34.*

La grande année étoit différente suivant les différens auteurs : on
la trouve de neuf mille ans, de 12, de 15, de 24, de 36, de 49, de
100, de 300, de 470 mille, et même de 1753200, de 4320000, et de
6570000, (*Scaliger in canon. isagog. pag.* 252; M. de la Nauze, *Mém.
de l'acad. des inscrip.* tom. XXIII.) La période indienne de 4320000
n'est qu'une allégorie (391), de même que celle des Grecs de 36525
ans (M. Dupuis, pag. 179.)

Des épactes ou de la réformation grégorienne pour les années lunaires.

1575. Le calendrier établi par Grégoire XIII en 1582 avoit pour
premier objet de régler les années civiles de maniere que l'équinoxe
du printemps arrivât toujours aux environs du 21 de mars; cet objet
a été rempli par l'ordre des intercalations (1547.)

Mais la réformation avoit encore une autre branche, importante
dans les vues de l'église : c'étoit de remettre les nouvelles lunes, et
sur-tout le quatorzieme de la lune pascale, au même état où elles

avoient été en 325, au temps du concile de Nicée, et dont elles étoient éloignées de plus de quatre jours.

1576. Denys le Petit assure que, suivant une lettre des peres du concile de Nicée, on doit célébrer la fête de Pâque le dimanche *après* le 14ᵉ de la lune, si ce 14ᵉ arrive ou *le 21 de mars* ou *après le 21 de mars* [a] ; ainsi la fête de Pâque ne doit jamais arriver plutôt que le 22 de mars, car la regle dit que ce sera le premier dimanche *après* le quatorzieme : cela est arrivé en 1598, 1693 et 1761, et aura lieu en 1818, 2285, etc. Cette fête n'arrive jamais plus tard que le 25 avril ; car si la pleine lune tombe le 20 mars, ce ne sera pas la pleine lune pascale ; on attendra celle qui suit le 21 mars, ou celle du 18 avril ; et si c'est un dimanche, ce ne sera encore que le dimanche suivant, 25 avril, qui sera le jour de Pâque (1594).

Le P. Alexandre (*Hist. ecclésiast. tom. III, pag.* 378, *chap. V, dissert. V*) fait voir combien l'église a pris de soin, depuis le concile de Nicée, pour empêcher qu'il ne se glissât quelque erreur dans la célébration de la Pâque ; on s'en étoit occupé dans divers siecles (1545, 1592.)

1577. Dès l'année 228 de notre ere, S. Hippolyte, évêque et martyr, avoit fait un cycle pascal de 112 ans, composé de sept cycles de 16 ans : les auteurs ne nous en avoient donné aucune idée ; mais en 1551 en fouillant dans les champs qui sont aux environs de Rome, sur le chemin de Tivoli, on trouva dans les masures d'une ancienne église de *S. Hippolyte* une statue de ce saint qui étoit représenté assis, ayant à ses côtés ce cycle en lettres grecques depuis l'an 222 jusqu'à l'an 333. Il y a une dissertation de Bianchini sur ce cycle, imprimée à Rome en 1703, in-folio, où il parle aussi d'un cycle lunaire de César, trouvé à Rome sur un marbre antique. Il en est fait mention dans le supplément qui est à la fin du XVIIᵉ volume de l'Encyclopédie. Il y a eu encore d'autres cycles relatifs à la fête de Pâque [b].

(a) C'est à l'imitation de l'ancienne loi (*Exod. c.* 12 ; *Numer. c.* 28). Cependant Bucherius ne croit pas que tout cela ait été ordonné par le concile, et l'on a beaucoup disputé à ce sujet (Tillemont, *tom. VI, pag.* 817 ; *Traité de la discipline ecclés.* du P. Quesnel, *tom. II, pag.* 58)

(b) On trouvera des détails considérables sur toutes les périodes qui ont servi à cet usage, dans le livre intitulé : *Dissertationes de cyclis paschalibus qui enneadecaëteride alexandrina nituntur, Dionysii scilicet et Bedæ, Ravennatensi Isidori felicis, Cyrilli, Theophili, Aniani, Panodori, Metrodori, Anatolii, Eusebii, synodi nicænæ, et Athanasii, ut et de enneadecaëteridis alexandrinæ natura et constitutione, initio seu primo anno, ratione embolismi, initio singulorum annorum et hujus initii translatione, ut et de computo lunari*

Grégoire XIII ayant rassemblé à Rome des savans de divers pays, dès l'année 1576, un médecin de Calabre, nommé *Aloisius Lilius* (*Luigi Lilio*), lui présenta un projet de calendrier intitulé, *Compendium novae rationis restituendi calendarii*, qui parut très bien fait, que le pape adressa en 1577 à tous les princes chrétiens, et à toutes les universités célèbres, pour le faire examiner, et qui fut enfin adopté dans le bref de la réformation (1545). C'est le calendrier des épactes.

L'ÉPACTE[a] dans son principe est ce qu'il faut ajouter à l'année lunaire (1481), pour former l'année solaire (886); la suite des épactes est la suite des différences qui se trouvent entre ces deux sortes d'années. Il y a des épactes astronomiques, destinées à trouver exactement les syzygies astronomiques moyennes en heures, minutes et secondes (art. 1732). Les épactes du calendrier sont destinées seulement à trouver, suivant l'intention de l'église, et la regle établie en 1582, les jours des nouvelles lunes ecclésiastiques; je dis suivant l'intention et la regle de l'église, parceque les nouvelles lunes ecclésiastiques ne sont pas tout-à-fait d'accord avec les nouvelles lunes moyennes de l'astronomie (1592).

L'épacte qu'on assigne à chaque année est le nombre qui indique l'âge de la Lune, au commencement de cette année, suivant le calendrier ecclésiastique; de là il suit que, si la nouvelle lune arrive le 1 janvier, l'épacte est zéro pour cette année-là : mais, l'année suivante, elle sera de 11 jours, parceque l'année lunaire n'est que de 354^j, et l'année solaire est de 365; ce qui fait que la nouvelle lune étant tombée au 20 décembre, la lune aura 11 jours le premier janvier de l'année suivante; l'année d'après l'épacte est de 22; la troisieme année elle seroit de 33, mais l'on ôte 30 pour former un mois complet; elle se réduit donc à 3. Par ce moyen les épactes suivent l'ordre naturel des multiples de onze en retranchant toujours 30; savoir 11, 22, 3, 14, 25, 6, 17, 28, 9, 20, 1, 12, 23, 4, 15, 26, 7, 18, 29. Tel est l'ordre naturel et primitif des épactes, quand on suppose les mois lunaires de 29 et de 30 jours, et les années civiles de 365 jours; quand l'année est bissextile, il y a une lunaison que l'on augmente d'un jour.

1578. Pour que l'épacte de l'année serve à indiquer la nouvelle lune, tous les mois on emploie un calendrier perpétuel (1551, 1586), c'est-à-dire le calendrier des lettres dominicales, qui est joint à tous

---

Alexandrinorum, necnon de computo solari in genere, et Pauli Alexandrini atque *Alexandrinorum in specie*. Amstelædami, 1736, petit *in-4°.*

[a] Ἐπάγω, *adjicio*, j'ajoute.

les breviaires, et que l'on trouve ci-après (1586) : les 30 épactes y sont à côté des jours du mois, en rétrogradant suivant cet ordre, 30, 29, 28, etc. Si la nouvelle lune arrive le 2 janvier, elle sera marquée par l'épacte 29, qui se trouvera également vers le premier de février, le 2 de mars, et vers tous les autres jours de l'année où il devra y avoir nouvelle lune : on dira que l'épacte de cette année-là est 29. L'année d'après l'épacte sera plus forte de 11 jours, parceque les nouvelles lunes arriveront 11 jours plutôt; ainsi ôtant 30 de la somme, on aura 10 pour l'épacte suivante.

Lorsque la lune avancera d'un jour, il faudra augmenter l'épacte d'une unité, pour que la nouvelle lune soit marquée un jour plutôt dans le calendrier perpétuel. Ainsi, au bout de 19 ans, on ajoute 12 au lieu de 11; et cette addition se fait toutes les fois que le nombre d'or passe de 19 à 1, parceque la derniere lunaison de chaque cycle lunaire n'est que de 29 jours au lieu de 30 (1558); quoiqu'elle soit une des sept lunaisons intercalaires, elle est la seule exceptée. Cette addition fait avancer les nouvelles lunes d'un jour.

1579. Cet ordre primitif et régulier est celui qu'on suppose à l'époque du concile de Nicée; mais en s'en éloignant, on observe deux exceptions dans cette regle, ou deux interruptions; on les appelle *équation lunaire,* et *équation solaire.* L'équation lunaire, le saut de la lune ou *proemptose* [a], vient de ce que le cycle lunaire de 19 ans est défectueux d'environ 1ʰ½ (1563), les 235 lunaisons ne faisant pas tout-à-fait 19 ans; de sorte qu'au bout de 312 ans les nouvelles lunes arrivent un jour plutôt, et l'on est obligé de prendre l'épacte plus forte d'une unité. L'équation solaire ou *métemptose* [b] a lieu à cause du retranchement de trois bissextiles sur l'espace de 400 ans (1547), qui fait que la nouvelle lune arrive plus tard et qu'il faut diminuer l'épacte. De cette double inégalité il résulte que chaque siecle exige un nouvel ordre d'épactes : il y en a trente suites différentes, qui forment ce qu'on appelle *la table étendue des épactes* (planche VIII.) Ces 30 suites tiennent lieu de 30 calendriers qu'il auroit fallu avoir, et elles composent un total aussi parfait que les regles de l'église et de la société civile pouvoient l'exiger.

Les trente lignes d'épactes sont désignées par trente lettres de l'alphabet, qui descendent dans un ordre rétrograde, mais dans lesquelles on a seulement évité d'employer certaines lettres qui pouvoient occasionner de la confusion dans les caracteres : on n'a point mis le grand I pour ne point le confondre avec le petit i, de même

(a) Πρὸ ἐν πτῶσις, chûte en avant.
(b) Μετὰ ἐν πτῶσις, chûte en arriere.

de

de K avec к ; on n'a pas mis L, parcequ'on l'eût pu prendre pour
50. On a rejeté la lettre O comme pouvant signifier zéro. Il y a donc
19 lettres en petits caracteres, et 11 lettres capitales.

1580. En tête de la table on trouve les 19 nombres du cycle lunaire, en commençant par 3, qui, au temps du concile de Nicée,
se plaçoit vis-à-vis le premier janvier. La premiere ligne horizontale
de la table, marquée P, n'est autre chose que la suite des nombres
que nous avons indiqués ci-dessus (1577), en commençant par o
ou * qui en tient la place (1586), sans autre interruption que celle
d'un jour de plus quand le nombre d'or devient 1 (1578). La seconde
ligne, marquée N, est la suite des nombres qui ont une unité de moins
que la précédente, c'est-à-dire 29, 10, 21, etc. La troisieme ligne
M commence par 28, et ainsi des autres jusqu'à la derniere ligne
qui commence par 1, 12, etc.

Le progrès des nombres de chaque ligne est toujours par onze,
comme celui de la premiere ligne ; il y a dans chacune 19 chiffres
qui répondent également aux 19 nombres d'or, qui croissent continuellement de xi, en retranchant 30 à chaque fois qu'ils s'y trouvent,
excepté sous le nombre d'or 1, qui est l'avant-dernier de tous ; car
alors l'épacte augmente de 12 (1578).

1581. Pour faire distinguer laquelle des 30 lignes doit s'employer
à chaque siecle, lorsqu'il se fait une interruption, en vertu de l'é-
quation solaire et de l'équation lunaire (1579), nous allons expliquer comment on a formé *la table de l'équation des épactes* qui se
trouvera ci-après (1583).

La premiere ligne marquée P dans la PLANCHE VIII fut attribuée au
sixieme siecle, dans la réformation du calendrier ; on supposa que
les nombres d'or indiquoient exactement les nouvelles lunes pour
ce siecle-là : l'on prit pour époque du calendrier l'année 550, temps
postérieur à celui du concile, parcequ'on voulut que les nouvelles
lunes du calendrier fussent en retard sur les nouvelles lunes astronomiques moyennes, de peur que la fête de Pâques ne vînt à être
célébrée avant le xiv de la lune pascale, contre l'intention de l'é-
glise (1592) ; or les nouvelles lunes moyennes arrivent quelquefois
un peu avant la nouvelle lune vraie, sur laquelle les Juifs se ré-
gloient ; l'église a donc voulu que les nouvelles lunes moyennes du
calendrier ne pussent presque jamais devancer les vraies, mais
qu'elles les suivissent presque toujours.

On a pris pour racine l'année 550 [a] ; alors les nombres d'or indi-

[a] C'est pourtant à l'année 500 qu'on a attribué la premiere ligne des
épactes P, mais on verra la raison de ces 50 ans d'anticipation (1582).

quoient les nouvelles lunes environ 16 heures plus tard qu'au temps
du concile de Nicée, à cause du retardement d'un jour en 312 ans
(1559); et il n'y avoit plus de danger qu'elles pussent être indiquées plutôt que les nouvelles lunes vraies. L'on attribue à l'année
500 et au sixieme siecle entier la premiere ligne de la table étendue
des épactes (planche VIII). Cette ligne est marquée P dans notre
table, comme dans Clavius (*p.* 110).

Au bout de 300 ans, c'est-à-dire, à l'an 800, il y eut une équation
lunaire, et la Lune anticipa d'un jour dans le calendrier, les nouvelles lunes arrivant un jour plutôt ; c'est donc le nombre précédent
qui indiquoit les nouvelles lunes, et il faut prendre la derniere ligne
a, dont les épactes sont plus fortes d'un jour. Après un autre intervalle de 300 ans, c'est-à-dire, l'an 1100, il y eut encore une
équation lunaire, la Lune anticipa encore d'un jour : il faut donc
pour le douzieme siecle remonter d'une ligne, et l'on aura la ligne b
qui commence par ii, xiii, etc. De même, en 1400, on a la ligne
marquée c.

En 1582 l'on retrancha dix jours de l'année (1548), les nouvelles lunes arriverent donc dix jours plus tard ; ainsi il faut descendre de dix lignes dans la table générale, et venir à la ligne D pour
1583 ; je dis que cela s'appelle descendre, parceque de la ligne c à
la ligne a, on descend d'abord de deux lignes ; et si l'on diminue encore d'un l'épacte de cette ligne, on trouve les nombres de la premiere ligne P, qui est censée descendre encore davantage ; car la table
générale des épactes est comme un cercle dans lequel on recommence
dans le même ordre et sans interruption, lorsqu'on l'a parcouru tout
entier.

En 1600, il n'y a eu ni équation lunaire, ni équation solaire,
puisque la premiere avoit été employée en 1400, et que la seconde
ne devoit arriver qu'en 1700, 1800 et 1900 (1547) ; ainsi l'on a conservé la même ligne D, qui commence par xxiii.

1582. En 1700, il y a eu une équation solaire, parcequ'on a omis
une bissextile (1547), et que l'année a été plus courte d'un jour :
les nouvelles lunes ont dû arriver par cette raison un jour plus tard,
et, pour les indiquer un jour plus tard, il faut avoir l'épacte plus petite d'une unité (1578) : ainsi, en 1700, il a fallu descendre d'une
ligne dans la table, et prendre la suite des épactes qui répond à la
lettre C, ou la ligne qui commence par xxii. Cela doit arriver ainsi
toutes les fois que l'on omet un jour, ou qu'on passe une bissextile ;
ce que nous appellons équation solaire. Il auroit dû y avoir une

équation lunaire en 1700 : nous allons expliquer pourquoi elle fut remise à 1800.

L'équation lunaire ayant été employée pour l'année 1400, en 1700 il y avoit 300 années d'écoulées, et il auroit fallu encore une équation lunaire (1563); cependant comme la Lune anticipe d'un jour sur le cycle lunaire, non pas en 300 ans, mais seulement en 312 ans $\frac{1}{2}$, ces 12 ans $\frac{1}{2}$ avoient été omis quatre fois depuis l'an 500; savoir en 800, 1100, 1400, 1700; ainsi il y avoit 50 ans dont on avoit anticipé l'équation lunaire, en la plaçant 4 fois 12 ans $\frac{1}{2}$ trop tôt. D'ailleurs, en partant de l'année 550, c'étoit en 850, 1150, 1450, 1750, qu'on devoit employer l'équation lunaire, et on l'avoit mise en 800; ainsi, ajoutant encore à 1750 les 50 ans dont on avoit anticipé, on trouve qu'en 1800 il faudra employer l'équation lunaire. Toutes les fois que les 12 ans et demi, qu'on néglige tous les 300 ans, se trouvent avoir fait 100 ans, c'est-à-dire, au bout de 8 fois 300, ou de 2400 ans, il faut renvoyer l'équation lunaire à l'année séculaire qui suivra, comme nous venons de le dire, lorsque, parvenus à 1700, nous avons rejeté l'équation lunaire à 1800; il arrivera donc toujours que l'équation lunaire sera différée au bout de 2400 ans, à compter de 1800, c'est-à-dire remise aux années 4300, 6800, 9300, 11800, et ainsi de suite, en allant toujours par 2500 : alors, au lieu d'être employée à la fin des 300 ans, elle ne le sera qu'au bout de 400 ans pour cette fois-là; par ce moyen la Lune ne remonte dans le calendrier que de 8 jours en 2500 ans (à raison de l'équation lunaire seule); au lieu qu'elle remonteroit de 8 jours en 2400 ans. Nous avons marqué ces années de retard d'un double caractere ☽ ☽ dans la table de la page 244.

L'équation lunaire employée en 1800 feroit une augmentation dans l'épacte (1578); mais, en 1800, il y aura un jour intercalaire omis, de même qu'en 1700, et par conséquent on devroit de même retrancher un de l'ordre des épactes, et descendre d'une ligne dans la table générale : ces deux effets se détruiront, les nouvelles lunes ne monteront ni ne descendront; elles demeureront aux mêmes jours; la même ligne C dans la table générale servira pour tout le XIXᵉ siecle qui commence en 1800, comme elle avoit servi pour le siecle précédent.

En 1900, on omettra encore un jour intercalaire; les nouvelles lunes descendront d'un jour, et il faudra descendre à la ligne B de la table. L'année 2000 ne changera point de ligne, parcequ'il n'y a cette année-là ni intercalaire omise, ni équation lunaire. En 2100 l'on omet une intercalaire, et l'on emploie l'équation lunaire, parcequ'il y a 300 ans d'écoulés depuis 1800, où l'on a fait la derniere équation ; ainsi le XXII⁰ siecle, qui commence à 2100, conservera la même lettre B que le siecle précédent, de même qu'on l'a vu pour l'année 1800.

En 2200, on omettra une intercalaire, et il n'y aura point d'équation lunaire ; ainsi on descendra à la ligne A de la table générale. Par la même raison en 2300 on descendra à la ligne marquée u.

En 2400, on aura eu 300 ans depuis la derniere équation lunaire de 2100 : il y aura donc une équation lunaire ; mais il n'y aura point d'équation solaire : ainsi les nouvelles lunes monteront d'un jour, et l'on reviendra à la ligne A de la table générale.

2500, Equation solaire, on descendra à la ligne u.

2600, Equation solaire, on descendra à la ligne t.

2700, Equat. sol. et lun. on conservera la ligne t.

2800, Aucune équation, on conservera la ligne t.

1583. Ainsi, dans les principes de Lilius, il est aisé de continuer à l'infini la table de l'équation des épactes, si l'on a égard à l'intercalaire qu'on doit retrancher trois fois en 400 ans, et à l'équation lunaire qui doit arriver tous les 300 ans, d'abord sept fois de suite, et après cela, au bout de 400 ans seulement (1582). C'est ainsi qu'on a formé la table de l'équation des épactes, dont voici les 30 premiers siecles.

TABLE de l'équation des épactes, où l'on voit quelle ligne d'épactes on doit prendre pour chaque siecle, dans la table étendue des épactes, PLANCHE VIII.

Années.	Ligne d'Ép.	Années.	Ligne d'Ép.	Années.	Ligne d'Ép.
1582	D	☉ 2500	u	☉ 3500	p
Biss. — 1600	D	☉ 2600	t	Biss. ☽ 3600	q
☉ 1700	C	☽ ☉ 2700	t	☉ 3700	p
☽ ☽ ☉ 1800	C	Biss. 2800	t	☉ 3800	n
☉ 1900	B	☉ 2900	s	☽ ☉ 3900	n
Biss. 2000	B	☽ ☉ 3000	s	Biss. 4000	n
☽ ☉ 2100	B	☉ 3100	r	☉ 4100	m
☉ 2200	A	Biss. 3200	r	☉ 4200	l
☉ 2300	u	☽ ☉ 3300	r	☽ ☽ ☉ 4300	l
Biss. ☽ 2400	A	☉ 3400	q	Biss. 4400	l

Cette table a été continuée par Lilius, et par Clavius, jusqu'à l'an 301700, et même quelques siecles au-delà, pour faire voir qu'alors elle recommencera dans le même ordre qu'en 1700, C, C, B, B, etc. en sorte qu'ils n'avoient besoin que de 3000 siecles pour exprimer tous les changemens possibles des épactes à perpétuité, en supposant que les moyens mouvemens du Soleil et de la Lune fussent, dans les siecles à venir, tels que les tables pruteniques les supposoient, et que les variations du calendrier revinssent toutes au bout de trois cents mille ans.

1584. Cependant Clavius observe (*page* 150) qu'après l'an 8100 il doit y avoir une erreur dans la méthode de Lilius pour trouver l'équation; il pense qu'à l'an 8200 il faudroit descendre de la ligne F à la ligne D, c'est-à-dire, de deux lignes, et non pas d'une seule qu'exigeroient les regles précédentes. Il donne une méthode pour construire d'une autre maniere la table des épactes après l'an 8100; mais je ne la rapporterai pas ici, puisqu'on ne l'a point suivie dans le calendrier grégorien : d'ailleurs il sera aisé, en conservant même toute la disposition du calendrier, de monter ou de descendre d'une ligne dans la table générale, si, dans la suite des temps, l'observation prouve que les nouvelles lunes ont changé dans le calendrier.

Si l'on vouloit pousser la précision encore plus loin, il faudroit ajouter une nouvelle équation lunaire au bout de 481436 ans, parcequ'il y avoit, outre les 312 ans $\frac{1}{2}$, 23^j et 17^h (1563) qui font alors 100 ans; mais comme cet espace de temps alloit au-delà du cycle de trois cents mille ans, qu'on a regardé comme le grand cycle qui renouvelle le calendrier, on a négligé cette derniere équation lunaire : il n'y a d'ailleurs aucun calcul astronomique qui pût se trouver encore exact après une si longue période. Nous avons remarqué ci-dessus que l'erreur est encore moindre que ne trouvoit Clavius (1563).

1585. La raison du grand cycle de 300 mille ans se reconnoît par les regles précédentes. Après dix mille ans ou cent siecles, on trouve la même variété dans les lettres de la table, parceque 25 siecles produisent 8 équations lunaires, et 4 siecles ramenent les 3 bissextiles omises dans le calendrier; ainsi cent siecles ramenent le même ordre d'équations solaires et lunaires, mais non pas les mêmes lettres ou les mêmes lignes de la table. Par exemple, après 1600 qui a la lettre D, les deux années séculaires suivantes, 1700 et 1800, ont la même lettre C; les trois années suivantes, 1900, 2000 et 2100, ont la même lettre B; l'année 2200 a la lettre A, l'année 2300 la lettre u (1583), etc.

Ce sera la même chose après dix mille ans ou cent années séculaires ; par exemple, après 11600, nous aurons un progrès semblable : les deux années 11700 et 11800 auront la même lettre.   i
Les 3 années 11900, 12000, 12100, auront la même lettre.   .   h
L'année 12200 aura la lettre . . . . . . , . . . g
L'année 12300 aura la lettre . . . . f
Si l'on commençoit dix mille ans plus tard que 11700, ou à l'année 21700, on retrouveroit encore un ordre semblable dans la variété des épactes ; en voici la raison : dans l'espace de 100 années
séculaires , il arrive 32 équations lunaires (1582); ainsi les dix
mille ans qui précedent une époque, et les dix mille qui la suivent,
ont le même nombre d'équations lunaires ; ils ont aussi le même
nombre de bissextiles omises, c'est-à-dire, 25. Ainsi un même espace de dix mille ans voit toujours une même interruption d'é-
pactes ; si l'on choisissoit un espace moindre, on ne trouveroit
pas tout-à-la-fois un nombre d'années séculaires , divisible par 25 et
par 4 ; par 25, pour former un nombre complet d'équations lunaires ; et par 4 , pour former un nombre complet de bissextiles
omises.
Dans l'espace de 300 mille ans, il y aura non seulement une variété pareille , mais le retour des mêmes lettres dans le même ordre.
Pour le prouver, commençons à l'an 1700 où se trouve la ligne C ;
en dix mille ans, il y aura un changement de 43 lettres depuis C
jusqu'à I, comme on peut s'en assurer en continuant le calcul
précédent ; car, dans 100 siecles, on a 75 équations solaires, et 32
équations lunaires en sens contraire, la différence est donc 43. Si
des 43 l'on retranche les 30 qui font le total de la table, on aura un
changement de 13 lettres, outre la table entiere ; après le second espace de 10000 ans , on aura changé de 26. En procédant toujours
ainsi de 13 en 13 , et retranchant toujours 30, quand ils seront de
trop, on parviendra enfin à trouver un changement de 30 lettres.
On aura pour les 10 premiers nombres 13, 26, 9, 22, 5, 18, 1, 14,
27, 10, etc. : au 20ᵉ on trouvera 20, et au 30ᵉ on aura 30 ; ainsi ce ne
sera qu'après avoir fait trente fois cette addition de 13, ou après trente
intervalles de 10000 ans chacun, qu'on sera revenu à la même
lettre, après avoir parcouru plusieurs fois toute la table, ou que la
même lettre pourra revenir , et en même temps être suivie du même
ordre de lettres.
1586. Voici maintenant le calendrier perpétuel que nous avons
annoncé , dont nous avons fait usage, et que nous allons encore
expliquer.

CALENDRIER PERPÉTUEL DES ÉPACTES,

SUIVANT GRÉGOIRE XIII,

Pour servir à trouver toutes les nouvelles lunes, les jours de la semaine, et les fêtes mobiles pour une année quelconque. Voyez art. 1551, 1578.

Jours du mois	JANVIER		FÉVRIER		MARS		AVRIL		MAI		JUIN	
	Épactes	Lettres domin.	Épactes	Lettres domin.	Épactes	Lettres domin.	Épactes	Lettres domin.	Épactes	Lettres domin.	Épactes	Lettres domin.
1	*	A	XXIX	D	*	D	XXIX	G	XXVIII	B	XXVII	E
2	XXIX	B	XXVIII	E	XXIX	E	XXVIII	A	XXVII	C	25. XXVI	F
3	XXVIII	C	XXVII	F	XXVIII	F	XXVII	B	XXVI	D	XXV. XXIV	G
4	XXVII	D	25. XXVI	G	XXVII	G	25. XXVI	C	25. XXV	E	XXIII	A
5	XXVI	E	XXV. XXIV	A	XXVI	A	XXV. XXIV	D	XXIV	F	XXII	B
6	25. XXV	F	XXIII	B	25. XXV	B	XXIII	E	XXIII	G	XXI	C
7	XXIV	G	XXII	C	XXIV	C	XXII	F	XXII	A	XX	D
8	XXIII	A	XXI	D	XXIII	D	XXI	G	XXI	B	XIX	E
9	XXII	B	XX	E	XXII	E	XX	A	XX	C	XVIII	F
10	XXI	C	XIX	F	XXI	F	XIX	B	XIX	D	XVII	G
11	XX	D	XVIII	G	XX	G	XVIII	C	XVIII	E	XVI	A
12	XIX	E	XVII	A	XIX	A	XVII	D	XVII	F	XV	B
13	XVIII	F	XVI	B	XVIII	B	XVI	E	XVI	G	XIV	C
14	XVII	G	XV	C	XVII	C	XV	F	XV	A	XIII	D
15	XVI	A	XIV	D	XVI	D	XIV	G	XIV	B	XII	E
16	XV	B	XIII	E	XV	E	XIII	A	XIII	C	XI	F
17	XIV	C	XII	F	XIV	F	XII	B	XII	D	X	G
18	XIII	D	XI	G	XIII	G	XI	C	XI	E	IX	A
19	XII	E	X	A	XII	A	X	D	X	F	VIII	B
20	XI	F	IX	B	XI	B	IX	E	IX	G	VII	C
21	X	G	VIII	C	X	C	VIII	F	VIII	A	VI	D
22	IX	A	VII	D	IX	D	VII	G	VII	B	V	E
23	VIII	B	VI	E	VIII	E	VI	A	VI	C	IV	F
24	VII	C	V	F	VII	F	V	B	V	D	III	G
25	VI	D	IV	G	VI	G	IV	C	IV	E	II	A
26	V	E	III	A	V	A	III	D	III	F	I	B
27	IV	F	II	B	IV	B	II	E	II	G	*	C
28	III	G	I	C	III	C	I	F	I	A	XXIX	D
29	II	A			II	D	*	G	*	B	XXVIII	E
30	I	B			I	E	XXIX	A	XXIX	C	XXVII	F
31	*	C			*	F			XXVIII	D		

CALENDRIER PERPÉTUEL DES ÉPACTES,

SUIVANT GRÉGOIRE XIII,

Pour servir à trouver toutes les nouvelles lunes, les jours de la semaine, et les fêtes mobiles pour une année quelconque.

Jours du mois.	JUILLET. Epactes.	Lettres domin.	AOUT. Epactes.	Lettres domin.	SEPTEMB. Epactes.	Lettres domin.	OCTOB. Epactes.	Lettres domin.	NOVEMB. Epactes.	Lettres domin.	DÉCEM. Epactes.	Lettres domin.
1	XXVI	G	XXV. XXIV	C	XXIII	F	XXII	A	XXI	D	XX	F
2	25.XXV	A	XXIII	D	XXII	G	XXI	B	XX	E	XIX	G
3	XXIV	B	XXII	E	XXI	A	XX	C	XIX	F	XVIII	A
4	XXIII	C	XXI	F	XX	B	XIX	D	XVIII	G	XVII	B
5	XXII	D	XX	G	XIX	C	XVIII	E	XVII	A	XVI	C
6	XXI	E	XIX	A	XVIII	D	XVII	F	XVI	B	XV	D
7	XX	F	XVIII	B	XVII	E	XVI	G	XV	C	XIV	E
8	XIX	G	XVII	C	XVI	F	XV	A	XIV	D	XIII	F
9	XVIII	A	XVI	D	XV	G	XIV	B	XIII	E	XII	G
10	XVII	B	XV	E	XIV	A	XIII	C	XII	F	XI	A
11	XVI	C	XIV	F	XIII	B	XII	D	XI	G	X	B
12	XV	D	XIII	G	XII	C	XI	E	X	A	IX	C
13	XIV	E	XII	A	XI	D	X	F	IX	B	VIII	D
14	XIII	F	XI	B	X	E	IX	G	VIII	C	VII	E
15	XII	G	X	C	IX	F	VIII	A	VII	D	VI	F
16	XI	A	IX	D	VIII	G	VII	B	VI	E	V	G
17	X	B	VIII	E	VII	A	VI	C	V	F	IV	A
18	IX	C	VII	F	VI	B	V	D	IV	G	III	B
19	VIII	D	VI	G	V	C	IV	E	III	A	II	C
20	VII	E	V	A	IV	D	III	F	II	B	I	D
21	VI	F	IV	B	III	E	II	G	I	C	*	E
22	V	G	III	C	II	F	I	A	*	D	XXIX	F
23	IV	A	II	D	I	G	*	B	XXIX	E	XXVIII	G
24	III	B	I	E	*	A	XXIX	C	XXVIII	F	XXVII	A
25	II	C	*	F	XXIX	B	XXVIII	D	XXVII	G	XXVI	B
26	I	D	XXIX	G	XXVIII	C	XXVII	E	25. XXVI	A	25.XXV	C
27	*	E	XXVIII	A	XXVII	D	XXVI	F	XXV. XXIV	B	XXIV	D
28	XXIX	F	XXVII	B	25. XXVI	E	25.XXV	G	XXIII	C	XXIII	E
29	XXVIII	G	XXVI	C	XXV. XXIV	F	XXIV	A	XXII	D	XXII	F
30	XXVII	A	XXV	D	XXIII	G	XXIII	B	XXI	E	XXI	G
31	25XXVI	B	XXIV	E			XXII	C			19. XX	A

ES.

uivant le calendrier Grégorien, Art. 1379. pag. 240.

e Ligne marquée C. est celle qui a lieu depuis 1700. jusqu'à 1900.

15	16	17	18	19	1	2
XII	XXIII	IV	XV	XXVI	VIII	XIX
XI	XXII	III	XIV	25	VII	XVIII
X	XXI	II	XIII	XXIV	VI	XVII
IX	XX	I	XII	XXIII	V	XVI
VIII	XIX	*	XI	XXII	IV	XV
VII	XVIII	XXIX	X	XXI	III	XIV
VI	XVII	XXVIII	IX	XX	II	XIII
V	XVI	XXVII	VIII	XIX	I	XII
IV	XV	XXVI	VII	XVIII	*	XI
III	XIV	25	VI	XVII	XXIX	X
II	XIII	XXIV	V	XVI	XXVIII	IX
I	XII	XXIII	IV	XV	XXVII	VIII
*	XI	XXII	III	XIV	XXVI	VII
XXIX	X	XXI	II	XIII	XXV	VI
XXVIII	IX	XX	I	XII	XXIV	V
XXVII	VIII	XIX	*	XI	XXIII	IV
XXVI	VII	XVIII	XXIX	X	XXII	III
25	VI	XVII	XXVIII	IX	XXI	II
XXIV	V	XVI	XXVII	VIII	XX	I
XXIII	IV	XV	XXVI	VII	XIX	*
XXII	III	XIV	25	VI	XVIII	XXIX
XXI	II	XIII	XXIV	V	XVII	XXVIII
XX	I	XII	XXIII	IV	XVI	XXVII
XIX	*	XI	XXII	III	XV	XXVI
XVIII	XXIX	X	XXI	II	XIV	XXV
XVII	XXVIII	IX	XX	I	XIII	XXIV
XVI	XXVII	VIII	XIX	*	XII	XXIII
XV	XXVI	VII	XVIII	XXIX	XI	XXII
XIV	25	VI	XVII	XXVIII	X	XXI
XIII	XXIV	X	XVI	XXVII	IX	XX

TABLE ÉTENDUE DES ÉPACTES.

Contenant les trente suites d'Épactes qui peuvent avoir lieu dans différens siècles, suivant le calendrier Grégorien. Art 579 pag 240.

REMARQUES. Les Nombres d'Or sont dans la première ligne de la table, en tête de chaque colonne. La 9ᵉ ligne marquée C est celle qui a lieu depuis 1700 jusqu'à 1900. et qui recommence tous les 19 ans. Par exemple l'Épacte est XXII en 1769, 1788, 1807. &c.

	3	4	5	6	7	8	9	10	11	12	13	14	15	16	17	18	19	1	2
P	*	XI	XXII	III	XIV	XXV	VI	XVII	XXVIII	IX	XX	I	XII	XXIII	IV	XV	XXVI	VIII	XIX
N	XXIX	X	XXI	II	XIII	XXIV	V	XVI	XXVII	VIII	XIX	*	XI	XXII	III	XIV	25	VII	XVIII
M	XXVIII	IX	XX	I	XII	XXIII	IV	XV	XXVI	VII	XVIII	XXIX	X	XXI	II	XIII	XXIV	VI	XVII
H	XXVII	VIII	XIX	*	XI	XXII	III	XIV	XXV	VI	XVII	XXVIII	IX	XX	I	XII	XXIII	V	XVI
G	XXVI	VII	XVIII	XXIX	X	XXI	II	XIII	XXIV	V	XVI	XXVII	VIII	XIX	*	XI	XXII	IV	XV
F	XXV	VI	XVII	XXVIII	IX	XX	I	XII	XXIII	IV	XV	XXVI	VII	XVIII	XXIX	X	XXI	III	XIV
E	XXIV	V	XVI	XXVII	VIII	XIX	*	XI	XXII	III	XIV	25	VI	XVII	XXVIII	IX	XX	II	XIII
D	XXIII	IV	XV	XXVI	VII	XVIII	XXIX	X	XXI	II	XIII	XXIV	V	XVI	XXVII	VIII	XIX	I	XII
C	XXII (1758)	III	XIV	XXV	VI	XVII	XXVIII	IX	XX	I	XII	XXIII	IV	XV	XXVI	VII	XVIII	*	XI
B	XXI	II	XIII	XXIV	V	XVI	XXVII	VIII	XIX	*	XI	XXII	III	XIV	25	VI	XVII	XXIX	X
A	XX	I	XII	XXIII	IV	XV	XXVI	VII	XVIII	XXIX	X	XXI	II	XIII	XXIV	V	XVI	XXVIII	IX
u	XIX	*	XI	XXII	III	XIV	XXV	VI	XVII	XXVIII	IX	XX	I	XII	XXIII	IV	XV	XXVII	VIII
t	XVIII	XXIX	X	XXI	II	XIII	XXIV	V	XVI	XXVII	VIII	XIX	*	XI	XXII	III	XIV	XXVI	VII
s	XVII	XXVIII	IX	XX	I	XII	XXIII	IV	XV	XXVI	VII	XVIII	XXIX	X	XXI	II	XIII	XXV	VI
r	XVI	XXVII	VIII	XIX	*	XI	XXII	III	XIV	25	VI	XVII	XXVIII	IX	XX	I	XII	XXIV	V
q	XV	XXVI	VII	XVIII	XXIX	X	XXI	II	XIII	XXIV	V	XVI	XXVII	VIII	XIX	*	XI	XXIII	IV
p	XIV	XXV	VI	XVII	XXVIII	IX	XX	I	XII	XXIII	IV	XV	XXVI	VII	XVIII	XXIX	X	XXII	III
n	XIII	XXIV	V	XVI	XXVII	VIII	XIX	*	XI	XXII	III	XIV	25	VI	XVII	XXVIII	IX	XXI	II
m	XII	XXIII	IV	XV	XXVI	VII	XVIII	XXIX	X	XXI	II	XIII	XXIV	V	XVI	XXVII	VIII	XX	I
l	XI	XXII	III	XIV	XXV	VI	XVII	XXVIII	IX	XX	I	XII	XXIII	IV	XV	XXVI	VII	XIX	*
k	X	XXI	II	XIII	XXIV	V	XVI	XXVII	VIII	XIX	*	XI	XXII	III	XIV	25	VI	XVIII	XXIX
i	IX	XX	I	XII	XXIII	IV	XV	XXVI	VII	XVIII	XXIX	X	XXI	II	XIII	XXIV	V	XVII	XXVIII
h	VIII	XIX	*	XI	XXII	III	XIV	XXV	VI	XVII	XXVIII	IX	XX	I	XII	XXIII	IV	XVI	XXVII
g	VII	XVIII	XXIX	X	XXI	II	XIII	XXIV	V	XVI	XXVII	VIII	XIX	*	XI	XXII	III	XV	XXVI
f	VI	XVII	XXVIII	IX	XX	I	XII	XXIII	IV	XV	XXVI	VII	XVIII	XXIX	X	XXI	II	XIV	XXV
e	V	XVI	XXVII	VIII	XIX	*	XI	XXII	III	XIV	25	VI	XVII	XXVIII	IX	XX	I	XIII	XXIV
d	IV	XV	XXVI	VII	XVIII	XXIX	X	XXI	II	XIII	XXIV	V	XVI	XXVII	VIII	XIX	*	XII	XXIII
c	III	XIV	XXV	VI	XVII	XXVIII	IX	XX	I	XII	XXIII	IV	XV	XXVI	VII	XVIII	XXIX	XI	XXII
b	II	XIII	XXIV	V	XVI	XXVII	VIII	XIX	*	XI	XXII	III	XIV	25	VI	XVII	XXVIII	X	XXI
a	I	XII	XXIII	IV	XV	XXVI	VII	XVIII	XXIX	X	XXI	II	XIII	XXIV	V	XVI	XXVII	IX	XX

De Cordette Sculp.

Il nous reste sur-tout à parler de quelques artifices qu'on apperçoit dans ce *calendrier perpétuel* des épactes et des lettres dominicales. Nous avons fait observer (1578) qu'on y voit, à côté des jours du mois, les épactes 30, 29, 28, etc. et les 7 lettres A, B, C, D, E, F, G, en commençant par le premier jour de janvier, et nous en avons expliqué l'usage pour trouver les jours du mois (1551) : mais il y a trois observations à faire sur des exceptions qui se trouvent dans ce calendrier pour l'ordre des épactes.

Au lieu du nombre 30, on met un astérisque * qui tient lieu de 30 et de zéro. En effet, dans les années où il y a nouvelle lune le 2 décembre, l'âge de la lune, quand l'année finit, est de 30 jours ; ainsi l'épacte devroit être 30 : mais comme la lune recommence le premier janvier suivant, l'âge de la lune est 1, le premier de janvier ; ainsi l'épacte est zéro, puisqu'il ne faut rien ajouter aux jours de janvier pour avoir l'âge de la lune. L'épacte est donc 30 par rapport à la lune de décembre, et 0 par rapport à celle de janvier. Ainsi l'on met un signe ambigu qui tient lieu de l'une et de l'autre, et qui s'applique à ces deux circonstances.

Dans le calendrier perpétuel on a pratiqué six interruptions, où l'on a mis ensemble les épactes xxiv et xxv ; sans cela les 12 suites d'épactes qui sont de 30 chacune, formeroient 360 jours, au lieu de 354 qu'elles doivent former, pour s'accorder avec l'année lunaire qui a 11 jours de moins que l'année solaire (1481) ; cette suppression de 6 jours a lieu le 5 février, le 5 avril, le 3 juin, le 1 août, le 29 septembre et le 27 novembre. Ces six jours qui, par la disposition précédente, devroient avoir xxv d'épacte, ont tout à la fois xxv et xxiv ; par-là on gagne un nombre à chaque fois, et il se trouve qu'à la fin de décembre il reste 11 jours.

1587. Par ce moyen on a des lunaisons de 29 jours, quoiqu'il y ait 30 épactes : les 12 lunaisons de chaque année sont alternativement de 30 et de 29 jours (1558) ; aussi l'on met d'abord les 30 épactes dans le mois de janvier, ensuite 29 seulement en en réunissant deux au même jour, puis 30, et ainsi de suite ; l'épacte xxiv dans février, et toutes celles qui la suivent, se trouvent remontées d'un rang au-dessus de leur place naturelle vers le commencement du mois, à cause des deux épactes xxv et xxiv qui sont réunies au 5 de février. Ainsi les lunaisons qui commencent par les 30 épactes qui précedent les deux épactes accumulées au 5 de février, c'est-à-dire, par les épactes xxv, xxvi, xxvii, xxviii, xxix, *, i, ii, etc. jusqu'à l'épacte xxiv inclusivement, contiennent seulement 29 jours. Il faut dire la même chose des lunaisons qui répondent aux 30

épactes semblables qui précedent dans cinq autres endroits du calendrier la réunion de xxiv et xxv (Clavius, *pag.* 101). Cette épacte,
relevée d'un jour, fait que la seconde lune de l'année a 29 jours,
et répond mieux au moyen mouvement de la Lune que l'épacte xxv
qui est un peu en retard (*p.* 102). On double les épactes deux jours
de suite, parceque, si xxiv et xxv se trouvent dans la même ligne
d'épactes, xxv et xxvi n'y sont pas (1589). [a]

1588. Dans les mois qui ont deux épactes au même jour, xxv et
xxiv, on pourroit craindre qu'il n'y eût deux nouvelles lunes indiquées au même jour, dans l'espace de 19 ans, savoir l'une quand
l'épacte de l'année seroit xxv, et l'autre quand elle seroit xxiv; or,
il ne peut pas y avoir deux nouvelles lunes, dans les 19 ans, qui
tombent au même jour du mois, puisqu'elles n'y reviennent qu'après
les 19 ans révolus (1558). Pour obvier à cet inconvénient, dans la
disposition des épactes de la *table étendue* (PLANCHE VIII), on a mis
25 en chiffres arabes au lieu de xxv en chiffres romains, dans toutes
les lignes où les deux épactes vingt-quatre et vingt-cinq se trouvent
ensemble, et peuvent revenir dans l'espace de 19 ans : ce nombre
25 est mis dans le calendrier à côté de xxvi, parceque dans ces
mêmes lignes d'épactes les nombres 25 et xxvi ne peuvent pas se
trouver ensemble dans l'espace des 19 ans, dès-lors que vingt-quatre
et vingt-cinq s'y trouvent.

Dans les mois qui ont 25 et xxvi d'épacte au même rang, ou au
même jour, il ne peut pas arriver non plus que la nouvelle lune
soit indiquée deux fois au même jour en 19 ans, parceque 25 en petit
caractere ne se trouve point dans les huit suites d'épactes qui contiennent vingt-cinq et vingt-six; on n'a mis dans celles-ci que le
nombre romain xxv, qui, dans le calendrier, est à côté de xxiv; mais
xxv et xxiv ne sont point ensemble dans ces huit lignes : ainsi l'on a
toujours eu soin de faire en sorte que les deux figures qui sont ensemble dans le calendrier à un même jour, ne fussent pas dans une
même suite d'épactes. Il est vrai que les mêmes nombres y sont; mais
l'un est en petites capitales, l'autre en chiffres ordinaires : et cette
différence de forme les distingue assez. Quelquefois on met le 25 en
rouge, comme dans les bréviaires imprimés en deux couleurs.

1589. Lorsque, dans un cycle de 19 ans, l'épacte xxv concourt
avec un nombre d'or plus grand qu'onze, c'est-à-dire avec les nombres d'or 12, 13, 14, 15, 16, 17, 18, 19, il y a toujours dans ce même

(a) Le P. Meliton substitue les épactes des nouvelles lunes, ainsi que Rivard
dans son *Traité du calendrier*, 1744 (*pag.* 64). Les épactes y sont doublées au
17 février, etc.

cycle une épacte xxiv; mais si pour lors on prend l'épacte 25 qui est d'un caractere ou d'une couleur différente, qui dans six endroits du calendrier est placée à côté de l'épacte xxvi, il ne pourra jamais y avoir deux nouvelles lunes au même jour, parceque cette épacte 25, marquée d'un autre caractere ou d'une autre couleur, répond par-tout à un jour différent de celui qui a l'épacte xxiv.

Quand, dans un cycle de 19 ans, l'épacte xxv se rencontre avec un nombre d'or plus petit que 12, ou avec les nombres d'or 1, 2, 3, 4, 5, 6, 7, 8, 9, 10 et 11, il ne peut pas arriver que dans le même cycle l'épacte xxiv se trouve employée avec l'épacte xxv; pour lors on prendra l'épacte xxv, qui dans six endroits est marquée au même jour que l'épacte xxiv; et puisque l'épacte xxiv n'aura pas lieu dans ce cycle-là, on ne risquera point de trouver dans le même cycle deux nouvelles lunes au même jour.

De même, quoique l'épacte 25, qui est différente en caractere ou en couleur, se trouve dans six jours de l'année à côté de l'épacte xxvi, on ne craindra pas cependant de trouver deux nouvelles lunes au même jour dans les 19 ans, parceque quand l'épacte xxv se trouve avec un nombre d'or plus grand que 11 (et ce sont les seuls cas où l'on se serve du caractere 25), l'épacte xxvi n'a jamais lieu dans le même cycle, pour indiquer les nouvelles lunes. On pourroit le démontrer rigoureusement; mais il suffit d'examiner la table étendue des épactes, planche VIII; car dans les 8 lignes mar- quées N, E, B, r, n, κ, e, b, qui chacune répondent à un cycle lu- naire entier de 19 ans (1579), on voit l'épacte 25 distinguée par les chiffres arabes sous les 8 nombres d'or, 12, 13, 14, 15, 16, 17, 18, 19; l'épacte xxiv sous les onze autres, et jamais l'épacte xxvi. Mais dans les 22 autres lignes horizontales de la table où l'épacte xxv se trouve sous les 11 petits nombres d'or, depuis 1 jusqu'à 11, on trouve quelquefois l'épacte xxvi, mais on n'y trouve pas xxiv. Si donc on prend tantôt l'épacte xxv, qui est dans le calendrier à côté de xxiv, et tantôt l'épacte 25 (qui est d'un autre caractere, et placée dans le calendrier à côté de xxvi), ayant égard aux nombres d'or, petits ou grands, avec lesquels elle concourt, il n'arrivera jamais que dans le même cycle de 19 ans il y ait deux nouvelles lunes au même quantieme du mois; quoique, dans les six endroits ci-dessus mar- qués, il y ait au même jour xxv avec xxiv, et xxvi avec l'épacte 25 du caractere différent.

Ainsi l'épacte xxiv ne peut pas avoir lieu quand l'épacte xxv con- court avec un des onze premiers nombres d'or, mais seulement quand elle concourt avec un nombre d'or plus grand que 11; et l'épacte

xxvi n'a jamais lieu lorsque l'épacte 25, de caractere différent, concourt avec un nombre d'or plus grand que 11.

1590. On a choisi les épactes xxv et xxiv pour les accumuler ensemble, quoiqu'on eût pu choisir deux autres épactes quelconques ;
mais il y avoit deux raisons pour choisir celles-là : c'est à-peu-près
vers ces mêmes jours que l'on employoit l'équation de la lune dans
l'ancien calendrier des nombres d'or, du concile de Nicée, et l'on a
cherché à s'en rapprocher le plus qu'il étoit possible dans la disposition du nouveau calendrier (*Clavius, page* 103). D'ailleurs, en choisissant ces nombres xxv et xxiv pour les mettre ensemble, presque
toutes les lunaisons pascales se trouvent de 29 jours, comme le vou-
loient les Peres du concile de Nicée, et elles commencent toujours
entre le 8 de mars et le 5 avril. Il n'y a dans le nouveau calendrier
que deux exceptions à la premiere regle ; c'est lorsqu'on a pour
épacte 25 ou xxiv, ce qui arrive bien rarement ; il n'y a que ces deux
lunes pascales qui soient de 30 jours : on voit dans le calendrier que
25 se trouve au 4 d'avril et de mai, et xxiv au 5 des mêmes mois.
Ces deux lunaisons ont donc le même nombre de jours que le mois
d'avril, c'est-à-dire 30. Avec toute autre épacte on rencontreroit ,
dans le cours de la lunaison, des épactes accumulées qui feroient
perdre un jour.

Lorsqu'au temps du concile de Nicée on assigna 29 jours aux nouvelles lunes pascales, depuis le 8 mars jusqu'au 5 avril, il étoit facile
d'y arranger 19 nombres d'or, de façon que tous donnassent des lunaisons de 29 jours ; mais comme il y a 30 épactes, on ne sauroit les
arranger toutes dans 29 jours, à moins qu'on n'en mette deux à la fois
au même jour, comme cela arrive au 5 avril. Cela n'empêchera pas
que la lunaison de l'épacte xxiv n'ait 30 jours, et par conséquent
aussi celle de l'épacte 25 placée au-dessus ; mais plus on s'écarteroit
du 5 avril, en remontant vers le commencement de mars, plus on
auroit de lunaisons pascales de 30 jours. Par exemple, si l'équation
de la lune, au lieu de se faire au 5 avril, se faisoit à la fin de janvier
et de mars, comme *Lilius* l'avoit pratiqué dans le *Compendium*
(1577), il y auroit sept lunaisons pascales de 30 jours au lieu de 2 ;
en sorte qu'on seroit beaucoup plus éloigné de cette partie de l'ancien usage de l'église, qu'on a voulu respecter autant qu'il étoit possible en choisissant l'épacte xxiv qui est au 5 avril. L'on trouve même
dans le calendrier grégorien les nouvelles lunes, sur-tout celles de
Pâque, rapportées pour le temps du concile de Nicée aux mêmes
jours où elles ont été supposées dans ce temps-là, d'après les nombres d'or de l'ancien calendrier. C'est ce qui résulte de plusieurs

longs chapitres qu'on pourra voir dans le grand traité de *Clavius*, dont il n'est possible de donner ici que les principes et les principaux résultats.

1591. Le troisieme artifice employé dans la disposition des épactes du calendrier perpétuel, consiste à avoir mis à la fin de décembre, à côté de l'épacte xx, une épacte extraordinaire 19, qui est aussi différente ou par le caractere, ou par la couleur; elle sert uniquement à marquer la nouvelle lune le dernier de décembre, lorsque l'épacte xix concourt avec le nombre d'or 19, ce qui n'arrivera plus jusqu'après l'an 8200 ; et lorsque des trente cycles de la table, celui qui a la lettre D sera en usage, comme il l'a été depuis la correction grégorienne jusqu'à l'année 1700 exclusivement : c'est dans cette ligne D seulement que l'épacte xix se trouve sous le nombre d'or 19. L'épacte 19, placée au 31 de décembre, doit alors indiquer une nouvelle lune, comme cela est arrivé en 1595, 1614, 1633, 1652, 1671, 1690. En effet, dès que le nombre d'or est 19, on doit ajouter 12 à l'épacte de l'année pour former celle de l'année suivante (1578), au lieu qu'on n'ajoutoit que 11 dans les autres cas ; ainsi à l'épacte xix, lorsqu'elle a lieu avec le nombre d'or 19, il faut ajouter 12, et l'on a 1 d'épacte pour l'année suivante. Mais l'usage de l'épacte 1 ne se trouve dans le calendrier qu'au 30 de janvier : donc si l'épacte 19 n'étoit pas placée dans le calendrier au 31 de décembre, pour y indiquer une nouvelle lune, la lunaison de décembre ne contenant alors que 29 jours (1558), il n'y auroit point de lunaison indiquée dans le calendrier depuis le 2 de décembre jusqu'au 29 de janvier ; car dans le mois de décembre il n'y a pas d'autre épacte xix que celle du 2 de décembre, et dans le mois de janvier il n'y a pas d'épacte 1 avant le 30. Cependant il y a, dans le cas dont il s'agit, une lune de 29 jours qui commence le 2 décembre, et une autre qui commence le 31 de décembre ; le calcul prouve même qu'il y a en effet une nouvelle lune moyenne le 30 ou le 31 dans les années cidessus où le nombre d'or 19 concourt avec l'épacte xix (*Clavius*, *pag.* 104).

Mais l'exception dont il s'agit, ou l'addition de l'épacte 19 extraordinairement cumulée avec l'épacte xx, au 31 de décembre, ne fait dans le calendrier aucune confusion , parcequ'elle est à côté de l'épacte xx qui ne se trouve point dans la ligne D ; il ne peut donc pas y avoir double emploi, ni deux nouvelles lunes indiquées au même jour dans l'espace des 19 ans, quoiqu'il y ait deux épactes au même jour.

1592. Les épactes ne peuvent indiquer que les nouvelles lunes moyennes, c'est-à-dire les nouvelles lunes qui auroient lieu, si la

Lune et le Soleil alloient toujours d'un mouvement uniforme, et que
leur longitude moyenne fût toujours égale à leur longitude vraie ; ce
seroit assez pour l'usage du calendrier civil, car l'on est toujours sûr
de ne pas se tromper d'un jour, même en se restreignant aux moyens
mouvemens. Mais non seulement les nouvelles lunes désignées dans
le calendrier par les épactes, ne sont point les nouvelles lunes astronomiques vraies qu'on observe, et qu'on trouve dans nos éphémérides ; elles ne sont pas même exactement d'accord avec les nouvelles
lunes moyennes ; il y a souvent des retardemens qui deviennent sensibles, et on l'a fait exprès. Lors de la correction grégorienne, on
voulut remettre les nouvelles lunes au même lieu où elles étoient au
temps du concile de Nicée ; il y avoit alors quatre jours de différence entre les nouvelles lunes moyennes et celles du cycle : dans
l'exécution on n'a corrigé que 3 jours au lieu de quatre ; de là vient
que la pleine lune astronomique vient souvent un jour avant la pleine
lune pascale, et que le calendrier n'a point à cet égard la justesse
qu'on avoit eu intention de lui donner ; de là vient aussi la contradic-
tion apparente que l'on trouvera quelquefois entre les calculs rigoureux de l'astronomie, et les calculs beaucoup moins exacts du com-
put ecclésiastique. Par exemple, en 1783 l'épacte xxvi répondoit au
5 de mars ; cependant la nouvelle lune vraie étoit arrivée le 3 à sept
heures du matin : mais une partie de ces différences se corrige à la fin
des 19 ans et à la fin des 300 ans où l'on place une équation lunaire.

L'erreur d'un jour que nous venons de remarquer a fait tomber la
fête de Pâque, en 1704, au 23 mars, au lieu qu'elle auroit dû être le
20 avril ; parceque, dans cette année, la pleine lune devoit être marquée au 20 mars, et qu'elle ne le fut qu'au 21 : or le 20 mars n'est
point du mois pascal, mais le 21 en est (*Hist. de l'acad.* 1701,
pag. 110 ; *J. Bernoulli Opera, tom. IV ;* et l'*Encycl.* au mot *Epacte*, où
l'on cite plusieurs autres exemples). La raison de ce défaut est que
l'objet des réformateurs étoit de demeurer plutôt au-dessous qu'au-
dessus des véritables nouvelles lunes, pour empêcher que les épactes n'indiquassent la nouvelle lune plutôt qu'elle n'arrive réellement,
et que la fête de Pâque ne fût célébrée le xiv de la lune, ou même
plutôt, c'est-à-dire en même temps que chez les Juifs ou chez les hé-
rétiques quarto-décimans (Fleuri, *Hist. eccl.* année 196, *tom. I,*
pag. 375, 518, *in*-12). Pour cet effet, on a eu plus d'égard à la pleine
lune qu'à la nouvelle lune : on n'a pas craint que la fête de Pâque fût
célébrée plus tard que le xxi de la lune ; mais on redoutoit la célébration qui auroit pu tomber le xiv quand il se trouve un dimanche, parceque c'est le xiv au soir que choisissent les Juifs pour im-
moler l'agneau pascal.

Cette remarque déja faite par Clavius (a) auroit dû prévenir le reproche astronomique fait par Cassini au calendrier grégorien ; mais peut-être qu'il ne trouvoit pas cette raison suffisante pour justifier la discordance qu'on a laissée entre le calendrier et l'astronomie : en effet, elle nuit à l'exactitude du calendrier , relativement à l'usage qu'on en pourroit faire pour trouver les nouvelles lunes véritables.

Méthode pour trouver l'épacte, les nouvelles lunes et les fétes mobiles, pour une année quelconque.

1593. Si l'on veut y employer les tables dont j'ai indiqué ci-dessus la construction , on commencera par chercher le nombre d'or (1560), parceque l'on a pris les nombres d'or qui suivent toujours un progrès uniforme pour servir à régler les irrégularités des épactes; ce nombre d'or, pris au haut de la table étendue (PL. VIII), marquera la colonne dans laquelle doit se trouver l'épacte que l'on cherche.

Pour savoir dans quelle ligne de la table , et vis-à-vis de quelle lettre il faut chercher l'épacte, on prendra, dans la table d'équation (1583), la lettre qui convient au siecle où l'on se trouve, et ce sera dans cette ligne qu'il faudra prendre l'épacte répondante au nombre d'or.

Pour avoir une regle particuliere dans ce siecle-ci et le suivant, où l'on emploie la ligne C, on multipliera par 11 le nombre d'or de l'année courante, parcequ'en partant de la fin du cycle lunaire précédent, chaque année l'épacte augmente de 11; on ajoutera 19, savoir les 18 de l'épacte qui a lieu à chaque derniere année du cycle lunaire, et 1 de plus, parcequ'elle augmente de 12 l'année suivante quand le cycle recommence ; on divisera cette somme par 30, puisque les épactes sont formées en ôtant toujours 30, et l'on aura pour reste l'épacte de l'année.

Ainsi pour avoir l'épacte de 1762, on multiplie par 11 le nombre d'or 15, on a 165; on y ajoute 19, et l'on divise la somme 184 par 30, le reste de la division est 4; c'est l'épacte cherchée.

On peut aussi multiplier par onze le nombre d'or diminué d'une unité, et diviser le produit par 30, le reste sera l'épacte, parcequ'elle est o sous le nombre d'or 1, et qu'elle augmente de 11 chaque année. Ainsi dans notre exemple $\frac{14 \cdot 11}{30} = 5$; le reste est 4.

(a) Il observe que c'étoit l'ancien usage de l'église (*pag.* 55, 350 et 352). Cependant il y a des années où le quatorzieme de la lune précede la pleine lune moyenne (*pag.* 359).

1594. L'épacte suffit pour trouver à-peu-près l'âge de la lune; car l'épacte seule, ajoutée avec le jour du mois, donne l'âge de la lune, et l'épacte étant ôtée de 30, donne le jour de la nouvelle lune dans les trois premiers mois de l'année; dans les autres mois il faut ajouter à l'épacte autant d'unités qu'il y a de mois écoulés, en commençant au mois de mars, avant que d'ajouter le quantième, ou avant que de faire la soustraction. Ainsi pour le mois de décembre 1787 on ajoute XI avec 10; la somme 21 étant ôtée de 30 donne 9 pour le jour de la nouvelle lune, à un ou deux jours près. Pour plus d'exactitude, il ne faudroit ôter que de 29 si le mois a 30 jours, et de 30 s'il a 31 jours : on ajoute 30 pour faire la soustraction si cela est nécessaire.

Pour trouver la nouvelle lune il est plus exact de se servir du calendrier perpétuel (art. 1586), car l'épacte de l'année indique tous les jours de nouvelles lunes dans ce calendrier : ainsi pour avoir la nouvelle lune pascale, qui ne peut arriver qu'après le 7 mars, il faut voir à quel jour répond l'épacte de l'année, à compter du 8 de mars inclusivement, et ce sera celui de la nouvelle lune pascale; le quatorzième jour, à compter de la nouvelle lune inclusivement, sera le jour de la pleine lune pascale; et le premier dimanche après cette pleine lune exclusivement, c'est-à-dire le premier jour où l'on trouvera la lettre dominicale de l'année courante (1552), sera le jour de Pâque.

Les limites pascales sont le 22 mars et le 25 avril (1576); ainsi en 1598, 1693 et 1761, la fête de Pâque est arrivée le 22 mars; elle s'y trouvera encore en 1818, 2285, 2437, 2505, etc. Au contraire, cette fête n'est tombée qu'au 25 avril en 1546, en 1666 et en 1734; et cela arrivera encore en 1886, 1943, 2038, 2190, etc.

La septuagésime est toujours neuf semaines avant Pâque, ou le 64e jour, y compris celui de Pâque; le mercredi des Cendres le 47e jour avant le jour de Pâque, en comptant l'un et l'autre.

On trouve la fête de l'Ascension en comptant 40 jours après Pâque; la Pentecôte 50; la Trinité 57 jours, et la Fête-Dieu 61 jours après Pâque; celle-ci arrive toujours le même quantième du mois que le Samedi-Saint.

Le premier dimanche de l'avent ne peut arriver que depuis le 27 novembre inclusivement, jusqu'au 3 décembre inclusivement; ainsi ce sera toujours le dimanche compris dans cet intervalle.

Voici une table dans laquelle on voit la correspondance des cycles, des lettres dominicales, et de la fête de Pâque, pour un espace de 40 ans; on y voit qu'après 1800 on a D au lieu de C, et jeudi au lieu de vendredi, à la septième année du cycle solaire.

Années

Années.	Cycle solaire.	Lettres dominic.	Premier jour de l'année.	nombre d'or.	Epactes.	Pâque.	Indiction.
1790	7	C	vendredi	5	XIV	4 avril	8
1791	8	B	samedi	6	XXV	24 avril	9
1792	9	A G	dimanche	7	VI	8 avril	10
1793	10	F	mardi	8	XVII	31 mars	11
1794	11	E	mercredi	9	XXVIII	20 avril	12
1795	12	D	jeudi	10	IX	5 avril	13
1796	13	C B	vendredi	11	XX	27 mars	14
1797	14	A	dimanche	12	I	16 avril	15
1798	15	G	lundi	13	XII	8 avril	1
1799	16	F	mardi	14	XXIII	24 mars	2
1800	17	E	mercredi	15	IV	13 avril	3
1801	18	D	jeudi	16	XV	5 avril	4
1802	19	C	vendredi	17	XXVI	18 avril	5
1803	20	B	samedi	18	VII	10 avril	6
1804	21	A G	dimanche	19	XVIII	1 avril	7
1805	22	F	mardi	1	*	14 avril	8
1806	23	E	mercredi	2	XI	6 avril	9
1807	24	D	jeudi	3	XXII	29 mars	10
1808	25	C B	vendredi	4	III	17 avril	11
1809	26	A	dimanche	5	XIV	2 avril	12
1810	27	G	lundi	6	XXV	22 avril	13
1811	28	F	mardi	7	VI	14 avril	14
1812	1	E D	mercredi	8	XVII	29 mars	15
1813	2	C	vendredi	9	XXVIII	18 avril	1
1814	3	B	samedi	10	IX	10 avril	2
1815	4	A	dimanche	11	XX	26 mars	3
1816	5	G F	lundi	12	I	14 avril	4
1817	6	E	mercredi	13	XII	6 avril	5
1818	7	D	jeudi	14	XXIII	22 mars	6
1819	8	C	vendredi	15	IV	11 avril	7
1820	9	B A	samedi	16	XV	2 avril	8
1821	10	G	lundi	17	XXVI	22 avril	9
1822	11	F	mardi	18	VII	7 avril	10
1823	12	E	mercredi	19	XVIII	30 mars	11
1824	13	D C	jeudi	1	*	18 avril	12
1825	14	B	samedi	2	XI	3 avril	13
1826	15	A	dimanche	3	XXII	26 mars	14
1827	16	G	lundi	4	III	15 avril	15
1828	17	F E	mardi	5	XIV	6 avril	1
1829	18	D	jeudi	6	XXV	19 avril	2

1595. Les astronomes qui calculent des éphémérides ont encore besoin de connoître les regles du calendrier pour d'autres usages ecclésiastiques ; voici les principales. Les jeûnes des Quatre-Temps, qu'on peut regarder comme des fêtes mobiles, ont été fixés par Grégoire VII aux quatre époques suivantes ; 1°. la premiere semaine de Carême ; 2°. la semaine de la Pentecôte ; 3°. le mercredi *après* l'Exaltation de la croix, ou *après* le 14 septembre, jusqu'au 21 ; 4°. la troisieme semaine de l'avent. Si Noël arrive le lundi, le mardi ou le mercredi, c'est le mercredi précédent, sinon ce sera deux mercredis avant Noël. Il paroît que les jeûnes des Quatre-Temps ont été institués à l'imitation de ceux qui étoient en usage chez les Juifs (Casali, *de veteribus sacris christianorum ritibus, Romae,* 1647, *in-fol. p.* 252, *c.* 63) ; mais plusieurs de nos fêtes paroissent avoir été tirées aussi des usages du paganisme : *Addimus praedictis, licuisse ecclesiae, quae apud ethnicos impiè superstitioso cultu agebantur feriae, easdem sacro ritu expiatas ad pietatem christianam transferre , ut majori id esset diaboli contumeliae, et quibus ipse coli voluerit, Christus et Sancti ejus ab omnibus honorarentur.* (Casali, *c.* 60, *pag.* 239.) Il cite Baronius, *in an.* 44 et 58, et Spondanus, *n°.* 36 et 29.

Les Rogations sont le lundi avant l'Ascension. La fête des cinq Plaies est le vendredi avant la Quadragésime. La *Compassion,* ou Notre-Dame de *Pitié,* est le vendredi de la Passion , excepté quand l'Annonciation se trouve ce jour-là ; alors la petite fête fait place à la plus grande, et la *Compassion* se célebre le samedi. La Susception de la couronne d'épines est le premier dimanche d'août, à moins que la Transfiguration ne la fasse renvoyer au second. Les jeûnes de vigiles qui se trouvent tomber au dimanche, se transportent au samedi précédent, quand même ce seroit une fête.

Si S. Matthias, le 24 février, ou le 25 dans les années bissextiles, est le jour des Cendres, on renvoie la fête au lendemain, comme en 1694, 1700, 1762.

Les fêtes doubles de S. Matthias, S. André et S. Thomas, qui, dans le carême et l'avent, se remettent du dimanche au lundi, ne sont point chommées dans ce cas-là ; il n'y a que l'Annonciation et la Conception, qui sont des fêtes solemnelles, qui sont fêtées le lundi. Quand l'Annonciation tombe depuis le dimanche des Rameaux inclusivement, jusqu'au dimanche de Quasimodo inclusivement, on la renvoie au lendemain de Quasimodo, comme cela est arrivé en 1758, 1766 et 1769. Quand la Conception tombe au second dimanche de l'avent, elle se renvoie au lendemain. Quand la fête de S. André concourt avec le premier dimanche de l'avent, on la célebre le lendemain ; dans tout autre cas, elle se fait le dimanche. Dans les années bissextiles la fête de S. Matthias se célèbre le 25 février au lieu du 24, et sainte Honorine le 28. Dans le diocese de Paris, par un mandement de l'archevêque, et des lettres-patentes du roi, en fév. 1778, on a supprimé treize fêtes, des 24 ou 25 février, premier mai, 25 juillet, 10 et 24 août, 21 et 29 septembre, 28 octobre, 3, 11 et 30 novembre, 21 et 28 décembre ; on n'a laissé que les fêtes suivantes : sainte Genevieve, 3 janvier ; S. Jean, 24 juin ; S. Pierre, 29 ; S. Louis, 25 août ; S. Denis, 9 oct. S. Etienne, 26 décembre ; S. Jean, 27 ; et quinze fêtes de mysteres, sans compter deux demi-fêtes, l'octave de la Fête-Dieu et les Morts. On avoit remplacé dans l'avent quatre jours de jeûne, mais on les a supprimés totalement en 1786. Quoique l'usage ancien soit de mettre le nom d'un saint à tous les jours du mois dans la *Connoissance des temps*, il y en a un grand nombre qui ne sont fêtés ni à Rome ni à Paris, mais dont les noms se trouvent seulement dans le Martyrologe romain : l'édition de Paris, par M. l'abbé Chatelain, est la meilleure. On peut consulter sur tous ces objets le livre intitulé, *Ordo perpetuus divini officii juxta ritum breviarii ac missalis sanctæ romanæ ecclesiæ. Ordinabat monachus Benedictinus e congregatione S. Mauri. Divione, apud Fr. Desventes,* 1759, *in*-12 ; et, pour le diocese de Paris, les *Rubriques générales* qui sont en tête du bréviaire, sur lequel on compose chaque année le *Breve Parisiense*, à l'imitation de l'*Ordo divini officii*, qui s'imprime pour l'usage du bréviaire romain.

1596. On peut simplifier beaucoup la construction des almanacs par le moyen des sept calendriers qui sont dans l'*Art de vérifier les dates*, ou des trente-cinq calendriers que M. Jombert jeune a fait imprimer en 1785, et qui sont pour les 35 places différentes où Pâque peut se trouver.

Des époques les plus célebres, et de la maniere d'en compter les années.

1597. L'ÉPOQUE de la création du monde, suivant le P. Petau, d'après les calculs de la Genese, paroît être à l'an 730 de la période julienne, 3984 ans avant J. C. (*Doctrina temporum*, tom. *II*, *pag.* 282, édit. de 1705) ; ce qui fait 3983 suivant la méthode des astronomes (1330). Mais il y a des Grecs, comme S. Clément d'Alexandrie, qui comptent 5624 ans.

L'ERE DES OLYMPIADES commence à l'année 3938 de la période julienne, 776 ans avant l'ere chrétienne ; ce qui fait 775 suivant la forme de nos tables (1330). Le cycle solaire étoit 18, le cycle lunaire 5, l'indiction 8. Les Athéniens comptoient ces années de la nouvelle lune la plus voisine du solstice d'été, c'est-à-dire d'un des jours des mois de juin ou de juillet; il y a sur cet article quelques différences d'opinions parmi les chronologistes, mais il n'y en a point sur l'année de cette date. (Petau, liv. IX, ch. 40 et suiv.)

La fondation de Rome, selon Varron, Cicéron, Pline, Tacite, Plutarque, Censorinus, Baronius, Petau, Riccioli, se rapporte au 21 avril 3961 de la période julienne, 753 ans avant J. C. (752 suivant les astronomes.) Censorinus et la plupart des savans, les empereurs même dans les jeux séculaires, ont adopté cette maniere de compter, qui forme les années varroniennes de la fondation de Rome, quoique cette ville ait été fondée deux ans plus tard selon les fragmens des fastes du Capitole de Verrius Flaccus. Voyez *Fastorum anni romani reliquiae, Fuggini,* 1779. L'année 753 avant Jésus-Christ avoit 13 de cycle solaire, 9 de cycle lunaire, et 1 d'indiction (Riccioli, *Astron. reform.* 1665, *pag.* 16; *Chronologia reformata,* 1669, *pag.* 150.)

1598. L'ere de Nabonassar, célebre par les calculs d'Hipparque et de Ptolémée, est celle de la fondation du royaume de Babylone, ou de la quatrieme et derniere monarchie de l'empire des Assyriens, Nabonassar s'étant emparé pour lors de la ville de Babylone. Cette ere commence à l'an 3967 de la période julienne, 747 ans avant J. C. (ou 746 suivant la méthode des astronomes, art. 1330.) Le commencement du mois Thoth tombe au 26 février à midi, au méridien d'Alexandrie, ou une heure 52' avant midi, au méridien de Paris. Cette année-là le cycle solaire étoit 19, le cycle lunaire 15, le cycle d'indiction 7. De cette époque se comptent les années égyptiennes de 365 jours; et après 1460 années completes, la 1461ᵉ année se retrouve commencer au 26 février.

La seconde année de Nabonassar commença de même le 26 fév. 745, et la troisieme le 26 février 744, parceque les deux premieres années étoient de 365 jours dans le calendrier julien, comme dans le calendrier égyptien; mais l'année julienne 744 avant J. C. étant bissextile, et contenant un jour de plus que l'année 3 de Nabonassar, la quatrieme commence un jour plutôt, ou le 25 février 743 avant J. C. Les trois années suivantes commencent encore le 25 février; mais la huitieme commence le 24 février 739, la douzieme le 23 février 735, et ainsi de suite.

Par cette progression qui est fort simple, j'ai construit une table de huit cents quatre-vingt-huit années qui se trouvent jusqu'à l'année 140 de J. C., où tombe la derniere observation de Ptolémée; en voici un extrait pour l'usage des astronomes qui veulent réduire les observations de l'Almageste. J'y ai joint une table des mois égyptiens, et du nombre de jours qu'ils contiennent. On trouve aussi une table des années de Nabonassar, mais moins commode que la mienne, dans Riccioli (*Astron. ref.*). On peut voir encore la Nauze (*Académ. des inscr. tom. XIV, pag.* 334.)

TABLE du commencement des années de Nabonassar, réduites au calendrier julien, et des mois égyptiens, suivant la méthode des astronomes (1330).

Années de Nabon.	Années julien. avant l'ere vulgaire.	Années de Nabon.	Années julien. avant notre ere.	MOIS ÉGYPTIENS.		JOURS.
1	26 févr. 746	468	1 nov. 280	Θωθ,	Thoth . . .	30
2	26 févr. 745	484	28 oct. 264	Φαωφὶ,	Paophi, ou	
3	26 févr. 744	508	22 oct. 240		Phaophi .	60
4	25 févr. 743	592	1 oct. 156	Αθὺρ,	Athyr ou Athir	90
8	24 févr. 739	596	30 sept. 152	Χοιὰκ, Κιακ,	Chœac ou	
12	23 févr. 735	600	29 sept. 148		Chiach . .	120
16	22 févr. 731	712	1 sept. 36	Τυβὶ,	Tybi	150
24	20 févr. 723	716	31 août 32	Μεχὶρ,	Mechir ou	
100	1 févr. 647	744	24 août 4		Mexir . .	180
104	31 janv. 643	748	23 août 0	Φαμενὼθ,	Phamenoth .	210
224	1 janv. 523	—	—	Φαρμουθί,	Pharmuthi, ou	
227	1 janv. 520				Pharmouthi.	240
228	31 déc. 520		Années de l'ere	Παχὼν,	Pachon ou pa-	
232	30 déc. 516		chrétienne.		κon. . . .	270
348	1 déc. 400			Παῦνι,	Payni ou Pauni	300
		752	22 août 4	Ἐπιφι,	Epéphi ou Epi-	
		840	31 juil. 92		phi. . . .	330
		864	25 juil. 116	Μεσορὶ,	Mesori ou Mes-	
		872	23 juil. 124		sori . . .	360
		888	19 juil. 140	Cinq jours épagomenes.		365

1599. Par le moyen de cette table on réduit facilement au calendrier julien les observations qui sont dans Ptolémée. La plus ancienne

est une éclipse de lune qui commença à Babylone la premiere année de *Mardocempade* , ou la 27e de Nabonassar, le 29 du mois
Thoth , une heure entiere après le lever de la lune (*Almag. IV*, 6).
L'année 27 de Nabonassar commençoit le 20 février 720 avant J. C.;
ainsi le 29 du mois Thoth seroit le 48e, à compter du premier de février 720 avant J. C. ; il en faut ôter 29 jours que contient le mois de
février, parceque cette année 720 étoit bissextile (1541) ; il reste le
19 mars de l'année 720, suivant notre maniere de compter , ou plutôt suivant la disposition de nos tables (1330) ; car les chronologistes
l'appellent année 721.

Je suppose qu'on demande à quel jour répond le 17 du mois Kiak
de la 486e année de Nabonassar, jour où fut faite la seconde observation de Mercure ; on voit par la table précédente que l'année 486
commençoit le 28 octobre, 262 ans avant notre ere, et, par la table
des mois que le 17 du mois Kiak étoit le cent septieme jour à compter
du 28 octobre inclusivement ; car le 28 étoit déja de l'année 486 : on
prendra donc quatre jours qui restent du mois d'octobre, savoir 28,
29, 30, 31, trente jours du mois de novembre , 31 du mois de décembre , 31 du mois de janvier de l'an 261, la somme est 96 ; il en
reste onze pour aller à 107 , donc le 107e étoit le 11 février 261 ; c'est
le jour qui répond au 17 du mois Kiak de l'an 486 de Nabonassar
(*Mém. acad.* 1766, *p.* 465, 480.) On remarque que, dans cette observation faite le 18 au matin , pour ceux qui comptent depuis minuit ,
Ptolémée a soin de dire que c'est entre le 17 et le 18 , c'est-à-dire le
17 en comptant depuis midi , ou le 18 si c'étoit vers le lever du soleil ,
parceque, du temps de Ptolémée, le jour civil commençoit au lever du
soleil. On trouve cette attention en plusieurs endroits de l'*Almageste*,
pages 59, 225 , 226 , 233, etc., édit. de 1551.

1600. LA MORT D'ALEXANDRE arriva le 19 juillet, l'an 4390 de la
période julienne, 324 ans avant J. C. (ou 323 suivant nous) , et la
septieme année de la premiere période calippique. Cette époque
sert à réduire les observations d'Hipparque, rapportées par Ptolémée aux années de la mort d'Alexandre. Il dit lui-même (p. 74) qu'il
y a 424 ans de la premiere année de Nabonassar jusqu'à la mort
d'Alexandre, et 294 jusqu'à la premiere année du regne d'Auguste.
L'ERE DES SÉLEUCIDES tombe à l'an 4402 de la période julienne, 312
ans avant J. C. , ou 311 suivant nous.

1601. La premiere année de notre ere, c'est-à-dire de l'ere chrétienne ou ere vulgaire, la premiere année de Jésus-Christ, est la
4714e de la période julienne ; cette année on avoit 10 de cycle solaire, 2 de cycle lunaire, 4 d'indiction romaine ; c'est la 46e des an-

nées juliennes, c'est-à-dire la 46ᵉ année à compter depuis la réformation du calendrier par Jules César ; elle concourt depuis le premier
janvier jusqu'au 21 avril avec l'année de Rome 753, et ensuite avec
l'année 754. Avant la nouvelle lune, la plus proche du solstice d'été, elle concourt avec la quatrieme année de la 194ᵉ olympiade, et le
reste de l'année est dans la premiere de la 195ᵉ olympiade. Jusqu'au
23 août à midi, elle concourut avec l'année 748 de Nabonassar, et
avec l'année 324 de la mort d'Alexandre; mais dans le reste de cette
année-là, on compta 749 et 325 (*Ast. ref. tab. XXII.*)

La naissance effective de J. C. tombe à la fin de l'année deux avant
l'ere chrétienne, ou 4711ᵉ de la période julienne, suivant Baronius
et Scaliger, et même deux ans plutôt suivant quelques auteurs; mais
le P. Petau prouve assez qu'il y a là dedans beaucoup d'incertitude.
(*Liv.* 12, *ch.* 4, 5 et 6). Le P. Alexandre, dans sa grande *Histoire
ecclésiastique*, la fixe à la fin de l'année 4 avant l'ere vulgaire. (*Dissert. 1, tom. III, pag.* 65 et 66.)

1602. L'ÉPOQUE DES TURCS, appellée *Hégire,* commence à la fuite
de Mahomet qui sortit de la Mecque ; elle tombe au vendredi 16 juillet 622, ou 5335 de la période julienne. Il y a une autre secte d'Arabes (suivie dans les tables alphonsines), qui place le commencement de l'hégire au jeudi 15 juillet. Les années arabes sont de 354ʲ 8ʰ
48', et les années civiles sont des années lunaires de 354 et ensuite de
355 jours; ainsi 12 années juliennes font 12 ans 130 jours 14ʰ 24'.
Ils partagent leurs années en cycles de 30 ans, dans lesquels ils font
19 années communes de 354 jours, et onze de 355; savoir les années 2, 5, 7, 10, 13, 16, 18, 21, 24, 26 et 29 de chaque cycle
(Petau, pag. 410). Leur cycle a commencé en 1757 le 15 septembre,
avec l'année 1171 de l'hégire.

1603. On trouve des tables détaillées de la correspondance des
années arabes avec les années juliennes, dans le P. Petau (*liv. VII,
c.* 22), dans Riccioli, dans le livre d'*Ulug-Beg,* intitulé *Epochae celebriores,* que Gravius ou Greaves publia à Londres en 1650, et dans le
catalogue d'étoiles d'Ulug-Beg, qui fut publié avec des commentaires
par Thomas Hyde, à Oxford, en 1665, et qu'on y a réimprimé en
1767. Voici la date du commencement de l'année, ou du premier
jour du mois *mouharrem,* pour le temps où nous sommes, tiré de
l'*Art de vérifier les dates*, Paris, 1784, *in-folio,* chez Jombert, dans
lequel on a ajouté un jour à ceux de Gravius, pour se conformer à
l'usage actuel des Turcs ; cependant M. Cardone, professeur des
langues orientales, m'a fait voir un almanac perpétuel, dressé à
Constantinople, conforme à la table de Gravius. Mais M. Fonton,

premier interprete du roi à Constantinople, m'écrivoit en 1782 que,
suivant l'usage actuel, l'année turque
commence un jour plus tard que suivant
la table de Gravius, et conformément à
la table qui est dans l'*Art de vérifier les
dates*; et M. le Monnier, ingénieur du
roi, m'écrivoit, « L'année 1202 a commencé le 12 octobre 1787, après le coucher du soleil; en sorte que le samedi
13 octobre a été le premier jour du mois
mouharrem)», au lieu que Gravius
compte le vendredi dont il y a en effet
quelques heures qui appartiennent déja
au premier jour de l'année turque.

Années de l'hégire commençantes.	Années grégor.
1205	10 sept. 1790
1206	31 août 1791
1207	19 août 1792
1208	9 août 1793
1209	29 juil. 1794
1210	18 juil. 1795
1211	7 juil. 1796
1212	26 juin 1797
1213	15 juin 1798
1214	5 juin 1799
1215	25 mai 1800
1216	14 mai 1801
1218	23 avril 1803
1220	1 avril 1805
1222	11 mars 1807
1224	16 févr. 1809

On peut voir la comparaison détaillée
des calendriers et des époques, usités
chez les Romains, les Égyptiens, les
Arabes, les Perses, les Syriens et les
Hébreux; dans le commentaire sur le
premier chapitre d'Alfragan, ajouté par
Christman à l'édition de 1590 *in*-8°; dans
Riccioli (*Chronol. reformata*); dans Petau, etc.

Du lever héliaque, cosmique, ou acronyque, de différentes étoiles.

1604. LES poëtes et les auteurs anciens qui ont écrit sur l'astronomie, l'agriculture et l'histoire, parlent souvent du lever et du coucher des étoiles, qu'on a appellés *apparentiae* (342), et sur-tout du
lever héliaque (201). Ces passages sont souvent obscurs et même
pleins de contradictions; c'est ce qui m'engage à donner ici les principes de cette matiere, afin qu'avec un peu d'astronomie on puisse
entendre ces auteurs, et même les éclaircir. Commençons par le lever héliaque de Sirius qui étoit célebre parmi les Egyptiens (270,
659.) Nous avons sur cette matiere un petit ouvrage de Bainbrigius,
intitulé, *Canicularia,* augmenté par Gravius, et publié à Oxford en
1648 : ce livre est fort rare actuellement. Le P. Petau a aussi traité
cette matiere (*lib. III. Variar. dissertat. lib. I, c.* 2; *lib. VII, c.* 1.)

1605. Le lever héliaque de Sirius, il y a 2000 ans, arrivoit en
Égypte vers le milieu de l'été, lorsqu'après une longue disparition
cette

cette étoile commençoit à reparoître le matin, un peu avant le lever du soleil (201, 659); la saison qui régnoit alors, ou la situation du Soleil, étoit à-peu-près la même que celle du 12 juillet parmi nous, et c'étoit le temps où le vent étésien, soufflant du nord sur l'Ethiopie, y accumuloit les nuages et les pluies, et causoit les débordemens du Nil; aussi le lever de Sirius s'observoit avec le plus grand soin, c'étoit une des cérémonies religieuses de ce temps-là (*Spectacle de la Nature, tom. IV, pag.* 307; *Hist. du Ciel, tom. I, pag.* 42, 277).

L'année cynique des Egyptiens commençoit au lever héliaque de Sirius; mais pour ce qui est de leur année civile qui étoit continuellement de 365 jours (1598), elle ne pouvoit pas s'accorder avec l'année naturelle ou solaire, et tous les 4 ans le lever de Sirius devoit arriver un jour plus tard dans l'année civile [a]. Après un espace de 1460 années solaires, que Censorinus (*c.* 6, 8 et 18) appelle *la grande année cynique* ou *caniculaire* des Egyptiens, l'année naturelle se retrouvoit commencer à-peu-près le même jour de l'année civile. Ainsi l'an 1322 avant et 138 après J. C., c'étoit le 1ᵉʳ jour du mois Thoth, ou le premier jour de l'année civile (296), qui répondoit à notre 20 juillet; c'est cette période *caniculaire* ou *sothiaque* de 1460 ans dont on trouve des vestiges dans quelques anciens auteurs, et dont les modernes ont beaucoup parlé (Clem. Alexand. *Stromatum lib. I;* Riccioli, *Alm. I,* 129; *Chronol. réfor. pag.* 31; Petau, *Var. dissert. lib. II, c.* 4). Les anciens étoient en erreur dans ce calcul de plus de 36 ans, parcequ'ils ne connoissoient point l'année sydérale ou astrale qui devoit régler le cycle sothiaque; ils croyoient que 1460 années solaires étoient égales à 1461 années vagues ou civiles : mais comme l'année tropique est moindre que les anciens ne le croyoient, et l'année sydérale plus grande, la période n'étoit point telle qu'on le croyoit; l'année civile ne concouroit, au bout de 1460 ans, ni avec l'année tropique, ni avec l'année sydérale. Celle-ci étant de 365ʲ 6ʰ 9′ 11″4 (888), il ne faut que 1424 années sydérales pour faire 1425 années égyptiennes, formant environ 520125 jours. L'année tropique étant de 365ʲ 5ʰ 48′ 48″ (886), il faut 1507 années tropiques ou 1508 années communes pour ramener les saisons au même jour de

(a) Suivant Geminus qui vivoit du temps de Cicéron, les Egyptiens avoient voulu que les fêtes passassent ainsi par tous les temps de l'année naturelle (*Elem. astron. cap. de mensibus,* pag. 19 de l'édition de Petau), et il cite Eratosthenes. Mais du moins, du temps d'Hérodote, 450 ans avant Jésus-Christ, on ne connoissoit pas la différence de l'année vague à l'année solaire, et la période caniculaire de 1461 (*Mém. de l'acad. des inscriptions,* t. XXIX, pag. 114; *Mém. de l'acad. des sciences* 1782, pag. 234).

l'année, après un intervalle de 550420 jours. Ainsi la période de 1460 ans ne ramenoit point au même jour les levers des étoiles, qui n'exigeoient que 1425 ans, ni les saisons qui en exigeoient 1508. On peut voir encore sur cette matière M. Dupuy, *Acad. des inscrip.* *XXIX*, 116.

1606. Pour trouver le temps de l'année où devoit arriver en Egypte le lever héliaque de Sirius, nous supposerons que cette étoile pouvoit être apperçue à son lever par des yeux attentifs, pourvu que le Soleil fût encore abaissé de 10° sous l'horizon, quoique Ptolémée donne en général 12° pour *l'arc d'émersion* des étoiles de la première grandeur (2261). Soit P le pole (*fig.* 89), Υ C l'équateur, Υ D l'écliptique, S l'étoile dont il s'agit. Sous une latitude de 30° telle qu'on l'observe dans la basse Egypte, on aura PZ = 60°, l'angle ACS = 60°, AS de 16° 22'; c'est la déclinaison de Sirius vers l'an 138 où commence la période sothiacale. En résolvant le triangle CAS, on trouvera CA de 9° 45' 44''; c'est la *différence ascensionnelle* (1026), qui, étant ajoutée à l'ascension droite Υ A de Sirius pour ce temps-là 80° 16', donne l'ascension oblique de Sirius Υ C = 90° 1' 44''; ainsi le point C de l'équateur qui se levoit en même temps que l'étoile, avoit 90° 1' 44'' d'ascension droite Υ C.

Dans le triangle Υ CD, dont on connoît Υ C, l'angle Υ 23° 41', l'angle Υ CD, supplément de la hauteur de l'équateur; on trouvera l'angle D 62° 44' $\frac{1}{2}$, et le côté Υ D, 3ˢ 13° 2' longitude du point coascendant D, c'est-à-dire du point de l'écliptique avec lequel Sirius se leve. Si l'on suppose le Soleil au point M de l'écliptique, 10° au-dessous de l'horizon, il faudra chercher la longitude du point M.

Dans le triangle MND l'on connoît l'angle D par l'opération précédente, aussi bien que MN = 10°: on trouvera DM = 11° 16', qui, ajouté à la longitude du point D, donnera celle du point M de 3ˢ 24° 18'. Telle étoit la longitude du Soleil le jour du lever héliaque de Sirius; c'est celle qu'il a maintenant le 16 juillet. On trouve cette longitude plus petite de 12° $\frac{1}{4}$ en remontant 1460 ans plutôt, ou au commencement de la période précédente, suivant le calcul de *Bainbrigius.* Pour l'année 1775 à Paris, M. Carouge trouve 4ˢ 27° 37' 12'', ce qui répond au 20 août. Au reste ces résultats ne sont pas susceptibles d'une grande précision, non plus que l'observation du lever héliaque d'une étoile; l'état de l'atmosphere, la situation de l'observateur, la latitude des différentes provinces d'Egypte y devoient apporter des différences considérables. Il y a des pays où l'on voit Sirius lors même que le Soleil est élevé sur l'horizon.

1607. Quoique le lever héliaque des étoiles fût le plus remarqua-

ble parmi les anciens, ils distinguoient encore plusieurs autres especes de levers et de couchers (*Gemini elementa*). Les modernes, à
leur imitation, ont distingué le lever *cosmique,* qu'on peut appeller
le lever du matin; et le coucher *cosmique* ou coucher du matin, aussi
bien que le lever et le coucher *acronyques* [a], ou lever et coucher
du soir. Le moment du lever du Soleil regle le lever ou le coucher
cosmique : lorsque des étoiles se levent avec le Soleil, ou se couchent
au Soleil levant, on dit qu'elles se levent ou se couchent cosmiquement; mais quand les étoiles se levent ou se couchent le soir, au moment où se couche le Soleil, on dit que c'est le lever ou le *coucher
acronyque;* d'où il suit que le coucher acronyque suit, à 12 ou 15
jours près, le coucher héliaque, et que le lever cosmique précede
de la même quantité le lever héliaque.

Avec les tables du nonagésime (1685) tous ces calculs sont très
simplifiés. En effet, au moment où l'étoile est à l'horizon, sa distance au méridien est égale à 90°, plus ou moins la différence ascensionnelle (1028).

Cette distance au méridien, ajoutée à l'ascension droite, pour les
trois couchers, et retranchée pour les levers, donne l'ascension
droite du milieu du ciel. On calcule le nonagésime qui lui correspond;
sa longitude, augmentée de trois signes, donne le lieu du Soleil au
lever et au coucher cosmique : diminuée de trois signes, elle donne
celui du lever ou du coucher acronyque. On ajoute au nonagésime
trois signes, plus l'arc DM, pour le lever héliaque; on les ôte pour
le coucher héliaque. Le sinus de DM est égal au sinus de NM divisé
par le sinus de la hauteur du nonagésime, qui est l'angle D.

1608. Le P. Petau a calculé une table fort ample de ces trois sortes
de levers et de couchers pour les différentes étoiles, au temps de
Jules César : en voici un extrait. Pour s'en servir, il faut observer
que les quatre saisons de l'année qui commencent, en 1790, les 20
mars, 21 juin, 22 septembre et 21 décembre, arrivoient, du temps
de César, les 23 mars, 25 juin, 25 septembre et 23 décembre, c'est-
à-dire, deux, trois et quatre jours plus tard, suivant le calendrier julien, qui fut établi à Rome 44 ans avant notre ere (Képler, *Epitome
astron. Copern. pag.* 390; Petau, *tom. III*).

On trouve dans les élémens d'astronomie de *Geminus,* et dans
les dissertations du P. Petau (*Doctrina temporum, tom. III*), plusieurs circonstances des différentes sortes de lever et de coucher,

(a) Ἀκρόνυχος, *vespertinus*. On ne doit pas écrire achronyque avec *ch.* Il y en a
qui estiment que, dans le principe, acronyque signifie à *contre-temps,* et que
cosmique signifie *bien ordonné.*

avec plusieurs dissertations et plusieurs tables pour trouver à différens jours de l'année le lever et le coucher de différentes étoiles ; ces détails me conduiroient trop loin : je me contenterai de rapporter quelques passages des poëtes latins, pour servir d'exemple ; et la table suivante pour contribuer à les éclaircir.

TABLE qui marque le lieu du Soleil en signes et degrés pour le temps du lever et du coucher de 12 étoiles principales à Rome, la premiere année de la correction julienne, 44 ans avant l'ere vulgaire.

	Lever cosmique.	Lever héliaque.	Lever acronyque.	Coucher cosmique.	Coucher héliaque.	Coucher acronyque.
Antarès.	7^s $14°$	7^s $27°$	1^s $14°$	1^s $2°$	6^s $3°$	7^s $2°$
L'Aigle.	8 9	8 27	2 9	3 26	9 10	9 26
Arcturus. . . .	5 14	5 26	11 14	2 3	7 11	8 3
La Chevre. . . .	11 17	0 17	5 17	8 14	1 28	2 14
Luis. de la couron.	5 26	6 10	11 26	3 4	7 15	9 4
Queue du Cygne .	7 21	8 6	1 21	5 14	11 0	11 14
Queue du Dauphin.	8 17	9 6	2 17	4 5	9 14	10 5
Prem. tête des Gem.	2 14	3 0	8 14	8 28	2 13	2 27
Aldébaran . . .	1 21	2 11	7 21	7 9	0 26	1 9
Cœur de l'Hydre .	4 11	4 25	10 11	9 4	2 16	3 4
α de la Balance. .	6 17	7 11	0 17	0 17	5 24	6 17
Regulus	4 1	4 18	10 1	10 3	2 27	4 3
Sirius.	3 23	4 8	9 23	7 19	1 6	1 19
η des Pléiades . .	0 23	1 28	6 23	7 3	0 18	1 3

1609. Hippocrate parle de ces phénomenes ; il dit qu'on doit observer les levers et les couchers héliaques des étoiles, spécialement du grand Chien et d'Arcturus, de même que le coucher cosmique des Pléiades (*Hipp. de Ære*) ; mais cela doit s'entendre de l'influence des différentes saisons de l'année, de la chaleur, de l'humidité, et des autres qualités de l'atmosphere dans chaque mois.

Polybe, racontant la perte de la flotte romaine dans la premiere guerre punique, attribue ce malheur à l'obstination des consuls qui avoient voulu, malgré les pilotes, se mettre en mer entre le lever d'Orion et celui du grand Chien, saison toujours orageuse. Le lever héliaque d'Orion arrivoit le 26 juin, suivant Pline et Ovide ; mais celui du grand Chien arrivoit le 26 juillet, suivant Columelle : c'est donc dans le mois de juillet qu'ils avoient entrepris leur navigation.

1610. C'est sur-tout dans ses Fastes qu'Ovide parle souvent des étoiles ; ce poëte annonce d'abord qu'il va chanter les principes sur lesquels étoit fondée la division de l'année romaine, le lever et le coucher des constellations :

> Tempora cum causis latium digesta per annum,
>
> Lapsaque sub terras, ortaque signa canam. *Fast. I, v.* 1.

1611. Après avoir parlé des douze mois de l'année et des divinités qui y présidoient, il entre dans la partie astronomique de son ouvrage, en faisant un éloge pompeux des anciens astronomes, *Felices animæ,* etc. vers 297. Le lever héliaque de la Lyre est le premier dont il parle, et il le fixe au jour des nones, c'est-à-dire, au 5 de janvier :

> Signa dabunt imbres exoriente Lyrâ. *I,* v. 306.

Il faut convenir que la détermination de ce jour n'est point exacte ; le lever héliaque arrivoit dès le 6 novembre ; mais les poëtes ne se piquent pas d'une bien grande précision : on peut voir dans le P. Petau (*Dissertationum lib. II, c.* 8) beaucoup d'inexactitudes et d'erreurs dans différens passages des anciens.

1612. Ovide est plus exact, lorsqu'arrivé au 5 des ides, ou au 9 de janvier, il parle du lever héliaque de la constellation du Dauphin.

> Interea Delphin clarum super æquora sidus
>
> Tollitur, et patriis exerit ora vadis. *I,* v. 457.

Car la constellation du Dauphin se levoit vers les 6 heures du matin dans cette saison-là, c'est-à-dire, assez long-temps avant le Soleil, pour pouvoir être observée le matin, et c'étoit le commencement de son apparition, ou son lever héliaque : il place au 10 de juin le lever acronyque, en disant :

> Navita puppe sedens, Delphina videbimus, inquit,
>
> Humida cùm pulso nox erit orta die. *VI,* v. 470.

Il en parle encore au 26 juin (653). Le coucher acronyque est indiqué au 3 février.

> Quem modò cælatum stellis Delphina videbas
>
> Is fugiet visus, nocte sequente, tuos. *II,* v. 79.

Quand les Pléiades (*Atlantides*) se couchoient cosmiquement, ou au lever du Soleil, la Couronne se levoit héliaquement, paroissant avant le Soleil (*Georg. I, 222*).

1613. Le coucher cosmique du Scorpion paroît indiqué par Ovide pour le premier avril au matin :

> Dum loquor, elatæ metuendus acumine caudæ
> Scorpius in virides præcipitatur aquas. *IV*, v. 163.

C'est cependant au 15 avril qu'on le trouve par le calcul, au temps de César, pour l'étoile *Antarès*. Sur le coucher du Belier, voyez *art. 595.*

Le lever héliaque du Taureau est marqué dans Virgile comme annonçant le printemps, de même que le coucher du grand Chien, vers la fin d'avril.

> Candidus auratis aperit cùm cornibus annum
> Taurus, et averso cedens Canis occidit astro. *Georg. I*, v. 217.

On a beaucoup disputé sur le sens du mot *averso :* voyez M. l'abbé de Lille, dans ses notes; le Virgile *ad usum Delphini;* Costard (*pag.* 88). On n'avoit pas remarqué que ce mot indique seulement la situation du Taureau qui se leve la tête en bas, ou à rebours (Manilius, *I,* 255; *II,* 198; *IV,* 520; *V,* 140).

Le lever héliaque des Pléiades, et le commencement de l'été, sont annoncés pour le 13 de mai; ce seroit le 21, suivant le calcul du Pere Petau.

> Pleiadas aspicies omnes, totumque sororum
> Agmen, ubi ante idus nox erit una super;
> Tum mihi, non dubiis autoribus, incipit æstas. *Lib. V*, v. 599.

J'ai parlé du Bouvier (633), d'Orion (653), du grand et du petit Chien (659, 660), des Poissons (613).

1614. Il est nécessaire, pour l'intelligence des auteurs, de connoître le rapport qu'il y avoit autrefois entre les constellations et les quatre points de l'écliptique, où commençoient les saisons. Actuellement, le Soleil entre dans le signe du Belier, et dans l'équinoxe, en commençant le printemps, le 20 de mars; mais il n'entre dans la *constellation,* c'est-à-dire, dans les étoiles qui portent le nom de Belier, que le 29 avril, car la premiere étoile γ, est à 30° de l'équinoxe : ainsi les équinoxes et les solstices ont rétrogradé de 30° depuis le temps où ils étoient d'accord avec les constellations. Il faut 2149 ans pour que cette différence soit d'un signe entier, ou de 30°. Lorsqu'on remonte au siecle d'Auguste, on trouve 25°½, et au temps des anciens

Grecs, 1450 ans avant J. C., on trouve 45° dont les équinoxes étoient plus avancés qu'ils ne le sont aujourd'hui ; le printemps n'arrivoit que lorsque le Soleil étoit dans le milieu de la constellation du Be-lier. On peut imaginer, en effet, que les premiers astronomes pla-cerent les saisons, par exemple, le printemps, dans le milieu du groupe d'étoiles qu'ils prirent pour la premiere constellation, c'est-à-dire, dans le milieu du Belier, et l'été dans le milieu de la 4ᵉ cons-tellation ou de l'Écrevisse ; c'est-à-dire qu'ils appellerént l'Écrevisse l'assemblage des étoiles au milieu desquelles se trouvoit le Soleil au temps du solstice : du moins c'est ainsi qu'on le trouve dans la sphere d'Eudoxe et d'Aratus. Mais l'établissement des constellations pour-roit être beaucoup plus ancien.

1615. La position des équinoxes a dû être fort différente, suivant les temps où on l'a observée et décrite : aussi trouve-t-on des auteurs anciens qui placent les équinoxes et les solstices au commencement de chaque signe ; cela vouloit dire alors, de chaque constellation : d'autres qui les mettent au 2ᵉ, au 4ᵉ, au 6ᵉ, au 10ᵉ, au 15ᵉ degré des mêmes signes ; ceux-ci supposent les plus anciennes observations. Voyez M. Fréret, *Défense de la chronologie*, 1758, *pag.* 460, 467.

1616. Au temps d'Hipparque, 150 ans avant J. C., la premiere étoile du Belier étoit dans le colure même de l'équinoxe, et le Soleil entroit dans la constellation du Belier en même temps que dans l'é-quinoxe.

Au temps d'Hésiode, 950 ans avant J. C., les points cardinaux étoient au 8ᵉ degré des constellations, et le Soleil entroit dans les as-térismes ou constellations, 8 jours avant que d'entrer dans les points de la dodécatémorie [a], qui portoient les mêmes noms ; ainsi le Soleil entroit dans la constellation du Belier 8 jours avant l'équinoxe, c'est-à-dire, avant le temps où les jours étoient égaux aux nuits. Co-lumelle (*liv. IX, chap.* 13) nous dit que les calendriers rustiques de Méton, d'Eudoxe [b], et des anciens astronomes, suivoient cette méthode, et que les jours de fêtes qui dépendoient du commencement des saisons étoient réglés sur ce pied-là ; il s'y conforme lui-même : on la trouve dans Varron, Ovide, Vitruve, Pline, Hygin, dans le *Scholiaste* d'Aratus, dans Martianus Capella, et même dans les calendriers du vénérable Bede (né en Angleterre en 672), comme l'observe le P. Petau (*Dissert. liv. II, c.* 4. *pag.* 43).

1617. Le poëte Manilius, qui n'étoit qu'un compilateur, dit dans

[a] Δωδεκατημορία, les douziemes parties, c'est-à-dire, 30 degrés du cercle de l'écliptique.

[b] A l'égard d'Eudoxe, voyez l'art. 1619.

un endroit de son poëme, que le solstice est au premier degré du
Cancer (*liv. I, v.* 605), et, dans l'autre, que c'est au 15ᵉ (degré *liv.
III, v.* 622). Il avoit trouvé cette derniere méthode dans l'ancienne
astrologie grecque, et il l'explique assez clairement, en parlant du
Cancer :

> Extenditque diem summum, parvoque recessu
> Destruit, ut quanto fraudavit tempore luces
> In tantum noctes augescat. *III*, v. 622.

C'est-à-dire que le Cancer augmente la durée des jours et la diminue ensuite, mais de sorte qu'il rende à la longueur des nuits ce
qu'il ôte à celle des jours ; tour-à-tour il leur ôte et leur rend leur
durée :

> Inque vicem nunc damna facit, nunc tempora supplet. *III*, v. 636.

C'est l'état de la sphere décrite par Eudoxe (1619). Fréret pense
que la division du zodiaque avoit dû être faite, au plus tard, dans
le temps auquel les levers sensibles du commencement de chaque
constellation précédoient de 15 jours les points cardinaux, c'est-à-
dire, les équinoxes et les solstices (1614), et il la juge plus ancienne
que la sphere grecque attribuée à Chiron (255).

1618. Il croit qu'au temps d'Hésiode (294), c'est-à-dire, 950 ans
avant notre ere, on avoit fait quelque changement à la sphere ancienne de Chiron (Fréret, *pag.* 460); il paroît qu'on dressa de
nouveaux calendriers, dans lesquels les levers et les couchers des
étoiles étoient marqués d'une maniere plus conforme au temps, que
dans la sphere de Chiron. Les idées astronomiques commençoient
à devenir plus communes dans la Grece, par le commerce des Orientaux. Ce calendrier fait du temps d'Hésiode fut reçu par les Grecs,
et ensuite par les Romains (1616), qui l'employerent sans examen,
comme s'il eût été fait pour le temps et le climat où ils vivoient. Ainsi
il faut ôter environ 38° des longitudes qu'ont les étoiles en 1770, si
l'on veut faire des calculs qui soient d'accord avec les passages d'O-
vide, de Pline, etc. (1616), sans qu'on puisse dire néanmoins qu'ils
aient suivi constamment la même regle.

1619. Mais Eudoxe, qui écrivit environ 370 ans avant notre ere
(309), et Aratus, qui suivit Eudoxe, décrivirent la sphere d'après
une tradition plus ancienne que le temps d'Hésiode; le P. Petau fait
voir assez en détail qu'Hipparque supposoit les solstices, dans la
sphere d'Eudoxe, à 15° au moins vers l'Orient du lieu où ils

étoient

étoient 162 ans avant notre ere, ce qui remonteroit à l'an 1242. Newton, dans sa chronologie, pense qu'Eudoxe et Aratus suivoient la sphere de Chiron ; il en fixe, à la vérité, l'époque à 936 ans avant notre ere : mais Whiston, dans la réfutation qu'il a faite de la chronologie de Newton, et Fréret, après lui (*pag.* 418, 439, 458), prouvent que la sphere décrite par Eudoxe se rapporte à l'an 1353. Maraldi la fait remonter à 1200 (*Mém. acad.* 1733); et M. Gentil, ayant discuté de nouveau cette matiere, trouve 1483 ans avant notre ere (*Mém. acad.* 1785) : mais il fait voir que la position des tropiques est beaucoup plus ancienne. Fréret conclut (*pag.* 459) que ces connoissances étoient cultivées depuis long-temps dans l'Orient ; il pense que cette sphere, où les saisons étoient au 15ᵉ degré des constellations, avoit été réglée par quelques astronomes égyptiens ou phéniciens qui étoient venus avec les fondateurs des colonies orientales, ou qui avoient abandonné l'Égypte avec les pasteurs chassés par Sésostris (*pag.* 459) : M. Bailly fait voir que c'étoit d'après une tradition indienne. Il est surprenant qu'on ne fût pas plus avancé dans la Grece au temps d'Eudoxe ; mais ce ne fut qu'à Alexandrie, sous les Ptolémées, que les Grecs commencerent à faire des observations : dans le calendrier même attribué à Ptolémée, on voit le lever de Sirius à sept jours différens, au quatrieme après le solstice, aux 6, 22, 25, 27, 31 et 32 (Fréret, *pag.* 487).

C'est ici que je terminerai ce que j'avois à dire du calendrier et de la chronologie ; j'ai été trop court pour ceux que la curiosité porte spécialement à l'histoire, mais trop long pour ceux qui ne cherchent dans ce livre que la véritable astronomie : je reprends donc le fil des théories astronomiques, et je commence par les parallaxes qui en sont une partie essentielle, et qui conduiront ensuite au calcul des éclipses.

LIVRE NEUVIEME.

DES PARALLAXES.

1620. LA PARALLAXE (1140) est la différence entre le lieu où un astre paroît, vu de la surface de la terre, et celui où il nous paroitroît, si nous étions au centre [a]; on l'appelle quelquefois *parallaxe diurne*, pour la distinguer de la parallaxe annuelle (1140).

Tous les mouvemens célestes doivent se rapporter au centre de la Terre, pour paroître réguliers; car les différens points de la surface de la Terre étant situés fort différemment les uns des autres, un astre doit leur paroître dans des aspects fort différens : c'est au centre qu'il faut se transporter, afin de voir tout à sa véritable place, et de trouver la véritable loi des mouvemens célestes ; ainsi nous sommes obligés de calculer sans cesse la parallaxe, pour réduire le lieu d'une planete observée à celui que l'on devroit voir du centre de la Terre.

1621. Soit T le centre de la Terre (*fig.* 87), O le point de la surface où est placé l'observateur, TOZ la ligne verticale, ou la ligne qui passe par le zénit Z, par le point O de l'observateur, par le centre T de la Terre , et par le nadir. Une planete P, située dans la ligne du zénit, répond toujours au même point du ciel, soit qu'on la regarde du centre T , soit qu'on l'observe du point O ; le point du ciel qui paroît à notre zénit marque également le lieu de l'astre dans les deux cas; ainsi *un astre qui paroît au zénit n'a point de parallaxe :* c'est le premier principe qu'il faut considérer pour la connoissance des parallaxes.

1622. Si la planete, au lieu d'être sur la ligne du zénit TOPZ, paroît sur la ligne horizontale OH, perpendiculaire à la premiere, sa distance TH au centre de la Terre étant la même que la distance TP, le lieu de la planete H, vu du centre de la Terre, est sur la ligne TH ; le lieu de la planete, vu du point O, est sur la ligne OH : ces deux lignes TH et OH ne répondent pas au même point du ciel; car

(a) Si l'on regarde deux clochers dans la même direction , et qu'ensuite on monte un étage plus haut, l'on verra le clocher le plus voisin s'abaisser au-dessous de l'autre ; c'est un effet sensible de la parallaxe.

au-delà du point H, où elles se croisent, elles iront en s'éloignant l'une de l'autre; ainsi, dans la sphere des étoiles fixes, elles rencontreront deux points différens, et indiqueront pour l'astre situé en H deux situations différentes; cette différence est la parallaxe.

1623. Comparons ces deux différentes situations, ou ces deux différens points, avec le point du zénit, ou le point du ciel qui est sur la ligne TOZ menée par le centre T de la Terre, et par le point O de la surface : l'angle ZOH, formé par la ligne verticale OZ, et par la ligne OH sur laquelle paroît la planete, est la *distance apparente* de l'astre au zénit : si nous étions au centre T, l'angle ZTH seroit la vraie distance de l'astre au zénit, ou la quantité de degrés dont la ligne TH, menée à l'astre, différeroit de la ligne TZ menée au zénit.

1624. La distance apparente ZOH est plus grande que la distance vraie ZTH; car dans le triangle rectiligne HTO, dont le côté TO est prolongé en Z, l'angle extérieur ZOH est égal aux deux intérieurs T et H; donc il est plus grand que l'angle T de la quantité de l'angle H : ainsi la distance apparente au zénit est plus grande que la distance vraie ZTH. La différence de ces deux distances est l'angle OHT; il s'appelle la *parallaxe horizontale*, si la ligne OH est horizontale, comme nous l'avons supposé, c'est-à-dire, si le lieu apparent de l'astre qu'on observe, est sur l'*horizon apparent* OH, qui est marqué par la tangente menée au point O de la surface terrestre. Dans le triangle TOH rectangle en O, on a cette proportion en prenant l'unité pour rayon ou sinus total; 1 : sin. OHT : : TH : OT; donc le sinus de la parallaxe horizontale est égal à $\frac{OT}{TH}$, c'est-à-dire que le rayon de la Terre, divisé par la distance de l'astre, donne une fraction (3798) qui, dans les tables des sinus, indique la parallaxe.

1625. La parallaxe d'un astre est donc l'angle formé au centre de l'astre par deux rayons, dont l'un va au centre de la Terre, et l'autre au point de la surface où est l'observateur; c'est l'inclinaison des deux lignes qui partent du centre et de la surface, pour aller se réunir au centre de la planete; enfin, c'est aussi l'angle sous lequel paroît le rayon de la Terre, ou la distance de l'observateur au centre de la Terre, lorsque cette distance ou ce rayon sont supposés vus du centre de la planete perpendiculairement, et c'est ainsi que nous l'avons déja considérée (1396).

1626. Le triangle TOH s'appelle *triangle parallactique;* il est toujours situé verticalement, puisque le côté OT étant une ligne verticale, le plan du triangle fait sur OT ne sauroit être incliné; ainsi tout l'effet de la parallaxe se fait de haut en bas, dans le plan d'un

cercle vertical : d'ailleurs il est aisé de comprendre que le centre de
la Terre étant perpendiculairement sous nos pieds [a], c'est-à dire,
dans le plan de tous les cercles *verticaux*, l'effet de la parallaxe ne
peut pas s'écarter de ces cercles ; ainsi la parallaxe est toute en hauteur, c'est-à-dire qu'elle abaisse les astres du haut en bas, et dans
un vertical, sans faire paroître l'astre à droite ni à gauche du vertical. De là il suit que la parallaxe ne change point l'azimut d'une
planete. De même dans le méridien la parallaxe ne change point
l'ascension droite d'un astre, parceque le vertical est alors perpendiculaire à l'équateur, et que tous les points du vertical répondent
au même point de l'équateur.

1627. Jusqu'ici nous n'avons parlé de parallaxe que pour le cas
où l'astre est à l'horizon, c'est-à-dire, où l'angle ZOH est un angle
droit ; et nous avons appellé *parallaxe horizontale* celle qui a lieu
dans ce cas-là (1624) : si la planete L se trouve plus près du
zenit, en sorte que l'angle ZOL, distance de la planete au zénit,
soit un angle aigu, l'angle de la parallaxe OLT deviendra plus petit ;
on l'appelle alors *parallaxe de hauteur*.

1628. T H É O R È M E. *Le sinus total est au sinus de la distance apparente au zénit, comme le sinus de la parallaxe horizontale est au
sinus de la parallaxe de hauteur ;* en supposant que la distance de
la planete au centre de la Terre soit la même dans les deux cas, et
que la Terre soit sphérique.

D É M O N S T R A T I O N. Dans le triangle rectangle HOT on a cette
proportion, HT est à TO comme le sinus de l'angle droit O est
au sinus de l'angle THO, parceque dans tout triangle rectiligne les
côtés sont comme les sinus des angles opposés. Dans le triangle
TOL on a de même cette proportion , TL est à TO comme le sinus
de l'angle LOT est au sinus de l'angle TLO. Dans cette derniere proportion on peut mettre, au lieu de TL, son égale HT, puisque la
planete est supposée toujours à même distance du centre de la Terre ;
ainsi l'on a ces deux proportions, en nommant R le rayon ou le
sinus de l'angle droit :

HT : TO :: R : sin. H;   } donc R : sin. LOT :: sin. H :
HT : TO :: sin. LOT : sin. L ; }   sin. L.

Mais le sinus de l'angle obtus LOT est le même que celui de l'angle
LOZ, ou de la distance apparente de la planete au zénit ; donc le
rayon est au sinus de la distance apparente au zénit, comme le sinus

____

(a) On considere ici la Terre comme une sphere ; son aplatissement change
quelque chose à la situation du centre, par rapport au vertical (1686)

de la parallaxe horizontale H est au sinus de la parallaxe de hauteur L.

Le sinus de la distance apparente au zénit est la même chose que le cosinus de la hauteur apparente, et le rayon est toujours supposé être l'unité; ainsi 1 : cosin. haut. : : sin. par. horiz. : sin. parall. de hauteur; donc *le sinus de la parallaxe de hauteur est égal au sinus de la parallaxe horizontale multiplié par le cosinus de la hauteur apparente.*

1629. La parallaxe horizontale de la Lune, qui est la plus grande de toutes les parallaxes des planetes, ne va qu'à un degré environ; or entre le sinus d'un degré, et l'arc d'un degré, la différence est à peine de la valeur d'un quart ou cinquieme de seconde (3464): ainsi l'on peut prendre l'arc pour le sinus, et dire en général que *la parallaxe de hauteur est égale à la parallaxe horizontale multipliée par le cosinus de la hauteur apparente.* C'est ainsi que j'énoncerai toujours à l'avenir le théorême général de la parallaxe de hauteur, dont je ferai un usage fréquent; et nommant *p* la parallaxe horizontale, et *h* la hauteur apparente, je supposerai toujours la parallaxe de hauteur $= p. \cos. h.$

1630. La parallaxe est nulle quand l'astre paroît au zénit; nous l'avons déja observé (1621), et cela se déduit encore de la valeur que nous venons de trouver; car si la distance au zénit est nulle, son sinus est égal à zéro, et la parallaxe de hauteur étant le produit de zéro par la parallaxe horizontale sera aussi égale à zéro. Au contraire la parallaxe est plus grande à l'horizon que dans tout autre cas, ou à toute autre élévation; car le cosinus de la hauteur ne sauroit être plus grand que le sinus de 90°, ou le cosinus de zéro : donc le produit de la parallaxe horizontale par le cosinus de la hauteur apparente, qui forme la parallaxe de hauteur, ne sauroit être plus grand que lorsque la planete paroît à l'horizon.

Dans le cas même où elle seroit à l'horizon réel, c'est-à-dire, où l'angle OTH seroit droit, l'angle TOH étant aigu, le sinus de TOH seroit plus petit que le rayon, et la parallaxe seroit plus petite que lorsque l'angle TOH étoit droit, c'est-à-dire, lorsque la ligne OH du lieu apparent, vu de la surface de la Terre, étoit dans l'horizon; car la distance de la planete au centre de la Terre seroit le côté du triangle, au lieu d'en être l'hypoténuse : le triangle seroit donc plus long qu'auparavant, et l'angle plus petit.

D'ailleurs on voit que la perpendiculaire sur TO, qui seroit égale à HT, dans le dernier cas étant plus longue que HO, le rayon TO paroîtroit sous un plus petit angle que quand l'angle O est droit, et que la distance perpendiculaire est plus petite. De même quand le triangle HOT est isoscele, l'angle H est toujours plus petit que la parallaxe horizontale, parceque la perpendiculaire, abaissée de H sur TO, est alors plus longue que HO; il y a dans ce cas-là un septieme de seconde, dont la parallaxe de la Lune est moindre que la parallaxe horizontale H.

1631. La parallaxe horizontale d'un astre est d'autant plus petite, que sa distance est plus grande; car plus le point H se rapprochera du point O, plus l'angle THO augmentera. Dans le triangle THO on a cette proportion, $TH : TO :: R : \sin. THO$; ainsi le sinus de la parallaxe est $\frac{TO}{TH}$: si l'on double TH, la valeur totale diminuera de moitié; et plus on augmentera la distance TH, plus cette fraction diminuera; donc le sinus de la parallaxe est en raison inverse de la distance. Ce qui est rigoureusement vrai pour le sinus l'est sensiblement pour la parallaxe elle-même, puisqu'elle differe très peu de son sinus; donc la parallaxe est en raison inverse de la distance de la planete à la Terre.

1632. La même démonstration auroit lieu, quel que fût l'angle TOH, par exemple au point N, pourvu que les points N et H soient sur une même ligne ONH; ainsi lorsque la hauteur apparente est supposée la même, les parallaxes de hauteur sont en raison inverse des distances. D'ailleurs la parallaxe étant $\frac{TO}{TH}$ cos. haut. , on voit qu'elle est également en raison inverse de TH.

1633. La parallaxe horizontale d'un astre, et même la parallaxe de hauteur, augmente dans le même rapport que son diametre apparent. En effet, lorsqu'un astre s'éloigne, il diminue de grandeur apparente dans la proportion inverse de sa distance (1384) : mais sa parallaxe horizontale diminue de la même maniere, et dans le même rapport (1631); ainsi la parallaxe d'un astre est toujours comme son diametre : si ce diametre apparent diminue de moitié par l'éloignement de la planete, la parallaxe diminuera aussi de moitié; et le même rapport subsistera toujours entre le diametre apparent et la parallaxe horizontale d'un astre, quelle que soit sa distance.

Exemple. La parallaxe de Vénus a été observée, le 6 juin 1761, d'environ 30", et son diametre paroissoit alors de 58" ; on sera donc toujours assuré que le diametre de Vénus est à peu près double de sa parallaxe [a] : quand le diametre paroîtra de 29", la parallaxe sera

(a) Plus exactement 1,924.

de 15, et il suffira en tout temps d'observer le diametre pour pouvoir en conclure la parallaxe.

1634. Lorsqu'on connoît la parallaxe horizontale d'un astre, il est aisé de connoître sa distance. En effet, dans le triangle rectangle THO, l'on connoît le demi-diametre de la Terre TO, qui est de 1432 lieues (chacune de 2283 toises), et l'angle HOT, qui est de 90°, puisqu'on suppose la planete dans l'horizon; si donc on connoît de plus l'angle THO, qui est la parallaxe horizontale, il sera aisé de résoudre le triangle TOH, et de connoître la distance TH; c'est ainsi qu'on a trouvé les distances des planetes en lieues (1398).

Méthodes pour trouver la parallaxe horizontale d'une planete.

1635. LES astronomes ont travaillé dans tous les temps à connoître les distances des planetes par le moyen de leurs parallaxes, et sur-tout la parallaxe de la Lune qui est la plus sensible. Les éclipses de Lune fournissent une méthode qui pouvoit être assez bonne autrefois pour trouver à-peu-près la parallaxe de la Lune. Je suppose qu'on observe à un instant précis la hauteur apparente du centre de la Lune, dans le temps du milieu d'une éclipse : on calculera pour le même temps la distance du Soleil au zénit, et son abaissement, ou sa dépression au-dessous de l'horizon (1036); l'on aura la hauteur du centre de l'ombre, qui est toujours égale à la dépression du Soleil : par le moyen de cette hauteur du centre de l'ombre, et de la latitude de la Lune, au temps du milieu de l'éclipse, que je suppose connu, on peut trouver la hauteur vraie du centre de la Lune; et cette hauteur vraie, comparée avec la hauteur apparente observée, donneroit la parallaxe de hauteur. On la trouveroit, indépendamment de la latitude et de la hauteur, en observant une éclipse qui seroit centrale, ou à-peu-près ; car la durée de l'éclipse donneroit la somme des diametres de la Lune et de l'ombre, d'où il seroit aisé de conclure la parallaxe (1752).

1636. Halley, dans son catalogue des étoiles australes, publié en 1679, employoit d'une autre maniere les éclipses de Lune; il cherchoit le diametre de l'ombre par le moyen de la grandeur de l'éclipse et de sa durée : il étoit persuadé qu'en faisant ces observations avec beaucoup d'exactitude, on trouveroit aussi exactement que par toute autre méthode la parallaxe de la Lune. Mais ces méthodes sont insuffisantes actuellement.

1637. Il n'y a guere que trois méthodes suffisamment exactes pour trouver la parallaxe : la méthode des plus grandes latitudes, celle des parallaxes d'ascension droite, et celle des différences de déclinaison, déterminées en même temps par des observateurs fort éloignés; elles ont chacune leur avantage, et nous les expliquerons séparément.

Première méthode. Ptolémée employa autrefois les plus grandes latitudes de la Lune, observées au nord et au midi de l'écliptique, pour reconnoître la quantité de la parallaxe (*Almag. lib. V*, c. 13); Tycho Brahé s'en servit également (*Progym. pag.* 463); Halley la proposoit de nouveau en 1679; enfin elle a été employée par M. le Monnier (1659).

1638. Supposons qu'un observateur soit situé vers 28° ½ de latitude terrestre septentrionale, et qu'il observe la Lune passer à son zénit, lorsqu'elle a 28° ½ de déclinaison boréale, et qu'elle est dans sa plus grande latitude à 5° au nord de l'écliptique. Quinze jours après, la Lune étant dans la partie opposée du ciel, et dans sa plus grande latitude australe, à 5° au-dessous de l'écliptique, elle doit être éloignée du zénit de 57°, puisqu'elle est à 28° ½ de l'équateur vers le midi, comme dans le premier cas elle étoit à 28° ½ vers le nord. La parallaxe ne changeoit rien à la premiere distance de la Lune à l'équateur, parceque la Lune étoit alors au zénit : mais la seconde distance doit paroître augmentée sensiblement par l'effet de la parallaxe, qui est considérable à 57° du zénit; ainsi tout l'effet de la parallaxe conspire à augmenter la latitude méridionale de la Lune, et à la faire paroître plus grande que la latitude septentrionale. Au lieu de 5°, elle paroîtra de 5° 50′ au moins; car si la parallaxe horizontale est d'un degré, elle doit être de 50′ à 57° du zénit (1629); si l'on trouve plus de 50′ d'excès dans cette latitude australe, ce sera une preuve que la parallaxe horizontale est plus grande qu'un degré.

Ainsi les plus grandes latitudes de la Lune, qui doivent être égales par rapport au centre de la Terre, paroissent différentes quand on les voit de la surface, la latitude méridionale étant toujours plus grande que l'autre, parceque la Lune est abaissée vers le midi par l'effet de la parallaxe, quand elle est dans sa plus grande latitude méridionale; et cette différence des deux latitudes observées nous fait connoître la parallaxe entiere qui auroit lieu à l'horizon.

1639. On peut employer cette méthode, même dans les lieux où la Lune n'est jamais au zénit; car ayant la différence des latitudes apparentes, qui est la somme des deux parallaxes de latitude, si l'une des latitudes est australe, et l'autre boréale, ou bien ayant la

différence

différence des parallaxes de hauteur, à deux hauteurs connues, il sera aisé d'avoir la parallaxe horizontale. Soit P la plus grande parallaxe de hauteur, p la plus petite, Z la plus grande distance au zénit, z la plus petite, $P : p :: \sin. Z : \sin. z$, donc $P - p : p :: \sin. Z - \sin. z : \sin. z$; et $p = \dfrac{(P - p)\sin. z}{\sin. Z - \sin. z}$, ou $\dfrac{(P - p)\sin. z}{2\sin.\frac{Z - z}{2}.\cos.\frac{Z + z}{2}}$ (3835) : ainsi connoissant la différence de deux parallaxes, il est aisé de trouver chacune séparément. Si l'on connoissoit leur somme, on auroit le signe + dans la premiere expression, et dans la seconde

$$\frac{(P + p)\sin. z}{2\sin.\frac{Z + z}{2}\cos.\frac{Z - z}{2}}.$$

1640. Quand on a observé la Lune dans deux temps aussi différens, on trouve nécessairement que la Lune est plus ou moins éloignée de la Terre, et qu'elle a une latitude plus ou moins grande dans une des deux observations que dans l'autre ; on est obligé de tenir compte de la différence, en corrigeant une des deux observations, pour réduire la latitude à celle qu'on auroit observée, si la distance au nœud, et la parallaxe horizontale, eussent été precisément les mêmes dans les deux observations.

Pour tenir compte de l'aplatissement de la Terre dans cette méthode, il ne faut que corriger la parallaxe de hauteur, ou la distance au zénit, de la maniere qui sera indiquée ci-après (1686) ; et, pour avoir la parallaxe sous l'équateur, diviser la parallaxe horizontale trouvée par le rayon de la Terre au lieu donné, celui de l'équateur étant 1.

1641. La seconde méthode qu'on a employée utilement pour déterminer les parallaxes, est celle des ascensions droites ; elle est moins ancienne, mais elle n'est ni moins belle ni moins utile que celle des plus grandes latitudes : nous verrons qu'elle a servi à déterminer la parallaxe de Mars, et par conséquent celle du Soleil, pour la premiere fois, avec quelque précision (1719) ; et M. Maskelyne l'employa en 1761 à l'isle de Sainte-Hélene, même pour la Lune, malgré l'irrégularité et la vîtesse de son mouvement (*Philos. Trans.* 1764).

La méthode qui détermine les parallaxes par les ascensions droites, a sa premiere origine dans l'ouvrage de Regiomontanus, intitulé, *De cometæ magnitudine longitudineque, ac de loco ejus vero, problemata XVI*; je crois ce livre imprimé en 1544, mais l'auteur étoit mort dès l'an 1476. Sa méthode est un peu compliquée ; mais elle se réduit néanmoins à trouver la parallaxe de hauteur, par le moyen de la différence des temps écoulés entre deux observations.

Tome II.   N n

Cette méthode fut donnée ensuite par Diggeseus, ou *Digges*, auteur anglois, qui publia en 1573 un ouvrage intitulé, *Ala, seu Scala mathematica*, à l'occasion de la nouvelle étoile de Cassiopée qui parut en 1572. On trouve encore cette méthode dans la Science des longitudes de Morin, dans les Ephémérides de Képler pour l'année 1619 ; dans Hévélius, qui en fait un usage fréquent ; dans Cassini, *Traité de la comete de* 1681 ; et dans l'Histoire céleste de Flamsteed, à l'occasion de Mars qui fut observé par tous les astronomes en 1672.

Pour expliquer cette méthode, je commencerai par le cas le plus simple, ce qui rendra la méthode plus claire, et les démonstrations plus aisées. Je suppose un observateur situé sous la ligne équinoxiale, observant une planete située aussi dans l'équateur ; il la verra se lever, passer à son zénit, et ensuite descendre perpendiculairement à l'horizon ; la parallaxe de hauteur sera tout entiere dans l'équateur, puisque l'équateur et le vertical de la Lune sont alors confondus l'un avec l'autre. Il suffiroit alors d'observer, par exemple, l'heure et la minute du lever et du coucher apparens de la Lune en A et en B (*fig.* 95) ; on verroit le lever trop tard, et le coucher trop tôt d'environ 4 minutes qu'il lui faut pour aller de D en A, et de B en F ; ainsi la Lune seroit sur l'horizon AOB, 16 minutes moins long-temps que sous l'horizon, ce qui indiqueroit un degré pour l'arc BF, ou pour la parallaxe horizontale de la Lune. Son changement en déclinaison, et l'obliquité de la sphere, rendent cette méthode plus compliquée : mais il suffit d'observer l'ascension droite d'une planete à son lever et à son coucher ; on aura la premiere trop grande, et la seconde trop petite, et l'on en déduira la valeur de la parallaxe, comme nous allons l'expliquer.

1642. Soit Z le zénit (*fig.* 90), P le pole du monde, EQ l'équateur, LMN le parallele de l'astre, M le lieu vrai, et *m* le lieu apparent, qui est plus bas que le vrai lieu M, dans le vertical ZM*m*T ; si du pole P l'on tire deux cercles de déclinaison PMV, et P*m u*, l'un par le lieu vrai de l'astre M, l'autre par son lieu apparent *m*, la différence de ces deux cercles de déclinaison, l'angle MP*m* qu'ils font entre eux au pole du monde, ou l'arc de l'équateur V*u*, qui en est la mesure, sera la parallaxe d'ascension droite ; or, dans le triangle PM*m*, si l'on connoît l'angle P, il ne sera pas difficile, comme nous le ferons voir, de trouver le côté opposé M*m* : ainsi de la parallaxe d'ascension droite, observée dans un temps ou dans un lieu quelconque, on déduira facilement la parallaxe de hauteur.

La question se réduit donc à observer la parallaxe d'ascension droite, ce qui se fait de la maniere suivante : lorsqu'une planete passe dans le méridien, et que la parallaxe est nulle en ascension droite (1626), on observe la différence entre le temps du passage de la planete et celui d'une étoile au fil d'une lunette ; cet intervalle de temps, converti en degrés, à raison de 15 degrés par heure, ou de 15″ de degré pour 1″ d'heure, donne la différence d'ascension droite entre l'étoile et la planete (88, 2505).

Six heures après le passage au méridien, on observe encore la même différence de passages au fil de la lunette, et l'on en conclut la différence d'ascension droite; mais la parallaxe diminue l'ascension droite de la planete, lorsqu'elle est vers le couchant, en l'abaissant et la faisant paroître plus à l'occident, tandis que la parallaxe ne change rien à l'ascension droite de l'étoile (2807); ainsi la différence des ascensions droites ne sera plus la même que celle qu'on avoit observée dans le méridien, elle sera plus ou moins grande de toute la parallaxe d'ascension droite.

1643. Nous supposons, à la vérité, que le lieu vrai de la planete soit exactement à la même distance de l'étoile dans chacune des deux observations; c'est-à-dire, que la parallaxe soit la seule cause de la différence qu'on aura trouvée entre la premiere et la seconde observation, et que la planete n'ait eu aucun mouvement propre; mais il est aisé de corriger cette supposition : on observera deux jours de suite, au méridien, où l'on calculera par les tables, la différence vraie d'ascension droite entre la planete et l'étoile ; on trouvera de combien elle varie d'un jour à l'autre, et par conséquent de combien elle avoit dû augmenter en 6 heures par le mouvement propre de la planete, et indépendamment des apparences de la parallaxe ; si l'observation a donné une différence plus grande que celle qu'on trouve par le calcul, elle sera l'effet de la parallaxe d'ascension droite, et l'on séparera cet effet d'avec celui du vrai mouvement de la planete.

1644. Pour conclure facilement la parallaxe horizontale de la parallaxe d'ascension droite, observée à une certaine distance du méridien, on peut se servir de cette expression générale, le sinus de la

$$\text{parallaxe horizontale} = \frac{\text{sin. par. asc. dr. cos. déclin. vraie}}{\text{sin. angle hor app. cos. haut. du pole}}.$$

DÉMONSTRATION. Suivant la proportion la plus simple de la trigonométrie sphérique, le triangle MPm donne sin. PM : sin. m :: sin. Mm : sin. MP$m = \frac{\text{sin. M}m\text{.sin. }m}{\text{sin. PM}}$; mais dans le triangle ZPm, sin. Z m : sin. ZPm :: sin. PZ : sin. $m = \frac{\text{sin. PZ. sin. ZP}m}{\text{sin. Z}m}$; donc, en substituant cette valeur, on a sin. $MPm = \dfrac{\text{sin. } Mm . \text{sin. } PZ . \text{sin. } ZPm}{\text{sin. } Zm \text{ sin. } PM}$

$= \dfrac{\text{sin. parall. hor. sin. } PZ . \text{sin. } ZPm}{\text{sin. } PM}$; c'est la parallaxe d'ascension droite, dont nous ferons usage (1648); donc sinus parallaxe horizont. $= \dfrac{\text{sin. parall. d'asc. dr. cos. déclin. vraie}}{\text{sin. angle hor. appar. cos. haut. du pole}}$.

Cette formule suppose la Terre sphérique. Pour tenir compte de l'aplatissement (1686), il faut diminuer la hauteur du pole de l'angle de la verticale (1653), et l'on aura la parallaxe horizontale pour le lieu de l'observation; on la divisera par le rayon de la Terre pour avoir la parallaxe horizontale sous l'équateur.

Si cette méthode étoit employée sous l'équateur, elle donneroit immédiatement, et sans aucune hypothese, la parallaxe de la Lune pour le rayon de l'équateur, malgré l'aplatissement de la Terre. Il faut bien remarquer dans l'expression précédente que c'est la déclinaison vraie, et l'angle horaire apparent que l'on doit employer. Cette formule revient au même que la proportion donnée par Cassini, dans ses Elémens d'astronomie (*pag.* 27); mais la mienne est plus rigoureuse.

1645. On a besoin de la parallaxe d'ascension droite, aux environs du méridien, pour corriger des différences de passages entre la Lune et les étoiles, qui ne sont pas observées précisément au méridien, ou dans le fil du milieu d'une lunette méridienne (2387). Soit P le pole (*fig.* 215), Z le zénith, C le lieu vrai de la Lune, F son lieu apparent dans le vertical; l'arc EF est égal à la parallaxe d'ascension droite sur le parallele de la Lune, ou dans la région de la Lune, puisque c'est la différence entre l'ascension droite vraie, qui est marquée par le cercle horaire PCE, et l'ascension droite apparente qui répond au point F du parallele de la Lune. Or dans le triangle sphérique PCZ on a sin. $C = \dfrac{\text{sin. } P . \text{sin. } PZ}{\text{sin. } ZC}$, la parallaxe de hauteur $CF = p . \text{sin. } ZC$; $EF = CF \text{ sin. } C = p . \text{sin. } P \text{ sin. } PZ$; cette quantité, réduite à l'équateur (3877), et convertie en temps, est $\dfrac{p . \text{sin. } P . \text{sin. } PZ}{15 \text{ sin. } PC}$, en négligeant le retardement; c'est ce qu'il faut ajouter au passage de la Lune observé au fil horaire de la lunette, que je suppose sur PCE, s'il est après le vrai méridien PZH, puisqu'alors la parallaxe fait paroître la Lune trop à l'occident. Cette quantité revient au même que la formule de la parallaxe d'ascension droite; on en trouve des tables dans les Ephémérides de Vienne pour 1770.

1646. La Parallaxe de déclinaison A*m* (fig. 90), est égale à *p*.

sin. Zm . cos. m, c'est-à-dire, à la parallaxe horizontale, multipliée par le cosinus de la hauteur apparente, et par celui de l'angle du vertical avec le cercle de déclinaison. On verra ci-après le moyen d'éliminer l'angle m (1668). Cette formule n'est qu'une approximation.

1647. Lorsque la planete a été observée à égales distances, avant et après le méridien, on a une différence double de la parallaxe d'ascension droite, ou de la parallaxe horaire; et si les distances ne sont pas égales, on a une différence qui est la somme de deux parallaxes d'ascension droite, chacune proportionnelle au sinus de son angle horaire; comme on le voit par la formule précédente. Pour en conclure la parallaxe horizontale, il faut diviser cette différence, trouvée entre les observations, par la somme des sinus des angles horaires, ou, ce qui revient au même, l'on peut diviser la différence observée, qui est l'argument de la parallaxe, en deux parties, qui soient entre elles comme les sinus des angles horaires, ou des distances au méridien dans les deux observations, et n'employer dans la formule précédente qu'une de ces parties avec son angle horaire, pour trouver la parallaxe horizontale.

Il suffit d'observer un astre deux heures avant et deux heures après le passage au méridien, pour trouver, dans l'ascension droite d'une planete, une différence égale à sa plus grande parallaxe d'ascension droite; car elle est comme le sinus de l'angle horaire : or le sinus de la distance au méridien, qui répond à deux heures de temps, étant la moitié du rayon, on a de chaque côté du méridien une parallaxe qui est la moitié de la plus grande parallaxe d'ascension droite.

1648. Je prendrai pour exemple de cette méthode les observations de Jacques-Phil. Maraldi (*Mém.* 1722). Le 15 août 1719, Mars étant fort près d'une étoile de cinquieme grandeur, qui est à la jambe orientale du Verseau, Maraldi dirigea le fil d'une lunette de 12 pieds, suivant le parallele de l'étoile : à 9^h $18'$ du soir, Mars suivoit l'étoile de $10'$ $17''$ de temps; et 7^h $3'$ après, ou le 16, à 4^h $21'$ du matin, il la suivoit seulement de $10'$ $1''$. Mais, suivant les observations faites au méridien plusieurs jours de suite, Mars devoit se rapprocher réellement de l'étoile de $14''$ de temps, c'est-à-dire, qu'après l'avoir suivie de $10'$ $17''$ de temps, il auroit dû, 7^h après, en être éloigné de $10'$ $3''$, au lieu de $10'$ $1''$ que donna l'observation; donc il y avoit $2''$ de temps pour l'effet, et pour l'argument de la parallaxe : ces $2''$ doivent être réduites en parties de l'équateur, multipliées par le cosinus de la déclinaison, qui étoit de $15°$, divisées par le cosinus de la latitude de Paris, ou par le sinus de $41°$ $10'$, et par la somme des sinus des angles horaires, ou des distances au méridien, qui étoient de $49°\,15'$ et de $56°\,39'$; et l'on trouve $27''\frac{1}{2}$ pour la parallaxe horizontale de Mars; d'où il résulte $10''\frac{1}{5}$ pour celle du Soleil, la distance de Mars à la Terre étant alors $\frac{37}{105}$ de celle du Soleil.

1649. Pour déterminer plus exactement la parallaxe d'ascension droite, il faudroit mesurer la distance de la planete à une étoile, avec plus de précision que par les passages, et par les intervalles de temps. M. le Monnier proposoit de placer la lunette avec son micrometre sur un héliostate (2468) qu'une horloge feroit mouvoir avec l'astre (*Instit. astron. pag.* 434).

La difficulté qu'on trouvoit autrefois à mesurer la distance d'une planete à une étoile, et leur différence d'ascension droite, à cause du mouvement diurne, est aussi levée aujourd'hui par l'usage des héliometres (2439) qui font le même effet que l'héliostate; on a l'avantage, dans un héliometre, de mesurer la distance de la planete et de l'étoile, avec la même facilité que si l'une et l'autre étoient immobiles : mais il faut que les deux astres soient à-peu-près dans le même parallele.

Quoiqu'il soit difficile par la méthode ordinaire de s'assurer d'une seconde de temps, sur la différence d'ascension droite qu'on aura observée une fois, il est probable que si l'on répete plusieurs fois la même observation, l'on pourra s'assurer d'une demi-seconde, et même d'un tiers de seconde, qui répond à $5''$ de degré. On a soin ensuite de doubler l'effet de la parallaxe, en observant la différence d'ascension droite à l'orient et à l'occident du méridien (1648), et l'on parvient à une exactitude de $2''$ ou $3''$ sur la parallaxe de la planete qu'on observe; aussi voyons-nous que par cette méthode on étoit parvenu à connoître la parallaxe horizontale du Soleil, à une seconde près (1741).

1650. La troisieme méthode pour déterminer la parallaxe, est celle qui suppose deux observateurs très éloignés l'un de l'autre, observant tout à la fois la hauteur d'un astre dans le méridien; c'est la plus naturelle et la plus exacte, c'est celle que j'ai employée en 1751 lorsque la Caille étoit au cap de Bonne-Espérance, et que j'observois la Lune à Berlin, pour trouver sa parallaxe, qui n'avoit jamais été déterminée par une méthode aussi exacte (*Mém. de l'acad.* 1751).

Le cas le plus simple de cette méthode est celui où l'on auroit un observateur en O (*fig.* 87), et un autre en D, qui seroit éloigné du premier de la quantité OD, égale à-peu-près à un quart de la Terre :

le premier, étant en O, observeroit un astre H à l'horizon; le second, étant en D, l'observeroit à son zénit : dans ce cas, l'angle OHT, qui est la parallaxe horizontale, seroit égal à l'angle HTE, ou au complément de l'arc OD, qui est la distance des deux observateurs, ou la différence de leurs latitudes ; car je les suppose placés sous le même méridien.

Il est impossible que les circonstances locales nous donnent dans la pratique un cas aussi simple que celui-là; ainsi nous allons voir ce qui arrive quand les deux observateurs sont à une distance quelconque, et que l'astre leur paroît à des hauteurs quelconques.

1651. Supposons, comme en 1751, un observateur B (*fig.* 91) situé à Berlin, et un autre en C, au cap de Bonne-Espérance; L, la Lune que nous observions tous deux en même temps dans le méridien (il n'importe que ce soit précisément au même instant, pourvu qu'on sache de combien a dû varier la hauteur méridienne, dans l'intervalle des deux passages) : CLT est la parallaxe de hauteur pour le cap, BLT est la parallaxe de hauteur à Berlin (1627); la somme de ces deux parallaxes est l'angle CLB, argument total de la parallaxe horizontale : ce seroit leur différence, si les observateurs voyoient tous deux l'astre au midi, ou tous les deux au nord. De ces deux parallaxes de hauteur, la première BLT est égale à la parallaxe horizontale, multipliée par le cosinus de la hauteur apparente à Berlin, ou par le sinus de la distance apparente au zénit, qui est l'angle LBA (1628); la seconde parallaxe CLT est égale à la parallaxe horizontale, multipliée par le sinus de la distance LCD au zénit du cap; donc la somme BLC, qui est la parallaxe totale des deux observateurs, est égale à la parallaxe horizontale, multipliée par la somme des deux sinus des distances observées; donc on aura la parallaxe horizontale, en divisant l'angle BLC qu'on a déduit de l'observation, ou l'argument de la parallaxe, par la somme des sinus des distances au zénit, comme on le verra dans l'exemple suivant.

1652. Cette méthode fut aussi employée pour déterminer la parallaxe du Soleil par le moyen de celles de Mars et de Vénus. Le 5 octobre 1751, le bord boréal de Mars paroissoit à 1′ 25″8 au-dessous du parallèle de l'étoile λ du Verseau, au cap de Bonne-Espérance, 33° 55′ au midi de l'équateur, Mars étant à 25° 0′ du zénit. Le même jour, à Stockholm qui est à 59° 21′ de latitude septentrionale, la même différence de déclinaison entre le bord boréal de Mars, et l'étoile λ du Verseau, paroissoit de 1′ 57″7, et Mars étoit à 68° 14′ du zénit; ces deux différences de déclinaison, qui devroient être égales, diffèrent l'une de l'autre de 31″9. Si l'on divise cette différence, égale à l'angle BLC, par la somme des sinus des distances au zénit, qui sont 0, 4226, et 0, 9287, ou par 1, 3513, l'on aura 23″6, parallaxe horizontale de Mars (La Caille, *Leçons d'astr.*).

1653. L'opération précédente suppose la Terre parfaitement sphérique; mais lorsqu'il s'agit de la parallaxe de la Lune, on ne sauroit négliger l'aplatissement de la Terre : il faut alors diminuer de quelques minutes les deux distances au zénit observées (en supposant que le zénit soit entre la Lune et le pole élevé), et multiplier le sinus de chacune par le rayon correspondant de la Terre , avant que d'employer la regle précédente.

L'ellipse BECP (*fig.* 92) représente une moitié du sphéroïde terrestre : T est le centre, TP est l'axe de la Terre, E l'équateur, B et C sont les deux observateurs que je suppose placés sous le même méridien, et observant à la fois la Lune en L : ZBM, zCN sont les perpendiculaires à la surface de l'ellipse, c'est-à-dire, les lignes verticales ou perpendiculaires à l'horizon en B et en C (2672); l'angle LBZ est la distance apparente de la Lune au zénit pour l'observateur B, LCz est la distance apparente pour l'observateur C. On calculera les angles MBT, NCT, formés par les perpendiculaires à la surface de la Terre, en B et en C, et par les rayons BT et CT, menés au centre de la Terre (2691); on les retranchera des distances au zénit, et l'on aura les angles LCD, LBA, ou les distances corrigées, dont on fera à-peu-près le même usage que nous avons fait ci-devant des distances au zénit dans la Terre sphérique (1651). Puisque TB : TL :: sin. TLB : sin. TBL, ou ABL, on aura, lorsque l'angle B sera droit, $\frac{TB}{TL}$ égal au sinus de la parallaxe horizontale à Berlin (1624); de même $\frac{TC}{TL}$ est le sinus de la parallaxe horizontale au point C; ainsi le sinus de la somme, ou de l'angle BLC, est égal à la somme des sinus des deux parties BLT, CLT, qui sont les parallaxes de hauteur pour chaque station, c'est-à-dire, $= \frac{TC}{TL}$ sin. LCD $+ \frac{TB}{TL}$ sin. LBA (3809), en supposant le cosinus de chaque parallaxe égal à l'unité; donc la distance TL $= \dfrac{TC\,\text{sin. LCD} + TB\,.\,\text{sin. LBA}}{\text{sin. BLC}}$; et le sinus de la parallaxe horizontale dans un autre lieu quelconque, comme E, dont on connoîtra la distance au centre de la Terre, sera égal à $\frac{TE}{TL}$, ou égal au rayon de la Terre multiplié par $\dfrac{\text{sin. BLC}}{TC\,\text{sin. LCD} + TB\,.\,\text{sin. LBA}}$. Dans cette formule on fait usage des deux

rayons

rayons de la Terre TB et T C dont on trouvera la valeur dans les tables, et le calcul, *art.* 2693.

1654. Nous remarquerons ici que, quand la Lune est au méridien, la parallaxe de hauteur, même dans le sphéroïde aplati, est exactement proportionnelle au sinus de la distance au zénit LBZ, diminuée de la valeur de l'angle MBT, ou ABZ, c'est-à-dire, au sinus de l'angle LBA, ou de l'angle LBT; cela est évident par la considération seule du triangle LBT (1692). Nous ferons usage de cette considération (4141).

Ces trois méthodes, qui servent à trouver en général la parallaxe d'un astre, sont applicables à tous les astres, et spécialement au Soleil et à la Lune; mais il y a des méthodes particulieres à ces deux astres : telles sont pour la Lune la méthode des éclipses (1635), pour le Soleil la méthode des quadratures de la Lune (1708), et celle des passages de Vénus sur le Soleil, qui est la meilleure de toutes (1725). L'importance des parallaxes du Soleil et de la Lune, la multitude des tentatives qu'on a faites pour les bien connoître, et l'usage que nous en ferons dans le cours de cet ouvrage, exigent que nous en traitions séparément avec un certain détail.

Parallaxe de la Lune.

1655. Les anciens avoient une idée bien imparfaite des distances des planetes et de leurs parallaxes; quoique la Lune fût celle dont il étoit le plus facile de connoître l'éloignement, on la croyoit beaucoup plus près de nous qu'elle n'est réellement.

Pythagore jugeoit la distance de la Lune à la Terre de 126 mille stades (Pline, *Hist. nat. II,* 21); et comme le stade étoit d'environ 95 toises (2632), cette distance ne va pas à 6 mille lieues, au lieu de 86 mille que nous trouvons actuellement; d'où l'on peut juger qu'au temps de Pythagore, 500 ans avant Jésus-Christ, l'on n'avoit encore fait aucune observation propre à déterminer cette distance.

Hipparque, au rapport de Ptolémée (*Alm. V,* 11), avoit entrepris, par de certaines conjectures tirées des éclipses, de trouver les distances de la Lune à la Terre; mais, par la difficulté et l'incertitude de sa méthode, il avoit trouvé des différences considérables dans ses résultats. Cependant on voit qu'il jugeoit la plus grande distance de la Lune entre $72\frac{1}{2}$ et 83 demi-diametres de la Terre, et la plus petite entre 62 et 72. On sait aujourd'hui que la plus grande distance est de 64 rayons de la Terre, et la plus petite de 56; Hipparque avoit donc de la distance et de la parallaxe une idée beau-

Tome II.   O o

coup plus exacte qu'on ne l'avoit eue avant lui : il n'y avoit qu'un sixieme de trop dans la moyenne distance qu'il donnoit à la Lune.

1656. La distance de la Lune, suivant Posidonius, contemporain de Pompée, étoit de deux millions de stades, *vicies centum millia stadiorum* [a] (Pline, *II*, 23); cette distance revient à 87165 lieues, et elle approche beaucoup de celle que nous trouvons aujourd'hui.

1657. Ptolémée observa la Lune par le moyen de ses regles parallactiques (2278), lorsqu'elle passoit fort loin du zénit, ou qu'elle étoit dans le tropique d'hiver, à 50° 55'; il trouva, par le moyen de ses tables, que, dans le temps de cette derniere observation, la Lune n'étoit véritablement qu'à 49° 49' du zénit; d'où il conclut une parallaxe de 67 minutes (*Almag. pag.* 115). Il trouva par ce moyen la plus grande distance de la Lune de 64 demi-diametres terrestres, et la plus petite de 34, c'est-à-dire la parallaxe entre 54' et 1° 43', au lieu de 53' $\frac{3}{4}$, et 61 $\frac{1}{2}$ que nous trouvons actuellement.

1658. Les Arabes ne corrigerent point les erreurs de Ptolémée en cette partie; mais, dans les tables faites sous Alphonse, roi de Castille, on diminua beaucoup cette parallaxe, et on la réduisit entre 53' et 63'. Copernic, par des observations faites en 1522, trouva les parallaxes entre 50' et 66'. Tycho ne trouva rien à changer à la plus grande parallaxe de Copernic; il se contenta d'augmenter la plus petite parallaxe jusqu'à 56' $\frac{3}{4}$.

On peut voir dans l'Almageste de Riccioli (*I*, 226), et dans un mémoire que j'ai donné sur la parallaxe de la Lune (*Mém.* 1752), les sentimens de différens auteurs sur la parallaxe : voici seulement la table des résultats les plus modernes.

NOMS DES AUTEURS.	La plus grande parallaxe.		La plus petite parallaxe.	
Halley, en 1719,	61	7	53	29
Cassini, en 1740,	62	11	54	33
M. le Monnier, *Instit. astron.* 1746,	61	8	53	29
Suivant les tables de Mayer,	61	32	53	57
Suivant mes observations (1696),	61	26	53	46

(a) Ce nombre est celui qu'on lit dans l'édition du P. Hardouin; mais ce qu'il y a de singulier, c'est que le Pere Hardouin, dans sa note sur ces mots-là, suppose qu'il n'y ait point *millia*, mais seulement *vicies centum*, c'est-à-dire 2000 stades, puisqu'il l'évalue à 250 mille pas (le stade étoit de 125

1659. Comme la méthode des plus grandes latitudes de la Lune est une des plus avantageuses pour observer sa parallaxe, les astronomes ont continué d'en faire usage aussi bien que Ptolémée ; M. le Monnier, en publiant les tables de la Lune de Flamsteed en 1746, observa que cet auteur, dans ses premieres tables publiées en 1680, avoit fait la parallaxe horizontale de la Lune, au temps de ses moyennes distances, et dans les syzygies, de 58′ 2″ $\frac{1}{2}$, Newton de 57′ 30″ ; mais, par les plus grandes latitudes de la Lune observées depuis 7 à 8 ans, il l'avoit trouvée de 57′ 2″ $\frac{1}{2}$ (*Instit. astr. pag.* 185). Pour moi je l'ai trouvée de 57′ 20″, et cela, par la meilleure de toutes les méthodes, c'est-à-dire, par les observations simultanées, faites, en 1752, au cap de Bonne-Espérance, et à Berlin, dont je donnerai le résultat ci-après (1696) [a].

1660. Il ne suffit pas, dans les calculs astronomiques, de connoître la parallaxe horizontale : il faut souvent en connoître l'effet en longitude ; la plupart des auteurs qui ont écrit sur le calcul des éclipses de Soleil ont employé la parallaxe en longitude pour trouver le lieu apparent de la Lune. Quoiqu'on puisse s'en passer, comme je le ferai voir dans le livre suivant, je donnerai cependant ici la méthode la plus sûre de trouver la parallaxe en longitude et en latitude, avec un exemple détaillé.

La méthode employée par Képler est celle du NONAGÉSIME : on appelle ainsi le point de l'écliptique, éloigné de 90° des deux sections de l'horizon et de l'écliptique, ou des points qui se levent et qui se couchent ; ainsi la longitude du nonagésime est moindre de 90°, ou trois signes, que celle du point *ascendant*, ou du point orient de l'écliptique, c'est-à-dire, du point situé à l'horizon du côté de l'orient, du point de l'horoscope (1058).

Cette méthode du nonagésime est naturelle. En effet, puisque c'est la longitude de la Lune qu'on calcule, il est naturel de calculer aussi la parallaxe en longitude : or elle est nulle, si le vertical où se trouve la Lune, est perpendiculaire à l'écliptique, c'est-à-dire, si la

pas), tandis que *vicies centum millia stad.* signifie 250 000 000 pas ; mais il est clair qu'il faut rejeter la note du P. Hardouin, et s'en tenir au texte, *vicies centum millia,* parceque Posidonius ne pouvoit pas supposer la Lune 1000 fois plus près de nous qu'elle n'est réellement, sur-tout les observations d'Hipparque ayant été faites avant lui. D'ailleurs les anciens ne se servoient jamais de l'expression *vicies centum* pour signifier simplement deux mille : mais l'expression *vicies centum millia* est celle des anciens auteurs pour exprimer deux millions, comme je l'ai remarqué (*Mém.* 1752, *pag.* 84).

(a) Nous indiquerons aussi une méthode qui a été employée pour trouver la parallaxe de la Lune, par la longueur du pendule à secondes (3643).

Lune répond au point de l'écliptique le plus élevé sur l'horizon, qui est le nonagésime ; la parallaxe est alors toute en latitude, et elle est d'autant moindre que ce point de l'écliptique est plus haut. C'est donc ce nonagésime qui doit décider de l'effet de la parallaxe, tant en longitude qu'en latitude ; plus il sera haut, plus la parallaxe de latitude sera petite; plus la Lune en sera proche, plus la parallaxe en longitude diminuera.

Soit le méridien HZEC (FIG. 93), l'horizon HOBC, l'écliptique ENRTO prise dans l'hémisphere oriental, E le point culminant de l'écliptique, c'est-à-dire, le point qui passe dans le méridien, et dont l'ascension droite est celle du milieu du ciel (1014). Le point O de l'écliptique est celui qui se leve au même instant ; l'arc ON étant pris de 90°, le point N est le nonagésime. Si, par le pole P de l'écliptique, et par le zénit Z, on tire un cercle PZNB, il sera tout à la fois un cercle de latitude, puisqu'il passe par le pole de l'écliptique ; et un vertical, puisqu'il passe par le zénit : il sera perpendiculaire à l'écliptique en N, et à l'horizon en B ; l'arc NB sera la hauteur du nonagésime : mais parceque NO est un quart de cercle, et que l'angle N est droit, le point O est le pole de l'arc NB (3864), et l'angle NOB, qui a pour mesure l'arc NB, est aussi égal à la hauteur du nonagésime. Enfin l'arc PZ, compris entre le pole et le zénit, est encore égal à la hauteur du nonagésime ; car si des arcs PN et ZB, qui sont chacun de 90°, l'on ôte la partie commune ZN, il restera PZ égal à NB, qui est la hauteur du nonagésime.

Si l'angle OEC est obtus, l'arc EO de l'écliptique sera aussi plus grand que 90° ; c'est ce qui arrive quand le point E est dans les signes ascendans 9, 10, etc. ou que l'ascension droite du milieu du ciel est depuis zéro jusqu'à 6ʰ, et depuis 18ʰ jusques à 24ʰ ou 0ʰ : alors le nonagésime N est dans l'hémisphere oriental, comme dans la FIGURE 93 ; mais quand l'ascension droite du milieu du ciel est plus grande que 6ʰ, et moindre que 18, l'angle OEC est aigu, et l'arc EO moindre que 90° ; le nonagésime se trouve vers M dans la partie occidentale du ciel, et de l'autre côté du méridien. Tout cela doit s'entendre des pays qui, comme le nôtre, sont dans l'hémisphere boréal de la Terre. Si l'on veut une regle plus universelle, on remarquera que le triangle OEC, situé dans la partie orientale de l'hémisphere, doit être pris de maniere que son côté EC, qui est la hauteur du point culminant, n'excede jamais 90° ; moyennant cette précaution, on aura toujours l'angle OEC obtus, l'arc OE plus grand que 90°, et le nonagésime à l'orient, dans les signes ascendans *en général* (1662), c'est-à-dire, dans ceux où est le Soleil, quand il va en montant, ou qu'il se rapproche du zénit d'un jour à l'autre. Ce sera tout le contraire dans les signes descendans en général.

1661. Lorsqu'à un instant donné l'on veut connoître la hauteur et la longitude du nonagésime, on cherche l'ascension droite du milieu du ciel (1014), ou le point de l'équateur qui est dans le méridien ; ensuite la longitude du point E de l'écliptique qui y répond avec sa déclinaison, et l'angle de l'écliptique avec le méridien (898), ce qui s'exécute facilement par les tables qui sont dans mes Éphémérides (*tom. VII et VIII* [a]) : alors on a la hauteur du point culminant E, égal à la hauteur de l'équateur, plus ou moins la déclinaison. Cette hauteur de l'équateur doit être augmentée de 11′ 23″ à Paris, si l'on veut avoir égard à l'aplatissement de la Lune (1692).

Ainsi, dans le triangle EOC rectangle en C, connoissant la hauteur CE du point culminant, et l'angle CEO du méridien avec l'écliptique dans ce point-là, on cherchera l'angle EOC, en disant, R : cos. CE :: sin. E : cos. O (3885), c'est-à-dire, *le rayon est au cosinus de la hauteur du point culminant, comme le sinus de l'angle de l'écliptique avec le méridien est au cosinus de la hauteur du nonagésime.* Si la hauteur CE surpasse 90°, c'est-à-dire, si CE est obtus, on aura O plus grand aussi que 90°, à moins qu'on ne prenne le triangle OEH, qui est du côté du pole.

1662. On a ensuite dans le triangle OEC cette autre proportion, R : cotang. CE :: cos. E : cotang. OE (3884) : mais l'arc NE de l'écliptique, compris entre le point culminant et le nonagésime, est le complément de OE, ou de l'arc compris dans l'autre hémisphere, depuis le méridien jusqu'à l'horizon opposé ; ainsi l'on aura R : cot. CE :: cos. E : tang. NE, c'est-à-dire, le rayon est *à la tangente de la hauteur du point culminant, comme le cosinus de l'angle de l'écliptique avec le méridien est à la cotangente d'un arc,* qu'il faut ajouter à la longitude du point culminant E, si ce point est dans les signes où le Soleil monte, et retrancher dans les autres signes, pour avoir la longitude du nonagésime N. Si le côté EC, et l'angle E, sont de même espece, le nonagésime se trouvera sur le prolongement de OE ; s'ils sont d'espece différente, il se trouvera sur le côté lui-même, et on ajoutera l'arc au point culminant (voyez l'exemple, *art.* 1677). Les signes dans lesquels le Soleil monte sont ceux où il se trouve quand il se rapproche du zénit, ou que sa hauteur méridienne augmente d'un jour à l'autre. Ainsi un pays de la Terre, situé à 10°

<hr>

(a) Ces tables donnent l'ascension droite qui répond à la longitude ; mais si l'on veut avoir la longitude qui répond à l'ascension droite, on cherche avec 90° de plus s, et l'on ôte 90° de la quantité trouvée.

de latitude dans l'hémisphere boréal, aura les signes ascendans depuis le Capricorne jusqu'à 26 degrés du Belier, et depuis le Cancer
jusqu'à 4 degrés de la Vierge : il faut faire une proportion pour le
trouver.

Ce sont ces signes ascendans pris *en général* qu'il faut employer
dans la regle précédente; et il faut rectifier ainsi le passage de La
Caille (*art.* 1131). Il dit qu'on ajoute au point culminant, lorsque
ce point est dans le premier et dernier quart de l'écliptique : il faut
ajouter cette restriction, à moins que CE ne surpasse 90°.

En effet cotang. OE est positive, et NE additif, quand l'angle E
et le côté CE sont de même espece. CE est toujours moindre que
90°, hors de la zone torride; E est toujours aigu dans les signes ascendans; donc, hors de la zone torride, NE est additif dans les
signes ascendans : mais, dans les signes descendans, E est obtus,
cos. E négatif; par conséquent cotang. OE est négative, et NE
soustractif.

Dans la zone torride, il peut se faire que CE soit obtus, et cot.
CE négative, ce qui fait changer le signe de cot. OE et celui de
l'arc NE.

Cette considération de l'espece de CE est peut-être plus commode que celle des signes ascendans pris en général.

1663. M. Trembley et M. Cagnoli emploient le triangle PDZ
(FIG. 93), formé au pole du monde D, au pole de l'écliptique P,
et au zénit Z : l'on connoît PD, obliquité de l'écliptique; DZ, complément de la hauteur du pole; et l'angle ZDP, différence entre
270° et l'ascension droite du milieu du ciel; on cherche l'angle DPZ,
qui est la différence entre 90° et la longitude du nonagésime, et le
côté PZ, égal à la hauteur du nonagésime. Nous donnerons ci-après
l'exemple (1677).

On peut résoudre ce triangle par le moyen de la perpendiculaire
ZX, abaissée du zénit (3915); car la tang. du premier segment
DX = cos. D. tang. DZ; le second segment PX = PD — DX; en-
fin cos. ZP = $\frac{\text{cos. DZ . cos PX}}{\text{cos. DX}}$; mais il faut observer la regle des signes
(3916). Il n'y a que onze log. à chercher, au lieu de 14 qu'exige la
premiere méthode (1662), qui cependant se réduit à 6, quand on
emploie les tables qui donnent la déclinaison du point culminant,
et l'angle de l'écliptique avec le méridien (1661); ainsi, avec ces
tables, je préfere la premiere méthode.

1664. M. de Lambre calcule le nonagésime en résolvant le triangle YOQ (FIG. 93), dans lequel on connoît Q hauteur de l'équateur,

et YQ complément de l'ascension droite du milieu du ciel; il cherche l'angle O, hauteur du nonagésime, et YO, complément de sa longitude. Nous parlerons des tables du nonagésime (1685), avec lesquelles on peut se dispenser de ces calculs, à moins qu'on ne demande une extrême précision.

Quand on a la longitude du nonagésime, et la longitude de la Lune, on prend leur différence, qui est la distance au nonagésime (1678); cette différence, jointe avec la hauteur du nonagésime et la latitude de la Lune, suffit pour trouver la parallaxe en longitude et en latitude, par les formules suivantes.

Soit L le lieu vrai de la Lune (FIG. 93), S son lieu apparent dans le vertical ZLS, PLR le cercle de latitude qui passe par le lieu vrai de la Lune, PST celui qui passe par le lieu apparent, LR est la latitude vraie, ST la latitude apparente; et ayant pris PI égal à PL, l'arc IS est la parallaxe de latitude, l'arc RT de l'écliptique est la parallaxe de longitude.

Si l'on nomme p la parallaxe horizontale de la Lune, on aura la parallaxe de hauteur LS égale à p sin. ZS (1629); dans le triangle rectangle ISL, sensiblement rectiligne et rectangle, on a IL $=$ SL. sin. S; pour réduire IL à l'écliptique, ou pour avoir TR, qui est la parallaxe de longitude, il faut diviser IL par le sinus de PL ou PI (3877), c'est-à-dire par le sinus de la latitude vraie; donc la parallaxe de longitude TR $= \dfrac{p \cdot \sin. \ ZS \cdot \sin. \ S}{\sin. \ PI}$. On employoit ordinairement la latitude apparente; mais il est plus exact et plus commode d'employer PI, ou le cosinus de la latitude vraie, comme on le verra dans l'article 1679; c'est celle qui a déja servi dans l'article précédent : on trouve $1''7$ de moins que si l'on employoit la latitude apparente dans l'exemple que nous donnerons.

1665. Dans le même triangle on a aussi IS $=$ IL . cot. S (3801) $= p$. sin. ZS . sin. S . cotang. S. C'est la parallaxe de latitude, il faut faire évanouir l'angle S des deux expressions précédentes.

La parallaxe de longitude renferme sin. S : mais en mettant pour sin. ZS sa valeur $\dfrac{\sin. \ PZ . \sin. \ P}{\sin. \ S}$ (3907), on aura $\dfrac{p \ \sin. \ PZ . \sin. \ P}{\sin. \ PI}$; c'est la parallaxe de longitude (Kies, *Mém. de Berlin*, 1749).

La parallaxe de latitude renferme la cotang. de l'angle S; or, dans le triangle PZS, l'on suppose connus deux côtés, et l'angle compris; savoir, PZ, PS, et l'angle P, c'est-à-dire la hauteur du nonagésime, les distances apparentes de la Lune au pole de l'écliptique et au nonagésime; on a donc (3951) tang. S $= \dfrac{\sin. \ ZPS}{\cot. \ PZ . \sin. \ PS - \cos. \ P . \cos. \ PS}$, ou cot. $S = \dfrac{\text{cot. PZ . sin. PS.} - \text{cos. P . cos. PS}}{\text{sin. P}}$; et multipliant le numérateur et le dénominateur par tangente PZ, cotangente $S = \dfrac{\text{sin. PS.} - \text{cos. P . cos. PS . tang. PZ}}{\text{sin. P . tang. PZ}}$; cette valeur, multipliée par p. sin. ZS.sin. S, donnera celle de IS, qui est la parallaxe de latitude, égale à $\dfrac{p.\ \text{sin. PS . sin. ZS . sin. S.} - p.\ \text{cos. P . cos. PS . sin. ZS . sin. S . tang. PZ}}{\text{sin. P . tang. PZ}}$;

mais sin. $ZS = \dfrac{\text{sin. PZ . sin. P}}{\text{sin. S}}$ (3907). Substituant cette valeur dans l'expression de la parallaxe en latitude IS, on aura la suivante :

$$\frac{p.\ \text{sin. PS . sin. S . sin. PZ . sin. P}}{\text{sin. P . tang. PZ . sin. S}} - \frac{p.\ \text{cos. P . cos. PS . sin. S . tang. PZ . sin. PZ . sin. P}}{\text{sin. P . tang. PZ . sin. S}} .$$

Effaçant tous les termes qui se détruisent, la formule se réduit à $\dfrac{p.\ \text{sin. PS . sin. PZ}}{\text{tang. PZ}} - p.\ \text{cos. P . cos. PS . sin. PZ}$; mais sin. $PS = $ tang. PS . cos. PS (3805) ; ainsi l'on pourra la mettre sous cette forme : IS $= p.\ \text{cos. PS . sin. PZ} \left(\dfrac{\text{tang. P S}}{\text{tang. PZ}} - \text{cos. P} \right)$.

1666. A la place des lettres nous pouvons mettre les choses qu'elles expriment ; par exemple, sin. PS est la même chose que le cosinus de la latitude apparente ST ; sin. PZ est le sinus de la hauteur du nonagésime (1660) ; l'angle P, ou NPT, est la distance apparente de la Lune au nonagésime, puisque cet angle est mesuré par l'arc TN de l'écliptique, compris entre la Lune et le nonagésime : ainsi les expressions précédentes de TR et de IS se changeront en celles-ci : par. longit. $= \dfrac{\text{par. hor. sin. dist. app. au non. sin. haut. du non.}}{\text{cos. latit. vraie}}$, et par. lat. $=$ par. hor. sin. haut. du non. sin. lat. ap. $\left(\dfrac{\text{cotang. latit.}}{\text{tang. haut. du nonag.}} - \right.$ cos. dist. app. au non. $\Big)$. Ici ce n'est plus la latitude vraie, comme pour la parallaxe de longitude (1664), mais la latitude apparente.

Si l'on nomme p la parallaxe horizontale, l la latitude, d la distance apparente de la Lune au nonagésime, h la hauteur du nonagésime ; on aura la parallaxe de longitude $= \dfrac{p\ \text{sin. } d.\ \text{sin. } h}{\text{cos. } l}$.

1667. On aura aussi la parallaxe de latitude $= p$ sin. h. sin. l $\left(\dfrac{\text{cot. } l}{\text{tang. } h} - \right.$ cos. $d \Big)$. Dans cette formule c'est la latitude apparente qu'on emploie.

Cette expression se réduit à celle-ci, encore plus commode pour l'usage, p cos. h.cos. $l - p$ sin. l. sin. h cos. d, parceque sin. l. cot. $l = $ cos. l, et $\dfrac{\text{sin. } h}{\text{tang. } h} = $ cos. h. Je dis qu'elle est plus commode,

parceque

parceque, dans le calcul (1678), on se contente d'abord, si l'on veut, de la premiere partie p cos. h . cos. l, et même de p cos. h; car en supposant l de $5°\frac{1}{4}$, il n'y a jamais plus de $19''$ d'erreur à craindre dans cette supposition, lors même que la parallaxe est de $61'\frac{1}{2}$.

1668. Cette formule, qui donne la parallaxe en latitude, peut la donner en déclinaison (1646), si l exprime la déclinaison apparente, h la hauteur de l'équateur, et d la distance au méridien, ou l'angle horaire apparent.

1669. La formule qui exprime la parallaxe en latitude est composée de deux parties. La premiere, qui est p cos. h cos. l, ne dépend point de la distance de la Lune au nonagésime; et c'est la partie principale de la parallaxe en latitude : dans le calcul des éclipses de Soleil, la latitude de la Lune étant extrêmement petite, son cosinus est sensiblement égal au rayon ou à l'unité; ainsi l'on a pour la premiere partie de la parallaxe en latitude p cos. h. Pour avoir exactement cette premiere partie de la parallaxe en latitude, dans tous les cas, il faut *multiplier la parallaxe horizontale de la Lune par le cosinus de la hauteur du nonagésime, et par le cosinus de la latitude apparente.*

1670. La seconde partie de la parallaxe en latitude est p sin. l sin. h cosin. d; on la trouve, en *multipliant la parallaxe horizontale par le sinus de la latitude apparente de la Lune, le sinus de la hauteur du nonagésime, et le cosinus de la distance apparente de la Lune au nonagésime.* Cette seconde partie est très petite, parceque le sinus de la latitude de la Lune, qui est un des facteurs, est à peine un dixieme de l'unité, lors même que la latitude de la Lune est la plus grande; cette seconde partie devient comme nulle dans les éclipses de Soleil, où la latitude apparente n'est jamais que d'un demi-degré, et sin. l environ un centieme. Dans des éclipses d'étoiles où la latitude de la Lune seroit de $6°$, et la Lune située dans le nonagésime, à $58°\frac{1}{2}$ de hauteur, la parallaxe horizontale étant de $1°$, cette seconde partie seroit de $5'\,21''$, et ne pourroit se négliger.

On peut encore simplifier cette seconde partie de la parallaxe en latitude, en considérant qu'elle est égale à la parallaxe en longitude, trouvée ci-dessus (1665), multipliée par le sinus de la latitude apparente de la Lune, et divisée par la tangente de la distance apparente au nonagésime. En effet, si la parallaxe de longitude est égale à $\frac{p \text{ sin. } d. \text{ sin. } h}{\text{cos. } l}$, ou simplement p sin. d. sin. h dans les éclipses, on a $p = \frac{\text{par. long.}}{\text{sin. } d . \text{ sin. } h}$. Substituant cette valeur de p dans l'expression

Tome II.   P p

p sin. h sin. l. cos. d, elle deviendra $= \dfrac{\text{par. long. sin. } l. \text{cos. } d}{\text{sin. } d}$: mais $\dfrac{\text{cos. } d}{\text{sin. } d}$

$=$ cotang. d; donc on a par. long. sin. l. cot. d pour la seconde partie de la parallaxe en latitude dans les éclipses de Soleil.

Hors des éclipses on a $p = \dfrac{\text{par. longit. cos. } l}{\text{sin. } d. \text{sin. } h}$, donc la seconde partie de la par. de latit. $= p$ sin. h sin. l cos. $d = \dfrac{\text{par. long. cos. } l. \text{sin. } l. \text{cos. } d}{\text{sin. } d}$ $=$ par. long. sin. l. cot. d. cos. l. seconde partie de la parallaxe en latitude hors des éclipses, dans laquelle le cosinus appartient à la latitude vraie.

1671. On doit retrancher cette quantité de la premiere partie, p cos. h. cos. l, trouvée ci-dessus (1669); si ce n'est dans le cas où la distance apparente de la Lune au nonagésime, et sa distance apparente au pole élevé de l'écliptique, sont de différente espece, c'est-à-dire, l'une aiguë et l'autre obtuse; car alors la seconde partie de la formule est additive, parceque sin. l change de signe dès lors que la latitude de la Lune est méridionale (en supposant l'observateur dans nos régions septentrionales); et cos. d et cot. d changent, quand la distance au nonagésime surpasse 90° (3794). Il ne peut y avoir de difficulté pour le cas où la Lune seroit située entre le zénit et le pole du monde élevé sur l'horizon; car le calcul de la formule donneroit une quantité à soustraire d'une autre plus petite, c'est-à-dire une parallaxe négative; et cela même avertiroit que la Lune est entre le zénit et le pole élevé, ou que la parallaxe diminue la distance au pole élevé, au lieu de l'augmenter, comme on le supposoit dans l'*art.* 1665 : il pourroit arriver aussi que les deux quantités fussent négatives, et il faudroit les ajouter.

1672. On peut mettre la parallaxe de latitude sous cette forme, p (cos. h sin. dist. au pole $-$ sin. h. cos. d cos. dist. au pole) : la distance au pole ne pouvant passer 180°, le sinus sera toujours positif; et le premier terme ne sera négatif que quand la hauteur du nonagésime passera 90°, ou qu'il sera entre le zénit et le pole. Mais h ne change point dans le second terme; ainsi celui-ci pourra continuer d'être négatif, à moins que d ne passe 90°, ou que la latitude ne soit australe; si un de ces deux cas arrive séparément, la seconde partie deviendra positive. En observant ainsi la regle des signes, on aura celui de la parallaxe, et on l'appliquera, suivant son signe, à la distance de la Lune au pole boréal de l'écliptique, à moins que l'observateur ne fût dans l'hémisphere austral de la Terre.

De même pour la parallaxe de longitude $\dfrac{p \text{ sin. } d. \text{sin. } h}{\text{sin. dist. au p.}}$, en prenant

toujours d égal à la longitude de la Lune, moins celle du nonagésime, sin. d sera positif, tant que la différence sera moindre que
180°, et la parallaxe s'ajoutera avec la longitude de la Lune. On en
verra l'usage (1866, 1970).

1673. Si la seconde partie doit être en général ôtée de la premiere,
quand la Lune est du côté du pole élevé, cela vient de ce que la latitude boréale de la Lune, dans nos régions boréales, rapproche la
Lune du zénit, et par conséquent diminue sa parallaxe; ainsi le
terme qui marque presque tout l'effet de la latitude doit se retrancher dans ce cas-là.

1674. La seconde partie de la parallaxe en latitude renferme cos.
l, c'est-à-dire qu'elle est multipliée par le cosinus de la latitude
vraie; et il est nécessaire d'y avoir égard dans les éclipses d'é-
toiles fixes par la Lune; car la latitude pouvant aller à 6°, l'on pourroit commettre une erreur de 20″ sur la parallaxe, en supposant le
cosinus de la latitude égal au rayon.

1675. Cette formule peut être sujette à une erreur de deux secondes environ, comme l'ont remarqué M. Lexell et M. Carouge; et
cela vient de ce que la perpendiculaire LI (FIG. 93) tombe plus près
du pole que le point L. Mais il est facile de corriger cette erreur par
deux moyens : le premier consisteroit à employer un troisieme terme
dans la formule; en voici le calcul.

La différence entre l'hypoténuse et le côté d'un triangle sphérique LPI dont l'angle P est fort petit (4046), est $\frac{1}{2}$ LI² cot. PL,
ou $\frac{1}{2}$ LI² tang. lat. : on mettra pour LI l'angle LPI multiplié par le
sin. PL, ou la parallaxe de longitude par le cos. de la latitude de la
Lune; le sinus au lieu du produit de la tang. et du cosinus; et au
lieu du produit du sinus par le cosinus, on substituera la moitié du
sinus du double (3817); on divisera par l'arc égal au rayon (3499),
et l'on aura enfin le carré de la parallaxe de longitude, divisé par
quatre fois l'arc égal au rayon, et multiplié par le sinus du double
de la latitude. Le logar. constant 4,08352 s'ajoute avec deux fois
celui de la parallaxe de longitude, et une fois celui du sinus de la
latitude double, et l'on a celui de la correction cherchée, qu'il faut
ôter de la parallaxe en latitude, toutes les fois que la Lune n'est pas
à plus de 90° du pole P de l'écliptique.

Voici une table calculée d'après cette formule pour corriger la
parallaxe de latitude; on l'a étendue jusqu'à 30°, pour qu'elle puisse
servir à corriger la parallaxe de déclinaison, en supposant qu'on
lise en tête de la table, déclinaison, au lieu de latitude; et dans la

premiere colonne à gauche, parallaxe d'ascension droite, au lieu de parallaxe de longitude.

Par. de longit.	0°	1°	2°	3°	4°	5°	6°	9°	12°	15°	18°	21°	24°	27°	30°
	Correction de la parallaxe de latitude, *Arg.* LATITUDE APPARENTE.														
0′	0″0	0″00	0″00	0″00	0″00	0″00	0″00	0″00	0″00	0″00	0″00	0″00	0″00	0″00	0″00
10	0.0	0.02	0.03	0.04	0.06	0.08	0.09	0.14	0.18	0.22	0.26	0.29	0.32	0.35	0.38
20	0.0	0.06	0.12	0.18	0.24	0.30	0.36	0.54	0.71	0.87	1.02	1.17	1.30	1.41	1.51
30	0.0	0.14	0.27	0.41	0 55	0.68	0.82	1.21	1.60	1.96	2.31	2.63	2.92	3.18	3.40
40	0.0	0.24	0.48	0.72	0.97	1.21	1.46	2.16	2.83	3.49	4.10	4.67	5.18	5.65	6.05
50	0.0	0.38	0.76	1.15	1.52	1.89	2.27	3.37	4.44	5.45	6.41	7 30	8.11	8.82	9.45
60	0 0	0.55	1.09	1.64	2.19	2.73	3 27	4.85	6.39	7.85	9.23	10.51	11.67	12.71	13.60

Cette correction est soustractive de la parallaxe de latitude, si la latitude est boréale ; elle est additive dans le cas contraire.

Mais la meilleure maniere de corriger la formule, est sans doute celle de M. de Lambre, qui consiste à employer, au lieu de cos. *d* (1670), le cosinus de la distance vraie, augmentée de la moitié seulement de la parallaxe en longitude, ce cosinus étant divisé, si l'on veut, par celui de cette moitié de la parallaxe en longitude (1683).

1676. EXEMPLE. Le 7 avril 1749 j'observai l'immersion d'*Antarès* à 1ʰ 1′ 20″ du matin, temps vrai, à l'observatoire de la marine qui est à l'hôtel de Clugny, ou 13ʰ 3′ 33″, temps moyen ; on demande pour ce moment la parallaxe de longitude et de latitude. Je suppose qu'on ait calculé pour le même temps le lieu du Soleil et celui de la Lune par les tables, et qu'on connoisse la hauteur du pole avec l'obliquité de l'écliptique.

Lieu du Soleil par les tables de La Caille,	0ˢ	17° 19′ 29″	
Lieu de la Lune par les tables de Mayer,	8	5 31 42	
Latitude australe de la Lune,		3 47 59	
Obliquité de l'écliptique pour ce temps-là,		23 28 22	
Hauteur du pole du lieu de l'observateur,		48 51 14	
Hauteur de l'équateur,		41 8 46	

On diminueroit la hauteur du pole de 11′ 23″, si l'on vouloit avoir égard à l'aplatissement (1694).

Ascension droite du Soleil calculée (910),	15 58	2
Le temps vrai, 13ʰ 1′ 20″, réduit en degrés,	195 20	0
Somme ou ascension dr. du milieu du ciel (1014),	211 18	2

Ou en en retranchant 180°,   31° 18′ 2″

La déclinaison méridionale qui répond à cette as-
cension droite (895),   12 42 48

L'angle de l'écliptique avec le méridien qui répond
à la même ascension droite, 31° 18′ 2″ (895),   70 6 9

La long. qui répond à la même ascension droite,   33 32 22

Ajoutant les 180° qu'on avoit retranchés de l'ascension droite du milieu du ciel, on a la longitude
du point culminant de l'écliptique (895), ou du
point qui est dans le méridien,   7ˢ 3 32 22

La hauteur de ce point culminant de l'écliptique,
ou la différence entre sa déclinaison, 12° 42′ 48″,
et la hauteur de l'équateur, 41° 8′ 46″, est de   28 25 58

On prendroit leur somme, si la déclinaison du
point E étoit du côté du pole élevé.

Le rayon est au sinus de 70° 6′ 9″, qui est l'angle CEO (FIG. 93),
comme le cosinus de la hauteur du point culminant, 28° 25′ 58″,
est au cosinus de la hauteur du nonagésime, ou de l'angle NOB
(1661), qui se trouve de 34° 13′ 14″. On cherchera aussi le logarithme de la tangente de CE. On fera ensuite cette proportion : la
tangente de la hauteur CE, 28° 25′ 58″, est au rayon comme le
cosinus de l'angle E, 70° 6′ 9″, est à la tangente de l'arc NE de l'é-
cliptique, compris entre le nonagésime et le méridien : cet arc se
trouvera de 32° 9′ 10″; étant ôté de la longitude du point culminant,
7ˢ 3° 32′ 22″, puisque ce point est dans les signes descendans (1662),
il donnera la longitude du nonagésime 6ˢ 1° 23′ 12″. Voici l'ordre et
la disposition du calcul.

T. longit. ☉	17° 19′ 29″	9,4949693	Cotang. Asc.	31° 18′ 2″	10,2160801
Cos. obl. écl.	23 28 22	9,9624875	Cos. obl. écl.		9,9624875
Tang. asc. dr.	15 58 2	9,4565568	Cot. long. E	33 32 22	10,1785676
T. vr. en degr.	195 20 0		Ajoutez 180°		
Som. p. culmi.	211 18 2	Otez 180°			
Sinus asc. dr.	31 18 2	9,7156084	Sin. ang. E	70 6 9	9,9732677
Tang. obliq.	23 28 22	9,6377373	Cos. haut. CE	28 25 58	9,9441748
Tang. décl.	12 42 48	9,3533457	Cos. haut. non.	34 13 14	9,9174425
Haut. équat.	41 8 46				
Haut. CE	28 25 58	du point culmin.			
Cosin. asc. dr.	31 18 2	9,9316885	Cosin. E	70 6 9	9,5319133
Sin. obliq.	23 28 22	9,6002248	Otez tang. CE	28 25 58	9,7335483
Cos. ang. E	70 6 9	9,5319133	Tang. NE	32 9 10	9,7983650
			ou	1ˢ 2° 9 10	

Otez de la longitude du point culminant E 7ˢ 3 32 22

Reste la longitude du nonagésime N. 6ˢ 1 23 12

1677. Voici un exemple de l'autre méthode (1663) par les analogies de Neper (3984, 3987).

Soit la hauteur du pole corrigée (1694), 48° 35′ 20″; l'obliquité PD, 23° 28′ 22″; l'ascension droite du milieu du ciel, 211° 18′; l'angle D, 58° 42′, dont la moitié est 29° 21′; la somme de PD et DZ 64° 53′, la demi-somme 32° 26′ 30″, la différence 17° 56′ 20″, la demi-différence 8° 58′ 10″. Voici le calcul dans lequel j'ai ajouté les complémens arithmétiques des logarithmes soustractifs (4107).

Cot.	29° 21′	0,2500150		0,2500150
Sin.	8 58 10″	9,1928676	Cos.	9,9946565
Comp. sin.	32 26 30	0,2704783	Comp. cos.	0,0736894
Tang. demi-différ. an.		9,7133609	Tang. demi-som.	0,3183609
	27° 19′ 55″			64° 20′ 19″

Tang.	8° 58′ 10″	{ Sin.		9,1928676
		{ Com. cos.		0,0053435
Sin. demi-diff.	64 20 19			9,9549027
Com. sin. demi-diff.	27 19 55			0,3380502
Tang. ½EZ (3987)	17 12 58	. . . . .		9,4911640

EZ = 34° 25′ 56″, hauteur du nonagésime.

Ajoutant la demi-somme et la demi-différence des angles, pour avoir le plus grand angle E, avec 90°, on a 181° 40′ 14″ pour la longitude du nonagésime.

1678. Pour avoir la distance de la Lune au nonagésime, il faut prendre la différence entre la longitude de la Lune et celle du nonagésime, en ôtant la plus petite de la plus grande; mais si la différence surpasse 6 signes, il faut ôter la plus grande de la plus petite, en ajoutant 12 signes à celle-ci : par ce moyen la différence cherchée sera toujours moindre que 6 signes, et la Lune sera à l'orient du nonagésime, si c'est le nonagésime que l'on a retranché; la Lune sera occidentale, si c'est sa longitude qu'on a ôtée de celle du nonagésime, soit qu'on ait employé ces longitudes toutes seules, soit qu'on en ait augmenté une de 12 signes. Dans notre exemple, on ôte 6ˢ 1° 23′ 12″, de 8ˢ 5° 31′ 42″, il reste 64° 8′ 30″ pour la distance de la Lune au nonagésime; la Lune est orientale : on verra l'usage de cette considération (1866). On y peut suppléer, si l'on observe la regle des signes (1672).

Connoissant la hauteur du nonagésime, et sa distance à la Lune, nous allons chercher les parallaxes de longitude et de latitude par les formules précédentes (1665 *et suiv.*)

Log. paral. horiz. p, 57' 16″ ou 3436″   3,5360532
Log. sin. de la hauteur du nonag. h, 34° 13' 14″   9,7500299
Log. sin. dist. de la Lune au nonag. 64° 8' 30″   9,9541823

Log. de p. sin. h sin. d.   3,2402654
Otez le log. du cos. de la lat. vraie, 3° 47' 59″   9,9990442

Reste le log. de 29' 3″, paral. de longit. à-peu-près   3,2412212

On ajoutera cette parallaxe avec la distance vraie de la Lune au nonagésime, 64° 8' 30″, et l'on aura la distance apparente, 64° 37' 33″, qu'il faudra employer dans le calcul de l'article 1679.

Logarit. de la parallaxe horiz. p, 57' 16″   3,5360532
Log. cos. de la hauteur du nonagésime, 34° 13' 14″   9,9174425

Log. de 47' 21″, paral. de latitude à-peu-près   3,4534957

On ajoutera cette parallaxe, 47' 21″, avec la latitude vraie de la Lune, 3° 47' 59″, parceque la latitude de la Lune est opposée au pole élevé de l'écliptique, et l'on aura la latitude apparente 4° 35' 20″, qu'il faudra employer dans un des calculs suivans, pour plus d'exactitude.

1679. Logarit. de la paral. horiz. ou de p, 3436″   3,5360532
Log. sin. h, haut. du nonag. 34° 13' 14″   9,7500299
Log. sin. d, ou dist. apparente de la Lune au nonagé-
    sime, 64° 37' 33″   9,9559419

Log. p. sin. h sin. d.   3,2420250
Otez le log. cos. latit. vraie, 3° 47' 59″   9,9990442

Reste le log. de la parallaxe de longitude plus exacte
    1749″8, ou 29' 9″8   3,2429808

On emploîra les mêmes nombres pour la parallaxe en latitude, excepté que c'est la latitude apparente qui doit y entrer.

Logarithme p . . .	3,5360532	Log. p	3,5360532
Logarith. cos. h. .	9,9174425	Log. sin. latit. ap. .	8,9031205
Log. cos. lat. ap. .	9,9986056	Log. sin. h.	9,7500299
Log. 2832″, . . .	3,4521013	Log. cos. dis. ap. d.	9,6319790
		Log. 66″2.	1,8211826

C'est la première partie de la parallaxe en latitude (1667).   Seconde partie (1670).

Ces deux parties de la formule étant ajoutées ensemble, parceque la distance de la Lune au pole boréal, et sa distance au nonagésime, sont de différente espece (1671), on aura la parallaxe totale en latitude 2898″3, ou 48' 18″3.

1680. Si l'on veut pousser l'exactitude encore plus loin, on ajoutera le troisieme terme $0''5$ (1675), et l'on aura $48' 18''8$ pour la parallaxe de latitude, en supposant la Terre sphérique. On trouveroit deux dixiemes de plus, en employant plus exactement la latitude apparente, et l'on auroit $48' 19''0$.

1681. La formule de la parallaxe de latitude étant composée de trois termes (1675), plusieurs auteurs ont cherché à la simplifier, entre autres M. Lexell, en 1774 (*Ephém. de Berlin* 1777); M. Trembley; (*Essai sur la Trigon.*) M. Cagnoli (*Trigon. p.* 417), et plus récemment encore M. de Lambre.

Voici la formule de M. Cagnoli : Paral. de latit. $=$ par. long.

$$\cos.\text{ lat. vr. }\cos.\text{ lat. ap.}\ \frac{\cot.\text{ haut. non.}-\cos.(\text{dis. vr. au non.}+\tfrac{1}{2}\text{par. long.})\tan.\text{ lat. vr.}}{\sin.\text{ dist. vraie au nonagesime}}.$$

Cette formule ne pourroit servir, si la parallaxe de longitude étoit nulle, ou très petite; mais, dans ce cas, on pourroit se servir de l'ancienne (1670) : le troisieme terme, qui y manque, seroit alors comme nul.

Je me contenterai de démontrer une nouvelle formule que M. de Lambre m'a communiquée le 4 mars 1786, et qui me paroît la plus commode : Soit D la distance vraie au nonagésime, d la distance apparente, L et l les latitudes vraie et apparente, P la parallaxe de longitude déja trouvée, on aura la paral. de latit. $=\left(\dfrac{p.\cos.h.\sin.d}{\sin.D}-\dfrac{\text{P. }\sin.\text{L }\cos.(\text{D}+\tfrac{1}{2}\text{P})}{\sin.\text{D}}\right)\cos.l.$ Pour la démontrer, il faut d'abord prouver que $\tan.l=\dfrac{\tan.\text{ L.}\sin.d}{\sin.\text{D}}-\dfrac{p\cos.h\sin.d}{\cos.\text{L}\sin.\text{D}}.$ Pour cela soit L (FIG. 96) le lieu vrai de la Lune, S le lieu apparent, P le pole de l'écliptique, Z le zénit; les triangles PZL, PZS donnent (3944) $\cos.\text{Z}=\dfrac{\cos.\text{PL}-\cos.\text{PZ}.\cos.\text{ZL}}{\sin.\text{PZ}.\sin.\text{ZL}}=\dfrac{\cos.\text{PS}-\cos.\text{PZ}.\cos.\text{ZS}}{\sin.\text{PZ}.\sin.\text{ZS}}$; donc $\cos.\text{PL}.\sin.\text{ZS}-\cos.$ PZ $\cos.$ ZL $\sin.$ ZS $=\cos.$ PS $\sin.$ ZL $-\cos.$ PZ $\cos.$ ZS $\sin.$ ZL; ou $\cos.$ PL $\sin.$ ZS $-\cos.$ PS $\sin.$ ZL $=\cos.$ PZ $.\cos.$ ZL $\sin.$ ZS $-\cos.$ PZ $.\cos.$ ZS $.\sin.$ ZL $=\cos.$ PZ $.\sin.$ (ZS $-$ ZL) (3811) $=\cos.$ PZ $.\sin.$ LS $=\cos.$ PZ $.\sin.$ $p.\sin.$ ZS. Divisant tout par $\sin.$ ZS, on a $\cos.$ PL $-\dfrac{\cos.\text{PS}.\sin.\text{ZL}}{\sin.\text{ZS}}=p\cos.\text{PZ.}$ Mais $\sin.$ ZL $=\dfrac{\sin.\text{PL}.\sin.\text{ZPL}}{\sin.\text{L}}$, et $\sin.$ ZS $=\dfrac{\sin.\text{PS}.\sin.\text{ZPS}}{\sin.\text{Z}}$; donc $\dfrac{\sin.\text{ZL}}{\sin.\text{ZS}}=\dfrac{\sin.\text{PL}.\sin.\text{ZPL}}{\sin.\text{PS}.\sin.\text{ZPS}}$ (a); donc $p\cos.$ PZ $=\cos.$ PL $-\dfrac{\cos.\text{PS}.\sin.\text{PL}.\sin.\text{ZPL}}{\sin.\text{PS}.\sin.\text{ZPS}}=p\cos.h=\sin.\text{L}-$

(a) Cette valeur donne un moyen fort simple de trouver le diametre apparent par le moyen du diametre horizontal (1510), sans calculer la hauteur de la Lune (1873).

tang.

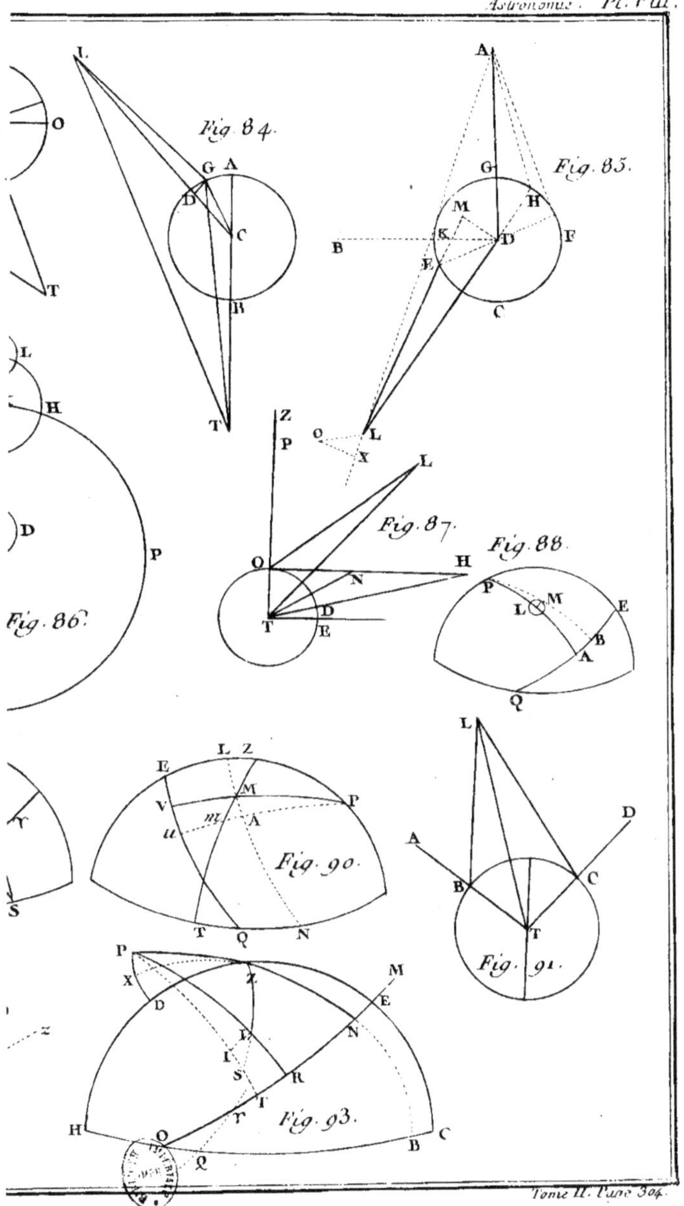

Fig. 84.
Fig. 85.
Fig. 86.
Fig. 87.
Fig. 88.
Fig. 90.
Fig. 91.
Fig. 93.

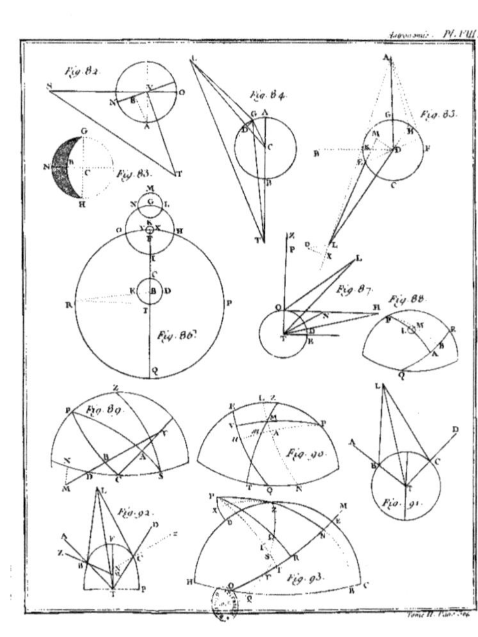

Astronomie. Pl. VIII.
Fig. 82.
Fig. 84.
Fig. 85.
Fig. 83.
Fig. 86.
Fig. 87.
Fig. 88.
Fig. 89.
Fig. 90.
Fig. 91.
Fig. 92.
Fig. 93.
Tome II. Pag. 320.

$\dfrac{\text{tang. } l.\cos. L \sin. D}{\sin. D}$; ainsi tang. $l = \dfrac{\sin.L.\sin.d - p.\cos.h.\sin.d}{d \cos. L \sin. D} = \dfrac{\text{tang. }L.\sin.d}{\sin. D}$

$- \dfrac{p \cos. h \sin. d}{\cos. L.\sin. D}$. C'est l'expression de la latitude apparente dont nous avons besoin ; elle est de M. Lexell. J'ai mis p pour sin. p.

Tang. $L -$ tang. $l = \dfrac{\sin. (L - l)}{\cos.L.\cos.l}$ (3843) $=$ tang. $L - \dfrac{\text{tang. }L.\sin.d}{\sin. D} +$

$\dfrac{p \cos. h.\sin.d}{\cos. L \sin. D} = \dfrac{p \cos. h.\sin.d}{\cos. L \sin. D} -$ tang. $L \left(\dfrac{\sin d - \sin. D}{\sin. D} \right) = \dfrac{p \cos. h.\sin.d}{\cos. L.\sin. D} -$

$\dfrac{\text{tang. }L.2 \sin. \frac{1}{2}(d - D) \cos. \frac{1}{2}(d + D)}{\sin. D}$ (3835). Mais $\frac{1}{2}(d + D) = D + \frac{1}{2}P$; donc

$\dfrac{\sin. (L - l)}{\cos. L.\cos. l} = \dfrac{p \cos. h.\sin.d - 2 \sin. \frac{1}{2}P \cos. (D + \frac{1}{2}P) \sin. L}{\cos. L.\sin. D}$; et sin. $(L - l) =$

$\dfrac{p \cos. h.\sin.d - 2 \sin. \frac{1}{2}P \cos. (D + \frac{1}{2}P) \sin. L}{\sin. D}$ cos. l ; ou mettant les petites

quantités à la place de leurs sinus, on a enfin parallaxe de latitude

$= \left(\dfrac{p \cos. h.\sin.d}{\sin. D} - \dfrac{P \sin. L.\cos. (D + \frac{1}{2}P)}{\sin. D} \right)$ cos. l.

EXEMPLE. Avec les données de l'art. 1678 :

p,	57′16″	3,536053	P,	29′10″	3,24298 neg.	Cos. lat. app.	9,998594
Cos. h,	34° 13 14	9,917442	Sin. L, 3° 47 59		8,82131 neg.	48′28″4	3,463654
Sin. d,	64 37 40	9,955949	Cos. (D $+\frac{1}{2}$P)		9,63581	48 19, 0	3,462248
Comp.sin.D	64 8 20	0,045818	. . . . . .		0,04582	Paral. de latit. exacte.	
	47′32″7.	3,455262	$+$ 55″7.		1,74592		
			47 32, 7				

Par. lat. à-peu-près . . . . 48′28, 4
Latitude vraie . . . . . 3° 47 59
Latit. appar. à-peu-près . , . 4 36 27

Cette parallaxe de latitude exacte dans la sphere est la même que dans l'exemple précédent (1680).

1682. On pourroit chercher par cette formule la parallaxe de déclinaison (1668) ; mais cette valeur ne seroit pas assez approchée, si la déclinaison étoit fort grande ; il faudroit y employer le cos. de la déclinaison apparente, trouvée à peu-près par l'opération que nous venons d'indiquer ; on sent bien qu'alors D et d seroient les distances de la Lune au méridien, L et l les déclinaisons, et P la parallaxe d'ascension droite, trouvée comme la parallaxe de longitude.

1683. Les expressions précédentes ont fourni aussi à M. de Lambre une méthode élégante pour éviter le troisieme terme de la parallaxe en latitude (1675), et perfectionner l'ancienne formule que nous avons employée. Puisque $p\cos. h = \sin.L - \dfrac{\text{tang.}l \cos.L \sin.D}{\sin. d}$,

on aura, en divisant par cos. L, tang. $L - l = \dfrac{p \cos. h}{\cos. L} + \dfrac{\tan. l \sin. D}{\sin. d} -$

Tome II. Q q

$$\tan. l = \frac{p \cos. h}{\cos. L} - \tan. l\left(1 - \frac{\sin. D}{\sin. d}\right) = \frac{p \cos. h}{\cos. L} - \tan. l\left(\frac{\sin. d - \sin. D}{\sin. d}\right)$$

$$= (3835) \frac{p \cos. h}{\cos. L} - \frac{2 \tan. l \sin. \tfrac{1}{2}(d - D). \cos. \tfrac{1}{2}(d + D)}{\sin. d} = \frac{p \cos. h}{\cos. L} -$$

$$\frac{2 \sin. \tfrac{1}{2}P \cos.(D + \tfrac{1}{2}P) \tan. l}{\sin. d} = (3817) \frac{p \cos. h}{\cos. L} - \frac{\sin. P \cos.(D + \tfrac{1}{2}P) \tan. l}{\cos. \tfrac{1}{2}P . \sin. d}. \text{ Donc}$$

$$\tan. L - \tan. l = (3843) \frac{\sin. (L - l)}{\cos. L. \cos. l} = (1666) \frac{p \cos. h}{\cos. L} -$$

$$\frac{\sin. p \sin. h . \cos.(D + \tfrac{1}{2}P) \tan. l}{\cos. L. \cos. \tfrac{1}{2}P}; \text{ et } \sin. (L - l) \text{ ou le sinus de la parallaxe en}$$

latitude $= p \cos. h \cos. l - p \sin. h \sin. l \dfrac{\cos. (D + \tfrac{1}{2} P)}{\cos. \tfrac{1}{2}P}$. Ainsi il suffi-

roit de mettre $\dfrac{\cos. (D + \tfrac{1}{2}P)}{\cos. \tfrac{1}{2} P}$, au lieu de cos. d, dans la formule (1667), pour la rendre rigoureusement exacte.

1684. Pour trouver la parallaxe de longitude par le moyen du nonagésime, Riccioli (*Astr. reform. Praecep.* pag. 21) emploie une table intitulée, *Parallaxis mecoplatica* [a] : en tête de la table est la parallaxe horizontale; dans la colonne latérale, la hauteur du nonagésime; et dans la table, on a une parallaxe de longitude, p sin. h, qui auroit lieu, si la Lune étoit à l'horizon même; car les nombres de la table croissent comme les sinus. Dans la même table, avec cette parallaxe en longitude, et la distance de la Lune au nonagésime, on trouve la parallaxe p sin. d sin. h; elle n'a besoin d'aucune correction, si la Lune est près de l'écliptique, comme dans les éclipses de Soleil; mais il faut y ajouter une petite correction, à cause de cos. L, si la Lune a une latitude. Cette correction ne va qu'à 8″ pour 5° $\tfrac{1}{4}$ de latitude, et 31′ de parallaxe en longitude. C'est la réduction au grand cercle dont j'ai donné une table à la fin des tables de la Lune.

Pour trouver la parallaxe de latitude, Riccioli cherche d'abord la hauteur du nonagésime de l'orbite de la Lune, en ajoutant à la hauteur du nonagésime une latitude de l'orbite lunaire, prise avec la distance du nonagésime au nœud ; et dans la même table, avec la parallaxe horizontale de la Lune et le complément de cette hauteur du nonagésime, il trouve la parallaxe de la Lune en latitude p cosin. h, qui est plus exacte que si l'on avoit employé la hauteur simple du nonagésime, mais qui ne l'est pas autant que la formule.

1685. On abrégeroit beaucoup les opérations des articles 1676 et 1677 par le moyen des tables du nonagésime et de sa hauteur ; j'en ai publié pour Paris, et les principaux observatoires de l'Europe, dans la *Connoisssance des temps* de 1767, etc. Leur forme

(a) Μῆκος, longitude; πλάτος, latitude.

est plus commode que celle des tables qui se trouvent dans Ptolémée, Copernic, Magini, Muler, Képler, Rénérius, Boulliaud et Riccioli ; elles ne supposent que l'ascension droite du milieu du ciel (1014). Par exemple, le 6 avril 1749 à 13^h 1' 20'' de temps vrai, la somme du temps vrai et de l'ascension droite du Soleil [a], étant réduite en degrés, est de 211° 18' (1676). On cherche dans la table, vis-à-vis de 210° ou de 14^h 0', et, ayant pris les parties proportionnelles, on trouve 6ˢ 1° 23' pour la longitude du nonagésime, et 34° 14' pour la hauteur du nonagésime à Paris, à peu-près comme dans les calculs précédents (1677). La différence vient de ce que la table est faite pour la latitude de l'observatoire royal.

Il faudroit corriger ces tables du nonagésime pour avoir égard à l'aplatissement de la Terre, en diminuant la latitude (1692). M. Méchain a donné cette correction dans la *Connoissance des temps* de 1791 ; on peut la trouver par de simples parties proportionnelles aussitôt qu'on a des tables pour différentes hauteurs du pole ; on la peut calculer aussi par les analogies différentielles.

Si l'on fait $\frac{\text{sin. obl. cos. asc. dr.}}{\text{sin.}h} = \text{sin. } x$, on aura le changement de la longitude du nonagésime, égal à celui de la latitude multipliée par $\frac{\text{sin. } x}{\text{sin.} H}$ (4002), et celui de la hauteur du nonagésime égal à celui de la latitude multipliée par $-\cos. x$ (3999). Si l'on suppose la latitude constante, et l'obliquité O variable, on a $\partial N = \partial O \cos.N. \text{cotang. } h$ (4000) et $\partial h = \partial O \sin. N$ (3999). Ces variations sont celles du triangle ♈OQ (fig. 93), en faisant OQ $= x$; sin. x est négatif dans le second, et le troisieme quart d'ascension droite, parcequ'alors le cos. asc. dr. est négatif.

M. Pierre Levêque, professeur à Nantes, a calculé des tables du nonagésime sur le même argument pour tous les degrés de latitude ; elles ont paru à Avignon en 1776 en 2 vol. *in-8°*. M. de Lambre a fait à son usage pour Paris une table du nonagésime pour toutes les minutes de degré de l'ascension droite du milieu du ciel, et il y a employé les dixiemes de seconde, et les variations pour un changement de latitude et d'obliquité ; mais elle n'est pas encore imprimée. On trouveroit aussi la longitude du nonagésime par les tables des Maisons (1062), et par celles des ascensions obliques ; elles sont dans tous les anciens livres d'astrologie. (*Connoiss. des mouv. cél.* 1767). Les tables du nonagésime, calculées pour tous les dé-

(a) Elle est toute calculée dans la *Connoissance des temps*, puisque c'est le complément à 24 heures de la distance de l'équinoxe au Soleil (991).

grés , pourroient servir aussi pour trouver la longitude et la latitude
par le moyen de l'ascension droite et de la déclinaison (905) , puisqu'elles résolvent également un triangle dont on a deux côtés et
l'angle compris (1663).

Parallaxe dans le sphéroïde aplati.

1686. La Terre ayant la figure d'un sphéroïde aplati vers les
poles (2682) , les différens points de la Terre ne sont pas à la même
distance du centre ; et la parallaxe horizontale de la Lune , qui dépend de la distance qu'il y a du centre de la Terre à la surface, ne
sauroit être la même dans ces différens points.

Newton considéra le premier la différence qui en résulte sur les
parallaxes de la Lune (*Princ. liv. III, prop.* 38, *cor.* 10). Depuis
ce temps-là , Manfredi , Grammatici , Maupertuis dans son Traité
de la parallaxe de la Lune, Euler dans les Mémoires de Berlin pour
1749 , et de l'Isle (*Mém. acad.* 1757) , donnerent des méthodes
pour tenir compte de l'aplatissement dans les calculs astronomiques.

Toutes ces méthodes étoient sujettes à l'inconvénient d'une extrême longueur ; elles exigeoient une précision scrupuleuse et fati-
gante dans le calcul trigonométrique ; en sorte que les astronomes
n'employoient point encore cette considération de l'aplatissement
de la Terre dans le calcul des éclipses. Je cherchai à renfermer l'effet
de l'aplatissement de la Terre dans une petite équation , qui ne
changeroit rien à la méthode ordinaire de calculer les parallaxes ,
et qui pourroit se prendre sans aucune partie proportionnelle , ou
se négliger suivant les cas, et je donnai ces formules avec des tables
dans les Mémoires de l'académie pour 1756. M. du Séjour a donné
une méthode analytique pour les éclipses , dans laquelle il fait
entrer aussi la figure de la Terre sans alonger sensiblement le
calcul (*Mém. acad.* 1764 ; *Traité analytique ,* etc.). M. de la
Grange a donné des formules dans les éphém. de Berlin 1782 , et
M. Trembley les a démontrées dans son *Essai de Trigonométrie
sphérique.* Mayer, Lexell et M. Maskelyne en ont donné également.

1687. L'ellipse POE (fig. 94) représente un méridien de la Terre ,
P le pole élevé , O le lieu de l'observateur , ON la verticale , ou la
perpendiculaire à l'horizon et à la surface de la Terre en O ; CNH la
méridienne , ou une ligne horizontale qui est la commune section du
méridien avec l'horizon ; CON l'angle de la verticale avec le rayon
CO, qui est à Paris de 14' 51" dans l'hypothese de Newton pour
l'aplatissement de la Terre (1694, 2692). La perpendiculaire ON

est sensiblement égale au rayon CO, à cause de la petitesse de l'angle CON ; la parallaxe qui auroit pour base ON seroit plus petite d'un cent-millieme que la parallaxe horizontale, qui a pour base CO : mais on peut négliger ici cette différence, qui ne va qu'à un trentieme de seconde. Si l'observateur O étoit situé en N, il verroit encore la Lune L dans le même vertical où il la voit du point O, et au même point d'azimut sur l'horizon : mais cet azimut où la Lune paroît, vue du point O ou du point N, quand la Lùne n'est pas au méridien, est différent de celui où elle paroîtroit, si on l'observoit du centre C de la Terre ; les rayons menés du point C et du point N jusqu'à la Lune, font alors un angle que j'appelle la PARALLAXE D'AZIMUT, qui porte toujours la Lune du côté du pole élevé.

La hauteur de la Lune, vue du point N, differe de la hauteur vue du point C d'une quantité CLN, qui est la correction de la parallaxe de hauteur.

1688. J'employois ci-devant ces deux quantités pour réduire le lieu vrai de la Lune à son lieu apparent ; j'en avois fait de petites tables très commodes (*Mém.* 1756) : mais, comme dans le calcul des éclipses on peut se passer de la hauteur apparente et de l'azimut vu du point O, je préférerai ici la méthode qui donne directement la parallaxe OLC, en diminuant simplement la latitude du lieu O de la petite quantité CON ; je rapporterai seulement les expressions de ces quantités et de celles qui en étoient déduites pour la longitude et la latitude. Nommant p la parallaxe horizontale pour le lieu O, a le petit angle CON de la verticale avec le rayon, z l'azimut de la Lune et h sa hauteur, l'on a la parallaxe d'azimut qui répond à CN, p sin. a. sin. z, et l'équation en hauteur, p sin. a. sin. h. cos. z.

1689. Pour appliquer ces corrections aux parallaxes d'ascension droite de longitude, etc. je réduisois la parallaxe horizontale au point K où la verticale ONK rencontre l'axe de la Terre, et la réduction NK est p sin. a tang. hauteur du pole. Cette augmentation alloit jusqu'à $17''$ pour Paris, quand on supposoit la parallaxe de $58'$, et l'aplatissement de $\frac{1}{230}$.

1690. L'équation de la décl., ou l'angle CLK, est $\dfrac{p \text{ sin. } a \text{ cos. déclin.}}{\text{cos. haut. du pole}}$ ou pour Paris $23''$ cos. décl.

De cette équation de la déclinaison je déduisois celle de la longitude $23''$ sin. obl. cos. longit. L'obliquité étant de $23° 28'$, cette quantité est de $9''$ cos. longit.

1691. Enfin l'équation de la latitude, que j'avois déduite aussi de celle de la déclinaison, étoit $23'' \left(\dfrac{\text{cos. obliq.}}{\text{cos. latit. } \mathbb{C}} - \text{sin. déclin. tang.} \right.$

lat. Ⓒ) qui se réduisoit, du moins à 1″ près, à $\dfrac{p \sin. a \cos. obliq.}{\cos. haut. du pole}$, ou à une correction constante de 21″ qu'on ôtoit de la parallaxe en latitude, calculée pour Paris sur CK.

La correction est nulle pour l'ascension droite, puisque le point O et le point K sont dans le même cercle de déclinaison passant par le centre C.

Les démonstrations de toutes ces formules sont dans mes précédentes éditions; mais elles sont un peu longues; et comme je ne m'en servirai point pour les éclipses, je les supprime ici pour passer à une méthode plus simple.

1692. Cette méthode, qui fut employée pour la premiere fois par Mayer dans les Mémoires de Gottingue publiés en 1753 (*tome II*), consiste à prendre le rayon de la Terre CO au lieu de la ligne verticale ZON. On ne fait point usage du zénit apparent qui est sur la ligne verticale NOZ, mais l'on prend le zénit moyen qui est sur le rayon COA (M. Lexell l'appelle zénit vrai), et l'on calcule la parallaxe par rapport à la ligne COA; l'on a également la parallaxe OLC, qui est la vraie différence entre les lieux vrais et apparens ou vus du centre C de la Terre et du lieu O de l'observateur. A la vérité, cette différence n'est pas dans un vertical, et ne feroit pas trouver la hauteur apparente et l'azimut apparent, qui se rapportent à la verticale ZOK, puisque le plan COL n'est pas vertical : mais on ne fait pas usage dans la pratique de l'astronomie de la hauteur apparente, si ce n'est dans le méridien (4141), et la méthode dont il s'agit ici s'y employoit déja. Ainsi, le zénit supposé A, offrant plus de facilité pour le calcul ordinaire des parallaxes, il est naturel de s'en servir : c'est aussi ce qu'ont fait M. Lexell, M. de la Grange, M. Maskelyne, M. de Lambre (*Mém. de Stock.* 1788), et M. Cagnoli (*Trig. p.* 414).

Pour trouver la parallaxe dans le sphéroïde aplati, il ne faut donc que diminuer la hauteur du pole de 11′ 23″ à Paris (1653), ou, en général, de l'angle que fait la verticale avec le rayon de la Terre, dont nous donnerons une table, et prendre pour parallaxe horizontale celle qui convient au rayon de la Terre pour la latitude du lieu : on traite alors la parallaxe comme dans la sphere.

1693. Si l'on imagine que CO soit le rayon d'une sphere, l'observateur O aura son zénit en A au lieu de l'avoir en Z sur la verticale KOZ, voilà toute la différence : le zénit, les hauteurs et les azimuts, sont changés ; mais tous les astres, vus du point C et du point O, auront les mêmes positions relatives, et l'angle de parallaxe OLC sera toujours le même. Rien ne nous oblige à rapporter l'astre au point Z plutôt qu'au point A ; il suffit de rapporter l'équateur ou l'écliptique au même point A , et pour cela il suffit de diminuer la latitude du lieu O de la quantité AOZ ; c'est ce que nous ferons dans le calcul des éclipses (1867 , 1876 , 1978 , 4141) , et cela nous tiendra lieu de toute réduction à raison de l'aplatissement de la Terre.

1694. L'angle de la verticale avec le rayon mené de Paris au centre de la Terre , est de $11' 23''$ (2691) , en supposant l'aplatissement de la Terre égal $\frac{1}{300}$; il étoit de $14' 51''$ quand on supposoit avec Newton et la plupart des astronomes , que l'aplatissement étoit $\frac{1}{230}$: c'est celui dont nous avons long-temps fait usage dans nos calculs ; on en trouvera la table dans les deux hypotheses , parmi celles de la Lune. Le sinus de cet angle est égal à l'aplatissement de la Terre multiplié par le sinus du double de la latitude (2692). Nous donnerons aussi une table de la quantité dont il faut diminuer la parallaxe sous l'équateur pour la réduire à chaque latitude , avec la méthode pour la calculer (2693).

Des inégalités de la parallaxe de la Lune, et de sa quantité absolue.

1695. LA parallaxe horizontale et le diametre de la Lune sont dans un rapport constant (1633) , qui est celui de 11 à 6 ; quand la Lune s'éloigne de nous, son diametre diminue (1384) , et sa parallaxe horizontale diminue aussi dans le même rapport (1631) : ainsi les trois inégalités dont j'ai parlé à l'occasion du diametre de la Lune (1507) , ont lieu de même dans la parallaxe ; elles sont plus grandes dans le même rapport qui est encore celui de 11 à 6 (1702).

Après qu'on eut observé les changemens du diametre de la Lune , il fut aisé de reconnoître ceux de la parallaxe ; mais Ptoléméc et les anciens , qui faisoient tourner la Lune dans un excentrique ou dans un épicycle , avoient déja pensé qu'elle devoit être plus ou moins éloignée de nous , et avoient établi une inégalité dans la parallaxe , quoiqu'ils ne connussent pas celle des diametres. Tous les auteurs qui ont suivi , ont distingué la parallaxe de l'apogée de celle du pé-rigée.

Picard , vers 1666 , reconnut qu'il y avoit encore deux autres inégalités sensibles dans le diametre apparent de la Lune , et par conséquent dans sa parallaxe (1507). Ces inégalités répondent à l'évection (1435) , et à la variation (1445) ; et l'on sent assez que l'attraction du Soleil , en changeant la vîtesse de la Lune autour de la Terre , ne peut manquer de changer aussi sa distance , comme le calcul de l'attraction l'a fait voir : ainsi la valeur de ces inégalités a été déterminée et par l'observation et par la théorie.

1696. Clairaut emploie dans ses tables de la parallaxe 10 équations (*Mém. acad.* 1752 , *Connoiss. des mouv. célest.* 1765) : on les applique à une constante qui est de 57′ 5″ sous l'équateur, et 56′ 58″ pour la latitude de Paris ; c'est à-peu-près celle que j'avois déja déterminée , en appliquant aux parallaxes que j'avois observées à Berlin , les équations nécessaires ; ce qui me donnoit à chaque fois la constante qu'il s'agissoit de trouver (*Mém. acad.* 1756 , 1788).

1697. J'ai reconnu en même temps que le diametre horizontal de la Lune est à sa parallaxe pour Paris , comme 32 46″6 sont à 60′. J'ai déterminé ce rapport en comparant avec ces parallaxes les diametres de la Lune que j'ai observés plusieurs fois avec un héliometre de 18 pieds (*Mém. de l'ac.* 1788). J'ai donné une table de la parallaxe, qui répond à chaque diametre, dans la *Connoissance des temps* de 1764. Il y en a une dans les tables de Berlin ; mais le rapport n'est pas exactement celui que je donne ici, parceque j'ai diminué la parallaxe en diminuant l'aplatissement de la Terre (3764), et que j'ai aussi diminué le diametre de la Lune.

1698. La parallaxe 56′ 58″ n'est pas celle qui tient un milieu entre la plus petite 53′ 46″, et la plus grande 61′ 25″ (car ce milieu est de 57′ 36″) ; mais la parallaxe 56′ 58″ est celle qui répond à la distance moyenne de la Lune à la Terre, et qui differe de 57′ 36″ pour deux raisons. Premièrement, si l'on ne considere que l'orbite elliptique de la Lune , dont l'excentricité est environ 0 , 055036, on trouvera que , si la parallaxe est de 56′ 58″ dans les moyennes distances pour le rayon moyen de la Terre, elle sera de 60′ 17″ dans le périgée, et de 54′ 0″ dans l'apogée : la premiere differe de la constante 56′ 58″, de 3′ 19″ ; la seconde n'en differe que de 2′ 58″, parceque le même changement sur la distance produit sur l'angle de la parallaxe un plus grand effet quand la Lune s'approche de nous que quand elle s'en éloigne. La distance moyenne est un milieu arithmétique entre la distance apogée et la distance périgée : mais la parallaxe est en raison inverse de la distance ; ainsi la parallaxe 56′ 58″, qui répond à la distance moyenne, est une moyenne harmonique entre celles qui répondent aux distances apogée et périgée : or le milieu harmonique differe beaucoup du milieu arithmétique. Par exemple, les premiers nombres qui expriment les vibrations des principaux accords de la musique, 2, 4, 6, sont en proportion arithmétique ; d'où l'on conclut que les nombres $\frac{1}{2}$, $\frac{1}{4}$, $\frac{1}{6}$, qui expriment les longueurs des cordes, sont en proportion harmonique. Ces dernieres quantités, qui peuvent se

représenter

représenter par les fractions décimales o , 5o; o , 25; o , 17, sont
bien loin de la progression arithmétique , puisqu'il faudroit que la
moyenne fût o , 33 , et non pas o , 25. Voilà une premiere raison par
laquelle la constante 56' 58" diffère déja de 10" du milieu que l'on
prendroit entre la parallaxe apogée et la parallaxe périgée.

La seconde raison, c'est que l'attraction du Soleil peut augmenter
la parallaxe périgée de 1' 5" ; et qu'elle ne peut diminuer la parallaxe apogée que de 12", parceque son effet est plus considérable
quand la Lune est près de la Terre , et que les attractions du Soleil
et de la Terre conspirent à rapprocher la Lune de nous, que quand
la Lune est fort éloignée , et que le Soleil tend à l'éloigner encore.
Cette seconde raison fait que la parallaxe moyenne entre la plus
grande et la plus petite est encore plus forte de 26"½, que si les
équations de la parallaxe faisoient autant pour la diminution de la
parallaxe constante 56' 58" que pour son augmentation. Les autres
équations y contribuent encore; voilà pourquoi la parallaxe 57' 36",
qui tient le milieu , est plus grande de 38" que la constante. Il en est
de même du diametre de la Lune (1506).

1699. Suivant les tables de Mayer , la plus grande parallaxe de la
Lune (lorsqu'elle est dans son périgée et en opposition), est de 61'
32" environ ; la plus petite parallaxe , qui a lieu dans l'apogée en
conjonction , est de 53' 52", sous la latitude de Paris ; il n'y avoit
qu'environ 3" de moins dans la premiere édition de ses tables , faite
en 1753, dans le temps où je venois de donner le résultat de mes
observations de Berlin , comparées avec celles de la Caille au cap
de Bonne-Espérance en 1751 et 1752 ; Mayer l'a augmentée de 3",
et il est en cela d'accord avec M. du Séjour (*Traité analyt.* p. 547);
mais mon résultat est un peu moindre.

La table de la parallaxe dans Mayer n'étoit pas exactement conforme à ses données ; M. de Lambre l'a recalculée (*Con. des temps,*
1791) avec 57' 11" 4 pour l'équateur : elle ne seroit que 57' 5", suivant moi , plus petite de 6" 4, dont 4" 7 viennent de l'aplatissement
de la Terre que je fais plus petit, et 1" 7 des observations différentes , ou des conséquences tirées des observations. Cette diminution exige aussi qu'on diminue de 0"2 la premiere équation.

1700. Suivant la formule de Mayer, la parallaxe sous l'équateur,
ou la parallaxe équatoriale, est 57' 11" 4, avec toutes les équations
suivantes ; elles sont placées dans l'ordre de leurs quantités , en
commençant par les plus grandes : mais on voit à côté l'ordre des
tables , qui est le même que celui des équations de la Lune , et qu'on
a choisi pour rendre le calcul plus commode.

Tome II. R r

TABLE ⎰ 57' 11″4 —3' 7″7 cos. anomal. ☽.
XIX. ⎱   +   10,0 cos. 2 anomal.
                —   0,3 cos. 3 anomal.
V. ⎰   —   37,3 cos. Arg. évection.
   ⎱   +   0,3 cos. 2 Arg. évection.
               +   26,0 cos. 2 dist. ☽☉
XX. ⎰   —   1,0 cos. dist. ☽☉
    ⎱   +   0,2 cos. 4 dist. ☽☉
IX. ⎰   +   2,0 cos. 2 (apog. ☽—☉)
    ⎱   +   0,2 cos. 3 (apog. ☽—☉)
VI.   +   1,0 cos. (Arg. évect.+anom. ☉)
XXI.   +   0,8 cos. (2 arg. lat. —anom. ☽ corrig.)
III.   —   0,8 cos. (2 dist. ☽☉—anom. ☉)
II.   —   0,7 cos. (2 dist. ☽☉+anom. ☉)
VII.   +   0,6 cos. (Arg. évect. —anom. moy. ☽)
X.   +   0,4 cos. 2 (☊—☉), ou 2 (☉+supp. ☊)
I.   +   0,3 cos. anom. moyenne ☉
VIII.   +   0,2 cos. (anom. moy. ☽—anom. moy. ☉)
IV.   +   0,1 cos. (2 dist. ☉☽+anom. moy. ☽)

Au lieu de 57' 11″ 4 qui est la parallaxe sous l'équateur, on a, suivant Mayer, 57' 2″ ½ pour la latitude de Paris : c'est la parallaxe que j'avois déterminée (*Mém. acad.* 1752, 1753 et 1756, *pag.* 378), et que Clairaut avoit adoptée dans la dernière édition de ses tables (1696) : elle étoit en nombres entiers 57' 3″; celle qui étoit employée dans les tables de Mayer est plus petite d'une demi-seconde ; mais mes nouvelles tables supposent la parallaxe pour Paris 56' 58″3 ; il faudroit y ajouter 2″ 6, si l'on vouloit avoir celle qui répond au rayon moyen de la Terre, ou au rayon d'une sphere égale à la Terre (2701) : c'est cette parallaxe moyenne 57' 1″ dont je ferai usage.

Cette diminution de la parallaxe, dans mes nouvelles tables, m'a paru indispensable, comme je l'ai fait voir dans mon quatrième mémoire sur la parallaxe de la Lune, qui est dans le volume de l'académie pour 1788, parceque les mesures des degrés de la Terre en différens pays, les expériences du pendule, et les recherches des géometres sur la théorie de la figure de la Terre (3764), ont concouru à prouver que l'aplatissement de la Terre est moindre que je ne le supposois.

1701. La Caille, plusieurs années après son retour du Cap, voulut aussi examiner le résultat de toutes les observations qui avoient été faites en correspondance avec lui ; il conclut de 40 observations

faites en 22 jours différens à Berlin, à Paris, à Greenwich, à Stockholm, à Bologne, que la plus grande parallaxe horizontale de la Lune
périgée et syzygie, est de $61' 23'' 1$ à l'égard d'un observateur placé
sous le pole, et de $61' 41'' 7$ sous l'équateur ; en supposant l'aplatissement $\frac{1}{230}$ du diametre de l'équateur, il trouvoit la constante (1696)
$56' 56'' 0$ sous le pole, et $57' 13'' 1$ sous l'équateur (*Ephémérides de
1765 — 74 ; Mém. de 1761, pag.* 51) : c'est $1'' 2$ de plus que moi,
en réduisant son résultat à la même hypothese.

Dans l'hypothese de Bouguer (2697), la Caille trouve la constante (1696) de $56' 56''$ sous le pole, de $57' 14'' 8$ sous l'équateur.
M. du Séjour, ayant examiné de nouveau les observations faites
en 1751 et 1752 au Cap et en Europe (*Mém.* 1782, *pag.* 343),
trouve $2'' 8$ de plus que moi, ou $56' 56'' 5$ pour le pole. Il observe
que, si l'on réduisoit l'aplatissement à $\frac{1}{300}$, il faudroit diminuer la
parallaxe polaire de $1'' 8$, et que, si on le portoit à $\frac{1}{201}$, il faudroit
l'augmenter de $1'' 1$. Au reste ces différences sont peu sensibles, eu
égard à la nature des observations qui ont servi à déterminer la parallaxe (voy. son *Traité analytique, pag.* 527, 547).

Mais si l'on prend un milieu entre nos trois résultats, on aura $57'
5''$ sous l'équateur, $56' 53'' 2$ sous le pole, $57' 1''$ pour le rayon
moyen, et $56' 58'' 3$ pour Paris.

La Caille trouvoit le rapport du diametre horizontal de la Lune à
la parallaxe horizontale sous le pole, égal à celui de $30'$ à $54' 41'' \frac{1}{2}$, en
supposant le diametre de la Lune tel qu'il paroît avec une lunette
ordinaire de six à sept pieds. Ce rapport differe un peu du mien,
parceque j'ai employé des diametres de la Lune mesurés avec une
lunette de 18 pieds, qui sont plus petits de $2''$ ou $3''$ que ceux de la
Caille, mesurés avec des lunettes de six pieds, soit que la différence
vienne réellement de l'effet des lunettes, soit qu'il y ait moins d'exactitude et plus de difficulté à observer avec une petite lunette telle
qu'il l'a employée (1388, 1395).

1702. Le rapport entre le diametre horizontal de la Lune et sa
parallaxe pour Paris est celui de $32' 46'' 6$ à $60'$. Pour le rayon moyen,
c'est celui de $32' 45'' 2$ à 60 minutes ; c'est aussi celui de $30'$ à $54'
57'' 4$. Ce rapport est sensiblement et en nombres ronds celui de $30'$ à
$55'$ ou de 6 à 11 ; ainsi le rayon de la Lune est $\frac{3}{11}$ du rayon moyen de
la Terre. En calculant plus rigoureusement, c'est 0,020425 ; multipliant cette fraction par le rayon de la Terre $1432 \frac{1}{2}$ lieues, on aura
celui de la Lune. Le cube de la même fraction est $\frac{1}{49}$; donc le volume
ou la grosseur de la Lune est la 49e partie du volume ou de la grosseur de la Terre. Cependant comme la densité de la Lune est

moindre que celle de la Terre (3570), il se trouve que la masse, la quantité de matiere, le poids, ou la puissance attractive dans la Lune, est environ 66 fois moindre que dans la Terre, comme on l'a reconnu par son action sur les marées (3569, 3780).

1703. La parallaxe de la Lune pour le rayon moyen de la Terre (2701) par un milieu entre la plus grande et la plus petite, est de 57' 39"; si l'on divise le rayon moyen de la Terre, supposé de 3269511 toises (2701), par le sinus de 57' 36", on aura la distance moyenne de la Lune en toises; et, divisant par 2283, on aura 85403 lieues. La plus grande distance, ou celle qui répond à la plus petite parallaxe 53' 49", est 91485; mais la distance qui répond à la plus grande de toutes les parallaxes pour le rayon moyen, ou à 61' 29", est 80079 lieues; ainsi la distance qui tient le milieu entre les extrêmes est 85782; mais ce qu'on peut plutôt appeller la distance moyenne, est celle qui répond à la constante 57' 1" indépendante des inégalités : celle-là est 86351 lieues.

1704. Pour sentir le degré de certitude que comporte ce résultat, il suffira de remarquer que la parallaxe de la Lune est connue certainement à 4" près (1701); chaque seconde de parallaxe produit à peine 25 lieues sur la distance; ainsi nous sommes assurés de ne pas nous tromper de 100 lieues sur 86 mille que contient la distance de la Lune à la Terre; nous ne connoissons pas aussi bien celle qu'il y a de Constantinople à Paris.

De la parallaxe du Soleil, et de sa distance à la Terre.

1705. Après avoir vu combien les anciens s'étoient trompés sur la distance de la Lune à la Terre (1655), quoique facile à déterminer, on ne sera pas étonné de voir qu'ils n'eussent aucune idée de celle du Soleil, du moins avant le temps d'Hipparque. C'est surtout ici que les anciens devoient dire comme Pline : *Incomperta haec et inextricabilia, sed tam prodenda quàm sunt prodita. . . . . . Nec ut mensura, id enim velle pene dementis otii est, sed ut tantùm aestimatio conjectandi constet animo* (lib. II, c. 23).

Les opinions anciennes sur la distance du Soleil à la Terre sont rapportées dans Plutarque (*de placitis Phil. III*, 31); et dans Pline (*lib. II, c.* 21). On voit que Pythagore, d'après les proportions harmoniques, supposoit le Soleil trois fois aussi loin que la Lune, ou seulement de 16 à 18 mille lieues, au lieu de 34 millions qu'on a trouvés de nos jours.

1706. On ne connoissoit donc point la distance et la parallaxe du Soleil avant Aristarque de Samos (318, 1708), qui, vers l'an 264 avant l'ere vulgaire, trouva que la parallaxe n'alloit pas au-delà de 3', en sorte que la distance du Soleil surpassoit 1146 demi-diametres terrestres; c'étoit avoir beaucoup fait, et l'on a été 1800 ans avant que de trouver rien de mieux.

1707. Posidonius, deux cens ans après, donnoit au demi-diametre de la Terre 38182 stades, suivant le calcul de Riccioli, et à la distance du Soleil 502000040: cela feroit 13148 demi-diametres de la Terre, au lieu de 23984 que nous trouvons actuellement. C'étoit beaucoup pour ce temps-là de ne se tromper pas de moitié; mais on ne peut encore l'attribuer qu'au hasard d'une heureuse conjecture. Il faut même supposer une interprétation favorable du texte de Pline, pour trouver cette valeur aussi approchée: *Posidonius non minùs 40 stadiorum a Terra altitudinem esse in qua nubila ac venti nubesque proveniant . . . . . . sed a turbido ad Lunam VICIES CENTUM MILLIA stadiorum , inde ad Solem quinquies millies. Eo spatio fieri ut tam immensa ejus magnitudo non exurat terras.* L'expression *quinquies millies*, qui exprime la distance de la Lune au Soleil, signifie 5000 stades, suivant quelques commentateurs: mais le P. Riccioli observe que, suivant la coutume des auteurs latins, il faut sous-entendre *centena millia*; ce qui fait 500 millions de stades depuis la Lune jusqu'au Soleil; à quoi ajoutant la distance de la Lune aux nuages 2 millions de stades, et celle des nuages à la Terre 40 stades, on trouve 502 millions et 40 stades pour la distance du Soleil selon l'hypothese de Posidonius. Il y a des éditions où on lit 400 stades pour la hauteur des nuages; mais le texte est visiblement altéré, car les anciens ne pouvoient pas supposer 20 lieues pour la distance des nuages, que l'on voit si souvent toucher le sommet de nos montagnes. Cependant Riccioli a fait cette espece de faute, en mettant 400 au lieu de 40, et l'imprimeur en a ajouté une autre, en mettant un chiffre de trop dans la somme (Pline, *II, 23*; Riccioli, *Almag. novum, tom. I, pag.* 111).

Pline pensoit que la distance du Soleil devoit être 12 fois aussi grande que celle de la Lune, parceque la durée de sa révolution est 12 fois aussi longue; mais cette conséquence n'avoit aucun fondement.

1708. Aristarque avoit compris que le rayon de la Terre étoit une base insensible, par rapport à la distance qu'on vouloit mesurer, parceque la Terre, vue du Soleil, paroît sous un trop petit angle; il imagina donc d'employer la distance de la Lune à la Terre, qu'il étoit plus facile de connoître par la parallaxe, et de chercher l'angle sous lequel cette distance devoit paroître, vue du Soleil; sa

méthode se trouve dans un ouvrage de lui (318), que Commandi-
nus publia en 1572, et Wallis en 1688 : elle est ingénieuse, et ne
suppose que l'observation exacte de la quadrature de la Lune.

Lorsque la Lune est à moitié éclairée, ou lorsque la ligne qui sépare la lumiere de l'ombre sur le disque lunaire, est droite, en sorte
qu'on voie sur le disque de la Lune un demi-cercle parfait, alors le
rayon qui va du Soleil à la Lune SV (FIG. 82), est nécessairement
perpendiculaire au rayon TV, par lequel nous appercevons la Lune ;
car toutes les fois que cet angle devient différent de l'angle droit, son
sinus verse differe du rayon, et la partie éclairée ne sauroit être
égale au rayon du disque lunaire (1409) : si dans le même instant
on mesure l'angle STV entre la Lune et le Soleil, ou l'angle d'élongation (1141), on connoîtra deux angles du triangle STV, et par
conséquent le troisieme angle S : or le côté TV, distance de la Lune à
la Terre, étoit supposé connu (1655); ainsi il étoit facile de trouver
la distance TS du Soleil à la Terre.

Cette méthode parut à Képler, en 1618, digne d'être employée
par Galilée et Marius, qui se servoient alors des lunettes, et, dans
ses éphémérides pour 1619, il exhorte les philosophes à faire leurs
efforts pour déterminer par ce moyen la parallaxe du Soleil, qui
jusqu'alors avoit été conclue de la grandeur des éclipses de Lune,
et de celle de l'ombre de la Terre dans ces éclipses, avec des incertitudes et des variétés prodigieuses (1711).

1709. Ce qui rend insuffisante la méthode d'Aristarque, c'est
d'un côté la difficulté de déterminer exactement le temps où l'angle
V est droit, de l'autre la petitesse de l'angle S ; la Lune peut faire
dans son orbite un arc de 10', et l'angle V changer d'autant, sans
que la grandeur apparente de sa partie éclairée augmente de $2''\frac{1}{3}$ par
rapport à nous : or l'angle TSV n'est pas de 10', et $2''\frac{1}{3}$ ne peuvent
point se distinguer ; ainsi l'on ne peut pas s'assurer de cet angle par
le moyen de la partie éclairée.

Pour faire bien sentir la vérité de cette objection, considérons
que la partie visible de l'hémisphere éclairé de la Lune est égale au
sinus verse de l'angle V (1409); et supposons que l'angle SVT soit
plus petit de 10' que l'angle droit, comme si l'angle à la Terre STV
étoit lui-même un angle droit : le sinus de 10' est de 29 parties, le
diametre étant de 20 mille ; et ces 29 parties ne nous paroissent que
$2''\frac{1}{2}$, puisque le diametre entier ne paroît que de 30' ; ainsi la partie
lumineuse que nous voyons, n'aura diminué que de $2''\frac{1}{2}$, nous ne
verrons sur le disque lunaire aucune différence sensible ; la Lune
paroîtra aussi bien dichotome que lorsqu'elle étoit exactement en

quadrature : cependant alors l'élongation T sera de 90°; et l'angle V paroissant de 90°, puisque la Lune paroît dichotome, on trouvera zéro au lieu de 10′, pour la valeur de l'angle S. Il seroit également possible de trouver une quantité négative, c'est-à-dire, moins que rien, pour la parallaxe du Soleil.

1710. Cependant Vendelinus ayant observé souvent à Majorque, en 1650, ces quadratures de la Lune, le matin et le soir, crut trouver que la dichotomie de la Lune, arrivoit lorsque l'angle T étoit de 89° 45′, et même un peu plus grand, c'est-à-dire que l'angle VST n'étoit pas de 15′, et la parallaxe du Soleil de 15″ (*Ricc. I*, 109 et 731). Riccioli, après beaucoup d'observations semblables, assuroit que l'angle au Soleil étoit de 30′, ou du moins n'en différoit que de très peu de minutes ; il supposoit la parallaxe de 28″ à 30″; il ne pouvoit pas encore se résoudre à la faire aussi petite que Posidonius et Vendelinus (*I, 734*). De là il résulte que la méthode d'Aristarque pouvoit bien nous apprendre que la parallaxe du Soleil n'étoit pas au-dessus d'une demi-minute; mais il étoit difficile de s'assurer d'une plus grande précision. (M. le Monnier, *Instit. astron. pag.* 452.)

1711. Ptolémée employa, pour déterminer la distance du Soleil, la méthode d'Hipparque, fondée sur l'observation des éclipses de Lune; et cette méthode lui auroit fait découvrir la distance du Soleil, si elle n'eût pas été prodigieusement grande par rapport à celle de le Lune, qu'il employoit dans cette recherche (*Alm. V*). Soit AO le diametre du Soleil (FIG. 99), GB celui de la Terre, APO le cône d'ombre que produit la Terre dans les éclipses de Lune. La durée des éclipses avoit fait connoître que CE, c'est-à-dire, la largeur du cône d'ombre, traversé par la Lune, étoit d'environ $1°\frac{1}{3}$, ou deux fois et $\frac{3}{5}$ le diametre du Soleil, c'est-à-dire, $\frac{13}{5}$ du diametre du Soleil. Il supposoit le diametre AO du Soleil de $31'\frac{1}{3}$, aussi bien que celui de la Lune pleine et apogée, la distance TL de la Lune à la Terre de $64\frac{1}{6}$ demi-diametres terrestres ; il n'étoit pas difficile d'en conclure par la trigonométrie rectiligne, que la distance TS du Soleil devoit être de 1210 fois le demi-diametre TB de la Terre; et il s'ensuivoit que la parallaxe du Soleil devoit être de 2′ 50″; ainsi Ptolémée croyoit le Soleil 20 fois plus près de nous qu'il ne l'est réellement, et Copernic le rapprocha encore.

Pour trouver le rapport de TB à TS, Ptolémée fait TM = TL, et dans le triangle TMQ il trouve MQ; parceque MQ : CL :: 5 : 13 par observation, il trouve CL; mais puisque TM = TL, LC + MR = 2 TB, d'où ôtant LC et MQ, il reste QR. Ptolémée considere ensuite qu'à cause des triangles semblables, on a TS : SM :: TA : AQ

: : TB : QR. Mais TB et QR sont déja connus par les deux opérations précédentes ; ainsi l'on a le rapport de TS à SM, et celui de la distance de la Lune à celle du Soleil ; d'où Ptolémée conclut que TB est à TS, comme 1 est à 1210 (Ptol. *lib. V*; Riccioli *I*, 107). Riccioli réduit cette méthode aux regles ordinaires de la trigonométrie rectiligne ; mais j'ai mieux aimé indiquer ici la maniere dont les anciens procédoient pour déduire le rapport des inconnues aux quantités données par les rapports de celles-ci entre elles. Cette méthode est expliquée dans M. Le Monnier, et dans Street ; elle avoit été employée par Albategnius (*cap.* 30) ; Régiomontanus (*Epit. Alm. lib. V*) ; Copernic (*lib. IV, cap.* 19) ; Longomontanus (*Astr. dan. lib. I; Theoricor. cap.* 9) ; Boulliaud (*Astr. phil. lib. IV*). Mais Lansberge fait voir que Albategnius, Copernic et Tycho, s'étoient trompés dans leurs données, et avoient admis des choses incompatibles et incohérentes (Riccioli, *I*, 107).

1712. Tycho employoit la distance du Soleil de 1142 demi-diametres de la Terre (*Progymn. pag.* 97). Il dit ensuite que les éclipses de Lune prouvent suffisamment que la parallaxe horizontale du Soleil est de trois minutes, mais en convenant que cette détermination n'étoit pas sans incertitude (*pag.* 415 et 463). En effet, il dit ailleurs (*Progymn. pag.* 414) qu'il a mesuré quelquefois avec soin la parallaxe de Mars en opposition, pour savoir s'il étoit plus près de nous que le Soleil (comme cela devoit être, suivant l'hypothese de Copernic et la sienne) ; et il ajoute qu'il parlera, dans un temps plus convenable, de ce qu'il a trouvé à ce sujet : mais ce qui me persuade que ses efforts avoient été inutiles, c'est qu'il réfute ensuite (*pag.* 661) *Th. Digges*, qui avoit donné une méthode pour trouver les parallaxes (1641) ; il lui oppose la difficulté qui naît des réfractions, et du mouvement propre de Mars ; il ajoute seulement qu'il croit y être parvenu par un autre moyen dont il parlera dans une autre occasion : mais probablement Tycho n'avoit point, sur la parallaxe du Soleil ou de Mars, de résultat dont il fût bien assuré ; il avoit seulement adopté le résultat de Copernic.

1713. Képler apperçut, avec la sagacité qui lui étoit ordinaire, que la parallaxe de Mars étoit absolument insensible, à plus forte raison celle du Soleil : il l'avoit d'abord supposée de 2', il la réduisit à une minute (*Epit. astr. Copern. pag.* 479).

1714. Halley, en rendant compte de l'observation du passage de Mercure sur le Soleil, qu'il avoit faite à l'isle de Sainte-Hélene, en 1677, jugeoit la parallaxe de 25″ ; cependant il en trouvoit 45″, en comparant le mouvement de Mercure en longitude, observé de 31′

14″ ½, dans l'espace de 5ʰ 14′ 20″, avec le mouvement calculé par les tables de Street, qu'il trouvoit de 30′ 50″ seulement : cette différence de 24″ ½ lui paroissoit être l'effet de la parallaxe de Mercure, d'où il suivoit que celle du Soleil devoit être de 45″. Il convient que les élémens qu'on emploie dans cette recherche y jettent beaucoup d'incertitude; mais il ajoute que la même méthode, appliquée au passage de Vénus, donnera un résultat plus certain (2045).

1715. Halley convenoit que les plus habiles astronomes de son temps ne croyoient pas que la parallaxe fût de 45″; mais il pensoit qu'ils n'avoient que des probabilités sur cette matiere. Cependant lui-même la jugeoit plus petite : une de ses raisons étoit celle de Street, qui supposoit la parallaxe du Soleil entre 10″ et 20″, parceque, disoit-il, si elle étoit seulement de 10″, Vénus seroit plus grande que la Terre, ce qui n'est pas probable, la Terre ayant la Lune qui tourne autour d'elle, et ce satellite étant la marque d'une prééminence et d'une grandeur au-dessus de Vénus. Si la parallaxe du Soleil alloit à 20″, alors Mercure seroit plus petit que la Lune; cependant il n'y a pas d'apparence qu'une planete principale, ou du premier ordre, soit moindre qu'une planete du second ordre; toutes ces raisons étoient bien peu concluantes.

Mais la parallaxe de Mars en opposition n'avoit pas paru sensible avec les plus grands instrumens de Tycho-Brahé; cela persuadoit à Halley qu'elle n'étoit pas d'une minute, d'où il s'ensuivoit que celle du Soleil ne passoit pas 25″; et il dit qu'après avoir tout examiné, il est très persuadé que la parallaxe du Soleil est d'environ 25″. Telles étoient les incertitudes des astronomes sur la parallaxe du Soleil, avant que les observations, faites par l'académie des sciences, eussent prouvé que cette parallaxe n'alloit pas à plus de 10″.

1716. Cassini, dans une lettre écrite au marquis Malvasia, en 1662, et dans un mémoire qui a pour titre, *les Elémens de l'astr. vérifiés par le rapport des tables aux observations de M. Richer*, publié en 1684, dit qu'on avoit proposé deux hypotheses, qui, sur les hauteurs méridiennes du Soleil, faisoient à-peu-près le même effet dans les climats d'Europe; de sorte qu'il n'y avoit pas de moyen assez certain de distinguer évidemment, par observation, quelle étoit la véritable hypothese. La premiere supposoit la parallaxe du Soleil insensible ou au-dessous de 12″, et dans cette hypothese les réfractions étoient invariables pendant toute l'année : dans l'autre on supposoit la parallaxe d'une minute, comme Képler; mais cette supposition obligeoit de changer la réfraction dans le cours de l'année. Les observations des quadratures de la Lune et de la parallaxe de Mars dans ses oppo-

Tome II.   S s

sitions, favorisoient la première hypothese, que nous savons actuellement être conforme à la vérité ; mais la distance du Soleil à la Terre qui en résultoit étoit prodigieuse. Cassini s'étoit arrêté à la derniere hypothese dans les observations de l'équinoxe du printemps qu'il publia à Bologne en 1656, après avoir tracé la méridienne de S. Pétrone ; cependant il balançoit encore entre ces deux hypotheses, en 1662, comme on le voit dans les *Éphémérides* de Malvasia pag. 155 ; et il souhaita, en 1671, que cette incertitude fût levée par le voyage de Caïenne : ce fut un des objets de l'instruction dont on chargea Richer (602, 2669).

1717. Les premieres tentatives qui furent faites en France pour trouver la parallaxe de Mars, sont dans l'ouvrage de Cassini, que j'ai cité. Il compare les observations que Richer avoit faites à Caïenne, le 5 septembre, le 9 et le 24, avec celles que Picard et Romer faisoient en même temps à Paris ; et il trouve que Mars y avoit paru plus abaissé de 15″, par rapport à l'étoile, qu'à Caïenne ; ce qui donnoit la parallaxe horizontale de Mars 25″½, et celle du Soleil de 9″½ : cela donnoit pour sa distance à la Terre 21712 demi-diametres de la Terre.

1718. La même année Cassini, aidé de Romer et Sédileau, employa, pour chercher la parallaxe de Mars, la méthode des ascensions droites (1642), en comparant les observations faites quatre heures avant le passage au méridien, et quatre heures après ; on trouvoit le plus souvent une différence de 2″ de temps entre la variation apparente et celle qui devoit avoir lieu réellement ; d'où Cassini tiroit la parallaxe de Mars de 24 ou 27″.

Le 9 septembre 1672, la nuit même de l'opposition de Mars, il étoit près de deux petites étoiles sur le même parallele, qui servirent pour les observations de plusieurs jours. Entre 8ʰ 36′ du soir et 15ʰ 56′, la variation apparente de l'ascension droite de Mars en temps fut observée de 21″½ ; le changement véritable déduit des mouvemens journaliers ne devoit être que de 19″¾ ; la différence de 1¾ étoit l'accélération apparente, causée par l'effet de la parallaxe ; Mars passoit au méridien à 12ʰ 8′, sa déclinaison étant de 10° 34′. Il est aisé d'en conclure (1648), avec Cassini, que la parallaxe horizontale de Mars étoit de 24″¾.

Les mêmes recherches furent continuées jusqu'à la fin de septembre ; car, comme les différences cherchées étoient petites, il falloit un très grand nombre d'observations. Cassini convient qu'il est arrivé quelquefois qu'on n'a pas trouvé de différence entre les mouvemens horaires apparens et les véritables, et quelquefois même un peu de différence contraire à l'effet de la parallaxe : on s'arrêtoit, dit-il, à ce qu'on trouvoit plus souvent, et par des observations plus choisies.

1719. On manqua, en 1672, l'observation la plus décisive : le 1 octobre Mars passa sur la moyenne des trois étoiles ⚹ dans l'eau du Verseau, et il la cacha par son disque à 10ʰ du soir, comme on le trouve par la comparaison des observations faites le même jour; mais les nuages déroberent cette curieuse observation. On mesura cependant, la même nuit, plusieurs distances de Mars à cette étoile, qui servent à trouver le temps de cette conjonction : mais en les comparant ensemble, on y trouve de petites différences irrégulieres; quelques unes ne donnent point de parallaxe, d'autres en donnent trop, et d'autres sont même en sens contraire à l'effet de la parallaxe. Cassini soupçonnoit que ces différences pouvoient venir de quelque réfraction dans l'atmosphere de Mars (2275).

1720. Picard, à Brion en Anjou, observa les mêmes différences d'ascension droite le premier octobre 1672; il trouva la parallaxe de Mars absolument nulle en comparant son observation avec celle de Caïenne; mais, en comparant ses observations entre elles, par la méthode de angles horaires (1647), il la trouva double de celle de Cassini; tout cela prouve combien ces observations sont délicates, et provient peut-être aussi de l'inflexion (1992). La Hire observa aussi Mars à Paris avec assiduité depuis le 22 septembre 1672 jusqu'au 29 octobre suivant; pendant ce temps-là il le vit passer vers un grand nombre de petites étoiles qui sont dans l'eau d'*Aquarius,* et il trouva de si grandes variétés dans les résultats, qu'il jugea la parallaxe insensible, comme on le voit dans ses tables, *pag.* 6 : «A peine avons-nous trouvé, dit-il, une parallaxe sen- « sible dans le Soleil; ainsi l'on peut en sûreté la négliger si on « le juge à propos. Si cependant on veut employer pour le Soleil « une parallaxe de 6″, on aura la distance moyenne du Soleil à la « Terre de 34377 demi-diametres terrestres.»

1721. Flamsteed, qui avoit fait les mêmes observations à Derby, écrivoit qu'ayant mesuré la distance de Mars à deux étoiles, il avoit reconnu que sa parallaxe n'étoit certainement pas de 30″, et que la parallaxe du Soleil n'étoit pas de plus de 10″ (*Philos. trans. n°.* 89, *pag.* 5118). Quelques mois après, il étoit persuadé que la parallaxe de Mars ne passoit pas 25 secondes, et que celle du Soleil étoit au plus de 10″ (*Ib. pag.* 6100).

1722. En 1704 et 1719 Maraldi profita de la situation de Mars périgée pour observer sa parallaxe, il la trouva de 23″;

d'où résultoit la parallaxe du Soleil de 10 secondes. (*Mém. acad.* 1706, 1722).

Pound et Bradley firent aussi, en 1719, de semblables observations avec une lunette de 15 pieds. Halley rapporte qu'il les vit observer souvent, et que dans toutes leurs observations ils ne trouverent jamais la parallaxe du Soleil plus grande que 12″, et jamais moindre que 9″.

Cassini, en 1736, observa pendant plusieurs jours, à Thury, près Paris, Mars qui étoit en opposition et fort près de l'étoile μ des Poissons; il trouva la parallaxe du Soleil entre 11″ et 15″.

1723. La Caille, ayant fait un voyage au Cap de Bonne-Espérance pour y travailler au catalogue des étoiles (716), en profita pour faire sur la parallaxe de la Lune et sur celle du Soleil un grand nombre d'observations. Il a comparé à ses observations celles qui avoient été faites à Greenwich par Bradley, à Bologne par Zanotti, à Paris par Cassini de Thury et M. le Gentil, à Stockholm et Upsal par Wargentin et Strommer, à Hernosand par Schenmark avec des quarts de cercles de six pieds, ou des lunettes de 7 à 8 pieds, garnies de micrometres; ces observations, faites depuis la fin du mois d'août jusqu'au 6 octobre 1751, étant toutes réduites au 14 septembre 1751, jour de l'opposition de Mars au Soleil, donnent des résultats qui sont tous compris entre 24 et 34 secondes; mais par un milieu pris entre 27 résultats, la Caille trouve 26″8 pour la parallaxe horizontale de Mars ce jour-là. La distance de Mars à la Terre étoit alors à celle du Soleil, comme 3841 à 10047; d'où il résulte que la parallaxe horizontale du Soleil étoit alors de 10″$\frac{1}{4}$, et que, dans la moyenne distance du Soleil, elle seroit de 10″2 ou 10″$\frac{1}{5}$. Il examine ensuite 41 observations faites par d'autres astronomes, et trouve encore le même résultat.

Dans le temps où la Caille étoit au Cap, Vénus se trouva aussi dans sa conjonction inférieure, le 31 octobre 1751, et elle fut observée au Cap et en Europe; il est vrai que le temps fut très peu favorable aux observations; mais la Caille en a calculé cinq qui donnent la parallaxe du Soleil de 9″8, 9″85, 10″4, 10″5, et 11″4 : ainsi, prenant un milieu, on a 10″38 pour la parallaxe horizontale du Soleil dans sa moyenne distance par les observations de Vénus; et toutes compensations faites, la Caille termine ses recherches là-dessus (*Introd. aux Ephémérides de 1765—1774, pag.* L), en disant qu'on peut établir comme une quantité certaine, à moins d'un quart de seconde près, que la parallaxe horizontale du Soleil dans sa distance moyenne à la Terre, est de 10″$\frac{1}{4}$.

1724. M. du Séjour, en discutant ces observations, trouve 9″5 (*Traité analyt.* p. 568). Il est vrai que les observations de M. Garipuy n'ont donné que 8″½ (*Mém. de l'ac. de Toulouse, tom. I*); mais elles n'ont été publiées que depuis qu'on connoît d'ailleurs la parallaxe. La théorie de la Lune, comparée avec les observations, donnoit une parallaxe plus petite, Mayer ne la trouvoit pas de 8″ (3631). On auroit pu la chercher par le moyen de quelque comete (3156), mais l'occasion ne s'en étoit pas présentée.

1725. Tel étoit l'état de nos connoissances sur la distance du Soleil quand les passages de Vénus sur le Soleil sont arrivés en 1761 et 1769. Si l'on a toujours mis au nombre des époques mémorables celles des progrès de l'esprit, tout ce qui nous procure des connoissances nouvelles est pour nous un événement célebre : le passage de Vénus étoit un de ces phénomenes rares, prédit et attendu depuis plus d'un siecle ; il n'avoit jamais été observé depuis qu'on en connoissoit l'importance. C'étoit cependant de tous les phénomenes célestes celui dont on devoit espérer la plus exacte détermination de la parallaxe du Soleil, et par conséquent de toutes les distances des planetes à la Terre (2151). Ces passages nous ont fait connoître que la parallaxe du Soleil est à-peu-près de 8 secondes et demie ; car l'observation faite au Cap en 1761 a donné la parallaxe de 8″6 pour le jour de l'observation, suivant Short (*Phil. trans.* 1763), et suivant M. Pingré, *Mém. académ.* 1761 ; ce qui fait presque 8″8 pour les moyennes distances ; et par les observations faites à la Baie d'Hudson, en Californie, et à l'isle de Taïti, je trouve 8″6 pour la parallaxe du Soleil dans les moyennes distances du Soleil et les moyennes latitudes terrestres (2151). Il y a treize centiemes de seconde de plus ou de moins dans le périgée et dans l'apogée, et deux centiemes de seconde de plus ou de moins sous l'équateur ou sous les poles. M. Pingré trouve 8″8 (*Mém.* 1772), M. du Séjour, 8″84 (*Mém.* 1781, *pag.* 330; *Traité analyt.* p. 486). Mais M. Lexell trouve 8″6 comme moi (2151.)

1726. L'extrême petitesse de la parallaxe du Soleil fait qu'on peut, dans un grand nombre d'occasions, la négliger, et supposer que les rayons qui vont du Soleil à tous les points de la Terre sont paralleles entre eux, de la même maniere que si le Soleil étoit à une distance infinie de nous, puisque des lignes qui font entre elles un angle si petit ne different pas de celles qui seroient exactement paralleles, ou qui ne feroient point d'angle : c'est la supposition que nous ferons dans les préliminaires du calcul des éclipses (1782).

1727. La distance du Soleil à la Terre est plus petite au mois de décembre qu'au mois de juin d'une trentieme partie, parceque l'excentricité de l'orbite terrestre est de 0,0168 (1216, 1278). Voilà pourquoi la parallaxe horizontale du Soleil doit être d'un quart de seconde plus grande au mois de janvier qu'au mois de juillet.

Lorsqu'on a une table des distances du Soleil à la Terre (1249), il suffit de diviser la parallaxe moyenne 8″6 par la distance actuelle du Soleil pour avoir la parallaxe du Soleil dans un temps donné. On trouvera la parallaxe du Soleil à chaque jour de l'année et à chaque degré de hauteur dans la *Connoissance des temps* de 1783.

1728. La parallaxe du Soleil étant connue, sa distance absolue est aisée à trouver (1634) : car le sinus de 8″6 est au rayon, comme le demi-diametre de la Terre est à la distance du Soleil ; et comme le rayon d'un cercle est 23984 fois plus grand que le sinus de 8″6, il s'ensuit que la distance du Soleil est de 23984 fois le rayon de la Terre, ou environ 34 357 480 lieues communes de France, de 2283 toises chacune. Les distances des autres planetes sont aisées à conclure de celles-ci (1222.)

1729. J'ai annoncé (1098) que, même suivant Tycho, le Soleil étoit plus gros que la Terre ; cela suit évidemment de la quantité qu'il supposoit pour la parallaxe du Soleil, qui étoit de 3′ (1712) ; le demi-diametre du Soleil étant supposé de 15′ vu de la Terre, et celui de la Terre de 3′ vu du Soleil, il s'ensuit que le Soleil devoit être cinq fois plus large que la Terre, ou 125 fois plus gros et plus pesant, même dans les principes de Tycho ; en sorte qu'il faisoit tourner autour de la Terre un corps bien plus gros qu'elle ; ce qui est contre les idées de physique dont il s'appuyoit pour combattre le système de Copernic.

On peut actuellement comparer entre elles les distances du Soleil et de la Lune, et reconnoître que la distance moyenne de la Lune est 398 fois plus petite que celle du Soleil, comme nous l'avons supposé (1409) ; les parallaxes seules suffisent pour donner ce rapport ; celle de la Lune est 57′ 1″ (1700) ; ainsi elle contient 398 fois la parallaxe du Soleil supposée de 8″6 ; donc la distance du Soleil est dans le même rapport, c'est-à-dire 398 fois plus grande que la distance moyenne de la Lune à la Terre.

Les parallaxes et les distances des autres planetes se peuvent conclure facilement du rapport des distances donné par la loi de Képler 1224. On les trouvera dans la table (1398.)

Les principes que nous venons d'établir sur les parallaxes, nous conduiront maintenant aux calculs des éclipses de Lune et de Soleil, qui seront l'objet du livre suivant, et qui ont peu de difficulté, quand on entend bien le calcul des parallaxes.